全国宣传文化系统
"四个一批"人才作品文库
出 版 界

管士光作品集

管士光 著

中华书局

图书在版编目(CIP)数据

管士光作品集/管士光著. –北京:中华书局,2011.3
(全国宣传文化系统"四个一批"人才作品文库)
ISBN 978 – 7 – 101 – 07717 – 9

Ⅰ.管⋯　Ⅱ.管⋯　Ⅲ.社会科学 – 文集　Ⅳ.C53

中国版本图书馆 CIP 数据核字(2010)第 234113 号

书　　名　管士光作品集
著　　者　管士光
丛 书 名　全国宣传文化系统"四个一批"人才作品文库
责任编辑　罗华彤
装帧设计　毛　淳
出版发行　中华书局
　　　　　(北京市丰台区太平桥西里 38 号　100073)
　　　　　http://www.zhbc.com.cn
　　　　　E – mail:zhbc@zhbc.com.cn
印　　刷　北京瑞古冠中印刷厂
版　　次　2011 年 3 月北京第 1 版
　　　　　2011 年 3 月北京第 1 次印刷
规　　格　开本/700×1000 毫米　1/16
　　　　　印张 27¼　插页 4　字数 416 千字
国际书号　ISBN 978 – 7 – 101 – 07717 – 9
定　　价　76.00 元

出 版 说 明

　　实施宣传文化系统"四个一批"人才培养工程，是党中央作出的一项重大战略决策，是推动实施人才强国战略，提高建设社会主义先进文化能力的重要举措。实施这一工程，旨在培养和造就一大批政治坚定，与党同心同德，具有广泛社会影响的一流的思想理论家、一流的记者编辑主持人、一流的出版家、一流的作家艺术家。为集中展示"四个一批"人才的优秀成果，发挥其示范引导作用，"四个一批"人才工作领导小组决定编辑出版《全国宣传文化系统"四个一批"人才作品文库》。《文库》主要收集出版"四个一批"人才的代表作，包括理论专著论文、新闻出版、文学艺术作品等。按照精益求精、分步实施的原则，《文库》将统一标识、统一版式、统一封面设计陆续出版。

全国宣传文化系统"四个一批"人才

工作领导小组办公室

2008年12月

管士光

1956 年 8 月生，山东梁山人。1985 年毕业于中国人民大学，获文学硕士学位。现任人民文学出版社总编辑，编审。主要著作有《李白新论》（合著）、《唐人大有胡气》、《浅草集》、《智慧的灵光》、《千古往事千古书》、《苏武与李陵》等；译著有《完美的为人》；选注本有《唐宋诗选》（合著）、《中国古代十大诗人精品全集·李白卷》（合著）、《中国古代十大诗人精品全集·李商隐卷》、《中国古代十大词人精品全集·王安石卷》、《左传注译》等；主编有《中国小说大辞典》、《禁书详解·外国文学卷》等。发表关于中国古代哲学、文学、文化和出版工作的文章数十篇。是全国宣传文化系统"四个一批"人才，全国新闻出版行业领军人才，享受国务院颁发的政府特殊津贴。

目　录

卷一　文史哲杂论

卷二　唐代文学散论

卷三　编辑出版浅论

卷一　文史哲杂论

先秦儒、道、墨、法四家思想述评

　　春秋战国时期是我国社会由奴隶制转变为封建制的大变动时期。由于社会形态的剧烈变化,奴隶主贵族对思想文化的垄断被打破了,因而出现了思想解放的潮流,各种代表了不同阶级、阶层的思想的斗争十分激烈,各种学派不断产生,形成了"百家争鸣"的局面。

　　所谓"百家",并不是实数,前人为了形容流派之繁多、争论之激烈,故用"百家"称之。就学派而言,班固在《诸子略》中归纳为"十家",主要有六大学派,即儒、墨、道、法、名、阴阳。儒、墨二家产生较早,在春秋末期被称为"显学"。儒家是孔子创立的,到战国时"儒分为八",代表不同倾向的人物有子思、孟子和荀子;墨家是与儒家相对立的一个学派,由墨子创立,战国时期墨家弟子对墨子思想有所扬弃,形成了"后期墨家"。法家也是一个重要的学派,到韩非时更得到了系统的发展。其他如以老子、庄子为代表的道家、以公孙龙、惠施为代表的"名家",在中国哲学史上都曾经产生过重要的影响。另外,兵家、农家、纵横家也都有一些很有价值的哲学思想。这里仅选主要的即儒、道、墨、法四家作一简要的述评。

一、儒家:从孔子到孟子和荀子

　　孔子(前551—前479年),名丘,字仲尼,春秋末期鲁国陬邑(今山东曲阜)人,出身于没落奴隶主贵族。孔子是儒家学派的创始人,他幼年丧父,家境贫寒,年轻时以替贵族治丧赞礼为生。中年当上鲁国掌管刑法的"司寇",不久即下台了。孔子曾带着学生周游列国,晚年回鲁国,除教学外,还从事文化典籍的整理工作,据说曾删《诗》、《书》,定《礼》、《乐》,作《春秋》。孔子的思想主要保存在由他的学生记录整理的《论语》一书之中。

孔子是代表奴隶主阶级利益的思想家,政治思想倾向于保守,主张恢复到西周时期的政治局面。但他也在一定程度上看到时代在变革,要完全恢复周礼是不可能的,所以主张采取对旧制度有所损益的改良方法,对新兴势力有所让步,以防止根本性的变革。他力图调和社会变革中的新旧矛盾,这事实上是根本做不到的。因而,他只能以失败而告终,抱着"知其不可而为之"的矛盾心情度过了一生。孔子留下了丰富的思想遗产,在我国历史上产生了巨大的影响。

为了恢复周礼,孔子提出"仁"的学说,作为礼的理论基础。对于仁,孔子论述颇多,概括起来是这样两段话:

> 樊迟问仁。子曰:"爱人"。
> 颜渊问仁。子曰:"克己复礼为仁。一日克己复礼,天下归仁焉。为仁由己,而由人乎哉?"

所谓"仁者爱人",说的是人与人之间的关系,即要求人们应该互爱,其目的在于调和对立阶级之间和统治阶级内部的矛盾。关于"爱人"的具体内容,孔子未做具体解释,但从他的思想体系来看,无非是忠、恕、孝、悌、恭、宽、信、敏、惠等,这些均可以视作"爱人"的具体内容。事实上,抽象的"爱人"是不存在的。在阶级社会里,不可能有普遍的人类之爱,阶级利益相反,爱与恨也就不可能一致。如孔子说"己欲立而立人,己欲达而达人"和"己所不欲,勿施于人",前一句是说人们不仅要管自己的"立"和"达",还要想到别人的"立"和"达";后一句是说自己不愿意做的事情,不要强迫别人去做。这种"忠恕之道",是"爱人"的重要内容,却不可能在不同的阶级之间施行,甚至在统治阶级内部也不可能行得通。但孔子借"仁者爱人"提出的社会中人们应该互相尊重对方的愿望和要求的主张,也是对统治者权威的一种限制和否定,自有其积极意义,不应一概否定。正是从"仁者爱人"的命题出发,孔子提出了"举贤才"的主张。在他看来,只有具备了"仁"的品格,才是应举荐的"贤才"。孔子还提出统治者对臣民应该宽厚一点,他认为民不是牲畜,不能任意虐杀,对劳动者应该"先富后教";同时,统治者还应取信于民。当然,孔子不可能超越他的时代和阶级的局限,但他的这些观点却与奴隶主阶级有明显的区别,表达了地主阶级的利益和思想,具有一定的进步性。

所谓"克己复礼为仁",是就个人和社会制度的关系而言的。"克己",是处处要约束自己;"复礼",是事事要依周礼而行。在这里,礼是客观规范,而"仁"则是主观意识,"礼"与"仁"的关系相互统一,而有表里、外内、轻重层次之别。"礼"属于外部强制;"仁"属于内心自觉。在孔子看来,不"仁"的人,是不会正确对待"礼"的,因此他说:"人而不仁,如礼何?"(《八佾》)在孔子生活的时代,"礼坏乐崩",单纯用礼的条目已经不能规范人们的行动,所以他提出"仁",目的在于增强人们守礼的观念。但是,由于社会的发展,在礼都不被遵守的情况下,要人们"克己复礼"是相当困难的。孔子认为做到"仁"虽然很不容易,但只要坚持以恒,发扬主观能动性,还是可以做到"仁"的,即所谓"我欲仁,斯仁至矣"。因此,"克己复礼为仁"的命题,表现出孔子主观唯心主义的倾向。在孔子思想的影响下,儒家人生哲学注重道德修养上的主动进取精神,十分强调内省体察,后来发展为"慎独"学说。

总之,"仁"是孔子世界观的核心。在他的思想中存在着许多矛盾,他的"仁"的学说,尽管其目的是通过加强宗法关系、调和阶级矛盾以维护等级制度,但总的来看,"仁"的学说在当时是具有划时代意义的先进思想。

孔子继承了西周以来传统的天命鬼神观念,仍将天命视为冥冥中的主宰。在他看来,"天"是人格神,是宗教的上帝。他认为天是百神之主,得罪了它便要遭报应,"获罪于天,无所祷也"。他之所以不被桓魋所伤害,是天在保佑他,因为复兴东周挽救天下无道的大任落在他的肩上,天才保佑他:"天生德于予,桓魋其如予何!"孔子认为天是最高的权威,天命也自然是不可抗拒的,他自己的政治主张能否实行,全由天命决定,人是没有办法的,所谓"死生有命,富贵在天"便是这个意思。因为天命是不可抗拒的,孔子将"天命"放在"三畏"之首:"君子有三畏:畏天命,畏大人,畏圣人之言。"由此可以看出,孔子具有唯心主义的天命观。

孔子的天道观中同样存在着矛盾,既有消极的一面,又有积极进步的一面。孔子在宣扬天命观的同时,强调要在人事活动中去体认天命。因此,他强调人事有为,如说:"不怨天,不尤人,下学而上达;知我者,其天乎!"这里他强调主观努力从事人事活动,下学而上达,和天沟通,而以人事为主。他相信天命,但又认为贯彻天命却要依靠人的努力,故说:"人能弘道,非道弘人。"在强调人事作用时,表现出对天命鬼神的某种怀疑和保留。如樊迟问怎样才是聪明,他回答说:"务民之义,敬鬼神而远之,可谓知(智)矣";子路问"事鬼神",孔子答曰:"未能事人,焉能事鬼?"又问"死",答曰:"未知生,焉知死?"由此可见,孔子虽然不是无神论者,但却并不提倡迷信鬼神,他主张对待鬼神既要尊敬又要疏远,而要把人事放在首位,这充分表现出他对鬼神抱着一种回避和存疑的态度。这说明孔子也有重人轻神的思想,这无疑是时代思潮影响的结果。

孔子在认识来源这一认识论的根本问题上,持唯心主义的观点。他认为认识是天生的,即主张"生而知之",他有一段著名的话:

> 生而知之者,上也;学而知之者,次也;困而学之,又其次也;困而不学,民斯为下矣。

在孔子看来,社会中有一种人,即所谓"大人"、"圣人",具有先天的聪明才智,他们的知识是生而具有的,是先于经验、先于实践的,而广大劳动人民则是天生的"困而不学"的下等人。他进而认为"惟上智与下愚不移",不仅"上智"和"下愚"智力不同,而且双方不会发生转变。从这个观点出发,他主张"民可使由之,不可使知之"、"君子学道则爱人,小人学道则易使也"。孔子认为圣凡贤愚是天生的,这就自然陷入了唯心主义的先验论。

但是,孔子的认识论也充满了矛盾,他虽然赞美"生而知之",但因为除了一些古圣先王以外,现实生活中根本找不到"生而知之"的人,加之,较深入地接触了社会下层和长期的教育工作,使他承认存在着"学而知之"。事实上,在他的教育实践中,强调的是"学而知之"而不是"生而知之"。他说自己"吾非生而知之者,好古,敏以求之者也"。他要人们不要强不知以为知,不要固执己见,同时态度要谨慎谦虚,看到自己的不足。据此,他主张在现实生活中,要善于学习,他说:"三人行,必有我师焉,择其善者而从之,其不善者而改之。"

他认为学习是多方面的,不仅要向"善者"学习,也要从"不善者"那里得到教益。

在强调耳闻目见的同时,孔子还接触到了学与思的辩证关系:"学而不思则罔,思而不学则殆。"孔子这种以学为基础,学思并用的学习方法,是符合唯物主义认识论的原理的。学是思的基础,思是学的深化,学思并重,相互为用。孔子对学与思的论述,在一定意义上已经接触到感性认识和理性认识的关系。孔子还论述了知行关系,他强调知行统一、学以致用,这种观点具有朴素的唯物主义因素。

孔子的认识论具有明显的二元论性质,他一方面提出了一些有价值的唯物主义命题,在人类认识史上产生了深远和积极的影响;另一方面又提出了一些带有唯心主义先验论因素的命题,表现出历史的和阶级的局限,给后人带来了不良的影响。

孔子在《中庸》里说:"执其两端,用其中于民。"说明他是承认事物都有它对立面的矛盾。他主张在矛盾的两个对立面之间,采取折中的办法,既不要做得太过分,也不要做得不够,从而调和矛盾,维护事物旧质的规定性。

孔子在一定程度上看到社会上对立阶级之间的矛盾是难以消除的,因而他说:"中庸之为德也,其至矣乎! 民鲜久矣!"但他还是希望用折中的办法使当时新旧之间非常尖锐的矛盾和谐化,就当时的历史现实来看,他的主张自然具有"守旧"的作用。

当然,孔子所要实行的折中、调和并不是没有原则的,而是要以"礼"作标准来调节各方面的矛盾。孔子的学生有若说:"礼之用,和为贵,先王之道,斯为美。"此处所说的"和",即是无过无不及的调和折中,是行礼的根本原则。从本质上说,孔子提倡中庸是由于当时社会变革,"小人"与"君子"对立,肆无忌惮,行为过激,所以他希望通过"中庸之道"调和已经激化的阶级矛盾。一方面为政要"道之以德",另一方面又要"齐之以礼",从而挽救奴隶制的危机。

中庸是哲学上的一个大概念,含义甚丰,学术界也有很大争论。有人认为不能把它狭隘地理解为折中调和,而应当从更积极的意义上去理解,我个人认为,孔子中庸思想的积极方面,是他首先承认矛盾,并把对立的矛盾概括为"两端"。认为如果只注意矛盾的一个方面而忘记另一个方面,则必然造成危害,这是符合人类认识发展逻辑的。但对矛盾的两端,他却用"执两用中"的办法加以处理,否认矛盾对立面的转化,从而使"中庸之道"具有了形而上学的本质特征,但这种形而上学的方法论里也包含着某些辩证法的思想材料,至今仍有一定的理论价值。同时,应该指出,孔子在某些方面也突破了"中庸"的限制,如他认为在学习中"故"和"新"是一对矛盾,要有进步,便要突破"故"而向"知新"方面转化。这些思想是带有辩证法因素的。

孟轲(约前372—前289年),战国中期邹(今山东邹城)人,相传是鲁国贵族孟孙氏的后裔,曾受业于子思的门人,故常以孔子学说的直接继承者自居。孟子反对暴力,耻言功利,幻想以仁义平治天下。他发展了孔子的学说,把孔子思想改造发展成适合地主阶级需要的意识形态,使儒家学说更加体系化、伦理化,被后世封建统治者尊封为"亚圣"。

孟子思想的主导方面是为封建制服务的,他的社会政治思想的中心是所谓"仁政"。他认为"仁"的重要内容是"不忍人之心",从而要求统治者以"仁爱"之心去对待人民,争取民心。由此出发,他提出了"制民之产"的经济方案,即给百姓以私有财产,从而把劳动力固定在土地上,以巩固和发展封建经济;同时,他又提出了"民贵君轻"和"保民而王"的政治理论,主张"以德服人",反对"以力服人",这种思想在中国历史上起过积极的进步作用。

总之,孟子继承和发展了孔子的唯心主义思想,建立起一套主观唯心主义哲学体系,在中国哲学史上产生了重要的影响。

孟子主张性善论,他认为人具有先验的善性,这是他仁政学说的理论基础。孟子认为人的本性里都有善的萌芽,他称之为"端":"恻隐之心,仁之端也;羞恶之心,义之端也;辞让之心,礼之端也;是非之心,智之端也。"他认为"四端"是先天的,扩而充之,就发展为仁、义、礼、智这"四德"。"四德"是"四端"的发展,所以这"四德"都是"我固有之"的,其原因就在于"仁义礼智根于心"。孟子从抽象的人性出发,引出所谓"四德",目的在于从人的"善性"来证明宗法道德的合理性。这是典型的主观唯心主义先验论的人性论和天赋道德观。

孟子的道德观念是以他的性善说为基础的。善与恶是各种道德观的基本范畴和论题。孟子把"仁、义、礼、智"说成是人生而具有的"共同本性",并进而用这四德作为标准来衡量人们的善恶。孟子认为,人只有"存心",才能使善性表现为善德,若是"放心",人虽有善性,却只能表现为恶德。善性之所以丧失,是后天的原因造成的。这说明,孟子认识到客观环境对人的道德观念有影响作用,这一点在孟子天赋道德观中,是有合理性的因素。

孟子从其道德观出发,将"义"、"利"二者对立了起来。他继承了孔子义利观的传统,把义和利看成是矛盾的东西:"何必曰利? 亦有仁义而已矣"、"上下交征利,而国危矣"。可见他是贵义而贱利的。在孟子看来,利是万恶之源,利就是不道德,因为追求过多的物质利益,会使人失去善性。针对这种情况,他提出一整套修身养性的方法,以"寡欲"为养心的主要内容,只有这样才能保持和发展"善性"。由此可见,从孟子对人性善的论述到他提出道德修养的方法,都充分表现出主观唯心主义的思想特点。

孟子继承了孔子的天命思想,他以"诚"为天道,在他那里,"天"作为人世的主宰,具有道德的属性。他承认有一个支配一切、至高无上的"天"存在着。他认为天子传位给下一代,不是由个人意志决定的,他认为"舜有天下"是"天与之",这是主张君权天授。孟子认为历史上之所以产生重要人物,是"天将降大任于斯人也",他们是受天命而降临人间的。由此可以看出,孟子与孔子一样,是把天命观同英雄史观结合在一起的。但是,值得指出的是,孟子一方面维护传统的天命观,另一方面又为它增添了一些新的内容,他以"天下之民从之"、"百姓安之"来解释天意,把"民心"和天意结合起来,这是"重民"思想在天命观上的反映。

在人与天的关系上,孟子将天道与人性合而为一,他用心、性来解释天,给天以道德属性,认为"天"的道德属性就包含在"人性"之中。天德根源于人德,从而构成了"天人合一"的哲学体系。在孟子哲学中,沟通"天"与"人"的,是既为"天道"内容又为人类最高德性的"诚"。所谓"诚",也就是修身养性,肯于内省,达到"至诚",就可以感天动地,改变事物的发展规律了。他概括"天人合一"的思想说:

尽其心者,知其性也;知其性者,则知天矣。

在孟子看来,认识并不是从物质到感觉和思想,而是开始于自己的内心,最后才能达到"知天"的目的,即所谓"存其心,养其性,所以事天也"。孟子从天人合一的主观唯心主义出发,自然得出了"万物皆备于我"这一个夸大人的主观能动性的唯我论的结论。由此可见,尽心、知性、知天,既是孟子的世界观,又是他的认识论。在他看来,认识只是对自己内心世界的探索,从而完全排除了对客观物质世界的认识。

总的说来,孟子的哲学思想并不丰富,但它的影响却不能低估,如他内省直觉的先验论、英雄史观、历史循环论以及性善论等,在中国哲学史上都曾产生重要的影响。

荀子(约前298—前238年),名况,又称荀卿或孙卿,战国末期赵国人,主要活动于齐、楚两国。他站在唯物主义立场上,批判总结百家之学,建立了影响很大的"孙氏之儒"的儒家学派。

荀子社会政治思想的中心是"隆礼重法"。作为地主阶级思想家,荀子对孔子学说采取批判继承的态度,发展了儒家的礼治学说。他认为礼是"强国之本",但他所说的礼又与孔子所维护的周礼不同,是为封建经济基础服务的上层建筑。"隆礼"的主要内容,一是实行"贵贱有等"的封建等级制,他主张以是否符合礼义作为划分等级的标准,从而确定物质分配的"度量分界";二是以礼义教化来调节矛盾,防止争端,维护统治秩序。

与"隆礼"相适应,他还提出了"重法"的思想:"法者,治之端也。"在他看来,隆礼与重法的目的是一致的,但二者的地位和作用又有不同。总的说,"礼"是用来节制统治阶级的行为的,"法"则是约束百姓的,这正说明荀子思想代表了新兴地主阶级的利益和愿望。

荀子的哲学思想充满了唯物主义因素,他是那个时代唯物主义思想的集大成者。

我们知道,唯心主义总是混淆天人关系,在他们看来,天是有意志的,自然界和人类社会都是"天"的安排。针对这种观念,荀子总结和发展了唯物主义的自然观,提出了"明于天人之分"的思想。

荀子认为,"天"就是客观存在的自然界,它有自己的运行规律,存在于人的意识之外,宇宙万物不是神造的,而是自身矛盾运动的结果:"天地合而万物生,阴阳接而变化起。"自然界是客观存在的,有其固有的法则和规律,因此它并不干涉人的凶吉福祸:

　　天行有常,不为尧存,不为桀亡。应之以治则吉,应之以乱则凶。强本而节用,则天不能贫;养备而动时,则天不能病;循道而不贰,则天不能祸。故水旱不能使之饥,寒暑不能使之疾,妖怪不能使之凶。

　　荀子认为自然界不因人世统治的好坏而发生变化,相反,人们要想取得好的结果,就应该遵循自然规律。基于此,荀子对传统的宗教迷信观念作了批判,他指出:星坠木鸣、日月之蚀、风雨之不时等怪异现象的出现,是天地、阴阳矛盾运动的表现,完全是无意识的。因此他反对用祭祀来求雨解旱,反对"卜筮然后决大事"的宗教迷信活动。他认为自然界和人类社会各有自己的职分和规律:"天能生物,不能辨物,地能载人,不能治人。"天道不能干预人事,自然界是不能给人福祸的,这种"明于天人之分"的认识,是对先秦以来天人关系理论的宝贵发展。

　　荀子之所以要"明于天人之分",其目的还在于要"役物"和"制天命而用之"。荀子根据唯物主义自然观,提出了要利用自然、改造自然的思想:

　　大天而思之,孰与物畜而制之! 从天而颂之,孰与制天命而用之! 望时而待之,孰与应时而使之! 因物而多之,孰与骋能而化之! 思物而物之,孰与理物而勿失之也! 愿于物之所以生,孰与有物之所以成! 故错人而思天,则失万物之情。

　　与其迷信天的权威,等待天的恩赐,不如利用自然规律,畜养万物以控制"天"。荀子认为,能正确区别天与人的关系,便会知道该做什么,不该做什么,从而做到"制天命而用之"。

　　荀子的自然观是唯物主义的,其中充满了闪光的思想。但又有其时代、阶级的局限和学派的烙印,如他把自然界的变化,归结为周而复始的循环:"始则终,终则始,若环之无端也。"又如他认为"制天命而用之",是"圣人"、"君子"的事等等,都是错误的。

　　荀子从"天人之分"的思想出发,提出了"形具而神生"的命题,在中国哲学史上第一次对精神和物质的关系问题作了唯物主义的回答。荀子肯定精神是物质所派生的,精神不能离开物质而独立存在。荀子是唯物主义的可知论者,他吸取了后期墨家的思想,从认识的主体和客体两个方面论证了世界的可知性:"凡以知,人之性也;可以知,物之理也。"在他看来,万事万物都具有一定的形态,都是可以认识的;就人的本性来说,是能够认识客观事物的。

荀子认为人的认识是从感觉开始的,他把人的认识分为两个阶段,即"缘天官"阶段和"征知"阶段。"天官"即人天然就具有的感觉器官,他认为认识过程开始于"缘天官",即用感觉器官对客观事物的感觉或反映,如"缘耳而知声"、"缘目而知形"。但是,由"天官"得来的感觉,还不能形成正确的认识,还须经过"征知"的阶段,荀子说:

> 心有征知。征知,则缘耳而知声可也,缘目而知形可也,然而征知必将待天官之当簿其类然后可也。

荀子认识到感知活动要受意向活动的支配。心经过对感性认识的"征知","是之则受,非之则辞",才能获得真理的认识。这样,荀子既突出了感觉经验在认识过程中的作用,批判了先验论;又看到了感觉经验的局限,注意到思维的作用。

荀子对知行关系也做了深入的探讨,他认为必须通过艰苦的学习和积累才能获取知识。在"知"与"行"的关系中,他认为"行"更为重要:

> 不闻不若闻之,闻之不若见之,见之不若知之,知之不若行之;学至于行之而止矣。行之明也,明之为圣人。……故闻之而不见,虽博必谬;见之而不知,虽识必妄;知之而不行,虽敦必困。

在荀子看来,"行"高于"知",是"知"的目的。反之,如果"知"而不"行",知道的再多也是困惑不解。这样,荀子不仅把"行"看作是认识的来源,而且也看作是认识的目的,具有明显的唯物主义倾向。

当然,荀子所说的"行",并不是指社会实践,而主要是指人的主观的道德行为要符合社会道德原则和各种礼仪规范。这正反映出他阶级的和时代的局限。

除了上面介绍的内容以外,荀子"制名以指实"的逻辑思想,是对先秦名实关系争论的批判总结,在认识论和逻辑思想的发展史上也具有重要的意义。

二、墨子及后期墨家

墨子(约前475—前395年),名翟,战国初期鲁国人。自称贱人,巧为车辖、兵器,后成为"上无君上之事,下无耕农之难"的"士",曾做过宋国大夫,是战国初期个体小生产者利益的思想代表。相传墨子早年曾接受孔子的儒家教育,后来由于反对儒家的政治主张,创立了一个与儒家相对立的学派,即墨家。

墨家是一个具有严密组织的学派性的政治团体,其成员大多来自社会下层,从事过体力劳动,通晓科技知识,其首领称为"巨子",并有自己的法规。

儒墨两家的思想观点是对立的,在当时都很有影响,并称为"显学"。墨翟死后,墨家学派分裂成三派,称为后期墨家。后期墨家活动于战国中、后期,他们继承和发展了墨翟的思想,在中国古代哲学思想史上占有重要的地位。

今存《墨子》五十三篇,是墨翟的弟子根据其言行记录而成的。据考,《亲士》《修身》《所染》为后人伪作;《经上》《经下》《经说上》《经说下》《大取》《小取》,是后期墨家的作品,其他二十四篇是研究墨翟思想的基本材料。

墨子世界观的基本倾向是唯物主义的,但他还没有彻底摆脱宗教唯心主义的束缚,因而带有严重的神秘主义因素。墨子的哲学思想中充满了矛盾,其中唯物主义和唯心主义的因素既互相对立,又互相影响。

墨子是有神论者,他相信鬼神的存在,还用许多传说来"明鬼"。他认为鬼神无处不在,"明智于圣人",能在冥冥之中赏贤而罚暴。墨子还相信存在着有意志的"天"。在他看来,天能赏善罚恶,"顺天意而得赏"、"反天意而得罚"。因此,他主张要"尊天事鬼"。但是,在墨子思想中的"天"与殷周时代宗教唯心主义者所讲的"天"有不同的意义,它已经是改造过了的下层劳动者理想的"天","因而'天志'也不是传统意义上的神秘的天命,而是代表下层劳动者的利益与愿望的主观意识的外化,并作为衡量社会上美丑善恶的标准"(肖萐父、李锦全主编《中国哲学史》)。

在墨子思想中,"天志"是判断是非的标准,他说:

> 我有天志,譬若轮人之有规,匠人之有矩,轮匠执其规矩以度天下之方圆,曰:中者是也,不中者非也。

在墨子看来,"天志"是一种工具,犹如轮匠手中的圆规和曲尺,是衡量人的言论行为的"规矩",是从上到下必须遵循的统一原则。墨子正是想借"天志"来推行他的政治主张,实现他的政治理想。

墨子虽然相信有鬼神存在,有有意志的"天"的存在,但他在"天命"问题上,却表现出唯物主义的倾向。"天命"是奴隶制社会的统治观念,孔子及其儒家学派便大力鼓吹"命定论",墨子对此不以为然。他以历史上的治乱变迁来证明"天命"论是没有根据的,命定论只能使人们在自然和社会事实面前无所事事,同时,它还为那些暴君提供了为自己辩护的借口,所以命定论是"凶言所自生,而暴人之道也"。如果真的一切都是"命"中注定的,那么人又能有什么作为呢!

为了反对"天命"论,墨子根据社会实践的经验,提出了"强"、"力"的观点,其目的是为了强调人为的作用。他认为,人之所以与禽兽不同,就在于"赖其力则生,不赖其力则不生",这是对人与动物本质区别的一种朴素而正确的认识。墨子认为,如果讲命定,则必然否定人的努力,会造成"上不听话,下不从事"、"衣食之财不足,而饥寒冻馁之忧至"的恶果。应该说,这种认识是很深刻的。

总之,墨子的世界观里,既保留着"尊天事鬼"的思想,又自"非命"的观点,充满着矛盾。在理论上主张"非命",理应否定"天志"和鬼神,但这两个方面却共存于墨子的思想体系之中,这个矛盾的出现,正说明了墨子所代表的小生产者具有无法改变的落后性与软弱性。

在认识论上,墨子坚持了唯物主义反映论,他认为人的认识来源于自己的感官所能感觉到的客观实际。他说:

> 天下之所以察知有与无之道者,必以众之耳目之实,知有与亡(无)为仪者也。请惑闻之见之,则必以为有;莫见莫闻,则必以为无。

在墨子看来,只有以众人的闻见感觉为根据才能作为判断有无的方法,不被众人感官所反映的东西就是不存在的。根据这种认识,墨子否定了孔子"生而知之"的先验论和命定论,认为圣人并非生而知之,他们之所以较常人高明,在于"能使人之耳目,助己视听"。"天命"是不存在的,"自古以及今,生民以来者,亦尝见'命'之物,闻'命'之声乎? 则未尝有也。"

继孔子提出"正名"之后,墨子首先把"名"、"实"问题提到了认识论的范围,他认为名(概念)是取材于实际的,故提出了"取实予名"的命题,即主张根据事物的实际情况,给予相称的名称。他举盲人为例说,盲人不能区别择取白东西和黑东西,不是因为他不知"白"和"黑"的"名",而是在实际上他们不能分辨白色和黑色。同理,统治者并不是不知道"仁"之名,而是他们不懂得什么是真正的"仁","我曰天下之君子不知仁者,非以其名也,亦以其取也"。这一"以实证名"的观点,表明了墨子认识论具有唯物主义的特色。

由此出发,墨子提出了区别言论真伪的标准问题。他认为言必立仪,检验言论是否正确应有共同的标准,他称为"三表"。

三表,又称三法,即三条标准。前二"表",一指过去"圣王"治理国家的历史经验,一指个人直接经验以外的广大人民亲身的经验。这二"表"涉及的认识论的问题,仅指古今经验的内容,还不是直接的经验。重要的是第三"表",墨子认为明辨言论是非,还要看它用于"刑政"是否符合国家和百姓的利益,只有让言论见之于行动,观其效果,才能鉴别其是与非。这一条是从实际产生的社会效果出发的,包含了用行动来检验认识的思想,带有唯物主义的特色。上述三条标准是统一的,它强调以"事"、"实"、"利"作为衡量言论之是非的标准,同时又以间接经验、直接经验和实行效果为标准,排除了个人的主观成见,因而是一种朴素的、唯物主义的真理观,这是墨子对我国古代思想史的一个重要贡献。

墨子的认识论,尽管还存在着矛盾和缺陷,但总的说来却具有唯物主义经验论的性质,尤其是他在中国哲学史上第一个提出了对人们认识事物的正确与否要进行验证并提出了验证的标准,这是对中国古代唯物主义认识论的可贵发展。

墨子生活的时代,正是奴隶制向封建制交替的变革时代,社会上必然存在着明显的等级差别和多种矛盾。为了"求天下之利,除天下之害",墨子提出了一个根本的办法,即是"兼以易别"。"别",指各种矛盾,它是一种不正常的现象,要消除"别",就要用"兼"之法,即所谓不分人我、彼此,一同天下之利害,他认为这是"圣王之法,天下之治道也"。其实,在阶级社会中,要实现所谓"兼君"、"兼臣",做到"兼相爱、交相利",是根本不可能的。这种力图抹煞社会矛盾的思想,是唯心主义和形而上学的。

为了以"兼"易"别",使社会矛盾得以调和,墨子提出了"尚贤"、"尚同"、"兼爱"、"非攻"、"非乐"、"节用"等主张。

"尚贤",就是任人唯贤,他主张"官无常贵,民无终贱",政权要向"农与工肆之人"开放,这与孔子"举贤才"的观点不同,反映了当时小生产者的基本要求;"尚同",是主张社会有统一的是非标准,以免社会混乱,并提出以"天志"为"尚同"的标准,这也反映了小生产者希望出现一个统一、安定的政治局面的愿望;"兼爱"幻想"天下之人皆相爱",以消除社会阶级矛盾;"非攻"主张废止战争,虽然表达了反对侵略战争的思想,但只看到战争的破坏性的一面,而没有看到战争在一定历史条件下的积极作用,这种战争观是违背历史辩证法的;"非乐"、"节用"主张的提出,均是针对儒家"厚葬"、"久丧"、"撞钟鸣鼓"造成的危害提出来的,有其积极的一面,但不加区别地一概非乐、节用,也反映了小生产者的狭隘性。

墨子死后,墨离为三,有相里氏之墨、邓陵氏之墨、相夫氏之墨,统称后期墨家。后期墨家活动于战国中、后期,其著作,保留在《墨子》一书中,有《经上》、《经下》、《经说上》、《经说下》、《大取》、《小取》六篇。

后期墨家继承和发展了墨子的唯物主义思想,克服了墨子思想中的一些缺点,而且在取得自然科学成就的基础上,发展了朴素的唯物主义的认识论,建立了比较完整的逻辑学体系。

后期墨家克服了墨子"天志"、"明鬼"的思想,主张破除对鬼神的迷信,如对于知觉与生命的关系,他们指出:"生,形与知处也。"表现出反对迷信的倾向;他们否认天能赏善罚恶以及所谓"鬼神之所赏"和"鬼神之所罚"的神秘力量,提出"功,利民也"、"罚,上报下之罪也"等观点。这些主张排除了"天志"、"鬼神"的因素。另外,后期墨家认为君的起源是臣、民共同约定而建立的,这与墨子"尚同"之说有明显的区别,具有了社会契约论的因素。他们还抛弃了墨子的"兼爱"说,代之以"利",他们用"利"来衡量一切,几乎把"利"提高到最高道德规范的地位。

后期墨家哲学观点的主要贡献,是贯彻了一条从物到感觉的唯物主义路线,他们承认物是第一性的,是客观存在的。他们指出物之长短是由物与物相比较而确立的,不能由人们主观随意判定。另外,后期墨家还正确地解决了"所以知"和"所知"的关系,认为认识是人的感官的一种特性;"知,材也"。正如眼睛产生视觉映像一样,是感官对外物的摹写。这正是后期墨家认识论的基础。在这个基础上,后期墨家还揭示了人们认识的生理机能以及某些生理、心理现象,并把反映事物部分属性和反映全体加以区别,分别称之为"小故"和"大故",这种区分自有其合理之处。

后期墨家还纠正了前期墨家感觉论的偏颇,由于他们看到了感性认识的局限,只凭感官"接物"是不能认识所有事物的,所以承认在"五路"感官作用的基础上,还需要头脑发挥其察辨作用,所以他们说:

> 闻,耳之聪也。
> 循所闻而得其意,心之察也。
> 言,口之利也。
> 执所言而意得见,心之辨也。

特别应该指出的是,后期墨家运用唯物主义认识论的原则,建立了一个比较系统的古代逻辑学理论体系,其逻辑理论的基本内容,在《小取》篇中作了总结性的概括:

> 夫辩者,将以明是非之分,审治乱之纪,明同异之处,察名实之理,处利害,决嫌疑焉。摹略万物之然,论求群言之比。以名举实,以辞抒意,以说出故,以类取,以类予。有诸己不非诸人,无诸己不求诸人。

这一段论述涉及了许多内容,包括辩的作用原则,认识的性质,概念、判断、推理等问题。对这些问题的论述,构成后期墨家逻辑学的基本框架,在具体论述中,他们提出了不少有价值的命题。至于他们对逻辑理论的突出贡献,则主要表现在对概念(名)、判断(辞)、推理(说)的分析研究方面。后期墨家把唯物主义认识论,贯穿到整个过程之中,并在此基础上,发展了墨家一套较为完备的逻辑思想。

总之,后期墨家的思想是很丰富的,其成就也是多方面的,尤其是在认识论和逻辑学方面,更是取得了突出的成就。

三、道家:老子和庄子

老子和庄子是先秦道家的主要代表,他们的哲学思想既有许多共同之处,而又各有特色。

老子即老聃,生平事迹不可详考。据史书记载,他年稍长于孔子,楚国人,曾当过周王朝的守藏史。今存《老子》一书,基本反映了他的思想,是研究老子哲学思想的主要资料。老子所处的时代,奴隶制已经崩溃,封建制刚刚兴起,他面对社会大变革,既丧失了对旧的奴隶制的信心,又反对新兴封建制度,在社会历史观上,形成了一系列保守、复古、倒退的思想主张,这集中地表现在他对"小国寡民"理想社会的描绘中。在他幻想的乌托邦里,国小,人少,无器物,亦无文字,人们老死不相往来,没有矛盾也没有战争,这实际上反映了没落奴隶主贵族复辟西周奴隶制的幻想。这都表现出老子社会历史观的落后的一面。但是,老子的哲学,是我国奴隶制时代哲学发展的一个总结,其中有许多辩证法思想精华,对中国哲学的发展产生了重要影响。

庄子(约前369—前286年),名周,战国时宋国蒙(今河南、安徽交界处)人,曾在家乡作过管理漆园的小官,后隐居,过着穷困的生活。庄子所处的时代,奴隶制已经彻底瓦解,封建制在各诸侯国普遍确立。庄子哲学代表了已彻底崩溃的奴隶主阶级的意识,在他的哲学中,充满了悲观绝望、玩世不恭的厌世思想,这正反映了当时奴隶主贵族无力扭转现状,只能采取消极反抗的态度,否定现世,到幻境中去求得精神上的解脱的精神状态,"庄子哲学把老子的客观唯心主义转化为主观唯心主义,把老子的朴素辩证法发展为相对主义,并以此为认识论的基础,形成了一个庞大的唯心主义哲学体系,成为战国时期道家的一个重要流派"(《中国哲学史》,九所高等师范院校编写组编)。《庄子》一书,今存二十三篇,其中"内篇"七篇以及"外杂篇"中的《知北游》等代表了庄子的思想,是研究庄子思想的主要资料。

"道",本义是人走的道路,后来引申而具有法则、规律之意。老子把"道"作为他哲学的最高范畴,把"道"看作是世界万物的总根源,他以道为中心建立起了客观唯心主义哲学体系。老子说：

> 道，可道，非恒道；名，可名，非恒名。无，名万物之始；有，名万物之
> 母。故恒无欲，以观其妙；恒有欲，以观其徼。此两者，同出而异名，同谓
> 之玄。玄之又玄，众妙之门。

在老子看来，如果能说出的"道"，就不是永恒的道，而叫得出来的"名"，就不是永恒的名。万物的原始是"无"，万物的根本是"有"。所以要没有欲求地观察"无"的妙处，带着欲求去观察"有"的变化。"无"与"有"都称作"玄"，它们是同一来源而有不同的称谓。玄之又玄，便是通向一切奥秘的总门。老子认为，他的"道"是不可用言语表达的永恒的道，它无象、无形、无声，即是"虚"、"无"。老子从具体的变化着的规律和事物后面，抽象出一个不变的、永恒的根本——"无"、"有"这两个概念。"有"与"无"的关系，是老子哲学的一对基本范畴，老子的"道"，正是在这对范畴的基础上建立起来的。

老子认为"道"是虚无的、绝对的本体，是天地之根、"万物之母"。他说：

> 道生一，一生二，二生三，三生万物。万物负阴而抱阳，冲气以为和。
> 人法地，地法天，天法道，道法自然。

又说：

> 天下万物，生于有，有生于无。

在老子看来，"万物"是由"道"派生出来的，它最后却又"复归于无物"，仍旧回到虚无的"道"。可见，老子把全部过程归结为：道——万物——道，也就是：无——有——无。至于"道"是怎样进行活动和遵循什么样的法则来行事，老子提出了"道法自然"的命题，在哲学史上也很有意义。

由关于"道"的论述，可以看出，老子的哲学思想属于客观唯心主义。但他的客观唯心主义并不彻底，也不严密，他对于"道"的论述，有些地方便具有一定的唯物主义因素，如他称"道"为"人之道"、"天之道"，这与一些唯物主

义思想家有关天体运行规律的论述属于同一类型,无疑保留了一些朴素唯物主义的因素。

老子哲学中具有相当丰富的朴素辩证法思想,这正是那个时期尖锐复杂的社会矛盾在哲学中的反映。

老子认为在社会和自然界中,存在着大量的矛盾,因而在《老子》一书中,有许多矛盾概念,如贵贱、大小、善恶、美丑、上下、主客、进退、正反、强弱、长短、曲全、古今、阴阳、兴废、盈虚、生死,由此老子揭示出矛盾的普遍性和客观性。

老子还认识到矛盾双方处在对立的统一之中,它们是互相联系、互相依存的。他认为,当天下的人都知道什么是善,也就知道什么是恶了;知道什么是美,也就知道什么是丑了。因此"有无相生,难易相成,长短相形,高下相倾,音声相和,前后相随",便是永恒的真理。这就清晰地揭示出矛盾对立面互相依存的关系。

老子又提出了一系列矛盾双方互相转化的概念,如"物壮则老"、"曲则全,枉则直,洼则盈,敝则新,少则得,多则惑"。在老子看来,事物向其相反的方向转化是一种普遍现象,这是值得肯定的观点,老子将矛盾双方互相转化的普遍法则,概括为"反者道之动",是颇为精当的。其中还包含了否定是辩证发展的必经环节的思想,认为事物向自己的反面转化,亦即自我否定,是合规律的运动。老子认为事物向对立面的转化,有一个量变的积累过程,他反复论述小与大、难与易、弱与强、柔与刚之间的辩证发展,得出了事物总是发展到一定程度时便会向其反面转化的结论,他说:

> 合抱之木,生于毫末;九层之台,起于累土;千里之行,始于足下。
> 天下难事,必作于易;天下大事,必作于细。

这些具体事例,说明老子看到了事物量变发展到一定限度便会自我否定,发生质变,这确实是难得的闪光的思想。

当然,老子的朴素辩证法也有其局限性。如他讲发展变化不是无限的,而是有起点有终点的,即是由"道"开始,又回到"道"的一个过程,然后就停止了,即所谓"归其根"、"归根曰静",这就陷入了形而上学。又如老子认识到对立面可以互相转化,但却否认转化所必须具备的条件,从而陷入了相对主义。

庄子继承了老子关于"道"的学说,仍把"道"作为自己哲学体系的基本概念。在庄子看来,"道"虽然无形无象,却是绝对的精神实体,是第一性的。"道"是比天地更为古老的原始存在,天地万物是"道"化生出来的。他说:

> 夫道,有情有信,无为无形;可传而不可受,可得而不可见;自生自根,未有天地,自古以固存。神鬼神帝,生天生地;在太极之先而不为高,在六极之下而不为深;先天地生而不为久,长于上古而不为老。

庄子认为,道是绝对精神的本体,它是没有内在矛盾的东西,是"无待"的,即不依赖他物而存在的一种"虚无",人只要去掉了生死、是非的差别,消除了对外界的依赖,达到了"无待"、"无己"的境界,便算得了"道",成了"真人"。与老子不同之处在于,庄子把"道"与行道的"真人"等同起来,因而由老子的客观唯心主义转入了主观唯心主义。

为了说明"道"的概念,庄子歪曲有限与无限的辩证关系,对物质世界的起源作了一番推论:

> 有先天地生者物耶? 物物者,非物;物出不得先物也,犹其有物也。犹其有物也,无已。

宇宙究竟从何时开始呢? 那是永远也推不出头的。这种推论导致庄周对物质世界的客观存在抱绝对怀疑的态度,必然会陷入唯心主义的泥坑。同时,庄子力图找出一个根本不存在的运动变化的主使者、发动者,他借比喻提出了问题:正如箫管需要人吹起来才响一样,大自然这支箫管是谁使它发声的呢? 继而,他又做出了回答:"杀生者不死,生生者不生"、"道无终始,物有死生",也自然陷入了唯心主义。

庄子的哲学体系尽管是唯心主义的,但其中也有一些有价值的内容,如他关于天道自然无为的思想,便有合理的因素。再如他认为生死是一种自然现象,也具有朴素唯物主义的性质。

　　在社会大变革的时代,百家争鸣,展开了是非之辩。庄子从对自然、社会和百家争辩的观察、思索中,提出了一套相对主义的哲学思想,反映了没落奴隶主贵族企图否定和取消思想领域里的斗争的一种心态。从理论的继承性来看,庄子的相对主义是对老子朴素辩证法思想中消极因素的发展。

　　庄子认为谁是谁非没有客观标准,因而也是不能判定的,所以世间根本就没有真是真非。他认为辩论的双方无论谁胜谁负,都难分清谁是谁非。争论双方不能分辨是非,只能请人评判。但第三者不管意见如何,总要同意一方的看法,因此也不能做为评判是非的标准。若是第三者对双方的意见都不同意,便构成了新的一方,当然不能判断双方之是非。若是第三者对双方的意见都同意,也自然失去了辩论和评判的可能。总之,庄子把对是非的判断局限在主观领域,不承认有客观标准,得出了是非无定的错误结论。在他看来,是非观念是相对的,是因人而异的,即所谓"彼亦一是非,此亦一是非"。其结果,必然走向极端的怀疑主义和不可知论。

　　庄子还否认世界上一切差别和对立的存在,他从事物的差别的相对性来否认事物的区分,而主张"万物一齐"。庄子"齐万物"的一个主要方法,就是否定事物质的规定性和多样性,抹煞事物的一切差别。如他说:

　　　　天下莫大于秋毫之末,而太山为小;莫寿乎殇子,而彭祖为夭。天地与我并生,而万物与我为一。

　　在庄子看来,既然事物的区分是相对的和不确定的,因此可以说"秋毫"是最大的,泰山反而是最小的;"殇子"是长寿的,彭祖反是短命的。他认为,事物性质、差异的相对性取决于人的认识,是主体赋予客观事物的,从而使矛盾对立面的转化成了纯粹的概念游戏。其结果,事物间的一切差别便被人为的"消灭"了。这当然是十分荒唐的。不过,庄子提出了事物和认识的相对性问题,还是有一定的理论价值的。

　　庄子从唯心主义和相对主义出发,否认认识的可靠性。他说:

　　　　夫知,有所待而后当,其所待者特未定也。

在庄子看来,认识需要一定的基础和条件,要有认识的对象,但认识对象却经常处于变化无定之中,所以知与不知是不能证明和区分的。他对人的认识能力也抱怀疑态度,他认为人生与认识都像梦幻一样,根本不可能寻求到真正的可靠的知识。因此,还是应该放弃认识活动,不要用"有涯"的生命去力图穷尽"无涯"的"知",追求知识是徒劳无益的事情。

庄子哲学以相对主义作为认识论的基础,片面夸大事物和认识的相对性,走向了不可知论和虚无主义,作出了许多混淆黑白的诡辩。

当然,应该指出,庄子发现了事物和认识的相对性,提出了一些新的命题。特别是他确认世界上的一切都具有相对性,包含着辩证法的因素。因此,他在中国哲学发展史上的贡献是不应一概抹煞的。

四、法家:韩非及其学说

韩非(约前280—前233年),战国末期韩国人,原来是韩国公子,因痛感政见不为韩国所用,于是"观往者得失之变",著书十余万言,即《韩非子》。秦始皇读后,十分赞赏。韩非后来到秦国,受到李斯和姚贾的妒害,死于狱中。

韩非集先秦法家思想之大成,继承和发展了前期法家进步的社会历史观,他的进化历史观是先秦时期研究社会历史的最高成果。韩非认为历史是进化的、发展的,不会倒退,因而复古是不可能的。他把人类历史的发展变化过程,分成"上古"、"中世"、"当今"三个发展阶段,具体分析了历史的进步过程,得出了"美当今"的结论。他认为"世异则事异,事异则备变",复古主义的主张犹如守株待兔,是不可能实现的;历史条件发生了变化,统治措施也要作相应的改革。韩非的社会发展观念,充分体现了新兴地主阶级改革旧制度的进取精神,是符合历史发展的辩证法的。

韩非还在总结先秦法家理论的基础上,全面发展了法家的法治思想,创立了以"法"为本,"法"、"术"、"势"相结合的法治理论体系。他辩证地看到了"法"、"术"、"势"三者之间的有机联系:"君无术则弊于上,臣无法则乱于下,此不可一无,皆帝王之具也。"韩非的"法"、"术"、"势"相结合的思想适应了由诸侯割据向中央集权的封建国家过渡的历史需要,在当时是有积极意义的。

在哲学上,韩非是一位朴素的唯物主义者和辩证法思想家,《韩非子》是研究韩非哲学思想的主要资料。

韩非在继承荀子"天行有常"、天人相分的唯物主义自然观的基础上,提出了"道理相应"的自然观。韩非对老子的"道"和"德"的理论进行了改造,使其具有了客观物质性的内容,又把"理"作为一个哲学范畴提了出来,用"道"与"理"的观念,来说明世界的规律性。

韩非认为,每一具体事物都有特殊的性质和规律,这些叫做"理"。"理"是经常变化的;"道"是存在于天地万物之中、与客观事物相终始的一般本质和规律性。

韩非认为,"道"是完全可以认识的宇宙总规律;"理"是指一事物区别于它事物的具体法则。不同的事物,各自具有不同的规律性。在韩非学说中,道和理的关系就是客观事物的规律性和特殊性的关系。

韩非认为"道"、"理"是完全可以被认识的,他说:"今道虽不可得闻见,圣人执其见功处以见其形。"这就克服了老子"道"的神秘性。韩非研究道与理的关系,其目的在于"体道"、"履理",即遵循客观规律,发挥人的主观能动性,他说:"夫缘道理以从事者,无不能成。"若"弃道理而妄举动者",地位再高,财富再多,都会以失败告终。事情的成功与否,取决于是不是按照客观规律办事,这是一个深刻的唯物主义的见解。

韩非把荀子"天人之分"的思想运用于认识论,提出了检验认识是否符合实际的"参验"方法。同荀子一样,韩非相信人有认识客观事物的能力。他说:

> 聪明睿智,天也;动静思虑,人也。人也者,乘于天明以视,寄于天聪以听,托于天智以思虑。

这里所说的"天",即是自然;"人",指人为。"天聪"、"天明"、"天智"是对荀子"天官"和"天君"理论的继承和运用;指各种器官特性。韩非认为,认识是依靠天生的感觉和思维器官去反映客观事物,事物是可以被认识的,人的各种器官能认识事物,因此事物之理是可以被认识的。韩非反对在没有接触客观事物和认识事物的道理以前,就主观地作出判断。他称之为"前识"。

"前识"其实就是没有根据的随意猜想,是十分愚蠢的。韩非举了一个"詹何猜牛"的故事,说明"前识"是十分荒唐的。

人的认识是否符合实际,怎么进行检验呢? 韩非发展了荀子的思想,提出要"循名实而定是非,因参验而审言辞",即遵循名实相符的原则来判定是与非,用参照验证的方法来辨别人们的言辞是否确当。他提出要把各种情况进行排列、分类,加以比较和研究,进行分析和验证,即所谓"参伍之验"。不仅如此,还要更进一步,从多角度、多方面去进行比较考核,才能检验出认识之真伪。韩非在认识论上的另一个贡献,是提出了以"功用"作为检验认识的标准,判断一个人是不是哑巴,就让他来说话;判断一个人是不是瞎子,就让他来看东西;判断宝剑的利钝,只要实地砍刺一下就知道了。可见,韩非主张通过"行"来验证"知",这无疑是一种极有价值的思想。

韩非继承和改造了老子朴素的辩证法思想,提出了矛盾的概念,他的矛盾之说虽然同今天辩证法的范畴的矛盾不同,但对辩证法的发展,却有积极的意义,其中包含着较丰富的朴素辩证法的因素。

韩非认识到一切事物都包含着矛盾,都是相反相成、对立统一的。他论述矛盾的普遍性时说:

> 时有虚满,事有利害,物有生死。

韩非认为自然界中,不是只有一面,还存在着反面,人类社会更是充满了矛盾,事物都是相互对立而又相互依存的,但他又认为存在矛盾的双方是不平衡的:

> 凡物不并盛,阴阳是也。

二者必有一方是主要的,所以要权衡利弊、得失,从矛盾的主要方面着眼,"去其小害,计其大利"。

韩非认为矛盾在一定条件下是可以转化的。在解释祸、福的转化时,他指出了矛盾转化的条件性:

人有祸则心畏恐，心畏恐则行端直，行端直则思虑熟，思虑熟则得事理，行端直则无祸害，无祸害则尽天年，得事理则必成功，尽天年则全而寿，必成功则富与贵，全寿富贵之谓福。而福本于有祸，故曰："祸兮福之所倚。"

韩非认识到，祸转化为福，要依靠一系列的主观努力，这种思想是符合辩证法的，它克服了老子忽视矛盾转化的条件性的缺点，避免了相对主义错误。

韩非还强调对立面斗争的不可调和性，他通过对许多矛盾现象的分析，得出"不相容之事，不两立也"的结论。另外，韩非还论证了"物极必反"的思想，主张做任何事情，都应适"度量"，这也是很有价值的观点。

总之，韩非的辩证法思想摆脱了天命神学的束缚，是新兴地主阶级激进派的宇宙观、方法论，对先秦辩证思维的发展作出了较大贡献。但它也有严重的局限性，如理论上的抽象概括还很不够、形而上学的因素还明显存在，等等，都是不应忽视的。

（原载《智慧的灵光》，人民日报出版社 1995 年 1 月版）

南北朝及隋唐时期佛教主要流派及其思想述评

佛教产生于印度,大约在东汉时传入我国,当时未引起社会的重视,而且还受到限制,所以它的影响并不大。魏晋时期,人们按照玄学去理解佛教,佛教有了较大的发展,特别是南北朝时期,由于社会的动乱和统治阶级的提倡,佛教空前地发展了起来,其主要标志是出现了许多佛教著作和佛教流派。到了隋唐时期,佛教达到了全盛时期,形成了中国化的佛教哲学形态。

佛教在南北朝时期得到迅速发展,是有其社会和政治的深刻原因的。在魏晋时期,玄学已经成为统治阶级的意识形态,但它毕竟太"玄妙"了,一般百姓不易理解,而佛教在世界观上与玄学唯心主义有不少共同之处,又有一套愚弄百姓的方法,所以统治者将其视作玄学的附庸和补充,受到保护和有意识地传播。南北朝时期是我国历史上民族大分裂、社会大动乱的时期,人民生活极其痛苦,经常处在朝不保夕的境况。这种状况,构成了佛教传播的必要条件,加之,当时入主中原的部族首领,大都信奉佛教并大力提倡,也促进了佛教的发展。因此,佛教由于适应了统治阶级的需要而风靡一时,取代了玄学,成为南北朝时期的统治思想。

汉魏以来传入中国的佛教,有两大系统,即作为早期佛教的小乘禅学和作为后期佛教的大乘"般若"学,即以《般若经》为中心的大乘空宗。由于后者的理论较接近玄学,加之《放光般若经》及以般若类为主的经书被大量译成汉文,所以在魏晋时期,主要流行的是"般若"空宗学。大乘般若学的基本思想是企图论证客观方面诸法"缘起性空",又认为主观方面的智慧能够洞察这种"性空",二者相结合,便构成了"空观"的理论。这种思想与玄学有相通之处,也有不同的地方,所以在与玄学相汇合时便产生了不同的解释,出现了所谓"六家七宗"，其中影响最大的是以道安（312—385 年）及其弟子慧远（334—416 年）为代表的"本无"派。

这一派主张"诸法本性自无"，他们基本上是按玄学"贵无"派的"以无为本"、"崇本息末"的观点来解释自己的思想的。例如道安说：

> 真际者，无所著也，泊然不动，湛尔玄齐，无为也，无不为也。万法有为，而此法渊默，故曰无所有者，是法之真也。

这里所说的"真际"几乎就是玄学中的"道"的同义语，可见当时的佛学，带有明显的玄学化倾向。如慧远将玄学本体论运用到佛教的出家的宗教活动中，他认为"相信佛教原理的人才不会以生命牵累他的精神；不承认客观事物的差别的人才不致受爱憎感情的牵累，由此就会达到精神绝对平静，对外界无所爱憎的'冥神绝境'的'涅槃'境界"（沈善洪《中国哲学史概要》）。这样说来，佛教与玄学在精神上是一致的，但较之玄学，它的宣传有更大的麻醉作用，因而也更适合统治阶级维护封建门阀制度的需要。

经过一定时期的研究和酝酿，佛学日益明显地摆脱了玄学的影响，走上了独立发展的道路。公元 401 年，西域名僧鸠摩罗什来到后秦首都长安，邀请许多学者译经，翻译了许多佛教著作，从而把对般若中观理论的译介和研究大大地推进了一步，同时还培养出了僧肇、竺道生等一批学者，其中尤以僧肇的贡献最为突出。

僧肇（385—414 年）是南北朝时期最重要的佛教哲学家，在参与鸠摩罗什译经的活动中，他对佛教作了深入的研究，批判地总结了魏晋以来玄学与般若学的各种理论，建立了中国化的般若空宗的哲学体系。《肇论》是僧肇的论文集，收有《不真空论》、《物不迁论》、《般若无知论》等论文。在《不真空论》里，作者论证了"即万物之自虚"的本体论，批评了王弼的"贵无"和道安的"本无"。说道安抬高了"无"的地位，压低了"有"的地位，他认为般若空宗并不是简单地否认客观事物有"有"或"无"的现象存在，而只是认为无论"有"或"无"的现象存在，都是不真实的。在名实关系上，他认为名与实之间谁也不能代表谁。名是虚幻的，实也是虚幻的，万事万物的存在都是虚幻的。因此人们不应留恋现实世界，只有宗教精神世界才是真实的、不空的，具有永恒、圆满、真实和完美的特色。在《物不迁论》里，作者表达了"即动而求静"的动静观。在他看来，动中有静，变中有常，要把动和静、变和常结合起来观察才是正确的。这种思想包含着一定的辩证思维的因素。所谓动与静，其实就是佛教中的一对矛盾，即一方面肯定人在现实世界中的生死流转，另一方面又要追求永恒不变的涅槃境界。他的"即动而求静"说，就是为了从理论上融合这一对矛盾，但在其具体论证中，却陷入了形而上学的诡辩，如他认为事物孤立地存在于时间的三相，即过去、现在和未来，它们乍生乍灭，没有连续性；又如他把事物在时空中变动的连续性和非连续性，形而上学地割裂开来、对立起来，得出了"事各性住于一世"的结论。在《般若无知论》里，作者集中探讨了认识论问题，中心内容是论证"般若""无知，故无所不知"的思想。在他看来，般若是一种能够洞察真理的特殊的智慧，它以"真谛"为认识的对象，不需要任何感觉与思维。这实质上是神秘唯心主义。

僧肇是般若学的集大成者，他建立的哲学体系具有使佛教中国化的特点，因为其中既有般若空宗的理论思想，又包括老庄玄学的思想资料。继僧肇之后，出自慧远门下的竺道生在宣扬《涅槃经》时，提出了自己的观点，有人称之为"涅槃学"。这种学说与般若学相比，更易为广大人民所接受，因为它宣扬的主要内容是：

一、人人可以成佛，即所谓"一阐提人皆得成佛"。"一阐提人"指贪欲成性、作恶多端的人。竺道生认为佛性人人本有，不管是谁，只要觉悟了，就可以成佛。

二、"顿悟成佛"。竺道生认为佛性作为最圆满的精神性的全体，它是不能分批得到的，要想得到它只能一次完成，这就是"顿悟"。

竺道生的主张适应了统治者欺骗下层广大人民的需要，既为那些作恶多端的人打开了佛门，又把"成佛"说成可以"顿悟"，从而否定了那种累世修行、几世成佛的说法，这无疑对一般百姓具有更大的吸引力。竺道生的这些思想，为以后的禅宗所继承和发挥，对隋唐佛学有重大影响。

到了隋唐，佛教进入了全盛的时期，形成了中国佛教的四大宗派：天台宗、法相宗、华严宗和禅宗。

1. 天台宗因寺院而得名。它发源于北齐、南陈，创立于隋初，盛行于隋唐，中唐以后开始衰落。这一派的主要代表人物是：智顗（531—597 年），著作有《摩诃止观法门》;湛然(711—782年),著作有《金刚锌》。

天台宗的基本思想是"一念三千"。在佛家看来,整个宇宙分为十界,十界是各各相通的,所以十界就成了百界,百界各有"十如是",就成了千界。每界又有三种世间,就有了"三千世间"或"三千法界",即所谓"三千",也就是佛家心目中的整个世界。这"三千法界"是从哪里来的呢? 天台宗认为三千法界都是"心"的创作。智颛说:"三界无别法,惟是一心作。心如工画师,造种种色。心构六道,分别校计,无量种别。"由此看来,天台宗认为世界的本源是"心",世上的一切都是"一念心"的产物,因而是虚幻不实的。

在佛家看来,五光十色的世界,总的说来不外色、心。智颛推演了印度佛教哲学家龙树的中观学说,提出了所谓"三谛圆融"的理论。他认为人及自然界,都是"无自性"的东西,也就是"因缘所生法",都是"空";不仅如此,"心"也是空的:"三界无别法,惟是一心作。今求心不可得,即一切空!"但是,色与心尽管均是空的,世界上又有种种色与心的现象存在,这些现象在智颛看来,只是心所立的名字,又称为"假有"。这样,从因缘和合而生着眼,世界的事物都是空,而从都有假象、都有名字着眼,世上万物又可以说是"有"。前者叫"真谛",后者叫"俗谛"。智颛认为不应偏在任何一方,而应"双遮二谛"而入于"中道"。他强调在每一事物上要同时看到空、假、中互相融通无碍,这就是"三谛圆融"。

为了修行到佛国,天台宗提出了止、观的宗教修养原则。止,就是定,即禅定;观,就是慧,即内省反观。它要人们保持自身固有的真如佛性(本心),医治心中的五欲、六情,从而看破红尘,放弃现实世界的斗争,才能永远解脱三道轮回的痛苦。

2. 法相宗,又称唯识宗。创始人是唐代玄奘(602—664年)和他的学生窥基(632—682年),代表这一派学说的主要著作有玄奘的《成唯识论》和窥基的《成唯识论记述》。之所以称之为"法相宗",是因为这一学派系统分析了一切现象及其规律(法相)并归结为都是虚幻的;又因为它分析到最后,认为一切"法相"都是由"识"产生的,所以又叫"唯识宗"。这一派较少结合中国社会实际有所发挥,而着重于综合传播印度佛学理论。

唯识宗认为世界上只有两种东西,即"我"与"法",但这两种东西都是不真实的,是人的"识"变现出来的,因此称之为"唯识论"。这个"唯",是"不离"的意思。在他们看来,生生死死的"我"是虚幻的,真正存在的是不死的灵魂,即"识"。"法"包括色法(即指形形色色的外物)和心法(指眼识、耳识等八识),都是不离"识"的。其结论是"实无外法,唯有内识"。

唯识宗认为世界的本原是"识",世界万物都是由"识"变现出来的。他们把人的"识",由浅入深,分为八种:眼、耳、鼻、舌、身、意、末那、阿赖耶。前六识类似我们理解的感觉、知觉和思维,它们只能了境,认识粗相,所以单叫"识";第七识专管思量,故叫"意",它起着维系前六识和第八识联系的作用;第八识是根本,它集中一切识的活动,所以也叫"心",它里面包藏着神秘的"种子",故而又称作"藏识"或"种子识"。"种子"先变为七识,再变现为世界上各种现象,这些现象并不是实有的,而仅仅是一种幻象。由此,他们得出了"唯识无境"的结论。总之,八种识都叫"识",世界上的一切心和物的现象都是"识"变现出来的。这种观点,显然是主观唯心主义的。

3. 华严宗,以阐扬《大方广佛华严经》而得名,其创始人是武则天时人法藏(643—712 年)。据传法藏曾参加过玄奘主持的译经工作,因意见不合退出,自创宗派。主要著作有《华严义海百门》、《华严金狮子章》等。

为了在物质和精神谁是本原这个问题上得出自己的结论,华严宗提出了一个"一真法界"的概念,它把世界先归结为一个包罗万有的"存在"(即"法界")。在"存在"中,无论是"心"(即主观意识)还是"尘"(即客观现象),无论是时间的长短,还是空间的大小,一切的一切都没有什么真实的差别,而全都呈现为一种互相依存、转化、互相蕴含、同一的关系。在他们看来,宇宙万有是互为缘起的一片"幻相"。世界之所以是"幻相",因为它是没有任何独立的实体,世界万事万物都是"因缘和合"的产物,即所谓"因缘和合,幻相方生"。法藏说:

> 金无自性,随工巧缘,遂有狮子相起。起但是缘,故名缘起。

这就是说,金没有自己的本性,只是随工匠把它造成狮子就是狮子。金是因,工匠制作是缘,因缘和合,才有狮子相。世上万物都是如此。"尘是心缘,心为尘因","尘"是由"心"变现出来的,而尘由心变现出来后又成为"缘"即自心活动的条件,这二者"和合",才会产生现实世界的"幻相"。这似乎是在说明:"心"和"尘"都不是第一性的,世上万物"幻相"的根源是那种"因缘和合"的抽象的关系。其实,在华严宗看来,只有"心"才是世界的本源,世界万事万物都是"心"所变现出来的幻象,物质世界并不是真实的存在。法藏说:"尘相虚无,从心所生";"离心之外,更无一法,纵见内外,但是一心所现,无别内外。"在他们看来,"尘"与"心"之间,是后者决定前者,即精神决定物质,物质世界是"从心所生",因此它没有自己的客观真实性("了无自性"),即使客观和主观的内外区别,全都是"一心所现",这表现出明显的唯心主义立场。

怎样才能沟通心与尘、天国与人类的联系?华严宗提出了"四法界":事法界、理法界、理事无碍法界、事事无碍法界。

所谓"理法界",指纯净的本体世界,这是"一真法界"即心的精神体现;"事法界",指复杂的现实世界,这是"一真法界"即心的具体体现。这两个世界互相融通而不妨碍,称作"理事无碍法界"。事与事(即现象与现象)之间也互相包含融合而不妨碍,称作"事事无碍法界"。在他们看来,"四法界"从根本上说都是由"一真法界"即心的精神所产生的。

华严宗以"四法界"说为纲,从"心融万有"这一基本点出发,对"事法界"和"理法界"作了详细的论证。"事法界"的中心命题是"事事无碍"。华严宗力图通过把事物的普遍联系、互相依存的关系,歪曲为无条件互相含蕴、互相摄入的关系。在他们看来,现实世界中每一事物都是"理"的体现,因为事物之间也是互相包含、融通无碍的,没有差别和对立。为了说明"事事无碍",华严宗提出了"六相圆融"、"一多依持"、"异体相即"、"异门相入"等论题,并作了细致的叙述。其目的在于把客观事物的现实差别性一律归结为抽象的同一性,从而否定了事物的客观性。"事事无碍",实际上把同一性和差别性、相对性与绝对性对立起来了,片面夸大了事物之间的同一性,用单纯的相对排斥绝对,否认相对中有绝对。同时,又否认对立面的互相同一是有条件的,同一性是具体的、相对的。

"理法界"的中心命题是"理事无碍"。华严宗的"事",并不确指客观世界的万物,而大体是指"依心回转"的缘生幻相;"理",主要指佛教哲学所设想的现象背后的"本体"。在他们看来,理与事、本体与现象并不是孤立地存在的,现实世界依赖于本体世界,本体世界即存在于现象世界之中。华严宗认为"全理为事","理"遍在一切事中。神圣的理是一个整体,任何事相中所显现的都是这个"理";而千差万别的每一"事",都是"理"的完满的显现。

"事理无碍"论,涉及到本质与现象的关系问题,以及一般和个别的关系问题,但却将矛盾的双方对立起来,表现出形而上学的特征。

华严宗的学说很适合当时统治者的需要,因而它深得武则天的支持,在中晚唐时期也很流行。它的理论体系、思维路径对宋明理学,特别是对程、朱学派有很大的影响。

4. 禅宗,是我国佛教史上流传最广、影响最大的一个宗派。禅是静坐沉思的意思,是佛教修行的方法。相传南北朝时,印度僧人菩提达摩来到中国传教,他提倡以坐禅的方式进行思想意识锻炼,这个教派因此称为禅宗。达摩死后,这套禅学辗转相传,到弘忍已是第五代了,他的一个弟子神秀在长安很活跃,被称为禅宗的"北宗";弘忍的另一个弟子惠能(638—713 年)更受弘忍赏识,他得到了弘忍的衣钵,主要在广东一带活动,被称为禅宗的"南宗"。"南宗"最初未受到朝廷的重视,后经其弟子神会(683—760 年)等人的鼓吹,影响迅速遍及全国,成为禅宗的正统派。禅宗是纯粹中国佛教的产物,它的经典是据惠能的讲述整理而成的《坛经》。唐末五代,禅宗又分为五大宗派,影响仍然很大。

禅宗认为"心"就是"本体",心外别无本体,现实世界的一切,都依存于心,这就明确地说明了禅宗对"本体"与现实世界关系的认识。惠能说:

> 心生,种种法生,心灭,种种法灭;一心不生,万法无咎。

在禅宗看来,所谓"成佛",不在于追求另一个遥远的"彼岸世界",而在于了彻现实世界所依存的"本体",禅宗认为这一"本体",也就是"佛"。所以他们主张"自心是佛"、"本性是佛",认为人性即是佛性,佛性也就是人性,故云:"本性是佛,离性无别佛。"禅宗把人性与佛性统一起来,认为佛性是人的唯一本质,如果自身固有的佛性能觉悟到便可成佛,否则则是"众生",因此禅宗认为:"自性若悟,众生是佛;自性若迷,佛是众生。"由此出发,他们反对坐禅、念经、拜佛,认为只有从内心下功夫才是成佛的好方法。所谓"心即是佛"、"无心之心"的理论,便自然会形成"亲证顿悟"的成佛方法。为了说明这套方法的可信,禅宗作了多方面的论证,禅宗否认人们正常的认识作用,认为一切见闻及语言文字全是障碍"真理"的根源,对于"真理","说即不中",这是一种彻底的不可知论;另外,禅宗认为人们只有通过"顿悟",才可能真正把握"真理",即所谓"一念相应,便成正觉"。因此必须抛弃一般正常的认识能力,才能达到"真理"的认识。这种"顿悟"是由一种神秘的契机而达到的精神状态和认识能力的突变,它的境界只能"亲证"而不能言传。

由此可见,"自心是佛"和"顿悟成佛"都是以主观唯心主义世界观为思想基础的,它十分适合唐王朝的封建统治:一方面,那些压迫人民的封建统治者,不仅可以"放下屠刀,立地成佛",而且甚至可以不放下屠刀,只要念头一转,也可以"立地成佛";另一方面,对于广大劳动人民来说,苦难的根源不是社会制度,而是因为他们自己思想上没有做到"无念",一旦顿悟了自己的本性,便可成佛。他们根本不必要求改变现状,只要一转念,苦难世界便变成了"清净静土",生活在其中便只有安乐了。这一套说教,对人们具有很大的诱惑力和欺骗性,因此受到统治者的赏识和提倡,从而使禅宗的作用与影响大大超过了佛教的其他宗派。

禅宗力图把中国传统哲学中的孔孟、庄周思想融入佛教,从而使宗教唯心主义进一步哲学化了。它的主观唯心主义宗教哲学思想,对宋明理学有很大影响。

(原载《智慧的灵光》,人民日报出版社 1995 年 1 月版)

反佛思潮的代表：范缜与韩愈

南北朝和隋唐时期，佛教得到迅速的发展，逐步达到了全盛时期，在其发展过程中，也出现了反佛的人物和哲学派别，其中著名的有南北朝的范缜和唐代的韩愈。

范缜是南北朝时期反对佛教唯心主义最为勇敢的一位学者，他的斗争事迹在《南史》、《梁书》的本传里都有生动的记载，其中最为突出的是他同权臣及僧侣进行的关于有无因果报应和神灭神不灭的两次论战。

第一次是在南齐武帝时期。萧子良是南齐"一人之下"的显要人物，他常与当时的一些权贵名士，如萧衍（后来的梁武帝）、沈约等一起"招致名僧，讲论佛法"。范缜认为"精信释教"是没有道理的，因而"盛称无佛"、"不信因果"。萧子良为维护佛教，对范缜提出质问：你不信轮回因果，那世间为什么有富贵，又有贫贱？他想用富贵贫贱的区分来证明因果报应确实是存在的。范缜巧妙地答道：人们降生下来，就好像树花同发，随风而坠，有的坠在虎皮席上，有的落在厕所旁边。附在虎皮席上的，就像是您；而落在厕所旁边的就像是我。贵贱虽有区别，却完全是一种偶然，与因果又有什么关系？萧子良被驳得无话可说，只能"深怪之"。范缜虽然驳倒了"因果轮回"说，但他用的是偶然论，这极易陷入宿命论，也不可能彻底批倒因果报应论。

要想批倒"因果报应"，就应从批判神不灭论入手，所以在与萧子良辩论之后，范缜"退论其理，著《神灭论》"。因为《神灭论》击中了佛教的痛处，所以"此论一出，朝野喧哗"。萧子良在公元489年，发动众多的僧侣和名士来反驳范缜，但他们讲不出像样的道理，不可能驳倒坚持真理的范缜。于是萧子良又以高官厚禄加以利诱，但范缜的回答是决不"卖论取官"，继续坚持原则的斗争。总之,在论战中,范缜针锋相对展开论战,又不受统治阶级的利诱,他的原则立场和可贵品德,为后世坚持真理的唯物主义思想家树立了榜样。

第二次论战发生在梁武帝时代。萧衍夺得帝位建立梁朝以后,在天监三年宣布佛教为国教。萧衍本人笃信佛教,曾三次舍身到同泰寺为奴,都被朝官用重金赎回。在他的提倡下,佛教势力日益增大,社会上掀起了大规模的崇信佛教的狂潮。这样,范缜写于二十年前的《神灭论》便自然成了崇佛者的攻击目标,因为它危及了佛教存在的基础,所以一场论战便不可避免了。萧衍把朝贵僧侣都动员起来,叫他们着手批驳神灭论。不久,他下了《敕答臣下神灭论》的诏书,其实是围攻范缜的动员令。他说:“有佛之义既踬,神灭之论自行。”可见神灭论是这位皇帝所不能容忍的。同时,他又要求范缜用设宾主的文体把神灭的观点说清楚。范缜毫不妥协,接受了挑战,用有宾有主、一问一答的形式重写了《神灭论》,坚持了自己的观点。“敕旨”发布不久,皇帝亲自出马,纠集六十余人,前后发表反驳《神灭论》的文章七十五篇,但范缜“辩摧众口,日服千人”,始终没有屈服。在论战中,崇佛者讲不出什么道理,只是给范缜扣些“背经”、“乖理”、“灭圣”等大帽子,范缜认为不值一驳。他只是针对东宫舍人曹思文的《难神灭论》写了《答曹舍人》一文,给予反击。最后曹思文不得不承认自己的失败,“思文情思愚浅,无以折其锋锐”。

在这两次大论战中,无神论者范缜都取得了胜利,他的《神灭论》对唯物主义的形神论作出了划时代的理论贡献。

范缜的《神灭论》,旗帜鲜明,体系严密,紧扣形神关系这一关键问题,对神灭论作了层层深入的论证。

《神灭论》的基本命题是“形神相即”,他说:“形神相即也,神即形也。”“形”即形体,指有形的物体,包括人体在内;“神”,指人的精神,也指宗教迷信所说的“灵魂”;“即”是“不可分离”的意思。范缜认为人的精神与形体不是各自独互存在的两个东西,二者是既有区别又有联系的不可分离的统一体,精神是不能离开人的形体而独立存在的。所以他说:

> 神即形也,形即神也。是以形存则神存,形谢则神灭也。

　　因而，范缜得出了"形谢神灭"的结论，他明确肯定了形体是第一性的，精神知觉是第二性的，他的"形神相即"的命题，表达了唯物主义的形神一元论，这是他《神灭论》全部论证的理论基础。

　　为了论证形神统一而不可分离的关系，范缜提出了"形质神用"的观点，这是他从一般事物有其质必有其用的"质用"关系着眼提出的。他说：

> 　　形者神之质，神者形之用，是则形称其质，神言其用；形之无神，不得相异。

　　这里的"质"，有物质实体的意义；"用"，是作用、派生的意思。在范缜看来，形体是精神的质体，精神是形体的作用，形体和精神是不能分开的。他认为精神从属于形体，是由形体派生的，并得出了形神"名殊而体一"的结论。针对佛教徒"名既已殊，体何得一"的质疑，范缜以刀利喻形神，恰当地作了回答：人的精神对身体的关系，就像刀的锋利对刀刃的关系一样；人的身体对精神的关系，就像刀刃对刀的锋利的关系。离开了刀刃就没有什么锋利，而离开形体也就没有什么精神。这就生动地说明了形质神用的关系，说明了精神对形体有着不可分割的依赖关系，其结论必然是"形亡而神灭"。

　　佛教徒反驳范缜神是形之用的观点。把人之质与木之质、生人之质和死人之质形而上学地等同起来，妄图以此否定精神是形体的作用的论点。针对这种观点，范缜指出：

> 　　今人之质，质有知也，木之质，质无知也；人之质非木质也，木之质非人质也。

　　这就说明了不同的质有不同的用的观点，人的质体本身是有知觉的，树木的质体是没有知觉的，由于人与树木的形体在本质上是不同的，所以才有了基于各自的本质而产生的"有知"与"无知"的差别。精神现象是人的形体（质）所特有的属性，并不是所有的物质都具有精神作用，不仅木的质不能产生精神，就是人，当死后形质起了变化，就与木之质没有区别，也就是"无知"的了。这就进一步论证了精神依赖于物质的形神一元论，批判了神不灭论。

在佛教徒看来,一切事物都不会有质的变化。范缜针对这种形而上学观点指出:

> 荣木变为枯木,枯木之质宁是荣木之体?
>
> 生形之非死形,死形之非生形,区已革矣,安有生人之形骸而有死人之骨骼哉?

范缜不仅指出了"用"随"质"变,而且指出物体的变化有其内在的规律性,质变不仅有一定的先后秩序而且还有突变和渐变两种形式:"有欻有渐,物之理也。"这种论述,具有朴素辩证法思想。

除了以上的内容以外,《神灭论》还揭露了佛教造成的祸害,揭露了佛教的欺骗性,就当时的时代看来,这些揭露是十分大胆而尖锐的。《神灭论》是一篇具有强烈战斗性的唯物主义与无神论的论文,在中国哲学史上曾产生过重要的影响。

韩愈(768—824 年),字退之,河南河阳(今河南孟县)人。他是唐代著名的散文家和诗人,也是唐代一位重要的哲学家。他的哲学论文《原人》、《原道》、《原性》、《原鬼》、《谏迎佛骨表》等是研究他哲学思想的主要材料。

韩愈一生是极力反对佛教的,宪宗元和十四年(819 年),他因为谏迎佛骨,触怒了皇帝,差点儿被杀,可见他反佛是十分坚决的。

在反对佛教的斗争中,韩愈仿照佛教编造的一套传法系统,建立了一套中国儒家的"道统",并以此作为自己思想的理论基础。在韩愈看来,"先王之道"从尧开其端,一直传到孔孟,从未间断:

> 尧以是传之舜,舜以是传之禹,禹以是传之汤,汤以是传之文、武、周公,文、武、周公传之孔子,孔子传之孟轲。轲之死,不得其传焉。

可见,先王之道有一个传授系统,在时间上看,它的"端"早于佛老,所以比佛老更具有正统的权威性。到孟子死,"道统"断绝了,因而佛老兴盛起来,只有当韩愈自己出现了,这个"道"才又有了继承人。他表示虽然继承道统的任务很艰难,但"使其道由愈而粗传,虽灭死,万万无恨!"自己绝不会"因一摧折,自毁其道以从于邪也"。

在韩愈的哲学思想中,"道"是其最高范畴,其内涵是抽象化了的封建伦理道德规范,即孔孟所讲的仁义道德:

> 博爱之谓仁,行而宜之之谓义,由是而之焉之谓道,足乎己无待于外之谓德。仁与义为定名,道与德为虚位。……凡吾所谓道德云者,合仁与义言之也。

这就是说,仁存于内,义见于行,普遍地"爱人"就是"仁",见之于行动就是"义",按照仁义的法则去做就是"道",内心具备了仁义的本性而获得了内在的自觉就是"德"。在韩愈看来,道德没有具体确定的含义而仁义却有具体确定的内容,仁义与道德之间是虚与实、内容与形式的关系,它们是不能分开理解,而必须联系在一起的。佛道二教就是离开仁义讲道德的,因此他们讲的道德并不是什么好的东西。韩愈说:"老子之所谓道德云者,去仁与义言之也。"而佛之道,也是"必弃而君臣,去而父子,禁而相生养之道,以求其所谓清净寂灭者"。这样的"道"所追求的只是"一人之私言",即个人修养的出世原则,而不是"天下之公言",即治理国家的方针,这都不符合"先王之道"的伦理传统和封建纲常,所以是应该反对和排除的。

韩愈的所谓"道统",在形式上,只是佛教"祖统"的摹仿,仁义道德是一个总纲,它的具体内容无非是封建伦理传统和政治制度。这些思想的提出,虽然是为了批判佛道二教,但其根本目的还是为了维护封建等级制度,其巩固地主阶级对劳动人民统治的本质是很明显的。

为了与佛教宣扬的"佛性"说相对立,韩愈提出了"性三品"说。

在韩愈看来,先天的人性分为上、中、下"三品"这三个等级,人如果禀受了先天赋予的"仁",就属于上等,反之则是下等。"三品"划分的标准,就看是否具有仁、义、礼、智、信这五种道德的内涵。性之"上品",是十分完善的,因为生来具有五种道德而且纯粹整齐;性之"中品",可善可恶,因为虽然也具有五种道德,但五德有所欠缺;性之"下品",是十分恶劣的,因为不具备五种道德。在韩愈看来,人性之不同是由于不变的"道"之有无在人身上的体现,而且人的品性是绝然相反、永远不会改变的,这是明显的形而上学的观点。

韩愈认为人的"情",也可以分为"三品"。在他看来,"情"是"性"接触外物后产生的,即所谓"情也者,接于物而生也"。情与性是相对应的,具有怎样的"性",就有怎样的"情"。"性"为上品,则其情表现得恰到好处,亦为"上品";"性"为中品,则其喜怒哀惧爱恶欲七情表现得不够适中,情为"中品";"性"之下品,其七情则表现得绝对不恰当,情亦为"下品"。其实,所谓"三品",指的就是封建社会三个不同层次的人,即封建君主与贵族集团、庶族地主和中下层官吏以及广大劳动人民。在韩愈看来,除了"中品"以外,上品的善性,可以通过封建道德的修养而发扬光大;性恶的下等人,却是"下之性畏威而寡罪",只能用刑罚来给予惩处,使他们不敢犯罪。这些观点充分表现出韩愈"性三品"说的阶级本性。

韩愈的唯心主义形而上学观点被应用到社会历史方面,就自然提出了"圣人"史观,他力图以"圣人"史观来否定佛祖和神仙。韩愈认为,"道统"中那些圣人,如尧、舜、周公、孔子等,都是天生的,上天生下这些大圣大贤是为了让他们建立纲常,施行教化,传授道业。在他看来,"圣人"是"人道"的榜样,圣人和仁义是融合在一起的。有了天生的圣人,才有了道统,才有了人类。人类社会的历史,全是圣人安排的,如果没有圣人,人类早就毁灭了。韩愈认为,不是人民创造了历史,而是圣人创造了历史,这是一种英雄史观,是对人类历史的根本歪曲。他这种历史观的提出,虽然是为了对抗佛祖和神仙,但其政治目的却在让人们相信,圣人创造的社会是最合理的,不需要任何改变,人民群众应该忍受封建统治,而地主阶级改革派所提出的改革主张是没有意义的,这与他反对王叔文改革集团的政治立场是一致的。

在佛道十分兴盛的情况下,韩愈敢于站出来加以抨击和反对,是有其明显的积极意义的。但他提出的"道统"论、"性三品说"和"圣人"史观,并不能从根本上触及佛道的神学本质,只不过是以一种唯心主义来排斥另一种唯心主义。韩愈的哲学思想对宋明理学有很大影响,尤其是他的"道统"论,更受到二程和朱熹的重视和发挥。

(原载《智慧的灵光》,人民日报出版社 1995 年 1 月版)

"程朱理学"简论

　　理学,是合佛道哲理而形成的一种唯心主义体系,在宋、元、明三代影响很大,是当时主要的官方哲学。其主要代表有程颢、程颐和朱熹,故又称为"程朱理学"。

　　程颢(1032—1085 年),字伯淳,号明道。程颐(1033—1107 年),字正叔,号伊川。二程是亲兄弟,河南人,少年时就学于周敦颐,后长期在洛阳讲学,因此他们的学派被称作"洛学"。二程在政治上反对王安石的变法,在哲学上反对张载的唯物主义自然观,而赞成周敦颐的唯心主义思想,初步建立了以理为本的理学体系。他们的著作合编为《二程全书》。

　　在本体论上,二程受到周敦颐、邵雍的影响,也有所发展和创造。从二程开始,"理"成了道学家哲学的基本范畴。在二程看来,哲学的最高范畴就是"理",或称"天理"。他们说:

> 天下只有一个理。
> 万物皆是一个天理。
> 天下之物皆有穷,只是一理。
> 无非理也,惟理为实。

　　在二程看来,"理"才是真实存在的唯一本体,而它"只是一理",是精神性的东西,万事万物均从"理"而来。二程虽然吸取了唯物主义气的范畴,而且还进一步认为道与气是不能分离的,但他们却从唯心主义立场出发,对理(道)气的关系作了说明:"有理则有气"、"道自然生万物"。可见,在他们看来,理是先于万物而存在的,气和万物都是从"道"产生出来的。因此他们反对张载的气本论:"凡物之散,其气遂尽,无复归本元之理。"既然气有生有灭,有聚有散,就不是永恒的绝对体,只有"理"既能通过气的往来屈伸而显用,又不因此而改体,所以只有它才是万物之源。这就否定了宇宙统一于气、气是产生万物的根源的唯物主义自然观。

二程认为,"理"是不以人的意志为转移而永恒存在的,它是实有其体的"天下无实于理者"。这个"理","不为尧存,不为桀亡",是一个不能"存亡加减"的实体。这是典型的唯心主义观点。他们提出"理"的实际目的,是为了使人们自觉维护封建伦理纲常,在封建等级制度下安命"尽分"。他们说:

> 父子君臣,天下之定理,无所逃于天地之间。

在他们看来,封建制度规定的伦理关系、等级制度是不容改变、无所逃避的"定理",虽然在必要时可以小有改变,但其根本原则是不能变动的。

在二程的理学之中,虽然也有一些"物必有对"、"物极必反"的辩证法因素,但其体系却仍是形而上学的。二程一方面认为"天地万物之理,无独必有对","天下无不二者",即天地万物没有单一的存在,都是以对立物的形式存在的,但他们不是强调对立中存在着相反的一面,而是只强调相成的一面。他们还认为事物的对立与发展,都是被"理"所决定的,而"理"是永恒不变的:"惟其天理之不可易。"由此可以看出二程理学体系的形而上学性质。

二程通过对《大学》"格物致知"的解释阐明了他们自己的认识论。关于"格物致知",历来有不同的解释,二程作了唯心主义的说明:

> 知者,吾之所固有,然不致则不能得之,而致知必有道,故曰:致知在格物。

在他们看来,人的认识是内心固有的,不是从外面得来的,但是还需要通过格物才能获得。什么叫"格物"呢?"格物"就是"穷理":

> 格犹穷也,物犹理也,犹曰:穷其理而已矣。

　　既然"格物"就是"穷理",那"理"在何处呢?二程认为理即一切,一切即理,理在心外,又在心中:"在天为命,在义为理,在人为性,主于身为心,其实一也。"他们认为可以借格物而唤醒人心所固有的"天理",通过众物之理与心中之理的奇妙契合,触发出神秘的觉悟。虽然格物还要有一个外求物理的过程,但最终还是"学者不必远求,近取诸身,只明天理,敬而已矣"。这就是他们所说的"物我一理",只要诚敬地进行内心反省,就可以达到"明天理"。

　　二程讲格物致知的目的是为了明白和实践封建道德的"天理",所以他们很重视知行关系问题。他们很重视"知"的作用,认为知是指导行的,只有先求知以明理,才能循理而行,但却片面夸大了知的作用,表现出重知轻行的倾向,得出了"以识为本,行次焉"的结论。如他们认为人们不吃毒药、不蹈水火,是由于有先验之知,而不是因为实践尝试的结果。这就颠倒了知与行的关系。这是因为二程的哲学并不要人们去接触客观事物,认识它所固有的规律,而只是要人们唤醒心中的"天理"。基于此,他们提出先知后行的观点,就是很自然的了。

　　二程的"格物致知",实质就是通过道德修养达到"明天理"的唯心主义认识论。在他们看来,作为"天理"的封建道德,是先验地存在于人心之中的,只是碰到外物的引诱才会发生动摇,因此他们提出了"存天理、去人欲"的理欲观。要达到这个目的,就要加强封建道德的自我修养,其关键在于"涵养须用敬",即全力遵守封建伦理而不要有一点儿背离。他们说:

　　　　致知在格物,非由外铄我也,我固有之也。因物而迁,迷而不悟,则天理灭矣。故圣人欲格之。

　　这段话,简明地概括了二程"格物致知"的本意和目的。

　　朱熹(1130—1200 年),字元晦、仲晦,晚年号晦庵,南宋徽州婺源(今江西婺源)人,出身于"以儒名家"的"著姓",中进士后在福建、江西等地作过地方官。但仕途坎坷,晚年退居讲学,他的学派被称为"闽学"。

　　朱熹拜程颐的三传弟子李侗为师,直接继承了程颐的客观唯心主义哲学思想,并对北宋其他理学家的思想都有所利用和采纳。此外,还吸取了一些佛学和道家的思想资料,形成了一个庞杂的客观唯心主义哲学体系。朱熹是继孔子之后,在我国封建社会中影响最深远的唯心主义哲学家。他的著作很多,主要哲学著作有《太极图说解》、《四书集注》、《朱子语类》、《朱文公文集》。

朱熹继承了二程的理学,也吸取了张载元气论的思想资料,建立了自己的客观唯心主义本体论。

朱熹哲学体系的基本的,也是最高的范畴是"理"和"太极"。他的"理"是继承二程而来的,"太极"则是继承了周敦颐的理论。在他看来,"理"是精神本体,是唯一的存在,是天地万物的产生者。他说:

> 二气五行,天之所以赋受万物而生之者也。自其末以缘本,则五行之异,本二气之实。二气之实,又本一理之极。是合万物而言之,为一太极而已也;自其本而之末,则一理之实,而万物分之以为体,故万物之中各有一太极。

这便是他的宇宙生成论,"理"可以派生出二气五行万物,而万物又复归于理,这就表现出"理本气末"的观点。在朱熹看来,理不仅是万物的产生者,而且在人消物尽之后,它也永恒地循环往复地运动着,而气则只是形成万物的材料,自然是第二性的。他认为理既然能产生万物,因此"未有天地之先,毕竟也只有理","有是理,后生是气",理是先于物而存在的。他说:

> 若在理上看,则虽未有物,而已有物之理,然亦但有其理而已,未尝实有是物也。

朱熹把这一观点运用到社会领域,便提出了十分符合封建道德的见解:

> 未有这事,先有这理。如未有君臣,已先有君臣之理;未有父子,已先有父子之理。

这种客观唯心主义的观点,显然是十分荒谬的。

由以上的分析可以看出,在理气关系上,朱熹坚持了唯心主义的观点。在他看来,张载"太虚太和"的"气"是"形而下"的有形体,不能作为世界的本源("道体"),所以他提出以形而上的"理"来作为"生物之本"。当然,他并没有否认"气"的存在,他认为在形成事物中,理与气均是不能缺少的,但"理"是根本,而气只是构成事物的具体材料。所以他说:

> 气之所聚,理即在焉,然理终为主。

为了论证理与气的主从关系,他又提出了"理气相依"的问题。他认为,从宇宙构成论来看,即"从物上看",每一个具体事物中理与气是互相依存的;而在"理上看",即从本体论上看,理与气又是有区别的,理是气的产生者和支配者。可见,他所提出的"理气相依",并不是平行的关系,而是主从的关系,结果仍然是论证了"理"为本、"气"为末的观点。

朱熹承袭华严宗"一即一切"、"一切即一"的思想,提出了"理一分殊"说。他认为宇宙间只是一个太极,而万物各有一太极,都不过是"太极"的体现,他说:

> 自其本而之末,则一理之实而万物分之以为体,故万物之中各有一太极。

在他看来,万物之理实为一理,所以"万物之一原"即是"理"。他又提出"万个是一个,一个是万个"的观点,认为"万个"事物之理全具"一个"本体之理。他说:

> 人物之生,天赋之以此理,未尝不同,但人物之禀受自有异耳。如一江水,你将勺去取,只得一勺;将碗去取,只得一碗;至于一桶一缸,各自随器量不同,故理亦随以异。

在这里,他通过例证说明了"万个"与"一个"的关系。"源头"只是"一江水",这即所谓"理一"。但由于"器量"不同,水的体尽管没有变化,但水的量却不同了,这即所谓"分殊"。"千差万别的'水'来源于'一江水',这就是万殊归于一理。'一江水'又变成千差万殊的'水',这就是一理化为万殊"。朱熹还引佛教"一月普现一切水,一切水月一月摄"来说明他"理一分殊"的观点,他把"太极"比作天上的月亮,万物之理比作月亮在水中的映像。在每一江湖水中的每一个月亮,都是月亮的整体,而不是月亮的一部分。这就把一般与个别绝对等同起来,从而抹煞了事物之间质的差异性和运动形式的多样性,是典型的形而上学观点。

朱熹提出了"理生万物"的辩证发展观,从而否定了"理包万物"的形而上学观。在解释《周易》卦象的形成问题时,他认为"两仪"、"四象"、"八卦"不是一次产生的,而是有先有后顺序产生的,这就反映出他思想中具有某些客观辩证法因素。同时,他在这里还指出事物的对立是普遍的,一分为二是自然之理:

> 此只是一分为二,节节如此,以至于无穷,皆是一生两尔。

虽然他回答的是"太极生两仪,两仪生四象,四象生八卦"的问题,但阐述的却是一种辩证法思想。他又在《周易本义》里说:"一每生二,自然之理也。"在他看来,事物对立的双方是互相依存的,世上不存在没有对立面的事物。他指出:

> 东之与西,上之与下,以至于寒暑、昼夜、生死,皆是相反而相对也。天地间物,未尝无相对者。

不仅如此,他还注意到事物内部和对立面一方的内部也存在着矛盾,这就深化了他对矛盾普遍性的认识。他认识到对立与统一是不可分割的,肯定了对立和统一在发展中的作用。他很赞赏张载"一物两用"的矛盾思想,并有所改造。如他说:

> 凡天下之事,一不能化,惟两而后能化。且如一阴一阳,始能化生万物。

在朱熹看来,气是一个可以分或阴阳的统一体,由于阴阳气的一消一长,才能"化生万物"。这是用统一物的互相对立来说明事物变化原因的辩证法观点。

总之,在朱熹的哲学体系中,朴素辩证法的因素是很丰富的,但是这些朴素辩证法思想却受到了他理学体系的局限。如他认为"一分为二,节节如此,以至于无穷,皆是一生两尔"。就把客观事物复杂的矛盾运动简单化、固定化了;又如他虽然对渐变和突变的关系有所认识,但他强调渐变而忽视突变,强调新旧之间的联系而忽视了新旧之间的本质差异,这就必然产生所谓"定位不易"的循环论。在他看来,不变之"常"是绝对的,可变之"用"是相对的,从而否定了矛盾的转化。所谓"常"是什么呢? 他说:

> 君臣父子,定位不易,事之常也。
> 三纲五常,礼之大体,三代相继,皆因之而不能变。

可见,朱熹强调对立事物的不能转化,其根本目的还是为了维护封建社会秩序,以适应封建统治的政治需要,他的辩证法之所以很不彻底,其阶级根源就在这里。

在认识论领域内,朱熹继承了程颐"格物致知"的观点,他认为"格物之说,程子论之详矣。而其所以格,至也,格物而至于物,则物理尽者,意可俱到,不可移易"。他在《大学章句·格物致知补传》中,对认识论作了全面的阐述。在这里,他把认识主体与认识对象作了区别。在他看来,人心的知是认识的主体,事物的理是认识对象,"格物"是认识方法,"穷理"是认识目的。认识只有经过格物才能穷理。他认为,"理"是不能离开"物"的,"穷理"就离不开"格物",这种"即物而穷其理"的认识方法有唯物主义因素。基于此,他认为《大学》——

> 不说穷理,却言格物。善言理,则无可捉摸,物有时而离。言物,则理自在,自是离不得。

但是,朱熹所要穷究的"理",不是事物固有的客观规律,而是"在己之理"。他认为心是理的所会之地，"心包万理，万理具于一心"，"所觉者，心之理也；能觉者，气之灵也"。他的错误在于把认识的主体和客体混为一体，认为主体对客体的认识，只是"理"自身的自我认识，所以他说："致知，是吾心无所不知"。认识"理"也就不必外求，只是认识我的道理而已，这就把外在事物之理说成是内心之理，把人心（认识的知觉器官）的可反映性与反映内容混淆起来了。他说：

> 大凡道理皆是我自有之物，非从外得，所谓知者便只是知得我底道理，非是以我之知去知彼道理也。

既然"大凡道理皆是我自有之物"，既然"心包万理"，似乎就不必从物中去"穷理"了，但朱熹认为心中先验的"已知之理"，还要通过"格物"来考察，才能不是"悬空底物"，因此"自家虽有这道理，须得经历过方得"。所谓"经历"即是"格物"。在他看来，通过"格物"，就会使先验的"在己之理"得到印证。朱熹认识到认识有一个由感性认识到理性认识的发展过程。因此，他的"格物致知"论与神秘直觉的"顿悟"论是不同的，但他主张认识是有穷尽的，这又自然陷入了唯心主义和形而上学。

朱熹的认识论在"格物"的认识方法和为学目的之间存在着矛盾。按他所说，"格物"的范围很广，"上而无极太极，下而至于一草一木一昆虫之微"，都"须著逐一件与他理会过"。但他又认为"遍格众物"是不应该的，应该主要去"穷天理，明人伦，讲圣言，通世故"，即自觉去维护封建制度；所谓穷理，就是对纲常伦理穷根究底，"须要穷其根源来处"。他认为在"草木器用"中是"格"不出"圣道"来的，这样做，只能是"炊沙而欲其成饭"，落得一场空。那又怎么穷理呢？朱熹认为理的精华全在圣贤之书中，要想穷理，就必须读圣贤之书："读书以圣贤之意，因圣贤之意以观自然之理。"而书本上的"圣贤之意"则"说尽天下后世无穷无尽底事理"。由此可见，朱熹的"格物穷理"并不是认识物质世界及其规律，而是要达到封建道德的最高修养。

在知行关系方面，朱熹也作了一些论述，他认为"论先后，知为先；论轻重，行为重"。虽然夸大了"知"的作用却也突出了"行"的地位，自有其合理之处。特别是他提出了"知行常相须"的观点，表明他认识到知行不可分割的对立统一关系,这是一种朴素、辩证的认识。

朱熹在张载、二程人性论的基础上,提出了"天命之性"和"气质之性"相结合的人性论。

朱熹认为人生来就具有天命之性和气质之性。所谓"天命之性",又叫"天地之性",是指人生就具有的善的观念,即仁、义、礼、智等封建道德规范之理在人身上的体现。他说:"在人,仁义礼智,性也。""气质之性",是指人禀的气所形成的性,因为气有清浊,所以气质之性有善有恶,"禀得精英之气,便为圣为贤";"禀得衰颓薄浊者,便为愚不肖",禀什么气是由天命决定的。

朱熹在人性上的这种区分,实际上来源于张载,经过他的发挥,更趋完备,较之孟子的性善论,更具有理论色彩。他鼓吹天命之性,无非是为了把地主阶级的道德规范说成是先天人性,是超阶级的,让人人都遵守它,从而巩固封建统治。他宣扬"气质之性",是为封建等级作辩护,同时鼓励人们通过掌握封建道德由"恶性"转变为"善性"。朱熹的人性论是十分荒谬的,但在我国各种唯心主义人性论当中,却又是最完备的,因此最适合封建统治阶级的需要。

在把人性分成"天命之性"和"气质之性"的基础上,朱熹又提出了道心和人心、天理和人欲的关系。

朱熹认为"道心"是由"天命之性"产生的,而"人心"是由"气质之性"产生的。"道心"是"天命之性"感物而动产生的合乎天理的心和情;"人心"是"气质之性"感物而动受到物欲的牵累而产生的不善的心和情。他说:

> 心一也,方寸之间,人欲交杂,则谓之人心;纯然天理,则谓之道心。

在他看来,"道心"是服从于仁义礼智的义理,它能看到"道理之公",是微妙的;"人心"反映了人们对物质的欲望和要求,它只看"利害情欲之私",因而是很危险的。"道心"虽然人人都具有,但它"难明而易昧"。之所以如此,就是因为"人心"以"私利"、"物欲"蒙蔽了"天理"、"道德"的缘故。因此,要以道心主宰人心,克制人心;只有用道心主宰了人心,人心才会是善的。

由"道心"与"人心"的对立,他又提出了天理与人欲的对立,提出了"存天理,灭人欲"的命题:

> 人之一心，天理存，则人欲亡；人欲胜，则天理灭。未有天理人欲夹杂者。

他认为"天理"与"人欲"是绝对对立的，他不但将其视作是封建道德修养的原则，而且作为他哲学的最后归宿。他说：

> 圣贤千言万语，只是教人明天理，灭人欲。
> 须是革尽人欲，复尽天理，方始是学。

朱熹这一套理论的本质是让人们按所谓"天理"的要求，安于等级差别，不要有非分之想，从而维护封建的宗法等级制度。他把这种理论运用到实践中，更显得荒谬和反动。如他攻击陈亮力主抗战是自私自利，"直到利欲胶漆盆中"。又如他极力赞扬"饿死事极小，失节事极大"。这种反动说教不知造成了多少人间悲剧。

朱熹是集中国封建社会唯心主义思想之大成的哲学家，他的哲学为统治阶级提供了巩固封建专制制度的强有力的理论根据。因此，从南宋末年到清末为止的七百年间，朱熹哲学具有不可动摇的权威，成为各个朝代的官方哲学，其消极影响是相当大的。同时，朱熹在对具体问题的论述中，也提出了一些在认识上有合理内容的思想和命题，对唯物主义的发展也发生了一些影响。

（原载《智慧的灵光》，人民日报出版社 1995 年 1 月版）

张载及其哲学思想

　　张载(1020—1078 年),字子厚,长安人,因家住陕西郿县横渠镇,世称横渠先生。在政治上,张载看到了土地兼并带来的严重社会问题,主张进行必要的改革;在哲学上,他虽被称作是道学创始人的"北宋五子"之一,但其倾向却与一般理学唯心主义者有所不同。他对佛、道理论作了认真研究,发现了许多问题,对传统的"气"的概念作出了新的解释;他还深入研究了《易传》,吸取了古代的辩证法思想,创立了"气化论"的唯物主义体系。张载是宋代重要的哲学家,因他长期在陕西关中生活和讲学,后来称他的学派为"关学"。张载的哲学著作主要有《正蒙》、《易说》、《语录》,后人编为《张子全书》。

　　张载继承和发展了古代唯物主义,系统地阐述了"太虚即气"的唯物主义自然观。

　　张载认为,世界统一于气,无形的太虚、有形的万物,都是气存在的不同形式。他说:

　　　　太虚无形,气之本体。其聚其散,变化之客形尔。
　　　　太虚不能无气,气不能不聚而为万物,万物不能不散而为太虚。

　　在他看来,万物是气聚而成的固定形状,太虚是气散而未聚的本然状态,太虚、万物是同一物质实体——气的两种存在形态。

　　张载认为宇宙太空充满了物质的气,凡是感官能直接感知的"象"都是气:

> 凡可状，皆有也；凡有皆象也，凡象皆气也。

在张载看来，"气之本体"虽有聚散却没有生灭，他把气在太虚中的聚合和分散喻为水和冰的关系，认为同冰在水中的凝固和融解一样，是气变化的暂时状态，其本身是不生不灭的。由此他提出了"形聚为物，形溃为原"的命题，这是对物质不灭的一种直觉的臆测，它根本否定了有一个脱离物质而存在的"无"，从而驳斥了"无中生有"的唯心主义观点。

从"太虚即气"的观点出发，张载对"天"、"道"、"理"、"神"等范畴都作了唯物主义的解释。他认为"天"是广大无限的宇宙总体，故云："由太虚，有天之名。""道"，是气的变化过程的总过程："由气化，有道之名。"气是经常处在运动变化之中的，这种运动变化主要是聚散往来，胜负屈伸，浮沉升降："太和所谓道，中涵浮沉、升降、动静相感之性，是生絪缊相荡、胜负屈伸之始。"这就是说，太和的气中，包含着变化运动的本性，由此产生了物质运动，其总过程就是"道"，离开这个"道"，没有其他的"道"。他认为物质变化是有规律的，这种规律就是"理"："天地之气，虽聚散攻取百涂，然其为理也，顺而不妄。"这就是说气的运动虽很复杂，却有其必然的规律。而且"理不在人而在物"，规律存在于"物"即物质世界之中，而不取决于人。他认为"神"是气的本性，"神化"就是"气化"，并用"神化"来强调阴阳二气运动变化的微妙性和能动性，而不是说气外有一个推动和主宰气运动变化的"神"："妙万物而谓之神。"可见他讲的是"气所固有"的"妙万物"的一种物质特性，在这里，"神"还是唯物主义的一个概念。但他所称的"神"的概念中，有时也表现出唯心主义的倾向，如说："清极则神。""万物形色，神之糟粕。"他认为精神是一种至清的气，万物是粗浊的气，把神看作超出万物之上，这就混淆了精神和物质的界限。

为了论证"虚空即气"的唯物主义本体论，张载提出了"一物两体"的观点。

张载继承了《易传》中的辩证法思想，指出任何物和事都是由矛盾构成的，不然就不成其为物和事了。他说：

> 物无孤立之理，非同异、屈伸、终始以发明之，则虽物非物也。事有

始卒乃成，非同异、有无相感，则不见其成。不见其成，则虽物非物。

他所说的"同异"、"屈伸"等关系，指的是矛盾，而"相感"则是相互作用。在他看来，任何事物都在空间和时间上处于一定的依存关系之中，没有这种关系，事物就不成其为事物了。因此，这种"相感"乃是自然事物所固有的一种必然的联系。

张载认为事物之所以有运动变化，不仅由于事物之间的外部感应关系，更重要的是由于事物内部矛盾的感应关系，因而他提出了"动必有因"的内因发展观。他指出：

凡圜转之物，动必有机。既谓之机，则动非自外也。

他认为"机"即是事物运动的内在动因，一切事物的运动变化，包括寒暑变化在内，都根源于事物内部固有的矛盾。他称这种矛盾为"二端"，一切事物产生与变化的内因都是"二端"的相互感应。张载"动非自外"、"动必有因"的观点丰富了古代辩证法思想。

张载将对立统一称作"参"，他提出了"一两"学说，分析了矛盾双方相互依存和相互对立的关系。他说：

一物两体，气也。一故神（自注：两在故不测），两故化（自注：推行于一），此天之所以参也。

"一物两体"就是统一物中包含了对立的两部分。在他看来，气是统一的物质实体，但它又包含着内在的矛盾。"两"和"一"分别代表了矛盾的对立性和统一性。因为有对立面的统一，所以才微妙不测，他称之为"神"；又因为统一中有对立，故而才变化无穷，他称之为"化"；既矛盾，又统一，他称之为"参"。他还深刻地论述道："两不立，则一不可见；一不可见，则两之用息。"他认为，没有矛盾的对立，就无所谓统一；但没有双方的互相依存，矛盾双方的对立作用也就停止了。张载对"两"和"一"即对立和统一关系的论述，是很可贵的。

在分析对立统一的关系时,张载说明了对立双方的相互作用。他说:

> 有两则须有感,然天之感有何思虑? 莫非自然。
> 天性乾坤阴阳也,二端故有感,本一故能合。天地生万物,所受虽不同,皆无须臾之不感。

"感",即对立面的交互作用,有矛盾,就有交互作用,张载认为这是事物发展变化的根本原因。他用乾、坤、阴、阳来概括"两端"的对立,用感应来说明相互作用。他认为对立面的交互作用使万物不断发展变化,"乾坤毁则无以见易",如果消灭了对立面的作用,就无以见到变化。张载在我国辩证法发展史上,把对立统一学说向前推进了一步。当然,张载的辩证法也有不足之处,如他认为矛盾双方的斗争必然是以"和而解"而告终,便陷入了矛盾调和论。

作为唯物主义者,张载承认感觉来源于外界事物。他指出:

> 有识有知,物交之客感尔。
> 人谓已有知,由耳目有受也。人之有受,由内外之合也。

人的认识和知识,是人与外界事物相接触而产生的。"内外之合",即主观与客观相符合,其基础在与"物交",使"耳目有受"。张载把通过耳目感官和外界相接触而获得的知识叫作"见闻之知"。他认为,人的认识依赖于外界事物,"有物则有感",没有外界事物也就没有认识了。所以他说:

> 感亦须待有物,有物则有感,无物则何所感?
> 心所以万殊者,感外物为不一也。

正因为人接触了种种不同的外物,所以才会产生千差万别的认识,这是符合唯物主义认识论的思想。

张载不仅承以感性认识是必要的,而且看到感性经验有其局限性,所以又提出要真正做到"合内外",还必须"尽心"、"穷理"。他说:

言尽物者，据其大总也。今言尽物者，未说到穷理，但恐以闻见为心，则不足以尽心。人本无心，因物为心。若只以闻见为心，但恐小却心。今盈天地之间者皆物也。如只据己之闻见，所接几何？安能尽天下之物？所以欲其尽心也。

张载看到天地间之物是无穷的，认识能力也应是无限的，因而如果仅仅局限于个人少量的闻见，就不能获得关于天地万物规律性的认识，因而他主张要充分发挥心的作用，"尽心"而"穷理"："万物皆有理。若不知穷理，如梦过一生。"张载的观点有其合理性，但是他不懂得感性认识和理性认识的辩证关系，企图追求"尽天下之物"的绝对真理，即所谓"德性之知"。他所说的"德性之知"，是关于天地万物规律性的无所不包的认识，要想获得它，其关键在于"尽心"，而"尽心"的要点在一个"诚"字。所谓"诚"就是要达到"天人合一"的神秘境界，只有如此，才能"知性知天"。这就把感性认识和理性认识形而上学地割裂开来，而认为"德性之知"可以不从感性认识得来，它不以感性为依据，而可以"周知万物"，"尽物穷理"。如他说："大其心，则能体天下之物。"这就片面地夸大了理性认识，滑向了唯心主义和神秘的直觉主义。由此可见，在认识论上，张载暴露出他世界观的弱点，这对当时及后世产生了很大的消极影响，如他"自明诚由穷理而尽性"的认识路线，便被程朱理学和陆王"心学"引为同调，并在此基础上有所发展和发挥。

说到张载对理学家的影响，还应该提一下他的人性论和伦理观。他的人性论从元气本体论的观点出发，认为人的本性也就是天地万物的本性，他又把人性分成"天地之性"和"气质之性"，认为前者是善的，后者是杂而不纯的，是可善可不善的，关键在于能不能使"天德"不受物欲的蒙蔽。这种观点，直接为唯心主义理学家朱熹所继承，被评价为"有功于圣门，有补于后学"。在一定意义上说，张载的人性论可说是理学唯心主义"存天理，灭人欲"口号的先导。张载的伦理观，是以认识论中的神秘主义和人性论为基础的，其《西铭》一文，把儒家宣扬的忠孝仁爱思想具体化和理论化了，他要求人们乐天安命，不要违反封建的道德规范。因为他的伦理观完全是为地主阶级的统治服务的，所以得到理学唯心主义者的很高评价："仁孝之理备于此。""孟子以后，未有人及此。"

　　总之,张载在中国哲学史上占有重要的地位,他的影响是多方面的,比较说来,他对唯物主义和辩证法发展的贡献是主要的,也是极有价值的,应该给予充分的肯定。

（原载《智慧的灵光》,人民日报出版社 1995 年 1 月版）

中国古代史学的兴起

中国古代的史学产生和兴起于先秦。中国的奴隶制自夏朝开始，但至今尚未发现夏代的文字，因而夏代还不可能有史学。商周出现了甲骨文与金文，也有了历法，开始有了不完备的文字记载。其中的《尚书》和《诗经》保存了一些记录史事和反映历史的内容，说明史学正在产生。

中国的史学虽然在夏商才逐渐出现，但细细追溯起来，叙述它的历史却要从远古的传说开始，正如探寻长江的源头，总要提到从青海省西南边境唐古拉山脉各拉丹冬雪山流出的沱沱河。

我国有许多远古神话传说，被保存在先秦及汉初的旧籍中。这些神话传说难免经过后人的加工，但其中必然有许多是后人无法虚构和加工的内容。因此，虽然它们在严格的意义上说还不能算史学，但通过这些神话传说，我们在一定程度上可以看出远古人们传述历史的一些线索。它们本身在某些方面反映了原始社会的史实，因而具有了某种历史的性质。

神话传说起源于人类的童年。原始人类起初是蒙昧无知的，由于长期的劳动，他们逐渐聪明起来，渐渐地对历史产生了兴趣，出现了一些神话故事，以口耳相授的形式，一代一代地流传着。这些神话传说，主要是氏族社会里英雄人物的故事，如精卫填海和夸父逐日等。虽然这些故事是由人们的幻想构成的，但它们是以现实生活为根据的，因而在一定程度上反映了原始人的客观现实和生活斗争的情况。在长期的生产劳动中，原始人发明和创造了许多器物，如竹弹、弓箭和车船等，又发现了五谷和药草等，懂得了建筑房屋，创制了文字。这些成果是千百万原始人长期努力的结果，而神话传说却把无数劳动人民的经验和智慧加以集中概括，创造出伏羲、神农、黄帝和仓颉等英雄人物。因此,这些有关英雄人物的故事,在一定程度上正反映了一定时期原始人生产劳作的历史真实。

诸如女娲补天、后羿射日、大禹治水、黄帝擒蚩尤等神话传说在今天看来无疑是十分荒诞的,但仍在一定程度上反映出真实的历史情况。同时,这些神话传说也反映出某些原始的历史观念。比如,神话传说中被歌颂的多是在与自然界的斗争中产生的英雄人物,因为这些人物身上集中了广大人民的经验和智慧,他们不怕困难,一心为公,所以他们才受到人们的颂扬。另一方面,这些英雄人物往往被神化,这正反映出当时的历史真实,也折射出原始人类的历史观念。由于生产力极为低下,限制了人们的知识水平,所以他们在与自然作斗争时显得十分无能,便创造出许多神话的英雄人物。从史学产生的渊源上说,远古的神话传说是传播历史知识最原始的形式。就这个意义而论,神话传说在史学史上是有着独特的价值和地位的。

有了文字,才可能有历史记载,才可能编纂历史著作,才可能产生史学理论,因此,史学的出现是以文字的产生为其前提条件的。我国文字到底创始在什么时候,目前还不能确知。现在见到的最古老的文字是殷商后期的甲骨文。1898—1899年,河南安阳县的小屯发现大量龟甲和兽甲的碎片,上面多刻有古代文字。经过研究,知道这是3000多年前殷代王室占卜的记录,故人们称它为“甲骨卜辞”。“这是一种比较成熟的文字,在它前面必然还有一个发展过程。近些年,已发现了不少殷墟甲骨文以前的文字。如不久前在河南舞阳贾湖新石器遗址出土了有契刻符号的甲骨,它早于殷墟甲骨文4000多年。1985年,又在西安市长安县斗门镇花园村的龙山文化遗址中发现了原始时期的甲骨文,比殷墟甲骨文要早1200—1700年以上。但贾湖所出甲骨还只是契刻符号,而花园村发现的原始甲骨文也只是单体字,还不能起表述作用。”(刘重来主编《中国历史要籍介绍及选读》)因此,真正能开始片断记载史事的,还是甲骨卜辞。甲骨文虽然是卜辞而不是有意识的历史记载,但从中还是能够看到殷代的生产状况和社会制度等内容,因而具有珍贵的史料价值。目前出土的甲骨文在4万片以上,记录短的只有几个字,最多的达到100多字,其中有很多记录意思已经不能了解,但也有不少句子比较完整,可以读通。其记载的内容很广泛,有关于天象、气候的,有关于农事、田猎的,也有关于战争、祭祀的,故有相当重要的价值。从现有材料看,甲骨文已应用历法,但是记时还不够完备。如：

> 壬午，王田于麦录……在五月。佳（唯）王六祀。

这条甲骨文有时间、地点、人物和事件，已初步具备记事的内容和形式，只是还显得过于简略、零碎，不够完整和丰富。

紧接甲骨文的是金文。金文是刻在青铜器上的铭辞，始于商末而流行于西周。金文铭辞的字数较甲骨文为多，一般在百字左右，也有许多长达500来字。金文有的以记事为主，如《宗周鼎》和《散氏盘》；有的以记言为主，如《大盂鼎》和《大克鼎》。金文大都反映了当时的一些历史情况，有的较详细地记载了征伐、俘获、赐臣仆和赐土田之类内容，为研究西周社会史和军事史提供了重要的历史资料。

《尚书》是我国传世最早的政治文献汇编。从汉朝起，它被列入儒家经典的"五经"之中，称为"书经"，其实它只是古代的历史记载。因为它多记古代帝王的训词、公告、誓词和诰令之类内容，故后人也称它为"中国最早的记言的历史"（朱自清《经典常谈》）。《尚书》的内容有些是当代史官所记，有些是后代史官追记的。"这些辞原来似乎只是说的话，并非写出的文告；史官的记录，意在存作档案，备后来查考之用。"根据常理推测，这一类文字应该是很多的，但事实上留传下来的却很少。

传说《尚书》原有百篇，是孔子纂辑的，孔子还为它写了序，说明作意。这是缺乏根据的说法。自汉以来，《尚书》有今文、古文之分。今文是秦焚书后汉初经师保存、用当时通行的隶书书写的；古文是汉武帝时陆续发表的古本，是用"古文"即晚周民间别字体书写的。现存古文二十五篇，是伪作；今文二十八篇，其中包括《虞书》二篇、《夏书》二篇、《商书》五篇和《周书》十九篇。除《虞书》、《夏书》共四篇以及《周书》中的《洪范》等几篇是春秋战国时人根据传说旧闻，综合整理或改写而成外，其他各篇均是商、周时期的作品，是商、周两代统治者的讲话记录和文件。

《尚书》的《商书》是殷商史官所记的誓、命、训和诰，是被收入殷先人的册典中才保存了下来，因而是研究当时历史的珍贵资料。如《盘庚》（三篇）是殷王盘庚迁都前后对世族百官、百姓和庶民讲的话。由于臣民反对迁徙，盘庚一再进行说服。"这是殷商后期重大的政治文件,对于当时生产力水平、贵族跟'畜民'的对立、统治集团内部的矛盾都有所反映。"(白寿彝《中国史学史》)《尚书》中的《周书》大多是西周初期的文献;《牧誓》是武王伐纣,至牧野誓师之词;《大诰》是周公将讨武庚,大告庶邦之词;《洛诰》是周公营成周,遣使告卜及与成王答问之词。《无逸》和《立政》等是统治集团内部论政之作,也是宗周初年的文献,其价值是不能低估的。

《诗经》是我国古代第一部诗歌总集,共收入自西周初年至春秋中叶大约500多年的诗歌三百零五篇,分为风、雅、颂三个部分。风包括十五"国风",有诗一百六十篇;雅分"大雅"、"小雅",有诗一百零五篇;颂分"周颂"、"鲁颂"、"商颂",有诗四十篇。从语言、形式及内容等多方面来分析,大体可以确定:"周颂"全部和"大雅"的大部分是西周初年的作品;"大雅"的小部分和"小雅"的大部分是西周末年的作品;"国风"的大部分和"鲁颂"、"商颂"的全部则是东迁以后至春秋中叶的作品。《诗经》本称《诗》,汉以后才称《诗经》,是具有一定史料价值的文学作品。

《大雅》比较集中地收入了周东迁以前各个历史阶段的史诗。其中有五篇祭歌,即《生民》、《公刘》、《绵》、《皇矣》和《大明》反映周族起源、发展以至建国的情况。《生民》是歌颂周族的始祖后稷;《公刘》是歌颂公刘率领周族人民由邰迁豳的英雄事迹;《绵》是歌颂文王的祖父古公亶父率领周族由豳迁岐的事迹;《皇矣》是叙述太王、王季的德行,描写文王伐密、伐崇的战绩;《大明》是描述武王伐纣的战绩。因为受远古神话传说的影响,《诗经》歌颂英雄人物也有神化的色彩。有些篇章对史事的歌咏较为具体细致,如《嵩高》和《江汉》歌颂宣王中兴多事具本末,这对于后世的写史无疑有深远的影响。其他如《六月》、《车攻》和《东山》等篇述封国、征伐、讲武和守猎等事,《甫田》和《良耜》等篇言农事,均有一定的史料价值。当然还应该指出,《诗经》中的一些篇章,既无具体的时间和地点,又不免对人和事有所夸张,因此只是较接近于历史现实的记叙,毕竟与真正意义上的史书有明显的不同。

还需一提的是《逸周书》。《逸周书》是与《尚书》类似的文献汇编,本称《周书》,体裁略似金文。《汉书·艺文志》著录《周书》七十一篇,今仅存六十篇。各篇写作时间不一,内容较杂乱,但其中有些文献,如《克殷》和《商誓》等篇可能是西周的文献,反映了当时的一些历史情况。特别是《世俘》一篇,肯定是宗周初年的作品,它记叙武王伐纣及其属国的情况、当时俘获和狩猎的情况、祭祀的情况等等,均是《尚书》中所没有的内容,因而更显珍贵。

我们在上面提到《尚书》及其他一些珍贵的史料都是当时的史官记录下来的。史官的出现是史学兴起的重要标志,也是史学得以发展的重要条件。因此,有必要对商周时期的史官情况作一概述。

我国史官建置极早。周制,王朝及诸侯各国都设有史官,名称有大史、小史、左史、右史等,分工有所不同。《汉书·艺文志》说那时君主有所举动便会有人记录下来,左史着重记君主之言,右史着重记君主所做之事。同时,他们还负责把积累的文字编成册子,保管起来。这种史官的建置是继承了殷商旧制又有所损益而逐步形成的。

我们今天所说的历史的"史",原先的意思是指史官,而不是指史书。甲骨文中有"史"和"作册"等字,金文中有"作册"、"内史"、"作册内史"和"作册尹"等字。据后人考证,这些称呼其实指的都是史官。近人王国维认为,"史"不仅是一种官职,而且是有多种职责的官职,他们不仅负责起草文件,记录某种活动,保存各类资料,而且在一些宗教活动中,还要担任一些重要的职务,即后世所谓"尧舜以降的主天事之官"。随着奴隶社会的发展,史官的职责越来越多地由主"天事"转向主"人事",也就越来越接近我们今天意义的以记载历史为主的史官了。

为什么说"史"最初不指史书而专指史官呢?历来学者多从文字结构的原意上去分析。如汉代的许慎说:"史,记事者也,从又(右手)执中;中,正也。"(《说文解字》)后人大多对这个解释持不同意见,认为"中,正也"的说法不够确切。的确,"又"是右手,而"中"、"正"则是无形之物,怎么可能用手拿呢?所以这里的"中",应该是指简册,即后世的簿书。清代学者江永说:"凡官府簿书谓之'中',故诸官言'治中'、'受中'、小司寇断庶民讼狱之'中',皆谓簿书,犹今之案卷也。此'中'字本义。故掌文书者谓之史,其字从又从中,又者,右手,以手持簿书也。"(《周礼疑义举要》)章炳麟也认为"中"即本册之类,还从字形、字音和字意三个方面对"中"作出了合乎情理的解释(见《文始》卷七)。关于"中"字的解释还有很多,在此似无必要一一介绍。

如前所说,最初的史官并不是专门从事文字记录的人,他们是奴隶社会中掌握文化、从事宗教活动和其他政治活动的积极分子,故后人亦称他们是

"与神交通的人"。商周时期,"民神杂糅","家为巫史",史与巫是不分的。史官掌管着祭祀和占卜等事务,凡是战争、狩猎、卜年和王外出等事,皆由史官主持祭祀,占卜吉凶,载于简册。其职责在于沟通神与王的意志,预见天上的吉凶,把神意传达给王。这种情况,一直延续到春秋时代。清人汪中考证的结果是:在春秋时期,史官仍有"司天"、"司鬼神"、"司灾祥"和"司卜筮"等职责。到春秋后期,史官仍然兼做人与神的事情,一方面从事记事编册的工作,另一方面仍从事卜筮和星占等宗教活动。到了秦汉时期,随着社会的发展和史官人数的增多,史官的职责才逐渐转向专门记事修史,也就是今天意义上的史官。

史官的出现与其职责的发展变化,同史学的兴起和发展有着密切的关系。没有最早的史官们的努力和他们的历史活动,我们就不可能看到《尚书》和《诗经》中的珍贵的历史资料,也就不会有那些史料价值极高的甲骨文和金文,我们的历史必然会有更长的空白。因此,我们在回顾古代史学的发展历程时,应该向那些无名英雄致以敬意。

（原载《千古往事千古书》,人民日报出版社 1995 年 1 月版）

诸子百家的史论及其影响

战国时期,百家争鸣,史学也得到了发展。与当时的史书相比,诸子的史学思想要丰富得多,这是了解中国古代史学发展过程所不应该忽视的重要内容。

首先,诸子百家的著作里保留了许多远古的神话传说。尽管他们记载这些神话传说的目的是为了论证自己的观点,因而难免用自己的思想对神话传说作了改造和修饰,但毕竟有许多很有史料价值的神话传说被他们的著作保留了下来,如《韩非子·五蠹》里记载的上古之世和圣王尧舜禹汤,就较符合历史真实。当然,诸子笔下的神话传说,有一些出于他们的虚构,并不可信。这一点当时就受到过一些人的批评,今天引用时应细加考辨。

其次,诸子意识到历史知识的重要性,开始在一定范围内进行历史教育,开此风气之先的是孔子。春秋末期,孔子打破了学在官府的局面,从事私人讲学,并以历史知识为教学内容之一。孔子曾说自己"信而好古"。他在对学生的教育中较重视人事,也反对宣传勇力和叛乱。《论语·述而》说:"子不语:怪、力、乱、神。"另外,孔子也看到了历史在变化,即从"天下有道"向"天下无道"变化,这是符合当时历史发展的趋势的,只是他的思想较为保守,对这种变化十分不满,希望能恢复那种"礼乐征伐自天子出"的"天下有道"的局面。值得特别肯定的是,孔子为历史教育开了新风,后来孟子、荀子等也开始对学生进行历史教育,这种情况促成了人们对历史的普遍重视,推动了史学的发展。

第三,诸子纷纷以史论政,展开了历史观点的争鸣。诸子争鸣,往往运用历史知识,针对现实,阐述自己的政治和学术见解,同时也表现出他们不同的历史观。

　　战国时代,社会急剧动荡,诸子虽然出身不同,立场不同,但为了解决现实问题,他们都从代表各自阶级或阶层的利益出发,纷纷提出了自己的主张,孔子希望天下由"无道"走向"有道";墨家运用吴国有盛衰、智伯的成败的历史,论述战争有害,提倡"兼爱";老庄认为人类文明是罪恶的根源,因而对社会进步持否定态度,希望社会退回到淳朴的原始社会,即所谓"复归于朴",其理想的社会是保持氏族社会状态的社会,如《老子·八十章》云:

> 小国寡民。使有什伯之器而不用;使民重死而不远徙。虽有舟舆,无所乘之;虽有甲兵,无所陈之。使民复结绳而用之。甘其食,美其服,安其居,乐其俗。邻国相望,鸡犬之声相闻,民至老死,不相往来。

这里表现出对原始社会的生活状况的深切的怀念,是一种明显的倒退的历史观。

　　商鞅是法家学派的代表人物。他不同于孔墨,也与老庄不同。他认为历史是不断发展的,政治应当适应历史的发展趋势。他说:"三世不同礼而王,五伯不同法而霸。智者作法,愚者制焉;贤者更礼,不肖者拘焉。""治世不一道,便国不法古。"基于这样的思想,他主张进行变法,促进秦国的富强。商鞅把历史分为上世、中世和下世,阐述了社会发展的观点,这是他提出"不法古"而进行变法的历史根据。

　　孟子和荀子都是孔子以后儒家学派的代表人物。孟子的历史观念中有肯定历史进化的因素,他承认远古社会是有发展的,具有古代进化论的倾向;但他对尧舜禹以后的历史持一治一乱的历史循环论的看法,所以说:"天下之生久矣,一治一乱。"他认为尧舜以后的历史是越来越糟了,所以要有人出来拯救世界,故有"五百年必有王者兴,其间必有名世者"的观点。孟子在政治历史观上却也有一些进步的思想,如他描述尧舜时期的民主选举,表现了对古代民主生活的向往。当然,他"言必称尧舜",并不是主张回到原始社会和实行愚民政策,这与老庄又有不同。荀子在天人关系的理论上,有重大突破。在荀子看来,天是物质性的存在,天本身并不能决定人的命运。《荀子·天论》说:"天行有常,不为尧存,不为桀亡。"而人事,天也不能过问。因此,荀子主张把自然和人事划分开,即"明于天、人之分"。他说:"人们对流星的坠落和树木发出的怪声都很害怕,其实这是天地阴阳的变化,不过是不常出现罢了,没有什么可害怕的。""如果人们加强农业生产,又节约开支,天就不能使人贫穷;衣食周全,又经常活动身体,天就不能使人生病。如果人们荒废农业生产而又奢侈浪费,天也不能使人富裕;衣食不足而又很少活动,天也不能使人健康。"因此荀子认为,人世的求雨仪式和卜筮等做法都是政治上的文饰,不必以为神,若是真的相信了,则必然带来灾祸。通过这一类论述,荀子得出了"治乱非天"的结论。既然认为社会的治与乱,均是由政治造成的,而与天没有关系,这就在一定程度上批判了天人感应和祥瑞灾异的宗教思想。同时,荀子认为人对于天都是可以有所作为的,他主张利用和控制自然,"制天命而用之"。荀子的这种"人定胜天"的思想是唯物主义的,对当时的思想界产生了很大的影响。荀子倡言"法后王",他的历史观有进化论的因素,但他所说的"后王",其实仍是周文王、武王。虽然在提法上,"先王"与"后王"有所不同,但他在思想上还是不能做到抛弃"先王"。在这一点上,荀子的弟子韩非就比他前进了许多。

韩非是由儒家转入法家的代表人物,是战国时期法家思想的集大成者。韩非的进化史观和对先王史观的抛弃,在诸子中是十分突出的。他认为历史是进化的。《五蠹》中有这样一段相当著名的话:

> 上古之世,人民少而禽兽众,人民不胜禽兽虫蛇;有圣人作,构木为巢,以避群害,而民悦之,使王天下,号之曰有巢氏。民食果蓏蚌蛤,腥臊恶臭而伤害腹胃,民多疾病;有圣人作,钻燧取火,以化腥臊,而民说之,使王天下,号之曰燧人氏。中古之世,天下大水,而鲧禹决渎。近古之世,桀纣暴乱,而汤武征伐。今有构术钻燧于夏后之世者,必为鲧禹笑矣;有决渎于殷周之世者,必为汤武笑矣;然则今有美尧、舜、鲧、禹、汤、武之道于当今之世者,必为新圣笑矣。是以圣人不期修古,不法常可,论世之事,因为之备。

韩非还说过这样的话:

> 上古竞于道德,中世逐于智谋,当今争于气力。

这种将历史分为"上古"、"中古"、"近古"或"上古"、"中世"、"当今"不同阶段的分期,肯定了历史是发展变化的。这种观点在当时是难能可贵的,而对后世影响尤其深远。韩非由以上所列举的史实引出了新的结论。他强调人事要随世界的变化而变化,即所谓"世异则事异"、"事异则备变",生于当今之人,应办当今之事,要想恢复古代的落后状态是可笑的,也是做不到的。他用"守株待兔"的故事说明了这个道理:

> 宋人有耕者,田中有株,兔走触株,折颈而死,因释其耒而守株,冀复得兔,兔不可复得,而身为宋国笑。今欲以先王之政治当世之民,皆守株之类也。

韩非认为每一个时代都有自己的特点,不能生搬硬套,这就批判了那种美化古人、企图恢复"先王之政"的复古思想。因为有了明确的历史进化观点,就必然能够否定先王史观。

韩非著作中以史论政的特点十分突出。他在发表政治见解的时候,总喜欢引述大量的史实,用历史人物和历史事件来为自己的观点服务。他不仅认为历史是进化的,而且还进一步分析了历史变化的原因。在他看来,古今之变是由于人口和社会财富的多少而引起的。这虽然不够准确,但他能从人们物质生活的多寡丰薄的角度来论述道德的变化,进而论述历史的变化,确实具有唯物主义的因素。总之,韩非具有突出的历史进化的观点。他提出了"异"和"变"的问题,这带有明显的进步色彩,在史学史的发展中有相当重要的意义。

邹衍是阴阳家,略晚于孟子。他讲历史往往借助于想象和虚构,所以他的学说有"闳大不经"的特点。邹衍把自天地剖判以来一直到他那个时代,接着五德始终的顺序编排起来,用以说明政权的更迭都是因为有一个先天注定的命运。他认为历史是按五德的原理循环转移的,即木胜土,金胜木,火胜金,水胜火,土胜水,这就是一个终始,也就是一个循环。其理论依据是天人合一、天人感应的天命论。因此他认为,黄帝得土德,接着的夏是木德胜土德,代夏的殷是金德胜木德,代殷的周是火德胜金德。依此推测,代周的必将是水德。用五行来解释社会现象,进行生硬的比附,这是十分荒唐的唯心主义,但在当时却很有影响。因为战国末期,七国争雄,各国国君都想知道自己国家的命运,都认为自己是水德将代周,所以邹衍的学说颇受各国国君的欢迎。

李斯是战国末年的法家。他的《谏逐客书》将历史与现实有机地结合起来,也是以史论政的名篇。在这篇文章里,他借秦国穆公、孝公、惠王和昭王四君求士用客,使秦逐渐强盛起来的历史事实,劝说秦王政取消逐客令。秦王采纳了他的建议,照旧任用各种人士,使秦的统一事业得到了进一步的发展。

战国诸子的历史观点内容丰富,既有积极的、有价值的思想,又有消极落后、不符合历史进程的因素。但是经过他们之间互相辩难和争论,史学史得到了发展,古代史学思想得到了充实和丰富。这为后人留下了宝贵的历史遗产。

汉初,将历史与现实结合起来阐述政治见解的人很多,其中的代表人物是贾谊。他对诸子百家"以史论政"有继承,有总结,有发展。因此,将他放在这里加以介绍。

贾谊(前200—前168年),是汉初杰出的政论作家。他的作品全部保存在《新书》中,共五十八篇,其中以《过秦论》、《陈政事疏》和《论积贮疏》最为著名。

《过秦论》在《新书》以及《史记》、《汉书》所收录时均为一篇,《文选》分为上中下三篇,分别论述秦始皇、二世和子婴三代的历史过失,虽有相对的独立性,但还是作为一篇显得更有气势,也更为完整。在我国史学史上,《过秦论》是第一篇结构完整、论述充分的历史论文。它写作的目的,不是为秦王朝唱挽歌,而是为汉王朝提供历史教训,提醒统治者不要重蹈亡秦的覆辙。因此,贾谊指出:

> 君子为国,观之上古,验之当世,参以人事,察盛衰之理,审权势之宜。

在《过秦论》的开始,贾谊并没有单刀直入地指出秦始皇的过失,而是先肯定了秦的统一结束了分裂战乱的局面,得到了广大人民的拥护。他说:

秦孝公据崤函之固,拥雍州之地,君臣固守以窥周室,有席卷天下,包举宇内,囊括四海之意,并吞八荒之心。……及至始皇,奋六世之余烈,振长策而御宇内,吞二周而亡诸侯,履至尊而制六合,执敲扑而鞭笞天下,威振四海。

贾谊接着又指出,秦始皇虽然建立了亘古未有的赫赫战功,成就了统一大业,但他在这种情况下却采取了一系列强化思想和军事统治的措施:"废先王之道,焚百家之言,以愚黔首;堕名城,杀豪杰;收天下之兵,聚之咸阳,销锋镝,铸以为金人十二,以弱天下之民。"这些措施违反了人民的意志,也违反了历史潮流,结果不出几年,陈涉"斩木为兵,揭竿为旗,天下云集而响应,赢粮而景从,山东豪俊并起而亡秦族矣"。为什么颇有威力的强秦会败在各方面均不如六国的陈涉等人手里呢?贾谊认为其根本原因在于:"仁义不施,攻守之势异也。"在贾谊看来,六国统一之前。秦处于攻势,只能借助于武力才能完成统一大业;而统一之后,秦便自然转向守势,只靠武力和强权根本就不行了。这时正确的方针应该是施行仁政,以取人心,如果民心一失,无论多么强大的政权也难免覆灭的命运。

贾谊在论史之中寓论政,其出发点还是希望汉文帝能在自己的统治中,广施仁义,争取民心,不要以为天下已定可以高枕无忧了。如果像秦始皇那样"不亲士民",像秦二世那样不"轻赋少事,以佐百姓之急",反而严刑重赋,苛剥百姓,像子婴那样不"安土息民"以至"百姓怨望而海内畔",那么,汉王朝的统治也就不会长久。

《过秦论》在文字上十分重视修饰,感情强烈,又善于铺张渲染,好用比喻,文风纵横恣肆,颇有战国纵横家的遗风。

除《过秦论》以外,贾谊的其他许多政论文也往往能巧妙地运用历史知识,在对历史的分析中,总结国家兴亡的规律,为汉初的政治改革提供历史根据。

贾谊之外,汉初政论作家还有陆贾、贾山、晁错、邹阳和枚乘,他们的文章也有一定的历史价值。

(原载《千古往事千古书》,人民日报出版社 1995 年 1 月版)

"前四史"评说

两汉是中国历史上强大的王朝。随着统一的中央集权的专制政权趋向巩固,封建的政治与文化逐渐发展起来,史学也有了长足的进步,尤其是产生了《史记》、《汉书》这两部杰出的历史巨著,为我国史学奠定了坚实的基础,在史书体裁上确立了纪传体的体例。从此以后,纪传体与编年体并行于世,成为我国史学著作的两种主要体裁。继之又产生了一些价值很高的史书,如《三国志》、《后汉书》,前人将其与《史记》、《汉书》合称为"前四史"。

"史家之绝唱,无韵之《离骚》"

——说《史记》

《史记》是我国第一部纪传体通史,原名《太史公书》、《太史公记》或《太史记》,其作者是西汉时人司马迁。

司马迁(前145—前87年?)字子长,夏阳(今陕西韩城)人。其父司马谈是一位有学问的史学家,他曾"学天官于唐都,受易于杨何,习道论于黄子"。他又欲综合诸家,为文"论六家要旨",批评了儒、墨、名、法和阴阳五家,而完全肯定地赞扬了道家。当然,司马谈所推崇的道术已不是老、庄原貌,而是汉初所行的黄老之术,其中带有应时变革的辩证法思想,同时,他虽批评了儒家,却并不鄙薄儒术,反而非常推崇周、孔。这些思想无疑给司马迁后来为先秦诸子作传以良好的启示,对司马迁的思想及治学态度也带来了良好而深刻的影响。

司马迁原来一直在家乡生活,只是帮别人耕耕田,放放牛,做些农业劳动。汉武帝即位后，司马谈作了太史令，移家长安，司马迁随父到长安。司马迁在来长安前即开始学习当时通行的隶书，到长安后便开始学习古文，并向儒学大师董仲舒学习公羊派《春秋》，向孔安国学习古文《尚书》。二十岁时，司马迁开始了漫游生活，他的足迹遍及了半个中国。他在《史记·太史公自序》里说：

> 二十而南游江淮，上会稽，探禹穴，窥九疑，浮于沅湘；北涉汶泗，讲业齐鲁之都，观孔子之遗风，乡射邹峄，厄困鄱薛彭城，过梁楚以归。

司马迁所经之处，考察古迹，访问遗老，采集传说，开拓了胸襟和眼界，丰富了历史知识和生活经验。他漫游归来以后，应试得高第，作了郎中，又奉使命"西征巴蜀以南，南略邛、笮、昆明"。元封元年（前110年），司马迁完成使命回到长安，正赶上汉武帝要东巡，封禅泰山。封禅泰山，在那个时代被看作是千载难逢的盛典，满朝文武都想参加，司马谈也不例外，何况他是史官，更应该参加这次活动。可是实在不巧，当时司马谈病得很重，不可能去参加封禅泰山的大典。他又急又气，生命危在旦夕。司马迁闻讯忙去看望父亲，司马谈拉着司马迁的手，呜咽着说道：

> 余先周室之太史也。自上世尝显功名于虞夏，典天官事。后世中衰，绝于予乎？汝复为太史，则续吾祖矣。今天子接千岁之统，封泰山，而余不得从行，是命也夫，命也夫！余死，汝必为太史；为太史，无忘吾所欲论著矣。且夫孝始于事亲，中于事君，终于立身。扬名于后世，以显父母，以孝之大者。夫天下称诵周公，言其能论歌文武之德，宣周召之风，达太王王季之思虑，爰及公刘，以尊后稷也。幽厉之后，王道缺，礼乐衰，孔子修旧起废，论《诗》、《书》，作《春秋》则学者至今则之。自获麟以来四百有余岁，而诸侯相兼，史记放绝。今汉兴，海内一统，明主贤君忠臣死义之士，余为太史而弗载，废天下之史文，余甚惧焉，汝其念哉！

听了父亲这一段话，司马迁说：

小子不敏,请悉论先人所次旧闻,弗敢阙。

三年以后,司马迁被任命为太史令。他深知肩负的重任,因而"绝宾客之知,亡室家之业,日夜思竭其不肖之才力,一心营职以求亲媚于主上"。他利用职务之便,阅读了许多史籍和别的藏书,开始了历史资料的收集整理工作。当时沿用的秦《颛顼历》,差错很多,甚至"朔晦互见,弦望满亏"。在司马迁的主持下,数十位历法专家制定了一部以正月为岁首的新历,因为这一年改元太初,故名之为《太初历》即通行后世的"夏历"。司马迁做完了这件工作,便正式开始写作他的不朽之作《史记》。这一年司马迁四十一岁。

正当司马迁以极大的热情从事《史记》撰述的时候,一个巨大的不幸犹如阴影一样向他袭来。事情的原委是这样的:天汉二年(前99年),李陵奉贰师将军李广利的命令,带了五千士兵出塞迎击匈奴,结果为匈奴所包围。后来弹尽粮绝,又不见救兵,李陵被迫投降了。在汉武帝询问有关情况时,司马迁为其作了辩解,武帝听后十分生气,他认为司马迁是为李陵开脱罪责,而且有批评自己亲自选派的元帅李广利的意思。便令人将司马迁抓起来,关在狱中。按当时的法律,司马迁可以用钱来赎自己的"罪",可是因为他平日敢于直言,得罪了权贵,加之家境贫穷,结果"财赂不足以自赎,交游莫救,左右亲近不为一言",所以他在天汉三年(前98年)下"蚕室",受了"腐刑"。这是对司马迁极大的凌辱和摧残。他真想一死了之。但他想到父亲的遗志还没有实现,自己的著作还没有完成,他又想到先圣先贤的所作所为:"西伯拘而演《周易》,仲尼厄而作《春秋》,屈原放逐,乃赋《离骚》,左丘失明,厥有《国语》。"于是,他决心忍受极大的痛苦以完成自己的历史使命。受刑后不久,司马迁被任命为中书令。但他对这个颇受宠信的官职没有兴趣,而是一心写作自己的历史著作,终于在太始四年(前93年)基本完成了《史记》。从此以后,司马迁的事迹便不可考了。有人认为他因在《报任安书》中发泄了对武帝的怨愤而被处死了,但学术界对此还没有一致的看法。《史记》后来由司马迁的外孙杨恽流传出来。

《史记》是我国历史学上一部具有划时代意义的伟大著作。司马迁本着"究天人之际,通古今之变,成一家之言"的愿望,先后用了十九年时间,写作了这部体系完整、内容丰富的史学杰作。《史记》的记事,上自黄帝,下至武帝太初(前104年—前101年)间,全面地叙述了我国上古至汉初三千年来的政治、经济和文化等方面的历史发展,是我国古代历史的伟大总结。

《史记》的史料相当丰富而又可信,其来源大体有这几个方面①:

其一,书籍及档案。汉初,孝文帝开始搜求前代遗书,武帝更广开献书之路,"百年之间,天下遗文古事,靡不毕集",司马迁居藏书之地,所以能够尽情地遍览群书。宋人郑樵断言司马迁写作《史记》时仅参考了七八种书,这是没有根据的臆测。据今人卢南齐先生的考证,《史记》取材来源多至八十一种书。凡是汉代以前的古书,《史记》几乎无所不采。经书、史书和文学作品等都是他写作《史记》的材料来源。这在《史记》的许多篇章里多有说明。如司马迁说:"余读《牒记》,黄帝以来皆有年数……于是以《五帝系牒》、《尚书》集世纪黄帝以来讫共和为世表"(《三代世表》);"吾读管氏《牧民》、《山高》、《乘马》、《轻重》、《九府》及《晏子春秋》"(《管晏列传》);"余读《司马兵法》,宏廓深远,虽三代征伐,未能竟其义"(《司马穰苴列传》);"予观《春秋》、《国语》"(《五帝本纪》);"余读《离骚》、《天问》、《招魂》、《哀郢》"(《屈原贾生列传》)。这些记载说明,司马迁是在广泛收集阅读了当时所能见到的大量书籍资料的基础上从事《史记》的写作的。同时,因为司马氏历代为史官,司马迁又曾任过太史公,所以他能看到当时一般人不可能见到的国家档案材料,如诏令、记功册之类,并可以用为资料来充实《史记》。这在《史记》中也有证明。如《惠景间侯者年表》中说:"太史公读列封至便侯";《高祖功臣侯者年表》中说:"余读高祖侯功臣,察其首封,所失之者。"

其二,见闻与游历。对司马迁来说,秦汉史事是近现代史,这一阶段的历史记载往往靠他的见闻加以补充、订正。这在《史记》中也多有说明。如司马迁说:"吾闻之周生曰:'舜目盖重瞳子',又闻项羽亦重瞳子"(《项羽本纪》);"吾闻冯王孙曰:'赵王迁,其母倡也……'"(《赵世家》);"公孙季功、董生与夏无且游,具知其事,为余道之如是"(《刺客列传》)。有些人物还是司马迁见过的,更有与他友善的。如《李将军列传》说:"吾睹李将军悛悛如鄙人,口不能道辞";《游侠列传》说:"吾视郭解,状貌不及中人,言语不足采者。"又如《张释之冯唐列传》说唐子冯遂"字王孙,亦奇士,与余善"。这些从见闻和交

---

① 这里参用了柴德赓《史籍举要》的观点和材料。

游中得来的材料是相当珍贵的,它们使《史记》的材料来源显得更加丰富广泛。另外,游历也是司马迁获得资料的一个重要途径。他足迹很广,所到之处,访查古代遗迹,收集历史逸闻,这对写作《史记》无疑是很有益处的。

《史记》不仅材料丰富,而且对史料的选择,对史实的考订都十分严谨,尽量不取荒诞浮夸之说。如《五帝本纪》不取关于黄帝的怪异传说,而明言"黄帝崩,葬桥山";《燕世家》和《刺客列传》都不记载燕太子丹自秦亡归时"天雨粟、马生角"的怪异之说。这说明司马迁写作《史记》是抱着一种严谨和审慎的态度的,从而保证了《史记》的材料具有较高的可信性和可靠性。

资料的丰富和可靠固然是《史记》的突出特点之一,但仅此还不可能成为一部不朽的伟大著作,《史记》之所以能成为一部杰作,还得力于司马迁卓越的史才和具有创造性的编纂方法。《史记·太史公自序》总述全书的内容时这样说:

> 略推三代,录秦汉,上记轩辕,下至于兹,著十二本纪,既科条之矣。并时异世,年差不明,作十表。礼乐损益,律历改易,兵权、山川、鬼神,天人之际,承敝通变,作八书。二十八宿环北辰,三十辐共一毂,运行无穷,辅拂股肱之臣配焉,忠信行道,以奉主上,作三十世家,扶义俶傥,不令己失时,立功名于天下,作七十列传。凡百三十篇,五十二万六千五百字。

这里所说的"本纪"、"表"、"书"、"世家"和"列传"五种体裁,是司马迁在前人学术成果基础上新的创造。《史记》采择以往各体史书之长,首创出一部体例全新的以本纪为纲的综合体史书,后世将其列为通史纪传体,更准确的说法应该是通史纪传表志体。《史记》涉及的内容很多,人物复杂,似乎太分散、零碎了,实际上正是通过这五种不同的体例和它们之间的相互配合和补充构成了完整的体系,形成了纵横贯通的严谨的结构。

本纪,共十二篇,是用编年的形式,记历代"王迹"盛衰的大事。本纪可以分成两类。一类如《夏本纪》、《殷本纪》和《周本纪》,是以朝代为主的;一类如《高祖本纪》是以帝王为主的。十二本纪包括五帝、夏、殷、周、秦、始皇、项羽、高帝、吕后、孝文、孝景和今上(武帝)本纪。其中汉朝共五篇,体现了详今略古的精神。值得注意的是,项羽虽然不是帝王,但仍列本纪,这一点受到后代一些历史学家的批评,其实这正表现了司马迁独特的历史眼光。因为在秦亡之后,项羽"封王侯,政由羽出,号为霸王,位虽不终,近古以来未尝有也",即当时项羽是支配全国、驾驭全局的人物,所以司马迁不以成败论英雄,而从实际出发专列《项羽本纪》,将楚汉战争时期的大事尽收于此。不过,《史记》列《秦本纪》却不够合适,因为秦在统一六国之前只是诸侯国中的一个,所以不应列本纪,列世家才是符合实际的。

表,共十篇,是各个历史时期的简单的大事记。它是全书叙事的联络和列传的补充。表是仿谱牒之类又加以革新而成的。十表大体可以分为两类。一类是大事年表,如《十二诸侯年表》、《六国年表》和《秦楚之际月表》,"年经事纬,纵横互订",有重要的参考价值。另一类是人物的年表。司马迁把一些并无重要事迹的侯者、将相置于表内,节省了篇幅;同时,如果对有些人物作传则太繁琐,如果不记则又可能使有些史实被埋没,故用表载之。如《汉兴以来诸侯王年表》和《汉兴以来将相名臣年表》等便是这一类表。这些人物入表而不列专传,既使全书眉目清楚,又表现了司马迁的真知灼见,较之后代"正史"用许多篇幅为那些庸碌无能的高官显宦作传确实高明得多。

书,共八篇,有《律书》和《天官书》等。它们分别叙述典章制度、天文、历法、水利、经济、文化和艺术等方面的发展与现状,与后世的专门科学史相近。"书"的设立,是《史记》的一个创造,后来班固修《汉书》,改书为志。志和书的内容一样,只是《汉书》的志比《史记》的书更为详密,历代史书沿而不改。唐朝杜佑撰《通志》,又把志发展成为书志体的专门著作。

世家,共三十篇,是本纪的雏形,用编年和传记的形式,记述围绕帝王的诸侯和贵族的历史。在三十世家里,先秦占十七篇,列国十六篇而孔子亦称世家,是因为汉武帝时独崇儒术,司马迁也十分景仰孔子。汉以后有《陈涉世家》,表现了司马迁对农民起义的高度评价。其他为汉初宗室如楚元王刘交、齐悼惠王刘肥及功臣封侯的矫矫者,如萧何、曹参等人均入《世家》。所谓"世家",是开国承家、子孙世袭的意思。汉初几度削藩,诸侯王渐渐失去权势,世家也就没有什么意义了,所以班固修《汉书》便不再立世家。

列传,共七十篇,记述了各种不同类型、不同阶层的人物,少数列传则是叙述国外和国内少数民族君长统治的历史。有人认为"列传"是司马迁的一种创新,其实这种说法不够准确,古书中凡是记事、立论和解经的著作本来都称作"传",但这种"传"并不专记一个人的事迹。"其专记一人为一传者,则自迁始"(赵翼《廿二史札记》)。从《史记》全书的编排看,以本纪为纲,即以王朝或帝王为中心,列传只是本纪的传注和补充。

《史记》的列传有两大类,一类是"人物传记",一类是所谓"四夷传"。第一类又可以分成三种。其一是"专传",一人一传叫专传,如《淮阴侯列传》、《李将军列传》及伍子胥、苏秦、吕不韦等人的传记;其二是"合传",两个人或几个人合为一传,如《郦生陆贾列传》和《廉颇蔺相如列传》等,写在合传里的人物,生活的时代大致相同,或者其行事有所关联;其三是"类传",即聚同类者为传,如《刺客列传》列曹沫、专诸、豫让、聂政和荆轲等五人,《循吏列传》列孙叔敖等五人,其他如《游侠列传》和《酷吏列传》等均是如此。第二类是对外国或国内少数民族的记载,如《匈奴列传》和《西南夷列传》等是边疆民族史,《大宛列传》又兼括当时中央诸国史,都是极有学术价值和史料价值的记载。

《史记》创纪传表志体,是我国古代史学编纂的伟大变革。它的五种体例虽各具一定的形式,各有一定的分工,但又有内在的联系,因而显得并不呆板僵化。本纪虽是编年体,但写人同人物传记一样;表的形式十分灵活,根据内容而有所变化;世家既是编年,又是传记;列传不仅有人物传记还有类传。因此,全书虽分为五体,实际上是一个整体,它们共同组成了《史记》这一部伟大的历史著作。

《史记》所蕴含的思想十分丰富,它充满了可贵的科学性和人民性。司马迁虽然接受了儒家的思想,但他并没有把儒家思想放在独尊的地位,他还接受了各家之说尤其是道家的思想。他亲眼看到当时统治阶级的残暴和腐败,理解人民所遭受的痛苦,同情人民的起义,思想中有唯物主义和批判精神。这一点常常受到保守学者的指责,如《汉书·司马迁传》这样指责司马迁:

> 是非颇谬于圣人:论大道则先黄老而后六经,序游侠则退处士而进奸雄,述货殖则崇势利而羞贱贫,此其所以蔽也。

《汉书》想用儒家的标准来衡量司马迁,所以对司马迁颇多不满。这却正好从反面说明司马迁比一般封建文人站得更高。从保守学者的这种指责中,我们正可以看出司马迁思想的进步性。

首先,司马迁提出了"究天人之际"的主张。所谓"究天人之际",就是探究"天"与人的分合关系。通过《史记》这部大书,司马迁阐明了他对"天人"关系的新的见解。司马迁在天文历算方面有很深的造诣,他曾任太史令,兼管天官之事。他在一定程度上认识到天是能够运动发展的自然物,在一定程度上能把自然现象、自然规律和神秘迷信区别开来。《史记·天官书》虽然表现出他受"天人感应"说一定的影响,但仍闪烁出无神论的光彩。在许多地方,司马迁否定了天象主人事吉凶的说法,同时阐述了不能听天由命的思想。通过对历史的描述,司马迁表明了事在人为的观念。他写夏、商、周三代之兴都是修德的结果,三代之亡都是暴虐失"德"造成的后果;写楚汉成败,主要写刘邦战略正确,项羽不会用人。在司马迁的笔下,"天"实际就是指天下时势和个人际遇,并没有什么神秘色彩。

对所谓的"天道",司马迁抱着一种怀疑的态度。他认为上天不一定能真的赏功罚祸、劝善惩恶。他在《伯夷列传》中对所谓福善祸淫之说提出了指责:

> 或曰:"天道无亲,常与善人。"若伯夷、叔齐,可谓善人者非耶?积仁洁行如此而饿死。且七十子之徒,仲尼独荐颜渊为好学,然回也屡空,糟糠不厌,而卒蚤夭。天之报施善人,其何如哉?盗跖日杀不辜,肝人之肉暴戾恣睢,聚党数千人,横行天下,竟以寿终,是遵何德哉?此其尤大彰明较著者也。若至近世,操行不轨,专犯忌讳,而终身逸乐富贵,累世不绝;或择地而蹈之,时然后出言,行不由径,非公正不发愤,而遇祸灾者,不可胜数也。

是啊,如果说天道能够赏善,那为什么有人品行端正,却多遭厄运,不能有善终?如果说天道能够罚恶,那为什么有人作恶多端却逍遥自在,无灾无难?这些议论可谓痛快淋漓,闪烁着真理的光彩。

其次,司马迁还提出要"通古今之变"。所谓"通古今之变",就是要弄清历史变化的规律,这与当时流行的"天不变道亦不变"的观点是对立的。它包含着历史进化的思想因素。

《史记》按照古今历史的变化情况,把历史发展划分为五帝时期、夏商周三代时期、春秋战国时期、秦楚之际和楚汉相争、汉兴七十年和汉武帝时期。司马迁对历史的分期,基本符合历史发展的实际情况。由此我们可以清晰地看到"古今之变"的大势:由原始社会末期(五帝时期)进入奴隶制时代(夏、商、周时期),又由奴隶制向封建制过渡(春秋战国时期),继而进入封建制确立的时代(秦汉之际)。汉初至武帝时期,封建制已经形成,国家空前统一,是一个有特殊意义的历史阶段。

司马迁"通古今之变"的方法是"综其终始","原始察终,见盛观衰",其中包含着辩证法的因素。"综其终始"和"原始察终"是注意考察历史事件和现象的起因、经过和结果;"见盛观衰"则是注意历史的转折,如《平准书》写汉初由盛转衰就是一个著名的例子,它鲜明地表现出司马迁能于盛中观衰、察见危机的历史眼光和朴素的辩证法思想。司马迁"通古今之变"的目的是回顾历史,以史为镜,在总结历史的经验中推动历史的进步。

第三,司马迁又提出要"成一家之言"。事实上,他的《史记》也确实是"一家之言",其中包含着超出同时甚至后代封建文人思想高度的所谓异端倾向。他也因此而受到后世正统的封建文人的指责。这方面的内容十分丰富,这里只能略举几项:

(一)司马迁认为民心向背关系着政治的成败。他写秦汉之际的历史,认为秦朝过于暴虐,失去了民心,因而"天下不听",以至于垮台。陈涉被司马迁看作是一位开辟历史新时代的人物。对他的兴败,司马迁也是从人心向背着眼。《陈涉世家》写陈涉能揭竿而起是因为人民拥护他,"天下云集响应",而陈涉之失败也是因为他脱离群众,众人"不亲附"。司马迁在记叙了陈涉被害之后,又追叙陈涉称王后与"故人"疏远的小故事,曲折地写出了陈涉仅六个月就失败的原因在于众叛亲离,失去民心。司马迁说,项羽为人粗暴,破章邯,威慑诸将,至新安,"夜击坑秦卒二十余万人新安城南"。他入关中,"引兵西,屠咸阳,杀降王子婴,烧秦宫室,火三月不灭。收其宝货、妇女而东",最后导致"天下多怨"、"实失天下心",难免失败。司马迁评论道:"身死东城,尚不觉悟,而不自责,过矣!乃引'天亡我,非用兵之罪也',岂不谬哉!"而《高祖本纪》记刘邦破武关后,约束部伍,不得随意劫掠,因而颇得秦人之心,遂大破秦军;入关中后,又约法三章,百姓十分高兴,都拥护他,所以兴汉。"不嗜杀人者能一之","得民者昌,失民者亡",这是司马迁历史思想中一个重要的观点。

（二）《史记》中有许多反映现实、批评现实的"忤时"之论。司马迁对汉武帝专制独行、用人唯亲等提出了批评和嘲讽,这在当时是十分大胆的。如在《酷吏列传》里,他评论一个酷吏时说:"其好杀伐行威,不受人如此。天子闻之,以为能,迁为中尉。"说武帝以喜杀人为有才能,讽刺之意自在言外。又如在《平准书》里,司马迁将汉武帝的所作所为与亡秦相提并论,胆量实在非同一般,表现出他反对君主专制的倾向。另外,《史记》在一定程度上反映了当时社会的真实情况,如《平准书》说地方上的寓民"武断于乡曲",公卿大夫"争于奢侈",而农民却"力耕不足粮饷,女子纺绩不足衣服",这些内容反映了汉武帝"盛世"下掩盖着的阶级矛盾。正因为如此,后世有人认为《史记》是一部"谤史"。卫宏的《汉旧仪注》说:"司马迁极言景帝与武帝之短,武帝怒而削之。"后来王允要杀蔡邕,蔡邕请求免死以完成汉史的写作,王允以司马迁为例说,当时汉武帝未杀司马迁,才留下了一部谤书,他可不能再犯同样的错误。由此可见,《史记》中对社会的阴暗面所作揭露与鞭挞以及对君主专制制度的抨击,都是后世封建文人所不能接受的。这也正表现出《史记》的进步性。

（三）司马迁非常重视人们的经济生活和物质欲望,并认为那种追求物质的欲望是合理的。所以,他说:"富者,人之情性,所不学而俱欲者也。"他还运用"天下熙熙,皆为利来;天下攘攘,皆为利往"的谚语来说明人人求利的社会现实,继而指出:"夫千乘之家,万家之侯,百室之君,尚犹患贫,而况匹夫编户之民乎?"从而他表达了为平民争取谋生求利之权的主张,同时也抨击了与民争利的垄断政策。在对工商业的态度上,司马迁也与时人有不同的看法。他在《货殖列传》里描写了汉初工商业发展的情况,这种发展对推动社会经济是有益的。他指出:"用贫求富,农不如工,工不如商,刺绣文不如倚市门,此言末业,贫者之资也。"这和汉初重农抑商、强本抑末的政策,有很大的不同。同时,他在《货殖列传》里还为商贾立传,表现了重工商的倾向。司马迁还认为,工商业的发展是历史发展的必然结果,出现了新的问题,不能采取抑制工商业的政策,而应采取其他有效的办法。这些思想无疑是正确的,在当时具有一定的进步意义。

（四）对历史人物的评价，司马迁力求实事求是，不求全责备，也不以成败论英雄。如《史记》不仅详细记载了陈涉起义的经过，而且把陈涉的功绩与商汤伐桀、周武王伐纣和孔子作《春秋》提到同等高度，认为汉灭秦是"由涉首事也"，并将陈涉列入世家，与历代侯王勋臣同列。这一点颇为后代封建文人所不满。如刘知几在《史通·世家》里说："陈涉起自群盗，称王六月而死，子孙不嗣，社稷靡闻，无世可传，无家可宅，而以世家为称，岂当然乎？"由此可以看出司马迁见识的高明之处。《史记》论曹参多有贬词，如"攻城野战之功，所以能多若此者，以与淮阴侯俱。及信已灭，而列侯成功，惟独参擅其名"。但下文又实事求是地评价道："参为汉相国，清静极言合道。然百姓离秦之酷后，参与休息无为，故天下俱称其美矣。"《史记》所载人物颇多，仅见于列传的已有二百人，本纪、世家基本也是人物。一方面，司马迁常常在叙述历史事件和人物关系时，表明自己对人物的褒贬；另一方面，他又在每篇之后加一赞语，以"太史公曰"四字为发端，给予正面评论，对许多人物的评价均见于此。从《史记》中对人物的评论来看，司马迁对历史人物的是非功过是较为清楚的，评价也大体能做到实事求是，总的看是较为准确的。

正因为《史记》中蕴含着丰富的进步思想，所以它总是遭到正统学者和达官贵人的种种非议，说它是"大敝伤道"者有之，说它是"谤书"者有之，但这一切不仅无损于《史记》的价值，反而使它显得更加难能可贵。

当然，作为一部史学巨著，《史记》也难免存在着一些缺点和错误。比如，对有些重要人物记载过于简略，如墨派的创始人墨翟，仅在《孟子荀卿列传》中附记了二十多字；弄错了一些人物和史事，如把公元前三世纪初的苏秦，移到了公元前四世纪末，并颠倒了苏秦、张仪登上政治舞台的时间顺序，近年出土的马王堆汉墓帛书《战国纵横家书》证实了司马迁的错误。这些缺点和不足对一部大书来说是难以避免的，白璧微瑕，并不影响《史记》的价值。

《史记》不但是一部杰出的史学巨著，也是一部优秀的文学名著。

《史记》是一部以人物为中心来反映历史的著作，因而，人物的真实性与鲜明性就成了全书成败的关键，这一点是司马迁特别注意的，而且获得了成功。事实上，《史记》以擅长描写人物而著称，它一篇篇脍炙人口的传记文学，塑造了各式各样的人物形象，提供了许多成功的艺术经验。

首先，《史记》描写人物，绘形传神，读之使人如见其人，虽记载了数百个人物,但无雷同。比如,《李将军列传》写出了李广勇敢、机智和爱护士兵等品质,塑造了一个真实可信的形象,如李广出猎,"见草中石,以为虎而射之,中石没镞。视之,石也。因复更射之,终不能复入石矣"。写得合情合理而又形象逼真。《万石张叔列传》写汉朝景、武时期的大臣,个个"谨慎"异常,如石庆虽身为太仆,但谨小慎微得可笑,当武帝问他驾车有几匹马时,他本来可以随口就回答上来,却要举起马鞭把马再数一遍,才敢回答:"六马"。这就传神地写出了当时官吏的"谨慎"和武帝的"威严"。

其次,《史记》注意调动一切文学手段来表现各种不同的历史人物。主要表现在以下几个方面:

(一)极为注意环境与气氛的烘托,即把人物放在一定的背景上去描写。如《项羽本纪》把项羽破秦放在当时一个非常严重的时刻去写,从而突出了项羽的功绩;《平原君虞卿列传》把平原君放在邯郸被围的背景上去写,从而突出了他的利令智昏和庸碌无能。这种写作方法,不是司马迁随手拈来的,而是出于他创造纪传体史书的需要。既然要"藉人以存史",则自然要在描写人物的同时,写出当时的历史环境,同时,这些历史环境与场面也就是塑造人物所需要的背景。《史记》中的人物之所以往往着墨不多而形象特别鲜明,与这种借助环境与气氛的烘托手法有着密切的联系。

(二)在事物的发展和矛盾冲突中塑造人物。如《李斯列传》具体地描写李斯在秦始皇死后谋立胡亥的事件中一步步下水,怎样和赵高同流合污以谋取高官,最后又怎样被赵高杀害的全过程,从而在事物的发展中把李斯这个人物写活了。又如《廉颇蔺相如列传》,正是在矛盾的冲突和斗争中,写出了蔺相如和廉颇这样的典型人物。他们的性格特征,也是在矛盾的冲突与斗争中才得到了揭示和表现。

(三)注意细节和心理描写,以突出人物的性格。如《李斯列传》写李斯"年少时为郡小吏,见吏舍厕中鼠食不洁,近人犬,数惊恐之。斯入仓,观仓中鼠食积粟,居大庑之下,不见人犬之忧。于是李斯乃叹曰:'人之贤不肖。譬如鼠矣,在所自处耳!'乃从荀卿学帝王之术。"这虽然仅仅是李斯少时的潜意识,但与李斯的为人、志节和一生的道路有某种紧密的联系,所以司马迁照录不遗。又如《淮阴侯列传》记载了韩信少年时的三个小故事,即"吃白饭"、"受漂母之恩"和"胯下之辱",从而表现了他的性格和品德及其成长过程。

后面还分别交代了韩信当了楚王后,对这三件小事中的当事者都有回报,恩怨分明,也更生动地表现了韩信的性格特点。《史记》人物传记中有些篇章还有相当深刻的人物心理描写。比如,《廉颇蔺相如列传》在展示蔺相如和秦昭王在秦国章台宫围绕着和氏璧所进行斗争时,将蔺相如和秦昭王二人的心理活动刻画得十分细致。《萧相国世家》在刻划萧何超凡才干的时候,也同时写出了他为维护自己的地位所做的微妙的努力,出色地写出了刘邦和萧何双方的细微的心理活动。

(四)运用对比互照、陪衬烘托的方法来描写人物。如《项羽本纪》在记述项羽大破章邯后,有这样一段描写:"当是时,楚兵冠诸侯。诸侯军救巨鹿下者十余壁,莫敢纵兵。及楚击秦,诸将皆从壁上观,楚战士无不一以当十,楚兵呼声动天,诸侯军无不人人惴恐。于是已破秦军,项羽召见诸侯将,入辕门,无不膝行而前,莫敢仰视。"这一段文字比记交战时情况还多,初看似乎没有必要,但这里有对比,有陪衬,把巨鹿之战所造成的声势、项羽的声威都充分地展示了出来,给读者留下了深刻而又鲜明的印象。又如《伍子胥列传》主要通过与几个人物的对比,来描写伍子胥的形象和独特性格。《史记》不仅常在一篇人物传记内采取对照的手法写人物,而且有时对不同的篇章也用比照法去写,如《李将军列传》和《卫将军骠骑列传》便是如此。这两篇传记通过对比,写出了李广与卫青、霍去病在出身、治军方法和战争经历等方面的不同,也写出了他们所享声名和下场的不同,从而表现出司马迁的褒贬态度。

第三,《史记》在语言上的最大特点是自然流畅。司马迁善于运用符合人物身份的口语来表现人物的神情态度和性格特点。如项羽和刘邦都曾对秦始皇出巡的盛大场面发生过感叹,项羽说:"彼可取而代也!"说得极为坦率,可以想见他强悍爽直的性格;刘邦却说:"嗟乎! 大丈夫当如此也!"说得委婉曲折,正好表现出他贪婪多欲的性格。有时,《史记》还直接使用口语,谣谚或民歌。如刘邦骂郦食其说:"竖儒! 几败乃公事!"这是乡人骂街的语言,恰如其分地表现出刘邦的性格特点。其他如用"睢水为之不流"形容兵败,用"门外可设雀罗"形容门庭冷落等等,都绘声绘色,生动形象。

总之,《史记》是我国散文史上的一座丰碑,是传记文学的开山祖。它既是"史家之绝唱",又是"无韵之离骚",其文学成就与史学成就一样对后世产生了深远的影响。

《史记》的出现标志着我国封建"正史"已创建起来。作为我国史学史上的一座丰碑,《史记》的影响是巨大的。但是,《史记》一百三十篇中,在汉代就有些篇已经有录而无书了,《汉书》说缺十篇,却未列举篇目。后人如冯商、刘歆、阳城衡、褚少孙和史孝山等人都曾续补过《史记》,只有褚少孙的续补因为低一格排印,所以可以辨认。

历代有许多人注释《史记》,现存最早的旧注是刘宋裴骃的《史记集解》八十卷,它主要是利用封建经典和各种史书来注释文义,吸取了前人的一些成果。唐朝司马贞作《史记索引》三十卷,既注音,又释义,唐朝张守节写了《史记正义》三十卷,比前两种书在质量上有明显提高。《史记集解》、《史记索隐》和《史记正义》虽然书名不同,其实都是《史记》的注本,后人认为这三部书是《史记》旧注的代表作。因为二千年来有许多人从事于《史记》的注释和研究,所以逐渐形成了一门"史记学"。在《史记》的影响下,后来出现了大量的"正史"和其他史学著作,但在封建时代,还没有一部史书能与《史记》相比。其中既有作者个人素质的原因又有时代和历史的原因,这是一个很值得深入探讨的问题。

"究西都之首末,穷刘氏之废兴"

——说《汉书》

《汉书》是我国第一部纪传体断代史,在史学史上有一定的地位和影响。它叙事起于汉高祖元年(前206年),终于王莽地皇四年(23年),共二百二十九年。

司马迁开创了纪传体的历史学。由于《史记》的杰出成就及其历史记载截止到汉武帝时代,所以后世就有不少学者收集时事来续补《史记》,但这些续补之作大都文辞鄙俗,远不能和《史记》相比。班彪有鉴于此,开始收集前史遗事,傍贯异闻,写作了《史记后传》数十篇,重点叙述西汉后期的历史。《后传》虽然不能独立成书,却成了班彪之子班固修撰《汉书》的重要基础。

班固(32—92年)字孟坚,扶风安陵(今陕西咸阳市东)人。幼年聪慧好学,"九岁能属文,诵诗书",十六岁入洛阳太学,博览群经九流百家之言,"所学无常师,不为章句,举大义而已"。他"性宽和容众,不以才能高人",所以颇为时人所赞赏。其父班彪是一位历史学家,有志于续写《史记》,却只写出《后传》六十五篇。班彪死后,班固仰承父志,于明帝永平元年(58年)开始私自修撰《汉书》。五年后,有人上书明帝,控告班固私改国史,班固有口难辩,被捕入狱。其弟班超上书为他解释,明帝阅读了他著作的初稿,认为写得很好,所以不仅没有处罚他,反而任命他为兰台令史。过了一年班固升为郎、典校秘书,并继续《汉书》的编著工作。经过二十余年的不懈努力,至章帝建初七年(82年)。他基本完成了《汉书》,开创了"包举一代"的断代史体例。和帝永元元年(89年),班固随从车骑将军窦宪出击匈奴,参预谋议,为中护军,得胜而归。后窦宪得罪被杀,班固也受到牵连,被捕入狱,后死于狱中,时年六十一岁。

班固死的时候,《汉书》还有八表和《天文志》没有写成。汉和帝叫班固的妹妹班昭补作,马续协助班昭作了《天文志》。班昭对《汉书》的最后完成有不可泯灭的功劳,她是我国历史上少见的女史学家之一。

《汉书》是西汉一代的断代史,它把《史记》开创的体裁进一步完善起来,成为后世"正史"不祧之祖。旧时"史汉"、"班马"并称,是有道理的。

《汉书》在体制上仿照《史记》而又有所变化。因其本身称"书",故改《史记》的书为志;又因汉代已不同于春秋战国,已无列国存在,也就不需要立世家,故省而并入列传;又把《史记》的本纪省称为"纪"。这些变化,被后来的一些史书沿袭了下来。《汉书》与《史记》相比较,最大的变化是改通史为断代史,为封建正史定下了格局。从《汉书》起,后世史书多为断代史。《史通·六家》中有这样的话:

> 如《汉书》者,究西都之首末,穷刘氏之废兴,包举一代,撰成一书。言皆精炼,事甚该密,故学者寻讨,易为其功。自古迄今,无改斯道。

刘知几对《汉书》的评价是很高的。

《汉书》包括十二纪、八表、十志、七十传,共一百篇,八十余万字,非常详细地记述了西汉二百多年的史事。

十二纪,为西汉历代皇帝编年大事记,记明年月,又多列事目。王莽不列在内,而是置于列传之末,这是因为东汉初年人不承认王莽政权。八表,有异姓诸侯王、(同姓)诸侯王、王子侯、高惠高后孝文功臣、景武昭宣元成哀功臣、外戚恩泽侯六表记其世系,百官公卿表记载秦汉官制及汉代公卿任免,而古今人物表将人物分为九等,又与断代史体裁不合。八表中,后人最不满《古今人表》,因为它从太昊帝记到吴广,有"古"而无"今",而最推崇《百官公卿表》。这个表首先讲述了秦汉分官设职的情况、各种官职的权限和俸禄的数量,然后又用简表记录了汉代公卿大臣的升降迁免,虽然篇幅不多,却把当时的官僚制度和官僚变迁的情况清楚地记录了下来。

《汉书》的"志"比《史记》的"书"更为系统,还有所发展,新增加了《刑法志》、《五行志》、《地理志》、《艺文志》和《食货志》等。《刑法志》记西周至东汉初年的军制和刑法的变化,第一次系统地叙述了法律制度的沿革和一些具体的律令规定。《地理志》记录了当时郡国行政区划、历史沿革和户口数字,有关各地物产、风习和中外交通的记载尤为引人注意。《艺文志》吸收了《七略》的成果,著录了西汉末年皇家藏书的情况,是我国现存最早的图书目录,还综述了各种学术派别的源流与长短。《食货志》是由《平准书》演变过来的,记述西周至王莽时期的农业、农政、货币与财政情况,是当时的经济专篇。这些详细的记载,在《史记》八书的基础上,把政治史、经济史、文化史和自然史的著述,向前大大地推进了一步。

七十列传基本记述西汉人物的事迹,又有匈奴、西南夷、两粤、朝鲜和西域等传。与《史记》相比,《汉书》的列传在编纂体例上更为系统和科学。如《史记》的专传、合传与类传次序混乱,体例不够严格,而《汉书》全以时代顺序为主,先专传,次类传,再次为边疆各族传,而以《王莽传》居末。《汉书》列传以群雄开始,以贼臣为末,为后世"正史"开创了先例。又如《史记》列传的篇名,或以姓标,或以字标,或以官位、爵位标,体例不一致,而《汉书》除了诸王传外,一律以姓或姓名标题,使体例统一了,后世"正史"均以此为标准。

《汉书》是班固在总结前人研究成果的基础上,又收集了大量的文献资料完成的杰出史书。

汉武帝以前的史料,《汉书》绝大部分用的是《史记》的原文,文字略有精简,有些材料重新作了安排和剪裁,大体上还是用《史记》原有的材料。对此,后人颇有不满。如宋代的郑樵在《通志·总叙》中指责班固说:"自高祖至武帝,凡六世之前,尽窃迁书。"一个"窃"字,饱含贬意。其实这种指责是不够准确的,因为秦汉时录他人著作是常见的事,与后世的剽窃不能一概而论,何况班固对《史记》还有订正、补充和删改,比如,《汉书》有时虽用《史记》的材料,却把《史记》附入别人传中的材料抽出另立新传,《汉书》有时虽用《史记》旧传名称,却又增加一些史实,如《韩信传》、《楚元王传》和《公孙弘传》等都有增益。尤其值得注意的是,较之《史记》,"《汉书》多载有用之文"。它虽然承袭了《史记》的纪传,但有时又增加了一些文章。如《贾谊传》载《治安策》,《晁错传》载《贤良策》,《路温舒传》增收了《尚德缓刑疏》,其他如《邹阳传》、《韩安国传》和《公孙弘传》等都新载入了一些文章。这些文章都有一定的史学和文学价值,如果不收入《汉书》,也许今天已经失传了。《汉书》还对《史记》作了一些订正。如《史记·李将军列传》记载说,李陵降匈奴后,汉朝听说匈奴以女妻李陵,便杀掉了李陵的母亲和妻子,而《汉书》根据新的材料订正说,汉朝听说李陵教匈奴练兵之法,于是杀掉了他的母亲和妻子,后来查明,教匈奴练兵的人是李绪而不是李陵。这一类订正还有很多。可见,要了解汉武帝中期以前的历史,《汉书》是不可废弃的。

《汉书》中汉武帝以后的史料,主要来源于班彪所作的《史记后传》六十五篇、各家所续《史记》及其他一些记载,是相当充实和丰富的。如《艺文志》采自刘歆的《七略》,不但是目录学的开端,而且是论述古代学术思想源流派别的文化史。这一切使《汉书》成为记载汉武帝中期以后西汉历史最系统、详细和完整的历史著作。《汉书》历来有"文赡而事详"的评价。《后汉书·班固传》将《汉书》与《史记》作了比较:

> 议者咸称二子(司马迁和班固)有良史之材。迁文直而事覈,固文赡而事详,若固之叙事,不激诡,不抑抗,赡而不秽,详而有体,使读之者亹亹而而不厌,信哉其能成名也。

这个评价是比较恰当的。

作为一部历史著作,《汉书》也有它的缺陷,那就是思想的贫乏和保守。从思想内容看,《汉书》远不如《史记》。班固曾批评司马迁"论是非颇谬于圣人",这正反映了两人的思想分歧。班固主张以圣人之是非为准则。他独尊儒家与六经,把诸子诗赋视为"六经之支与流裔";把凡是结宾客、广交游而形成一种社会势力的人都称为游侠,斥责为背公死党。这些正表现出他维护封建专制主义的倾向。班固的是非爱憎不像司马迁那样强烈,明哲保身的思想比较明显,至于《五行志》中有很多谬误,更是《汉书》的一大缺点。其中充满了天人感应论和五行灾异说的毒素,开了后世史书中五行符瑞等志的恶例。另外,《汉书》正统思想非常突出。班固将陈涉、项羽一律入传,并在《叙传》中说:"上嫚下累,惟盗是伐,胜、广熛起,梁、籍扇烈。"这与《史记·陈涉世家》中的评论相差甚远。班固的思想之所以保守、正统,与他本人的家世、家学以及个人性格均有关系,这必然对《汉书》带来消极的影响。

《汉书》的文笔不及《史记》,这是古今一致的看法,但是作为传记文学,《汉书》自有其长处,它有许多传记还是写得颇为成功的。比如,《朱买臣传》写朱买臣失意和得意时不同的精神面貌和人民对他的态度,在具体的描写中,充分揭示出封建社会中的世态炎凉。《陈万年传》运用细节的描写和心理的刻画,描绘出一个不以谄为耻,反以谄为荣,不仅自己谄,还要下一代谄的官僚形象,十分生动。《汉书》里最著名的是《苏武传》,它写了汉朝使臣苏武,出使匈奴被扣十九年,经过千辛万苦,终于回归祖国的全过程。它赞扬了苏武坚贞不屈的民族气节和高尚的品德。其中有些情节写得十分生动,颇撼人心魄。如"北海牧羊"一节:

> （单于）乃幽武,置大窖中,绝不饮食。天雨雪,武卧啮雪,与旃毛并咽之,数日不死,匈奴以为神。乃徙武北海上无人处,使牧羝（公羊）,羝乳（生小羊）乃得归。别其官属常惠等,各置他所。武既至海上,廪食不至,掘野鼠去草实而食之。杖汉节牧羊,卧起操持,节旄尽落。

再如最后写李陵送苏武返汉时的情景和人物,也十分精彩。作者通过鲜明的对比,反衬出苏武留居匈奴十九年坚持民族气节的高尚品格和英雄气质。

在语言上,《汉书》较为凝练,富有文采。班固是个辞赋家,他行文崇尚藻饰,多用偶俪,所以《汉书》不如《史记》那么简朴自然,却独具一种工丽整练之美。

《汉书》喜用古字古词,比较难读。所以唐以前注解《汉书》的有二十三家,到了唐代,颜师古汇集了前人的注释,纠谬补缺,完成了《汉书》的新注。颜师古注《汉书》,先将前人旧注,各家歧说,详细引证;从"师古曰"以下,断以己意,肯定或否定旧说,有的自己重新注解。清代王先谦《汉书补注》一百卷,是清代有关《汉书》著作最后出的一部大书,有很高的学术价值。

难得的史学佳作

——说《三国志》和《后汉书》

《三国志》,包括《魏志》三十卷、《蜀志》十五卷、《吴志》二十卷,共六十五卷,主要记载魏、蜀、吴三国鼎立时期的历史。作者是晋代人陈寿。

陈寿(233—297年)字承祚,巴西安汉(今四川南充北)人。少时好学,是撰《古史考》的谯周的弟子。谯周兼治经史,还著有《蜀本纪》、《五经论》等著作。陈寿在蜀汉作官,历任卫将军主簿、东观秘书郎和散骑黄门侍郎,后因不愿屈事宦官黄皓,屡遭遣贬。西晋既建,司空张华十分看重陈寿,举为孝廉,除著作佐郎。不久陈寿又出为补阳平令。这时期,他撰《诸葛亮集》奏上,被升为著作郎,领本郡中正。晋灭吴后,陈寿搜集三国时官私著作和各种文献资料,历时近十年,撰成《三国志》。时人称赞他"善叙事","有良史之才"。晋惠帝元康七年(297年)卒,年六十五。

在陈寿写作《三国志》之前,已出现了一些有关魏、吴的史作。如王沈的《魏书》四十四卷、韦昭的《吴书》五十五卷,都是官修的史书;私家撰述的有鱼豢的《魏略》三十八卷、张勃的《吴录》三十卷,均为纪传体史书。《三国志》中的《魏书》和《吴书》主要取材于这些史书。蜀汉不设史官,无人负责收集材料,编写蜀书。《三国志》中《蜀书》的材料是由陈寿采集和编次的。这些材料的收集十分不易,因此《三国志》中《蜀书》仅有十五卷,数量最少。对于蜀汉史事,陈寿尽量搜求,即使是一些零篇残文也不轻易放过,确实是想尽办法收集了。对于收集到的史料,陈寿作了颇为精密严谨的选择。如《三国志》不取诸如诸葛亮"七擒孟获"和"死诸葛走生司马"之类奇诞之说,表现出不务奇而求实的严谨态度。

《三国志》所叙三国历史,有分有合。分开看,三国各有系统;合并看,又是整体。《魏书》一至四卷为帝纪,其他全是传;蜀、吴二志有传无纪。全书无表、志,是名实相符的纪传体史书。全书写了自黄巾起义至晋灭孙吴近百年间的历史,把这一历史时期的阶级斗争、政治斗争和统一与分裂的矛盾都反映出来了。魏、蜀、吴三足鼎立,陈寿是由三国入晋的人,晋是继承魏而统一全国的,因此他不得不以《魏书》居前,用本纪来记魏国的几代帝王。《三国志》称魏君主为帝,有武、文、明和三少帝纪四卷,称蜀汉二主为"先主"和"后主",对吴却与对蜀有区别,只称孙权为"吴主权",对"三嗣主"则书其姓名,表现出尊魏而抑蜀、吴的倾向。但从全书来看,《三国志》是采用三国并叙的方法;从书名看,三志并列,以示鼎足之势,虽然对蜀、吴二主形式上称"传",但用与本纪基本相同的记事方法,按年叙事,实际上把蜀、吴放在与魏同等的地位,反映了历史的真实情况。《史通·列传》说:"陈寿国志,载孙刘二帝,其实纪也,而呼之曰传。"由此可以看出:陈寿是一位有总揽全局的才识和有创见的史学家。这种编纂体例对后代颇有影响,如唐初的《北史》和《南史》便是仿此体例而稍作变动修撰的。

《三国志》的编纂方法比前代史书有更为精密的地方,主要表现为全书前后贯通,事不重复。史实见于《魏书》,则《蜀书》和《吴书》不重出现,反之亦是如此,因此全书前后矛盾的地方较少。全书叙述史实颇有细密的局度,如《蜀书》先立《二牧传》以说明蜀汉奠基的由来。继《二主》、《后妃》为《诸葛亮传》,突出了诸葛亮在蜀汉政权中的重大作用。

在史书的书法上,陈寿《三国志》有两点值得特别注意。其一是为魏、晋的统治者隐讳,即所谓"回护之法"。对于魏之代汉、晋之代魏,《三国志》写得颇为曲折,虽含有微词,但终因政治压力而不能如实写出。清人赵翼说:"自陈寿作《魏本纪》,多所回护,凡两朝革易之际,进爵、封国、赐剑履、加九锡,以及禅位,有诏有策,竟成一定书法。以后宋、齐、梁、陈诸书悉奉为成式,直以为作史之法,固应如此。"(《廿二史札记》)赵翼断言陈寿为司马氏废弑魏帝作回护,反不如《汉晋春秋》、《魏氏春秋》和《世说新语》记载得真实。当然,作为一个有创见的史学家,陈寿一方面运用"回护之法",以适应时代和政治的需要,同时也能在某些方面采取实录的方法,做到虽扬善亦不隐其过。如关于曹操杀董承、伏后的情节,他也在《魏纪》、《先主传》中曲折地透露了真相。其二是喜好品评人物。陈寿对人物的评价,着重于人物的才识。他品评人物。名目繁多,有"英雄"、"人杰"、"英杰"、"奇才"、"奇士"、"令士"、

"美士"、"才士"、"彦士"、"虎臣"、"良将"和"良臣"等。如评曹操为"超世之杰",刘备为"英雄",孙氏兄弟为"英杰",诸葛亮为"良才",周瑜为"奇才"。这只是门阀世族风尚的表现而已,其实那么多名目的区别是什么,恐怕陈寿自己也说不清楚。

《三国志》的突出特点是善于叙事,文笔简洁,剪裁得当,对人物情态风貌也很善于描绘。如《蜀志·先主传》记载曹操与刘备论英雄时,通过刘备的"失匕箸"的细小动作,将刘备韬晦的心情生动地描写了出来。又如《蜀志·关、张、马、黄、赵传》,刻画人物性恪也十分生动传神:

> 羽尝为流矢所中,贯其左臂,后创虽愈,每至阴雨,骨常疼痛,医曰:"矢镞有毒,毒入于骨,当破臂作创,刮骨去毒,然后此患乃除耳。"羽便伸臂令医劈之。时羽适请诸将饮食相对,臂血流离,盈于盘器,而羽割炙引酒,言笑自若。

《三国志》不仅叙事简要,而且多些议论也很有见地,如评曹操:"运筹演谋,鞭挞宇内,擥申、商之法术,该韩、白之奇策,官方授材,各因其器,矫情任算,不念旧恶,终能总御皇机,克成洪业者,惟其明略最优也;抑可谓非常之人,超世之杰也。"又如评刘备:"弘毅宽厚,知人待士,盖有高祖之风,英雄之器焉。及其举国托孤于诸葛亮,而心神无贰,诚君臣之至公,古今之盛轨也。机权干略,不逮魏武,是以基宇亦狭。"

再如评关羽、张飞:二人"皆称万人之敌,为世虎臣。羽报效曹公,飞义释严颜,并有国士之风。然羽刚而自矜,飞暴而无恩,以短取败,理数之常也。"这些评语表现出陈寿卓越的识见。

《三国志》一出,时人颇多赞扬。与陈寿同时的夏侯湛正在写作《魏书》,看了《三国志》,认为没有必要另写新史,就毁弃了自己的著作。张华特别赞赏《三国志》,对陈寿表示"当以《晋书》相付耳"。后人对《三国志》也特别推崇,认为存记载三国历史的史书中,它可以与《史记》、《汉书》相媲美。因此,其他各家的三国史相继泯灭无闻,只有《三国志》一直流传了下来。

但是,关于陈寿的为人,后人却颇有不满。唐代的刘知几甚至指斥陈寿为"记言之奸贼,载笔之凶人"。其原因是《晋书·陈寿传》记了陈寿的两件事：一、据说丁仪、丁廙二人在魏颇有盛名，陈寿对他们的儿子说："如果能给我一千斛米，我可以为令尊写一个很好的传。"丁仪、丁廙的儿子不同意，结果陈寿真没有为丁仪、丁廙立传。二、据说马谡为诸葛亮所杀时，陈寿的父亲因是马谡的参军，也受到了处罚，所以陈寿为诸葛亮作传，批评诸葛亮"将略非长，无应敌之才。"后人因为相信了《晋书》的记载，所以特别看不起陈寿。其实，根据有关的历史记载分析，这两条罪状纯属莫须有，是诬蔑之词，实不可信，应予澄清。不过，由此也可以看出，陈寿在晋朝便屡为别人所排挤，在这种情况下能写出《三国志》这样的史书，实属不易。

总的说，《三国志》是一部难得的史学佳作，但它本身也存在着一些缺陷。除了上面已经提到的陈寿爱用"回护笔法"外，《三国志》的记载过于简略，有些重要的历史事件语焉不详。如曹魏屯田，略见于《武帝纪》中，只有一两句话；又如著名哲学家王弼、何晏等人不列专传而仅附于他人传中，而且记叙十分简略。这也许是因为史料不足造成的，但毕竟是《三国志》的一个明显缺陷。

为了弥补《三国志》记载简略的缺陷，裴松之写作了《三国志注》。裴松之收集了丰富的史料，使三国史事丰富起来，所以读《三国志》不能不参看裴注。

裴松之（372—451 年）字世期，河东闻喜（今属山西）人。仕于晋宋之际。宋文帝认为《三国志》太简略了，便命裴松之为它作注。裴松之收集三国史料约一百五十余种，这些史料比陈寿见到的多得多，他完全可以另撰一书，但是皇帝的命令岂能违抗？所以他只能作《三国志注》。史书上说："皇上命令裴松之为《三国志》作注，他收集史料，增广异闻，完成了《三国志注》。皇上看了很高兴，说：'这是不朽之作！'"裴松之《上三国志注表》也说："被诏使采三国异同，以注陈寿《三国志》。"这说明《三国志》在当时已有确定的地位，不必改作，只是它太简略而有脱漏，所以需要补充一些材料。

《四库全书总目提要》从六个方面对《三国志注》作了归纳："一曰引诸家之论，以辨是非；一曰参诸书之说，以核同异；一曰传所有之事，详有委曲；一曰传所无之事，补其阙佚；一曰传所有之人，详其生平；一曰传所无之人，附以同类。"由此可见，裴注与重在释文义的《史记》三家注和《汉书》颜师古注不同，它主要是增补史实，资料极为丰富。经粗略统计，注中列举魏晋人的著作达二百余种,所截取的史料比较完整,注文条目也相当多,文字比正文多出三倍以上。因此,注中对三国的经济、文化和科技资料都有很多补充。如关于曹魏屯田,裴松之补充了三百余字,较《三国志》原文多了许多,内容更加重要,后世研究曹魏屯田的学者,多用注文。可见,从史料价值看,注并不次于《三国志》。尤应指出的是,陈寿所引史籍文献和注中引用的许多书,现在大部分已经失传,许多珍贵的史料借《三国志注》才得以保存下来,这使裴松之注更为后人所重视。总之,裴松之注《三国志》,着重于补缺、备异、纠谬和评论四个方面,使史注面目为之一新,他的革新之功是不可磨灭的。

《后汉书》是纪传体东汉史,共一百二十卷,包括本纪十卷、列传八十卷、志三十卷,主要记载了东汉光武帝刘秀到献帝刘协近两百年的历史。纪传九十卷,南朝宋范晔撰;志三十卷,晋司马彪撰。

范晔(398—445年)字蔚宗,刘宋顺阳(今河南淅川县)人。他是晋豫章太守、《春秋穀梁传集解》作者范宁的孙子,宋侍中、车骑将军范泰的庶子。他"少好学问,博涉经史,善为文章,能隶书,晓音律"(《宋书·范晔传》),堪称多才多艺。宋文帝元嘉中他为左卫将军、太子詹事,在宋武帝的儿子彭城王刘义康那里做官,参议军事,后来因为得罪了刘义康,被贬为宣城太守。他郁郁不得志,开始在任所撰写《后汉书》。后来,刘义康和宋文帝争权夺利,策划政变,谋夺皇位,事情败露,范晔被诬告参与谋议,于元嘉二十二年(445年)下狱被杀。

在范晔撰写《后汉书》之前,已经出现了许多记述东汉历史的史书,主要的有:(一)刘珍等撰的《东观汉记》。它是东汉官修史书,各家后汉书皆取材于此。参与《东观汉记》修撰的还有班固、李尤和伏无忌等。(二)谢承《后汉书》,一百三十卷,已亡。(三)司马彪《续汉书》,纪传亡,有辑本,志存,即今《后汉书》诸志。(四)华峤《后汉书》,"起于光武,终于孝献,一百九十五年,为帝纪十二卷、皇后纪二卷、十典十卷、传七十卷及三谱、序传、目录,凡九十七卷。"唐刘知几认为诸家后汉史,"推其所长,华氏居最",今亡。(五)谢沈《后汉书》,今亡。(六)袁宏《后汉纪》。袁宏曾任谢安参军、恒温记事,因不满当时已出的几种《后汉书》,所以继荀悦《汉纪》而著《后汉纪》三十卷。后汉史书流传到今天的,只有范晔的《后汉书》和袁宏的《后汉纪》,所以刘知几

《史通·正史》篇说:"世言汉中兴史者,惟袁范二家而已。"《后汉纪》广泛收集材料,抉择取舍,叙事头绪虽然繁多却又有条不紊,人物众多而又各有特色,关系虽然错综复杂却无纷乱之感,写重大历史事件和人物不仅生动传神,而且评价较为准确,所以有很高的史学价值。除此之外,还有袁山松《后汉书》、薛莹《后汉纪》、张莹《后汉南纪》和张璠《后汉纪》,这些书均已亡佚。

范晔写作《后汉书》,可以博采众书,斟酌去取,这是他的有利条件,但诸家后汉史各有所长,行世已久,要想超过前人却也不是一件容易的事。范晔不愧是一位很有才华的史学家,他的《后汉书》简明而又周详,记载有重点而又不遗漏,故而此书一出,诸家《后汉书》逐渐消沉。可见范晔《后汉书》后来居上,自有其过人之处。

《后汉书》博采众书,尤多取《东观汉记》和华峤《后汉纪》的记载,而又多有创新。如东汉一代,殇、冲、质三帝在位时间短促,事迹不多,《后汉书》改《汉书》一个皇帝一篇本纪的做法,从实际出发,把这几位皇帝附在其他帝纪后面。《后汉纪》帝纪之后有后妃,着眼夫妻关系;范书仿效它的体例,但更注意后妃在政治上的作用。本纪的最后一篇是《皇后纪》,相当于《汉书》的《外戚传》。范晔不加区别地把皇后全部写进本纪,正反映了他对君权的尊崇。八十列传依时代先后编次,在《史记》、《汉书》已有的类传之外,《后汉书》新创了七种类传,即党锢、宦者、文苑、独行、方术、逸民和列女,把同一类人物纳入一传。党锢、宦者二传,反映了当时地主阶级出身的知识分子反对宦官势力,崇尚名节,结党绯议朝政,遭到宦官迫害和禁锢的矛盾和斗争。《文苑传》与《儒林传》不同,它重在为文学词章之士作传,而不以经学儒术为主。《史记》、《汉书》中的文学之士如司马相如、枚乘和扬雄等皆有专传,《后汉书》如张衡、马融和蔡邕等自然有专传,另增"文苑"一目,记杜笃和赵壹等22人。《独行》、《逸民》分别记述那些所谓以"特立卓行"获得乡评世誉,进入仕途的人物和脱离当时政治斗争、隐居不仕、自命清高的知识分子。

《后汉书》新增设的《列女传》特别值得注意。单为列女作传,始于刘向。《列女传》所记人物大多数是好的,也有不好的。范晔认为史书不为妇女立传是不对的,因而选择"才行"优秀的各类妇女写了传记,这是在纪传体史书中第一次出现的内容。《列女传》共记述了17位妇女的事迹。范晔在序中说:

但搜次才行尤高秀者,不必专在一操而已。

根据这个标准,为人们熟知的蔡文姬就收在《列女传》中。后来有些封建史学家认为蔡文姬先后嫁过两个丈夫,违背了封建礼教,不应收入《列女传》。如刘知几便认为,范晔的《后汉书》为列女作传,却收入了蔡文姬,这是不符合史家的标准的。这也正表现出,范晔是有独到见解和超凡识见的。从刘知几以后,史学家均把《列女传》当作《烈女传》,专从贞节这一点去考虑,把妇女的传记变成了严守三纲五常的贞妇烈女的碑文,这是很荒谬的。

《后汉书》增设的七个专传,除《党锢》和《方术》反映了东汉的特殊情况外,其他各传均为后代史学家所仿效。

在编纂方法上,《后汉书》注意以类相从。清人赵翼说它"有不拘时代而各就其人之生平,以类相从者"。这种方法,本于《史记》而有所发展。如《论衡》的作者王充是东汉初期人,《潜夫论》的作者王符和《昌言》的作者仲长统是东汉末年人,因为他们都擅长著述,又都淡于功名利禄,所以合为一传,反映了当时进步的思想。又如张禹、胡广等以其和光取容合为一传;郭太、许劭等因其有人伦之鉴而合为一传;张纯和郑康成虽不同时,但都以经学见长合为一传。这种方法有时使人感到内容有些凌乱,但以类相从能与时代顺序的记叙互相补充,所以这种方法在编纂学上所起的作用还是积极的,是应该肯定的。

《后汉书》中的"志"是司马彪撰述的。本来范晔是有计划写志的,但没有来得及完成,实在是一件憾事。司马彪,字绍统,晋宗室高阳王司马睦的长子,少笃学不倦,后博览群书,"缀其所闻,起于世祖,终于孝献,编年二百,录世十二,通综上下,旁贯庶事,为纪志传凡八十篇,号曰《续汉书》"(《后汉书》本传)。后来梁刘昭给《后汉书》作注,把《续汉书》的"志"抽出来,加以注释,补入《后汉书》。其中《舆服志》、《百官志》是前史所没有的,前者记载了封建等级制度的车服沿革和式样,后者记述东汉分官设职的情况。但书中没有《食货志》,漏载一代经济制度。这与司马彪离东汉一百余年,经济档案材料不好寻找有关,但更重要的原因还在于他对这个问题重视不够。这是一个明显的缺点。

范晔是在屡遭遭贬、郁郁失志的情况下开始编撰《后汉书》的。他的思想感情与司马迁较为接近。他曾说自己对"屈伸荣辱"都深有体会,各种人生滋味都曾品尝过。对于《后汉书》,范晔是十分自负的。他说自己仔细阅读了前人的史书,认为极少满意之作,班固虽有盛名,但《汉书》体例混乱,只有志写得较好,而自己的《后汉书》"杂传论皆有精意深旨","至于循吏以下,及六夷诸序论,笔势纵放,实天下之奇作","赞自是我文之主思,殆无一字空设"。从来也没有一个作者这样来夸许自己的著作,因此后世有不少人讥讽范晔过于浮夸。其实范晔的自许基本符台《后汉书》的实际,不能看作是狂妄。

　　除了上面曾提到的一些优点以外,《后汉书》的另一个特点是,在整理史事中,渗透了作者的思想感情,表现出爱憎分明的特点。如范晔在《二王、仲长统传》中,对封建专制君主、权贵豪门作了辛辣的讥讽。又如范晔不为那些虽有高官显爵但没有什么贡献的人立传,有时虽为其立传却又另有含意,如《胡广传》写胡广是一个苟合取容的人,他越糊涂,官却升得越快,这就达到了讽时的效果。对于节义,范晔是大力提倡的。他对东汉外戚宦官等豪强势力欺压人民十分厌恶,因而赞扬了太学生和其他反对豪强势力的人,歌颂了那些刚强正直、不畏强暴的人。这可以《党锢传》为代表,其他如《杨震传》和《孔融传》等都有这样的内容。

　　《后汉书》各卷大多有论和序,所发议论有独到之处。范晔论史往往能抓住历史矛盾进行具体分析。如论宦官,说他们有"刑余之丑"的特殊身份,所以容易得到君主的信任,而且他们逐渐对朝政事物有了了解,所以"少主凭谨旧之庸,女主资出内之命,顾访无猜惮之心,恩狎有可悦之色",这就说明了宦官取宠得势的主客观条件;继而又指出他们仗势获得厚利,追随讨好他们的人也就越来越多,形成了一股左右朝政的势力。又如《六夷》诸序论也是很好的史论,其他如论党锢、论外戚和论中兴二十八将等也都很著名。尤其是《云台廿八将传》论任用功臣的弊端,把功臣外戚导致国家内乱的必然性说得清楚而又透彻。与《史记》、《汉书》、《三国志》相比较,《后汉书》中的史论较多也较长。这些史论往往带有朴素的辩证法观点,能从历史矛盾着眼,因而常使人读后精神为之一振。另外,《后汉书》还表现了范晔排斥佛老、宣扬无神论的倾向,这在那个佛教盛行的时代是难能可贵的,其进步性是应该肯定的。对于图谶和阴阳禁忌,范晔更是多方否定,表现出一个历史学家的真知灼见。

　　关于《后汉书》的注本,此处也作些介绍。《后汉书》中范晔所撰的纪传部分,由李贤作注。李贤是唐高宗第六子。与他一起作注的有张大安、刘讷言等数人。因为此注出于众人之手,所以成书时间很快。它一方面依据一些史籍,对《后汉书》的史实有所补充;另一方面对名物制度、训诂音义等详细注释。它偶尔也订正了《后汉书》原有的一些错误。这个注本对后人阅读《后汉书》很有帮助。《后汉书》中志的注是南朝梁刘昭所撰。他本来是注全部《后汉书》和司马彪的《续汉书》的,但李贤注本出来以后,刘昭的注不再被人重视,只保留了《续汉书》中志的注,后来补入了《后汉书》。但在宋以前,两书还各自单行。宋真宗乾元元年(1022年),才有人将两书合并刻印,将八志置于纪传之间,形成了我们今天看到的《后汉书》。

（原载《千古往事千古书》,人民日报出版社1995年1月版）

"三通"浅论

在中唐至元这一时期,不仅统治者特别重视史学,史馆制度得到进一步完善,而且史书的体裁也有了进一步的创新。在记载封建王朝兴亡和封建君臣荣辱的"正史"继续编著的同时,出现了一些立足于"通变"、"借鉴"的通史性质的史学名著。杜佑的《通典》是典制史通史,郑樵的《通志》是纪传体通史,马端临的《文献通考》是仿《通典》之作,这三部著作历来号称"三通"。

《通典》:政书体史书的开山之祖

唐自安史之乱以后,一批以天下为己任的士大夫议论朝政,要求改革。当时思想界十分活跃,他们往往借史立论,阐述自己的观点。其中有一批史学家着重研究古代的典章制度,希望从历史沿革方面总结历史经验和教训,以指导现实所面临的改革。其代表人物是杜佑,代表作是《通典》。《通典》是我国历史上第一部政书体史书。它是继编年体、纪传体之后又出现的一种史体。它的出现标志着中国古代史学史又开辟了一条新的道路。

杜佑(735—812年)字君卿,京兆万年(今陕西西安市)人。幼时勤奋读书、博览典籍,早年以父荫入仕,初补济南郡参军、剡县丞,后为浙西观察使韦元甫辟为从事。韦元甫移淮南节度使后,杜佑仍随幕前往。杨炎入相,征杜佑入朝。杜佑先后任工部、金部二郎中,并充水陆转运使,改度支郎中并和籴等使,"时方军兴,馈运之务,悉委于佑"。德宗建中后,他历任岭南、淮南节度使、礼部尚书、司空、司徒和同平章事(宰相)等职。元和初他被封岐国公。杜佑历宦代宗、德宗、顺宗和宪宗四朝,后位居宰相,并曾兼理盐铁等使,对中唐的政治、经济和文化情况均十分熟悉。这是与以往史家明显不同的地方。

杜佑出生于唐代的盛世,二十岁目睹了安史之乱。在这个时期,唐朝由盛而衰,政治、经济和军事等方面都发生了巨大的变化。面对这种现实,杜佑倾向于改革。他力图借助于历史的经验来挽回唐王朝已经衰败了的社会局面。他认为:过去的是与非、对与错,可以作为今天的借鉴。他不仅有以古鉴今的愿望,而且具有极有利的条件。首先,他历仕四朝,位至宰辅,对各种典章制度十分了解;其次,他一生好学不辍。《旧唐书》本传说他本性喜欢读书,博览古今典籍,以富国安民为自己的理想。他虽身居高位,但仍勤学不倦。他白天处理公事、接待宾客,晚上则点灯夜读,从不懈怠。朋友们与他谈论学问,都知道他知识渊博,如果有什么疑问,都愿意向他请教。正因为具备了这些条件,杜佑才能撰写出《通典》这样的著作,实现了他自己"立言,见志后学"的愿望。他在《通典·总序》里表明了自己编撰此书的旨趣:

> 佑少尝读书而性且蒙固,不达术数之艺,不好章句之学。所纂《通典》,实采群言,征诸人事,将施有政。

这一段自白集中地表现出他以史为鉴的思想,是读懂《通典》的一把钥匙。

《通典》共二百卷,分为九门,即:食货、选举、职官、礼、乐、兵、刑、州郡和边防,上起黄帝,下迄唐天宝年间。

《食货典》十二卷,叙述历代的土地、财政制度;《选举典》六卷,叙述历代官吏的选拔、考核等制度;《职官典》二十二卷,叙述历代官制的沿革变化;《礼典》一百卷,叙述历代各种礼仪制度;《乐典》七卷,叙述历代乐制;《兵典》十五卷,叙述历代兵略和兵法等内容;《刑典》八卷,叙述历代的刑法制度;《州郡典》十四卷,叙述历代的地理沿革;《边防典》十六卷,叙述历代的边防和四境各族的情况,其实即是周边各少数族及外国传。每一制度都贯通古今,溯源明流,疏通原委,全按朝代顺序排列资料,每典之中细分子目,便于查阅。正文之外,常夹有注文和说明的文字,还有一些作为小结的评论。这种编纂方法开创了政书体通史的先例。

关于《通典》的编撰特点,《四库全书总目提要》是这样评论的:

然其博取五经群史,及汉魏六朝人文集、奏疏之有裨得失者,每事以类相从。凡历代沿革,悉为记载,详而不烦,简而有要。元元本本,皆为有用之实学,非徒资记问者可比。考唐以前之掌故者,兹编其渊海矣。

《通典》的体例颇新,却并非杜佑凭空创造。它的出现有其历史的依据。在《通典》之前,战国时代成书的《周礼》是以官职分类来记载典章制度的政书,又称《周官》。《周礼》之后,又出现了《汉官解诂》、《汉官仪》、《汉旧仪》、《晋公卿礼秩故事》、《晋新定仪注》和《齐职仪》等仿《周礼》体制编纂的政书。这些著作反映了当时正在实行或将施行的一部分典制,却不能反映全部典章制度的历史发展过程。只有到唐玄宗诏撰《唐六典》,才改变了以往政书不载制度沿革变化的状况。除了以往的政书,以前纪传体史书中的"志",也分别记载了历史上的典章制度。"正史"中的"志"按时间先后,叙述了各种典章制度、艺术和地理等内容的沿革变化,常常能突破断代史的断限,形成接近通史的形式。政书和书志互相补充,共同为《通典》的出现铺平了道路。

说到《通典》的产生,不能不提到刘秩的《政典》。《旧唐书·杜佑传》说:开元末期,刘秩收集经史百家之言,按照《周礼》六官的职务,修撰了"分门书三十五卷,号曰《政典》",受到了时人的称赞。杜佑认真阅读此书后,认为还有许多条目应该列入,因此"加以《开元礼》、《乐书》,成二百卷,号曰《通典》"。虽然《政典》只有三十五卷,与《通典》相比分量相差悬殊,但杜佑毕竟是在《政典》的基础上修撰《通典》的。《政典》的作用自然不应该低估。《政典》今已亡佚,它的内容大约包括在《通典》之中。

《通典》的编纂虽然是有所依凭的,但它毕竟与以往的著作不同。它使原来散见于各类史书中的历朝典章制度集为一书,系统地记录了这些制度的沿革废置,为专门史的编纂开创了一种新的体例。

《通典》内容丰富,史料价值极高。同时,其编纂次序的安排以及直接的评议论说,反映了杜佑的史学思想。其中有一些思想是颇有进步性的。下面对此作一简要的介绍:

一、"教化之本,在乎足衣食"

《通典》的内容编纂次序,与以往纪传体史书的志有很大的不同。它不仅不载天文、五行等与政治经济没有直接关系的内容,而且把《食货典》列在第一,这是前史所从来没有的。杜佑从巩固唐朝统治的角度出发,特别重视农业和土地,认为土地兼并和赋税苛重是社会不安定的因素。他认为,农业是国家的根本命脉,唐朝之所以由盛而衰,最重要的原因就是失去了这个根本。杜佑认识到务农安民的重要性,认为只有将所有的土地都耕种了,天下的仓库都充实了,才可能安定民生,否则国家就不可能富强,而所谓"教化"也就更谈不上了。基于这种看法,他主张均平赋役、轻徭薄赋。他认为只有使农民固定在土地上生产劳动,农业生产才能得到发展。因此,《食货典》将田制列于第一,赋税户口等也被看作是重点。杜佑在《通典·自序》中指出:治理国家的头等大事是"教化"百姓,而只有在"足衣食"的基础上才可能实行"教化"。这种观点和离开实际生活高谈礼乐的思想有显著的不同。这说明杜佑是一个重视人民经济生活的官吏,也反映出他对历史经验教训的正确总结,包含着真知卓识。

二、针对现实,发表政治见解

《通典》每类都有序论,其中有许多精辟的见解。这些见解大都是针对唐代的实际问题而发的,反映了杜佑"借古鉴今"的思想。如论"选举",杜佑认为今人不比古人缺乏才能,只是因为选才的标准不当,所以今天的有才之士不能有用武之地。本来仅仅"以言取士"已经很不合适,而又提出用辞藻是否华丽来选择人才则就更荒谬了。如果改变取才的标准,人才自然也就会不断的出现。这是他对以诗赋取士的评论。在杜佑看来,以诗赋取士不是一种好的制度,它不能选拔出真正的人才。又如论"职官",杜佑认为安史乱后,百姓流亡,出租赋的人减少了许多,那么"食租赋者"也就应该相应减少。他表达了削减冗官以减轻人民负担的主张。其他如论刑罚、论兵和论州郡等,都有许多借鉴历史经验而针对现实的精辟见解。

三、历史进化论的观点

杜佑认为人类历史是进化的,所以他敢于是今而非古。对于那些美化远古的说法,他是不相信的。他在《通典》里鲜明地表明了自己历史进化论的观点,他认为"汉、隋、大唐,海内统一,人户滋殖,三代莫传。"

杜佑在许多方面都表达了进化论的思想。如论婚礼,他注意到由野蛮简陋逐步变得文明繁富的过程,就是一个很好的例子。

进化论的历史观点,必然导致因时变革的结论。因此,杜佑强调人事应当适应时势,"随时立制,遇弊则变"。基于此,他对历代的改革家表示了由衷的赞美,他认为:周代的兴盛得力于太公的努力,齐国称霸应归功于管仲,魏国的富足多亏了李悝,秦国的强大全依靠商鞅的变法,后周有苏绰,隋朝有高颎。这六位贤才之士,上则成王业,兴霸图,次则富国强兵,都是后人的榜样。除此之外,汉代的桑弘羊、耿寿昌等人,虽然出身低微,执政时多注意从经济上考虑问题,但仍然是很有政绩的。

杜佑将李悝、商鞅与太公、管仲相提并论,并给桑弘羊等以很公允的评价,这是很有见地的。他在评论这些历史人物时,着眼点是他们在经济方面的改革,正反映了杜佑富国强兵、务农安民的思想。

杜佑把历史的发展归于"人事"和"时势",所以《通典》不讲阴阳五行和鬼神,而且特别驳斥了五行灾异的奇谈怪论,这也表明了他具有重人事而轻天命的无神论思想。

四、详今而略古

《通典》的取材既有前代的各种历史资料,又有当代的文书、奏议以及账册、大事记、私人著述等,对唐代的典章制度论述最为详细。全书之中,唐代的内容约占四分之一以上,表现出详今略古的鲜明特色。这正反映了杜佑以史为鉴的指导思想。

《通典》是有开创之功的历史著作。在中国史学史上,它有着极为重要的价值。

当然,《通典》也有一些缺陷和不足。如杜佑重视经济、政治问题,这无疑是有积极意义的,但他忽略了科学文化等内容,致使《通典》不设艺文、天文和律历等典,这较之一些"正史"自然是不足之处。又如记述中有失载的地方,如《钱币》不载陈永定元年制四柱钱法,《榷酤》不载后周榷酒坊法。再如杜佑极力贬低《水经注》为僻书,说它诡诞不经,这是不应有的偏颇。这些不足和缺陷自然不能与《通典》所取得的成就相比,也不可因而磨灭它的开创之功。

《通典》对后世的史学发展颇有影响。后世仿此体例而作的书甚多。如郑樵的《通志》、马端临的《文献通考》以及清代的《续通典》、《续通志》等,都是很有价值的史学著作。《四库全书总目提要》把这类史书列为"政书类"，并以《通典》居其首位，可以说明《通典》的地位与影响。

《通志》：南宋最著名的一部史书

《通志》是一部综合宋以前历代史料而成的纪传体通史，全书分为"本纪"十八卷，"世家"三卷，"列传"一百〇八卷，"载记"八卷，"四夷传"七卷，"谱"四卷，"二十略"五十二卷。其记事断限，大体说来，"本纪"从三皇到隋，"列传"从周到隋，"二十略"从远古到唐。

《通志》的作者是郑樵。郑樵（1104—1162 年）字渔仲，福建路兴化县（今福建莆田市）人。郑家本为世家大族，自郑樵的父亲一辈，家遭衰落。郑樵成年后不应科举，居夹漈山（今福建莆田市西北的西岩）中读书、讲学三十年，学识渊博，人称"夹漈先生"。宋室南迁，他曾致书南宋官员以自荐，却未被任用。绍兴中，他以荐召对，授右迪功郎、礼兵部架阁，后受排挤回家。他返家后即开始编撰《通志》，书成后又被任命为枢密院编修官，兼摄检详诸房文字，不久又遭劾罢去。绍兴三十一年（1160 年），高宗命将《通志》进上，并授给郑樵官职，但诏命刚下，郑樵已经病逝了。

郑樵刻苦撰述，一生著作很多，可惜多已散佚，今存者除《通志》外，还有《夹漈遗稿》、《尔雅注》等。郑樵标榜"会通"，即要贯通今古，融会百家，而成一家之言，所以《通志》不仅包括历史，也汇集了天文、地理、文字、音韵、植物和动物等方面的学问。同时，郑樵认为历史是"实学"，故强调"核实"，不盲从传统，不空谈义理，玩弄词藻；要求认真调查研究，对各种事物既知其名又识其实。在具体笔法上，郑樵主张要直笔实书，反对任情褒贬，反对用灾异迷信附会人事，斥之为"欺天之学"。这些都是值得肯定的进步的史学观点，对《通志》的撰写无疑是有积极意义的。

从"会通"的观点出发，郑樵主张通史，反对断代，他想"集天下之书为一书"。因此，他以本纪、列传、年谱和略等体，把《史记》以下十五部"正史"的内容进行改编，并兼采其他典籍材料而编撰成《通志》。《通志》名义上是一部通史，但可惜没有宋代史实，所以难免"名不符实"的批评。

《通志》中的纪、传大体是汇集旧史，大量删削，连缀成书，"即其旧文，从而损益",止于隋朝。这些内容,新意不多,价值不大。正因为《通志》的本纪、列传参考价值不高,所以《四库全书总目提要》将它列入"别史类"。

《通志》中的二十略是全书的精华,也是郑樵一生精力之所在。他在《通志总序》中不无得意地说:

> 总天下之大学术,而条其纲目,名之曰略。凡二十略,百代之宪章,学者之能事,尽于此矣。

就《通志》的实际情况来看,郑樵的自得不是没有道理的,所以《四库全书简明目录》也说《通志》"迹其精华,惟二十略"。

《二十略》的编纂以区分类例、考镜源流为基本方法。根据这个方法,它分门别类综合历代典章制度、学术文化,以探求源流。诸略既有一定的体系,也能分门别类,纲目清楚。大致说来,诸略有这样几种情况:

其一,氏族、六书、七音、都邑和草木昆虫五略是以前"正史"所没有的。其中氏族、都邑和草木昆虫三略,其源本于《史通·书志篇》。《氏族略》是记述姓氏来源的氏族谱系之学,不但类列三十二种姓氏的来源,还说明其演变过程,纠正了前人的一些错误说法;《六书略》把六书的发展以图分解,说明文字由简到繁、由少到多的梗概,突破了《说文》的成就;《都邑略》记述历代建都(止于隋朝)的地点、方位、形胜、建都原因及其得失。除此之外,又有四夷都,涉及今少数民族地区部族与中国周围一些国家,远至于大秦、大食和天竺;《草木昆虫略》以各种方言异名,汇释草木虫鱼的名称。

其二,天文、地理、礼、谥、器服、乐、职官、选举、刑法、食货和灾祥等略,基本上采之于以往的"正史",有的如礼、乐和职官等亦本于杜佑的《通典》。其中《职官》一略,郑樵考证较多,故卷数亦多,虽未论及宋代情况,有其局限性,但可以看出郑樵对职官还是下了功夫研究的。

其三,艺文、校雠、图谱和金石等四略,是在"正史"《艺文志》的基础上发展起来的。

总的看,二十略的内容很丰富,发凡起例亦颇有新意,如其中六书、七音、艺文、校雠、图谱、金石和草木昆虫诸略都是有关文化史和学术研究的材料,郑樵能注意到这些内容,是应该充分肯定的。但是,因为门类太多,一人之力有限,要做到每一略都很充实,是极困难的,所以《通志》也难免存在着一些缺陷。上面已有涉及,这里就不重复了。

《通志》问世以后,对后人颇有影响。宋元之际的马端临撰《文献通考》,在体例上就吸取了《通志》的成果而有所发展。清乾隆年间,官修了《续通志》和《清通志》。《续通志》是《通志》的续作,体例与《通志》大致相同,但缺"世家"、"年谱"两项。此书内容与《通志》衔接,止于明末,共六百四十卷。"略"的部分有所补充和订正,有些篇目亦有增删。《清通志》一百二十六卷,与《通志》体例相仿,但因"纪传"、"世家"和"年谱"已存于实录、国史之中,所以没有撰述,只撰写了二十略。与《通志》相比较,细目及内容均有增削,可互为补充。

《文献通考》:"典章制度实相因"

《文献通考》是继杜佑《通典》、郑樵《通志》之后,又一部论述历代典章制度的专史。全书始自上古,终于南宋宁宗嘉定(1208—1224 年)年间,共三百四十八卷。宋末元初马端临撰。

马端临(约 1254—1323 年)字贵与,号竹洲,饶州乐平(今属江西)人。其父马廷鸾,在南宋时做过史官,一度为右丞相兼枢密使,后辞官在家,专心著述。他尤爱史学,著作甚多,有《六经集解》、《读史旬编》和《遗老斋杂志》等。马端临十九岁以荫补承事郎,二十岁漕试第一,后随父家居不仕,二十三岁宋亡,遂绝意仕进,专心读书著作。后为慈湖和柯山二书院山长,教授台州路学,不久辞职而归。马端临早年即有撰写《文献通考》的计划,多年来收集了许多资料,这时便正式投入写作,历时二十余年,终于完成了《文献通考》这部典章史通史。

马端临修撰《文献通考》的目的是贯通古今,即所谓"会通",所以他强调"变通张弛之故,非融会错综、原始要终而推寻之,固未易言也"。在他看来,"理乱兴衰不相因"而"典章制度实相因"。司马光《资治通鉴》"详于理乱兴衰,而略于典章制度",杜佑《通典》则"未为明备","末为集著述之大成"。马端临撰修《文献通考》就是要成《通鉴》之所无,备《通典》之所缺。

《文献通考》不仅吸收了《通典》的长处,而且上承"正史"志表,下取会要的积极成果,综合而更完备,成为一部"贯串二十五代",统纪历代典章制度的巨著。全书共分二十四个门类,计有田赋、钱币、户口、职役、征榷、市籴、土贡、国用、选举、学校、职官、郊社、宗庙、王礼、乐、兵、刑、经籍、帝系、封建、象纬、物异、舆地和四裔等,每门再分子目。其中经籍、帝系、封建、象纬和物异五门是采"正史"、会要的编排而加以改易新创设的。《经籍考》著录历代书目,《帝系考》叙述历代帝王,《封建考》叙述历代封爵建国,《象纬考》叙述历代天象,《物异考》叙述历代灾异变化。其他十九门,皆仿照《通典》,但分门别类更为精细合理。《通典》虽列《食货志》为第一,但分量只有七卷,而《通考》把属于"食货"的内容分成八门,即田赋、钱币、户口、职役、征榷、市籴、土贡和国用,共二十七卷,比《通典》的内容丰富得多,为研究历代经济史提供了更为丰富翔实的材料。《通典》的《刑典》有论兵的内容,但只叙述了战略战术思想,而不及兵制变化。《通考·兵考》则以历代兵制变化为主,弥补了《通典》的不足。由此可以看出,《文献通考》的门类设制,既吸收了《通典》、《通志》的长处,又有所增损删削,是值得肯定的。

　　《文献通考》的编纂方法也很有特色。马端临在《自序》中解释"文"和"献"时说:

　　　　凡叙事则本之经史而参之以历代会要以及百家传记之书信而有证者从之,乖异传疑者不录,所谓"文"也。凡论事则先取当时臣僚之奏疏,次及近代诸儒之评论以至名流之燕谈稗官之纪录,凡一话一言可以订典故之得失,证史传之是非者,则采而录之,所谓"献"也。其载诸史传之纪录而可疑、稽诸先儒之论辨而未当者,研精覃思,悠然有得则窃著己意附其后焉,命其书曰《文献通考》。

这篇《自序》是全书的纲领。他在这里不仅阐述了自己的历史观点,还说明全书的编撰方法。在编纂上,此书先列"文",即"叙事"部分,根据各种典籍记载,顶格排行;再列"献",即"论事"部分,取之于别人的奏疏和议论,低一格排行;再列考,有诸儒的议论,亦附自己的意见,低二格排行。这样排列,条理清楚,有条不紊,便于翻检。这种方法一方面总结了别人修撰史书的经验,另一方面对后代的历史考证学有很深远的影响。

《通考》较之《通典》简严稍逊，但它分类更详细，史料更丰富，体例亦多有创新，价值是很高的。它沿袭了"详今略古"的传统，记载宋代的典章制度颇为详尽，许多内容是后来成书的《宋史》都没有收存的。另外，马端临的按语有许多能从历史事实出发，贯通古今，有许多精彩论述，如对兵制沿革的叙述便是如此。当然，《文献通考》在许多方面亦存在着不足。如其中夹杂着作者的迂腐之论，史料疏于审核，等等，都是明显的不足。《四库全书总目提要》评论此书说：

> 大抵门类既多，卷繁帙重，未免取彼失此。然其条分缕析，使稽古者可以案类而考。又其所载，宋志最详，多《宋史》各志所未备。案语亦多能贯穿古今，折衷至当，虽稍逊《通典》之简严，而详赡实为过之，非樵《通志》所能及也。

《文献通考》较《通典》、《通志》晚出，后来居上是必然的事情，但历来对"三通"的优劣多有争论，其实，"三通"各有所长，不能扬此抑彼，这才是公允的态度。

《文献通考》行世后，明清两代有人作《续文献通考》，清朝还有《清朝文献通考》和《清朝续文献通考》。明王圻的《续文献通考》，共三十门，二百五十四卷。其记事年代紧接《通考》，上起宋嘉定之末，下至明万历三十年（1602年）。书中收录资料较多，有较高的史料和学术价值。清朝官修《续文献通考》，修于乾隆十二年（1747年）。此书根据王圻《续通考》加以改编而成，在《文献通考》的基础上增郊祀、群庙二考，共二十六考。后经纪昀等校订，合二百五十卷。记事上起南宋后期，下迄崇祯末年（1643年），引证了不少史料，对《通考》亦有补正，对研究辽、金、元、明四朝的历史有重要的参考价值。《清朝文献通考》原称《皇朝文献通考》，修于乾隆年间，三百卷，体例与清官修《续文献通考》相同，共二十六考，细目则根据实际情况而有所增改。此书记事起于清开国元年（1616年），迄于乾隆五十年（1785年），取材多据档案、国史、实录、起居注、官修诸书、省修诸志及私人文集。它对清前期、中期主要行政典章制度的文献收集得较为丰富，是研究清代历史的重要参考书。《清通典》和《清通志》两书的材料均录自此书。《清朝续文献通考》，近人刘锦藻撰。此书记事上接《清文献通考》,起于乾隆五十一年(1786 年),下迄宣统三年(1911 年),详述了清后期七朝一百二十六年的典章制度的沿革。

(原载《千古往事千古书》,人民日报出版社 1995 年 1 月版)

乾嘉学派:清代三大考史名著

　　清朝统一全国以后,特别是平定三番之乱以后,便抽出手来大兴文字狱,以残酷的手段镇压怀有民族气节的汉族知识分子。在这种情况下,学者们不敢触及社会现实,纷纷专心于考据文字,所谓"乾嘉考据学派"的出现,就是这种社会现实的产物。对这种历史事实,鲁迅先生有精辟的评述。他说:

　　　　到乾隆年间,人民大众便更不敢用文章来说话了,所谓读书人,便只能躲起来读经、校刊古书,做些古时的文章,有些新意,也还是不行的。(《鲁迅全集》第四卷)

乾嘉学派的学者,主要从事于校注古籍、考证旧史和修撰方志、谱牒的工作。虽然他们在思想上一派死气沉沉,但他们在整理和研究古籍方面毕竟也取得了独特的成就。鲁迅先生指出,这个时期"解经的大作,层出不穷,小学也非常进步;史论家虽然绝迹了,考古家却不少,尤其是考据之学,给我们明白了宋明人决没有看懂的史书"(《鲁迅全集》第五卷)。乾嘉学派的突出代表是清代三位著名的史学家王鸣盛、钱大昕和赵翼。

王鸣盛及《十七史商榷》

　　王鸣盛(1722—1797 年)字凤喈,号礼堂,又号西庄,晚年又号西沚居士,江苏嘉定(今属上海市)人。四十岁以后绝意仕途,专心于学术研究。主要著作有《尚书后案》、《十七史商榷》以及《蛾术编》、《西庄始存稿》、《西沚居士集》等。

《十七史商榷》是一部史考专著,它的体裁类似于笔记,校勘每条都有题目,每条文字少的仅有几字,多的有好几千。此书的特点是将考证与议论结合起来,在考证和校勘的同时,也不时地发表对历史人物和事件的看法。

此书研究的史书,从《史记》《汉书》开始,止于《新唐书》《新五代史》,但其所校有《旧唐书》,并用《旧五代史》传抄本与《新唐书》《新五代史》互校,所以它实际涉及的是十九部史书。作者本着认真考察史料、准确掌握史实的精神,对十九史作了文字校勘、补正讹脱和考证的工作。他在《自序》中认为,研究学问"求于虚不如求于实",因此要从实处下功夫,"作史者之所记录,读史者之考核,总期于得其实而已矣"。其实,《十七史商榷》虽然以校勘为重点,对典章制度、人物事迹的考证均极有见地,但它也常常针对古籍或历史人物发一些议论。如作者评王导说:"看似煌煌一臣,其实乃无一事,徒有门阀显荣、子孙官秩而已。"这一类评论都是颇有新意的。在《十七史商榷》中,作者还阐述了他的治学方法,其中也有一些极有价值的意见。

钱大昕与《廿二史考异》

钱大昕(1728—1804 年)字晓征,号辛楣,又号竹汀,江苏嘉定(今属上海市)人。乾隆进士,累官少詹事,提督广东学政。四十八岁退隐,主讲钟山、娄东和紫阳等书院。钱大昕长于对历史文献进行考证,所著《廿二史考异》是其史考的代表作。

钱大昕反对当时颇有影响的重经轻史之论。他认为不研究历史便不能成"通儒",即知识全面的人,因而提倡用研究经书的方法来研究历史。在他看来,经史本是一源,实为"二学"。这种看法是符合学术发展的实际的。

钱大昕对元史用功最深,对宋金辽史也有深入的研究。《廿二史考异》中所涉及的史书是除《旧五代史》和《明史》以外的其他"正史"。对历史古籍的考证,钱大昕把重点放在官制、地理和氏族等方面。他认为如果对史实不认真研究,辨明其正误,就不免总出差错。历史学家首先要精通官制,其次要熟悉地理学,最后还要精于氏族之学,"否则,涉笔便误"。《廿二史考异》确实体现出钱大昕的长处和重点。如他对秦汉的尚书和中书、唐朝的三省六部等官职制度方面的内容,对秦汉的郡国、魏晋南北朝的侨置州郡等地理方面的内容,对魏晋南北朝的门阀和谱系,辽金元的族、姓等氏族方面的内容,都作了详细的考证。《清史稿·钱大昕传》说他对"古人爵里、事实、年齿,了如指掌,典章制度,昔人不能明断者,皆有确见"。因为钱大昕精通历算,对天文也很有研究,曾撰有《三统术衍》和《四史朔闰考》等书,所以他在《廿二史考异》中对诸史的《律历志》也作了一些考证,颇有新见。

《廿二史考异》所用的考证方法,主要是:其一,在汇集大量材料的基础上,采用综合之法,先排比历史现象,然后分析其异同,再研究它们先后的联系,最后将研究所得写成许多专条;先标明这些问题由某篇史书引起,然后收集许多史料加以说明。这就需要读许多书,收集许多资料,否则是做不到的。其二是进行专题研究,写出专文,如卷九《汉侯国考》和卷十五《裴松之〈三国志注〉所引书》等,都是针对历史中的一些具体问题,作专题研究的成果。首先把材料整理清楚,然后作深入的研究,这种方法在当时的校勘家、考证家中是不多见的。

《廿二史考异》反映了钱大昕严谨认真的治学态度和精神。虽然他只是博古而并不通今,对所考证的典章事实未作系统的分析与研究,但他在历史文献考证方面所取得的成绩还是相当突出的,也应该得到科学的和符合实际的正确评价。

赵翼与《廿二史札记》

赵翼(1727—1814 年)字云崧,又字耕松,号瓯北,江苏阳湖(今常州市)人。乾隆二十六年进士,授翰林院编修,参与修撰《通鉴辑览》,历官广西镇安知府、广东广州知府和贵州贵西备道等职。四十六岁辞官还乡,在家讲学著述。著作主要有《廿二史札记》、《陔余丛考》、《皇朝武功纪盛》和《瓯北诗话》等。

《廿二史札记》三十六卷,有五百七十八个条目,考证由《史记》开始至《明史》为止的二十四部"正史"。因为当时清廷尚未将《旧唐书》、《旧五代史》列入"正史",所以此书虽然考证的是二十四史,但仍称"二十二史"。

此书采取以史证史的方法,基本上是以"正史"证"正史",兼用本证、互证和理证,虽然有时也引用杂史来考证典章人物,但为数极少。赵翼从各史的编撰人员、时间、材料来源、编撰方法的优劣和史料之真伪等诸多方面,对二十四史作了研讨和介绍,表达了他对修撰的取材、文笔和史家品德等方面问题的看法,颇多进步观点。如他认为好的史书,取材应该精审,文笔应该简净,应直笔实录而不应曲笔讳饰。这都是很有价值的意见。

《廿二史札记》还综合了重大史实,对历代政治发表了评论。作者往往能在对史实的综合比较中,探讨历代盛衰治乱的原因,所论大多能抓住历史上政治制度的特点。如评论汉代的外戚、宦官、党锢和经学,明代的刑狱、朋党和农民起义等,都是针对政治重大问题来发表议论。

在评论历代政治得失时,赵翼特别强调要达到政治清明,不仅要有好的政策,而且还要有好的官吏去执行。以往各代,多有弊政,又多贪官,所以难以形成清明安定的局面。他还特别汇集了历代统治者的贪残、暴虐的种种劣迹,揭露出历史上黑暗统治的真实内幕。赵翼这样做的目的,自有企图以史为鉴的想法,但因为当时封建专制主义压力很大,所以他行文处处小心,不敢涉及时政,论事往往多有顾忌而喜用曲笔。这是在读《廿二史札记》时应该留意的。

《廿二史札记》是一部读史笔记。赵翼自己说他"闲居无事,翻书度日,而资性粗钝,不能研究经学,惟历代史书,事显而义浅,便于流览,爰取为日课,有所得辄记别纸,积久遂多"(《廿二史札记·小引》)。在这部笔记中,作者常常通过考证和评论史书,阐发自己的历史观点,其中有不少新鲜的意见,对读者很有启发。因此,《廿二史札记》是读者阅读和研究二十四史时的重要参考书。

王鸣盛《十七史商榷》、钱大昕《廿二史考异》和赵翼《廿二史札记》合称清代三大考史名著,它们虽然方法各异,观点不尽相同,但可以相互补充,对学习和研究中国历史典籍都有较高的参考价值。

(原载《千古往事千古书》,人民日报出版社 1995 年 1 月版)

《文史通义》：古代史学的终结

　　《文史通义》是十八世纪出现的一部堪称中国古代史学殿军的文史理论专著，在我国古代史学史上占有极为重要的地位。

　　章学诚（1738—1801 年）字实斋，浙江会稽（今浙江绍兴市）人。少年勤奋学习，二十岁时即"纵览群书"，对历史尤有兴趣。乾隆四十三年（1778 年）中进士，自知不合时好，故"不敢入仕"。他先后主讲定州定武、保定莲池和归德文正等书院，又入湖广总督毕沅幕，参与修撰《续资治通鉴》，主编《湖北通志》。他一生多寄人篱下，迫于生计，四处奔波，但撰述不断，著作很多，以《文史通义》最为著名。《文史通义》的撰述始于章学诚三十五岁时，前后用时三十余年，到他去世时还未全部完稿。全书共一百五十余篇，包括内篇六卷、外篇三卷、补遗和补遗续各一卷，汇集了作者研究文史学问的心得，是一部综合论述文学和史学的极有价值的著作。

　　章学诚生在乾隆之世，但他对当时"汉学家"专门从事考据和"宋学家"热衷于空言性理的风气十分不满，对两派的门户之争和学术倾向多有讥讽。他写作《文史通义》就是要不趋附世俗而发"有为之言"。章学诚在《与汪龙庄书》中坦率地说："拙撰《文史通义》，中间议议开辟，实有不得已而发挥，为千古史学辟其榛芜。"他在《又与朱少白》中更明确地表示自己之所以写作《文史通义》，就是为了针砭时俗"颓风"，故而"多有为之言"，不是泛泛地议论。

　　《文史通义》反映了章学诚丰富的史学思想，此处择其要点加以介绍。

　　章学诚既反对"务考索"，又反对"腾空言"。他认为"务考索"容易脱离实际，走入繁琐考证的死胡同。他批评专尚考据的学风说："近日考订之学，正患不求其义,而执形迹之末,铢黍较量"(《说文字原课本书后》);"近日学者风气,征实太多,发挥太少,有如桑蚕食叶而不能抽丝"(《与汪龙庄书》)。他认为专重考据的学者太注意那些细枝末节,却不能阐发自己独特的见解,这是不足取的。章学诚不仅反对繁琐的考据之学,而且不满于空谈性理之学。他对这种不良学风也发表了许多批评意见。与此相联,章学诚提出了"六经皆史"的看法。他认为"史的原起,实先于经",并反复强调应该"切人事",要"经纬宇宙"。他认为六经之用最根本的在于经世。基于这个看法,章学诚批评考据之学为"舍今求古"之学,又批评空谈性理的理学家"舍人事而言性天"的谬误。他指出:"史学所以经世,固非空言著述也。……后之言著述者,舍今而求古,舍人事而言性天,则吾不得而知之矣"(《浙东学术》)。只有明白了研究历史要立足于经世致用,才算真正懂得了研究历史的意义。"六经皆史"的看法把史学范围空前扩大了,以至于古代经典、州县志书、官府案牍、金石图谱、歌谣谚语和私家著作,统统被划入了史学的范围,这不仅奠定了史料学的基础,而且打破了封建经典的独尊地位。

　　章学诚认为史学中有"事、文、义"三个要素,在三个要素中又以"义"为贵。他指出:"史所贵者,义也;而所具者,事也;所凭者,文也"(《史德》)。所谓"义",即是指历史理论与见解;所谓"事",即是指历史事实;所谓"文",即是指历史文学。虽然章学诚主张事与义的结合,也肯定史文的重要性,认为"良史莫不工文",但他更强调"义"的重要,认为在事、文、义三者之中,"义"是最重要的。因此他说:"作史贵知其意,非同于掌故,仅求事、文之末也。"章学诚提倡突破成规的常例,做到通古今之变,成一家之言,这样以"史义"为核心的史学研究才是真正有价值的。他说,好像人的身体,"事"是骨头,"文"是皮肤,而"义"则是精神。章学诚的这个比喻是很恰切的,生动地说明了史学三要素的相互关系和不同的作用。

　　根据以"义"为贵的思想,章学诚不仅在评论"一家著述"时,总是特别注意其史义(即史意),而且还把史籍区分为"撰述"和"记注"两大类,或称作"著作之史"和"纂修之史"。他说:

　　　　……史家又有著作之史与纂修之史,途径不一。著作之史,宋人以还,绝不多见。而纂修之史,则以博雅为事,以一字必有按语为归,错综排比，整炼而有剪裁，斯为美也。

所谓"撰述"（著作之史），是指那种"独断于一心"，"成一家之言"的著作，如班固的《汉书》、司马光的《资治通鉴》等；所谓"记注"（纂修之史），是指那些排比材料的纂辑之作，如刘歆、贾护的《汉纪》，刘恕、刘攽、范祖禹的《长编》等。章学诚这种按史籍的功用来划分史体的方法，是很有新意的。他一方面指出二者各有用处，不能偏废，同时又肯定"撰述"的价值较"记注"为高。

章学诚是我国方志学的奠基者，他反对那种把方志列为地理书的意见。他说："地理之学，自有专门，州郡志书，当隶外史"（《释通》）。又说："方志如古国史，本非地理专门"（《章氏遗书·记与戴东原论修志》）。章学诚认为，方志是以地区为中心的史书，与国史有着密切的联系，只有把地方志书编撰完备，修撰国史才有充裕的资料来源，以供选择，从而保证国史的质量。他提出方志的内容应以历史文献为主，进而对方志体例提出了设想。他认为，方志"必立三家之学"，应当"仿纪传正史之体而作'志'，仿律令典例之体而作'掌故'，仿《文选》、《文苑》之体而作'文征'"。他还建议各州县设立"志科"，负责编写地方志并保管有关方志的资料。以备修史时用。

章学诚把方志学作为史学的一个组成部分。他的论述提高了方志在史学中的地位，阐明了方志的内容、性质和体例。这表现出他卓越的历史见解。

章学诚认为，治史者不仅应该具备刘知几提出的才、学、识"三长"，而且还应有"史德"。所谓史德，是指史学家作史时应该具有的忠实于客观事实，做到善恶褒贬力求公正的一种品德。

章学诚指出："能具史识者，必知史德。德者何？谓著书者之心术也。……善欲为史者，当慎辨于天人之际，尽其天而不益人也。……而文史之儒，竞言才学识，而不辨心术以议史德，乌乎可哉？"（《史德》）他所提出的史德和心术，实际上超出了道德品质的范围，而着重于撰史者的主观世界和客观世界的统一，即所谓"情本于性"、"气合于理"，实际上就是要求撰史者主观与客观相符合，要尊重客观事实而不掺杂主观偏见。这是一种具有辩证法色彩的史学思想，比刘知几的"直书"论前进了一大步。

章学诚还有一些值得肯定的史学观点。如他认为历史是前进的，史学也要随之向前发展，要"传古"、"通今"，对过去的遗产应采取批判继承的态度，中国历史著作的体裁,也应随历史的发展而不断改变。又如他承袭前人的优良传统,强调撰史必须详今略古。他说:"历观前史记载,每详近而略于远事。刘知几所谓班《书》倍增于马,势使然也"(《刘氏三世家传》)。这正反映了他通古博今的历史观。

上面概要介绍了章学诚史学思想中一些有价值的内容。这些思想对今天的史学工作者很有启发,其积极意义是明显的。当然,《文史通义》中也有不少封建性的糟粕,有些篇章表现出明显的阶级偏见和历史局限性,反映出章学诚思想中所具有的儒家传统观念与道德标准,这是不应忽视的。

总之,《文史通义》的出现,标志着我国古代史学的终结。作为古代史学的殿军,《文史通义》的历史意义是应该充分给以肯定的。

（原载《千古往事千古书》,人民日报出版社 1995 年 1 月版）

唐代社会所存在的异域情调与风气

"胡气"——一种社会风尚

我国的历史,自汉一统天下后,便提倡"独尊儒术",鼓励人们照老祖宗的章程办事。至南北朝时期,少数民族入主中原,带来了许多新鲜的、富有刺激性的东西,一直到隋、唐都使人们惊奇与赞叹;南北朝时期因此成为中国历史上一个民族大融合、各民族文化与风俗大融合的时期,一直到唐,汉族与少数民族的关系都十分密切。在这里我们不妨举两个特殊的例子——

建立唐朝的李氏统治者似乎应是汉族人,但事实上并不是这样,据一些专家的考证和研究,李唐统治者从父系来说,实际上是李初古拔的后裔,并不是汉族。① 据说有一个叫法琳的和尚对唐太宗说:你这个"李"姓,不是陇西汉族的那个李姓,而是拓拔达闍的那个"李",达闍就是汉语的李字。你是鲜卑的达闍。你否认自己是鲜卑的后代,硬说是陇西李氏,这是没有根据的。唐太宗一听十分生气,把这个和尚关了起来,准备杀头。他对和尚说:"你们佛经上讲,有菩萨保佑,刀落在头上,也死不了。我给你七天去念观音菩萨,到时候用你的头来试试菩萨灵不灵。"这个和尚在下次见太宗时识趣地改了口,这才保住了一条命。李氏统治者的母系多为独孤氏、窦氏、长孙氏,如唐太宗的母亲窦太后,唐太宗的皇后长孙氏,明显的不是汉族。因此至高祖时,

---

① 陈寅恪《唐代政治史述论稿》。

家中还有辫发的北族旧习。① 用李氏统治者的出身来解释唐对少数民族之所以采取较为开明的政策，当然是很不全面的，但是二者之间也不是绝对没有联系。

对唐代伟大诗人李白的出身，也有许多不同的看法，其中比较极端的是：陈寅恪认为李白不是汉人，而是"西域胡人"。胡怀琛认为李白是"突厥化的中国人"。② 是不是如此，还可以讨论，但李白出生于"诸国商胡杂居"的碎叶，确是事实。因此李白的性格和气质颇受边地少数民族的影响。③

这两个特殊的例子，正可以说明唐人与少数民族的密切联系。

唐人的所谓"胡气"，首先表现在气质上，比如李白颇受少数民族的影响，表现为一种豪放无畏的性格，他在诗中描写自己："托身白刃里，杀人红尘中。"（《赠从兄襄阳少府皓》）又说："忆昔作少年，结交赵与燕。金羁络骏马，锦带横龙泉。"（《留别广陵诸公》）。我国西北边塞，尚武和游侠风气极盛，李白即受其影响。从这个方面去研究李白浪漫主义精神形成的原因，的确是一个值得注意的角度。且不说出身较为特殊的李白在精神气质上受到"胡气"的影响，就是出生于世代"奉儒守官"家庭的杜甫，年青时亦在齐赵之地跑马"轻狂"。河北北部幽州一带，自唐初以来，就迁徙来许多突厥人、契丹人和奚族人居住。唐中期安禄山史思明发动叛乱，起兵于幽燕之地——今北京西南一带，他们手下的士兵和将领大多便是本地胡人。胡人大量生活于此，不会不影响这一地区的社会风尚，如有一个秀才叫卢霑，"自天宝后三代，或仕燕，或仕赵，两地皆多良田畜马。生年二十，未知古有人曰周公、孔夫子者，击球饮酒，马射走兔，语言习俗，无非攻守战斗之事"④。唐代有一批边塞诗人，他们大多到过东北或西北边塞，与少数民族多有接触，如高适在营州一带，便为胡人少年的勇猛所震惊，其《营州歌》说："营州少年厌原野，皮裘蒙茸猎城下。虏酒千钟不醉人，胡儿十岁能走马。"岑参在西北边塞，看到汉族和少数民族首领和平相处的情景："军中置酒夜挝鼓，锦筵红烛月未午。花门将军善胡

---

① 《旧唐书·孙伏伽传》说：高祖平王世允、窦建德，大赦天下，既而责其党羽，并令配迁。伏伽上表谏曰："东都城内及建德部下，有与陛下积小故旧，编发友朋，犹尚有人，败后始至。此等岂忘陛下？皆云被壅故也。"编发即辫发。

② 均见《李白论文集》。

③ 可参看刘忆萱、管士光著《李白新论》。

④ 杜牧《唐故范阳卢秀才墓志》。

歌,叶河蕃王能汉语"、"将军纵博场场胜,赌得单于貂鼠袍"。岑参身处其境,难免受其影响,他说自己"近来能走马,不弱并州儿"①,便多少带有一种来自少数民族的"胡气"了。

在这样一种社会氛围中,一般唐人的心理亦难免受"胡气"的影响,唐代陈鸿在其《东城老父传》里感叹道:"今北胡与京师杂处,娶妻生子,长安中少年有胡心矣。"有"胡心"之人在唐代不仅限于长安一般人家子弟,就是皇族亦有突出的人物,其中尤以太宗的儿子承乾最为著名。据《新唐书·承乾传》载,这位皇子特别喜欢西域的音乐、舞蹈和杂技,曾命家奴上百人,比着胡人的梳妆打扮,终日表演,彻夜不息。因京师有突厥人近万家,他们的风俗亦十分使承乾欣羡,所以他也很喜欢突厥的语言与服饰。他曾经挑选了许多相貌与胡人相似的家奴,让他们披着羊皮,头发梳成辫子,每五个人为一部落,插着绣有五个狼头的旗子,"分戟为阵",自己住在一个大帐篷里。又命"诸部"抓羊整个地烹煮,然后用佩刀割肉而食。承乾自为可汗,装死,令众人"号哭、劈面、奔马,环临之"。这时承乾突然坐起,大声说:"若是我做了皇帝,将带领数万骑奔向金城,然后披散头发,做突厥思摩的一个部落首领,那该是多么痛快的事!"他的这番话,家奴们听了都很害怕,以为他是犯了神经病呢。《教坊记》里也记载了一件汉人受突厥影响而带有"胡气"的事例——教坊里的一些女伶,与性格相近的姐妹,约为香火兄弟,一般都是十四五人一群,也有八九人一伙的,"有儿郎聘之者,辄被以妇人称呼:即所聘者,兄见呼为新妇,弟见呼为嫂也"。"儿郎既聘一女,其香火兄弟多相奔,云学突厥法,又云我兄弟相怜爱,欲得尝其妇也。主者知亦不妒,他香火即不通。"由此可见唐代社会"胡气"之盛了。

唐人生活较为舒展,也就是说,在生活中没有那么多清规戒律,不像宋朝道学盛行以后那么多讲究,因而显得较为活泼。比如,少数民族有载歌载舞的习俗,汉人则较为稳重,尤其是士人大臣更是要行必有方。可是在唐代却有些不同,据《旧唐书·郭山恽传》和《唐内史》所载,中宗经常召集近臣和文学之士一起集会饮宴,有时又令他们每人出个节目来助兴,士人大臣便很随

---

① 《北庭西郊候封大夫授降回军献上》。并州,在今山西省一带,自古为各民族杂居地区,《汉书·地理志》说:"其民鄙朴,少礼文而好骑射。"

便地登场献艺。在一次宴集中，杨再思跳了"高丽舞"①，国子祭酒祝钦明跳了"八风舞"，工部尚书张锡跳了"谈容娘舞"，将作大匠宗晋卿跳了"浑脱舞"，左卫将军张洽跳了"黄麞舞"。又据《大唐新语》载，景龙年间的一天，中宗在兴庆池边游玩、饮宴，席间，侍宴者纷纷起舞、口中唱着《回波词》，并伺机向中宗要官当。这时，给事中李景伯也跳起舞来，他边跳边唱道："持着酒杯唱着《回波词》，我的职责就是纠正君臣的过失。侍宴已经酒过三巡，再这样又舞又唱实在不合礼仪！"饮宴这才作罢。从这些记载可以看出大臣们跳得随便自如，一方面说明他们舞艺娴熟，这绝不是一日的功夫；另一方面又说明，这类活动经常举行，所以他们虽身居高位，却并无扭捏之态。由此可见这是一种社会风尚，自然与所谓"胡气"有关，何况"高丽舞"、"浑脱舞"本来就是来自少数民族和其他国家的舞蹈。再如安禄山，他是营州杂胡，其父为西域康国人，其母为突厥人，他虽然身体肥胖，穿衣服还要专门有人给他顶着肥大的肚子，可是他跳起"胡旋舞"来，却能疾转如飞，颇受唐玄宗的赞赏。② 唐玄宗的妃子杨玉环，也是善跳"胡旋舞"的舞蹈家，她经常在宫中表演舞艺。胡旋舞在唐代十分流行，白居易诗中甚至这样说："天宝季年时俗变，臣妾人人学团转。"唐玄宗有个妹妹叫李华，小的时候曾与寿昌公主在宫中对舞，她们跳的是"西凉舞"，这种舞也是带有不少西北少数民族风格和特点的舞蹈。在朝廷里，不仅经常有人跳"胡舞"，而且经常有"胡人"在宫中表演节目。中宗景龙中，在两仪殿举行宴会，酒酣之时，胡人袜子何懿等登场唱"合生"。"合生"是一种歌舞戏。这种歌舞戏逐渐普及，由皇宫而王公之家，一直普及到街头巷尾，而表演的往往是一些"胡儿"。

　　随着周边少数民族的乐工不断输入内地，唐代社会上活动着许多少数民族的艺人，如李白《猛虎行》说："溧阳酒楼三月春，杨花漠漠愁杀人。胡雏绿眼吹玉笛，吴歌白纻飞梁尘。"高适《和王七玉门关听吹笛》："胡人吹笛戍楼间，楼上萧条海月闲。"李贺《龙夜吟》："卷发胡儿眼睛绿，高楼静夜吹横竹。"温庭筠更形象地表现了"胡人"歌舞的场面："羌儿吹玉管，胡姬踏锦花。"

---

　　① 杨再思颇喜"高丽舞"，《新唐书·杨再思传》说："易之兄司礼少卿同休，请公卿宴其寺，酒酣……再思欣然，剪毅缀巾上，反披紫袍，为高丽舞，举动合节，满座鄙笑。"
　　② 《杨太真外传》亦云："禄山晚年益肥，垂肚过膝，自称得三百五十斤。于上前《胡旋》舞，疾如风焉。"

(《敕勒歌》)当时唐代一般的官吏和文人,常常在筵席间观看"胡女"的舞态以遣兴,《云溪友议》卷七说,陆岩梦在桂州的一次筵会上观看一个"胡女"的表演以后,写给这胡女一首取笑的诗,诗中说:"自道风流不可攀,那堪蹙额更颓颜。眼睛深却湘江水,鼻孔高于华岳天。舞态固难居掌上,歌声应不绕梁间。"这首诗前四句勾画"胡女"的相貌:深眼窝、高鼻梁。后两句是说这个胡女所舞的是热烈奔放的少数民族舞蹈,而不是汉人所习见的那种轻歌曼舞。1952 年 2 月,在西安东郊发掘的唐苏思勖墓东壁上,有一幅形象完整的乐舞壁画,画中"舞蹈者是个深目高鼻满脸胡须的胡人,头包白巾,身着长袖衫,腰系黑带,穿黄靴,立于黄绿相间的毯子上起舞,形象生动。右面置一黄毯,上为一组由五人组成的乐队,分前后两排,前排三人跪坐,分持竖笛、七弦琴、箜篌等乐器;后排立二人,一人吹排箫,一人以右手平伸向前,未执乐器。左面亦设黄毯,毯上乐队由六人组成,亦分前后两排,前排三人跪坐,分持琵琶、笙和钹;后排立三人,一人吹横笛,一击拍板,另一人以左手伸向前"①。唐鲜于庭诲墓出土了一件载乐舞队驼俑,骆驼站在长方形的座板上,四肢强劲有力,头颈上扬。驼背平台上四个乐俑分坐两侧,中间为一舞俑。五俑中有三个俑深目高鼻多须,显系胡人。左侧前胡人左手托琵琶,右手握拳。左侧后乐俑穿圆领衣,双手作吹笛状。右侧前乐俑,穿圆领长衣,相貌不像胡人。右侧后面的一个乐俑是穿翻领长衣的胡人。舞俑也是胡人,身穿圆领长衣,前襟下半撩起扎于腰间,脚穿长筒软靴,右手向前屈举,左臂后伸,右手藏于长袖中,面部向前,似正应着音乐的节拍起舞。② 无论是苏思勖墓中的壁画,还是鲜于庭诲墓中的陶俑,都是胡乐胡舞在唐代十分流行的社会风气的真实而形象的反映。在唐代还有一种规模很大的"泼胡王乞寒戏",经常在京城和一般城市里表演,唐中宗自己也十分喜欢这个节目,每年都命大臣前往醴泉坊等处观看,以至于"坊邑城市,相率为'浑脱队',骏马胡服,名曰《苏莫遮》"(《旧唐书》)。"钵头"戏也是来自西域的一种歌舞戏,亦颇为时人所喜爱。唐时"胡乐"十分流行,一些统治者对其十分喜好,比如唐玄宗就特别喜欢胡夷之声,他专门成立了音乐机构,经常由胡人用少数民族乐器来演奏胡乐,一时成为

---

① 《考古》1960 年第 1 期:《唐苏思勖墓发掘简报》。
② 中国硅酸盐学会:《中国陶瓷史》。

风气,对整个社会也有很大的影响①;庄宗亦喜胡乐,曾以郑声与胡部合奏,称为"聒帐",他还和伶人结为十弟兄,自取艺名为"李天下"。少数民族乐器也大量传入内地,颇为人们所爱好,比如唐玄宗就是善于使用羯鼓的一个音乐家。长安还经常有一些外国歌舞团来表演节目,也自然带来了异域的情趣,如七、八世纪之间,室利佛逝国曾派使臣带乐舞艺人到长安。室利佛逝即今印度尼西亚的苏门达腊。代宗大历十二年(777年),渤海使臣送日本舞女十一人到长安。最著名的是公元802年,骠国(今缅甸)使团访唐,随行有一个庞大的歌舞团,光是伴奏的乐工就有三十五人,携带着二十二种乐器和十二首乐曲。这个乐团,先到成都,然后才来到长安。因其水平极高,一下便轰动了长安,许多文人如白居易、元稹、胡直钧、王溥等,都曾为其赋诗。

　　唐人的思想比较开放,较少条条框框,而又总有一种好奇的精神,因此少数民族的东西,不仅是音乐、舞蹈,还有饮食、服饰、建筑以及体育活动等,他们只要认为是有趣的、有益的,便会自觉或不自觉地加以模仿,这样便逐渐形成了一种社会风尚。难怪中唐诗人元稹颇为感慨地说当时是"女为胡妇学胡舞,使进胡音务胡乐"呢!

服饰与饮食

　　服装,最能反映一个时代的社会风气。唐时各地经常可以看到各种少数民族服装的人物,加之,唐人对新奇的东西有一种突出的热情,所以胡式服装在社会上颇为流行。当然,衣胡服、着胡帽的风气,在中国早已有之,如汉灵帝即好胡服、胡帐、胡床,京城贵族,起而仿效,也成为一时的风气,但与之相比,唐代着胡服的风气更为突出和引人注意。

　　胡帽在整个唐代都很流行。刘肃《大唐新语》里有"胡着汉帽,汉着胡帽"之语,可证唐代贞观年间已风行胡帽。所谓胡帽,式样颇多,有的以皮为之,形圆如钵;有的帽檐向上卷起,称为"卷檐虚帽"。在唐永徽以后流行一种胡式帷帽。②帷帽,又叫围帽,开始由韦制成,四周垂以丝网,男女皆用。妇女用时,帷帽上还需施以珠翠。帷帽取法于吐谷浑的"长裙缯帽"和吐火罗的

---

① 吴曾《能改斋漫录》:"迄于开元天宝间,君臣相与为淫乐,而明皇尤溺于夷音,天下薰然成俗。"
② 《事物原始》:"帷帽创于隋代,永徽中拖裙及颈。"

"长裙帽"。长裙,即指帽子周围的垂网。日本原田淑人的《唐代之服饰》所附图版十二的第三图及图版十三的第一图便是戴帷帽的女俑。向达先生《唐代长安与西域文明》亦附有唐代帷帽俑图。帷帽是初唐幂䍦和开元以后一般胡帽之间的一种帽式。唐初武德和贞观时,宫中女官骑马出行多著幂䍦。这种幂䍦实是一种方巾,用缯帛制成,可以遮避全身,其形制,仿自西域妇女所服用的大衫和大帽帔。唐初宫人服之,其目的是不让沿路百姓看到她们的面容。不仅宫人,一般王公之家亦用此制。因用幂䍦可以遮避全身,因此男扮女装、欺人耳目十分容易。《旧唐书·丘和传》记载了这样一件事:汉王谅谋反,便命士兵穿妇女服装,戴幂䍦,突袭蒲州城,而蒲州刺史丘和为其所骗,竟毫不设防。《旧唐书·李密传》也说,李密降唐后再行起事,选勇猛之士数千人,皆着妇女衣装,戴幂䍦,藏刀于裙下,混进桃林县舍,又悄悄换上军队服装。一声号令,突袭占领了县城。汉王李谅和李密之所以能够突袭成功,全在幂䍦能遮避全身而不被别人发觉。中宗时,帷帽风行起来,取代了幂䍦。开始的时候,朝廷还下令禁止,但并不见效。咸亨二年(671年),朝廷又下令说:"百官家口,咸预士流,至于衢路之间,岂可全无障蔽?比来多著帷帽,遂弃幂䍦,曾不乘车,别坐檐子,递相仿效,浸成风俗,过为轻率,深失礼容。"因此,结论是:"理须禁断,自今已后,勿使更然。"

就幂䍦和帷帽来说,二者都来自异域,都能满足唐人好奇求新的心理,但哪一种样式更为流行,则要取决于它的实用性。最初宫中女官和王公之家的贵妇人出门时以马代步,故而能遮避全身的幂䍦自然为她们所喜爱,后来,她们出行不再骑马而改为乘车或檐子,这样幂䍦便显得不够方便,帷帽才取而代之。尽管朝廷发布了禁令,因为这种禁令不符合人们的心理与实际需要,因此,朝令归朝令,风气归风气,似乎义正辞严的朝廷禁令,也就只能成为一纸空文。通过这个例子我们可以看出,来自异域的各种文化因素、风俗习惯是否能被唐人所引入,统治者的提倡固然是重要的原因,但更重要的还取决于是否有广泛的社会基础,即是否符合社会各阶层人们的心理和实际需要。代表统治者意愿的朝令尽管有很大的法律效力,但它并不能阻止时俗风尚的兴起和流行,因此至武则天时,唐人戴帷帽便成了一种社会风气,而很少再有人用幂羅了。① 到开元年间,随玄宗出行的宫人皆戴胡帽,靓妆露面,不再障蔽,士庶之家亦起而仿效,帷帽又成了过时的式样了。这时社会上出现了"露髻驰骋,或著丈夫衣服靴衫"②的宫女或贵妇人形象。陕西省礼泉唐张士贵墓出土过不少陶俑,为研究唐代服装样式提供了资料,其中即有露髻和男装的女骑俑。

初唐时,胡服即已风行,至开元天宝年间尤盛。唐姚汝能《安禄山事迹》说当时"贵游士庶好衣胡服为豹幅,妇人则簪步摇"③。所谓胡服,襟袖十分窄小,唐代所谓法服,亦多融合少数民族服装的特点。这种窄小襟袖的服装传自西域,当时吐火罗人均着小袖袍小口裤,印度妇女亦着长袖窄口之服。在唐代除一般妇女着胡服以外,柘枝舞和胡腾舞女也穿袖子紧缠在臂上的舞衣,如刘言史《观胡腾》说"细氍胡衫双袖小",李端《胡腾儿》说"拾襟搅袖为君舞",张祜《杭州观舞柘枝》说"红罨画衫缠腕出",都可看出胡服袖口窄小的特点。白居易记天宝装束说:"小头鞋履窄衣裳。"可见这种衣服是十分流行的。这种胡服襟袖窄小,与中原宽襟大袖的服装是两种风格,但在唐时却几乎占了主要地位。其中一个重要原因是它不仅新颖别致,而且行动方便,十分实用,也许同今天西方牛仔服能在中国青年中流行是一个道理。这种胡服的领子也有细微的区别,有的是方领,有的是圆领,有的还是大翻领的。这不仅可由文献加以证实,而且近年出土的唐代陶俑也很能说明问题,如1980年西安南郊三爻村发现四座唐墓,其中出土风帽男俑两类:一种头戴风帽,身着交领窄袖衫;另一种风帽高耸,身着翻领窄袖衣。有一件骑马俑,头戴短脚幞头,上着翻领窄袖胡服,下着袴靴。另有两件女俑,一着窄袖襦衫,另一个着翻领窄袖衣。④ 近年发掘的唐阿史那忠墓,出土了身着方领窄袖外衣的陶俑。墓中的壁画上,也有身穿圆领窄袖红袍的人物。⑤ 在西安市西郊曹家堡唐墓中,也出土了一件完整的幞头男骑俑,"马头昂举,背施鞍、鞯,马背乘坐一幞头男俑,上穿翻领窄袖胡服,下著裤靴,两手曲置胸臆间,作牵缰状"⑥。

---

① 《旧唐书·舆服志》:"则天之后,帷帽大行,幂羅渐息。"

② 《旧唐书·舆服志》。

③ 《旧唐书·舆服志》说开元以来"士女皆竞衣胡服"。

④ 《考古与文物》1983年第3期:《西安南郊三爻村发现四座唐墓》。

⑤ 《考古》1977年第2期:《唐阿史那忠墓发掘简报》。

⑥ 《考古与文物》1986年第2期:《西安市西郊曹家堡唐墓清理简报》。

1977年,扬州出土一批唐代彩绘俑,其中有一件女俑,着翻领胡服,束蹀躞带,面容不像胡人,当是当时贵族的侍女。① 唐代司马睿墓出土的陶俑中,有身着圆领红色窄袖长袖,腰系带,足穿靴的男侍俑;有身着窄袖长裙的女侍俑;有"头戴幞头,身着大翻领大衣,形似胡人"的吹奏乐俑。② 还有一种折襟胡服,称为裤褶,男衣短仅至膝,折襟翻领,女衣亦同而稍长,里面另有长裙。这种服装出于中国北部少数民族,隋时传入中国,唐时十分流行,当时是一种官服,上朝时可以服之。③ 代宗时,朝臣归崇敬认为百官上朝时服裤褶,不合古制,便上书给皇帝说:"查我国三代、两汉的典籍,没有着裤褶上朝的记载,也不知着裤褶上朝起于何时? 这不符合古制,所以请求从今后下令禁止。"④皇帝听了他的话,禁止再着裤褶上朝,但其他场合仍有人着裤褶,如《新唐书·娄师德传》说娄师德检校丰州都督,衣皮裤率士兵屯田,可见这种胡服颇便于劳作,故唐军中多用之。相传为唐宣宗才人仇氏的墓中,出土了不少陶俑,其中便有一种着折襟胡服的男俑。中唐时,回鹘助唐平定了安史之乱,随着回鹘政治势力的增长,回鹘的一些风俗亦在唐朝流行起来,当时唐朝宫人即有着回鹘装的,花蕊夫人的《宫词》中这样写道:"明朝腊日官家出,随驾先须点内人。回鹘衣装回鹘马,就中偏称小腰身。"由此可见,一种异域风俗的流行往往还有政治的和经济的原因,在这种情况下,单纯从求新好奇的心理上去寻求原因,有时便不易得出准确的结论。

　　吕思勉先生认为:"其原出胡狄,而为中国人所习用者莫如靴。"⑤当时不仅法服中有六合靴,一般官僚按规定必须服用,即使一些妇女也有穿男子服装而着靴,如契丹之服者。靴为一般唐人所服用,如陕西咸阳唐君墓中的壁画里,即有"足穿乌靴"的人物⑥,唐阿史那忠墓中壁画里,也有"足著长筒乌靴"的人物⑦。唐李贞墓出土的一个女俑,头戴胡帽,身穿胡服,足蹬小鞜靴。⑧ 唐朝宫廷乐舞有长寿乐、天授乐、万岁乐、破阵乐,皆用龟兹乐,舞人全

① 《文物》1979年第4期:《扬州出土一批彩绘俑》。
② 《考古与文物》1985年第1期:《唐司马睿墓清理简报》。
③ 《新唐书·百官志》:"九品已上,自十月至二月,裤褶以朝。"
④ 《旧唐书·归崇敬传》。
⑤ 《隋唐五代史·隋唐五代人民生活》。
⑥ 《文物》1963年第9期:《陕西咸阳唐苏君墓发掘》。
⑦ 《考古》1977年第2期:《唐阿史那忠墓发掘简报》。
⑧ 《考古与文物》1982年第1期:《唐代胡俑、骆驼及"丝绸之路"》。

着靴。其他如高丽乐、扶南乐、高昌乐、疏勒乐、康国乐、安国乐，舞人也是穿靴子的。据《资治通鉴》胡注说：靴子本为少数民族所用，赵武灵王喜好胡服，常用黄皮作短靿靴子，后来渐渐又着长筒靴。唐初马周将长筒靴改短，并用毡子垫在靴底。开元时，裴叔通又加以带子装束。本来，着胡靴是不准进皇宫和中央办事机构的，自从马周对靴子作了一些改造以后，朝廷才允许穿着靴子出入朝廷和国家高级机关。可见一些来自异域的东西，往往要经过汉族人的改造，以适应本民族人们的心理与习惯，而经过这种改造，它才能为更多的人接受，从而流行起来。

妇女的服饰与化妆，最为追求新鲜、奇特，而外族妇女的习惯与特点，最能满足唐代妇女寻求新奇的心理。比如，唐代妇女中流行的一种首饰——步摇，即来自波斯妇女所佩戴的耳环。一般妇女所用的巾帔（披肩巾），则来自印度妇女的风气。唐朝元和时，又流行一种所谓的"时世妆"，其内容除了着胡式服装外，有两个特点，一是一改汉人习惯，脸上不再施朱粉，而是涂成红褐色，嘴唇涂抹乌膏，双眉画作八字，向下弯曲，让人一看，有如啼哭之态，所以白居易《时世妆》诗说："妍媸黑白失本态，妆成尽似含悲啼。"二是此时妇女为圆鬟椎髻，以两鬓抱面，不设鬓饰，当时称为"抛家髻"，白居易诗说这是"圆鬟无鬓堆髻样"（《时世妆》）。赭面和堆髻的风俗分别来自吐蕃和西域各少数民族，而一时又颇为流行，妇女们争相仿效，所以白居易才大声疾呼："元和妆梳君记取，髻堆面赭非华风！"现在想起来，这种"非华风"的"时世妆"，应该是并不好看的，可是为什么在当时能够流行呢？我认为，这与当时社会动荡，人们的心理变化剧烈有直接的关系，这种求新求奇，多少有一点儿变态的味道。本来，好奇之心，人皆有之，崇尚时髦，无可非议，但是引进异域的文化和风俗，不仅应该具有引进的勇气和胆量，而且要有理，有度，勿过，勿滥。所谓有理，就是要符合本民族人们的欣赏习惯和心理需求，所谓有度，就是要控制在一定的限度之内，不能过分。否则，也许会流行过一阵儿，但很快便会连一点儿踪影都不会留下。所谓"时世妆"正是如此，因为它与中国传统的文化心理不相符合，所以开始虽然在一些有身份的妇女中间流行一阵儿，下层妇女亦有起而仿效的，但它毕竟不能在较长的时间里流行，时髦了一阵儿便没有声息了。想一想近年来各种奇特怪异的发型在某些青年中间忽然流行一阵儿便再也无人问津的情况，也许会使人感叹历史确实有某些相似的现象吧？这种相似，正可以提醒我们深入地思索一些问题。

唐代饮食业很发达，同时，还注意吸收外来的食品。《旧唐书·舆服志》说当时"贵人御馔，尽供胡食"。不仅"贵人"，就是一般百姓亦喜好胡食，尤其是长安、洛阳、扬州、广州等大城市中的居民更偏好胡食。胡食的品种很多，主要的有这样几种：饆饠（音部斗）、烧饼、胡饼、搭纳。①

饆饠是一种油煎饼，大概就是《齐民要术》中所记载的饆饠。

饆饠是一种抓饭，原流行于中亚、印度和今新疆穆斯林教各民族中，传入中国，颇为人们所喜爱，长安东市和长兴坊均有专门营业饆饠的饭店。饆饠论斤出售，一般加蒜，高级的也可以加樱桃，段成式《酉阳杂俎》记唐代长安有一个叫韩约的人，"作樱桃毕罗，其色不变"。也有人认为饆饠是一种包有馅心的面点，有甜咸二类②，可聊备一说。

烧饼，与我们今天的烧饼不同，其制作方法在《齐民要术》里有较为详细的介绍："面一斗，羊肉二斤，葱白一合，豉汁及盐熬令熟，炙之。面当令起。"这种饼，不用芝麻。

胡饼，早在汉魏时就由西域传入中国，但到唐代仍然很盛行吃胡饼。当时胡饼有两种做法，一种是笼蒸的，叫做蒸胡饼；一种是炉焙的，称为炉饼。又因为这种饼要芝麻，故又称为麻饼。它中间也可加馅，又成了一种馅饼。安史之乱的时候，唐玄宗带着少数亲信仓皇逃跑，至咸阳集贤宫时已到中午，大家肚子都很饿，杨国忠便跑到人家里买了几个胡饼献给玄宗，玄宗吃得津津有味。③　日本僧人圆仁在长安时，亦曾食用胡饼，他在《入唐求法巡礼行记》中说："开成六年正月六日，立春，命赐胡饼寺粥。时行胡饼，俗家皆然。"可见唐时吃胡饼很流行。白居易有一首诗，题为《寄胡饼与杨万州》，诗中虽是玩笑的口吻，但还是可以看出唐人对胡饼的喜好，同时，也可以了解到当时的胡饼做得是很好吃的，其诗说："胡麻饼样学京师，面脆油香新出炉。寄与饥馋杨大使，尝看得似辅兴无？"岑参《酒泉太守席上醉后作》中有"浑炙犁牛烹野驼"之句，骆驼是沙漠地带必备的运输工具。烹野驼，是北方少数民族的饮食风尚，随着民族间的经济和文化交流，驼肉不仅进入了汉民族的食谱，燉

---

① 慧琳《一切经音义·陀罗尼集》："胡食者即饆饠、烧饼、胡饼、搭纳等是。"

② 周光武《中国烹饪史简编》。

③ 《资治通鉴》："日向中，上犹未食，杨国忠自市胡饼以献。"

驼峰还成为唐朝宫廷里的一道名菜。

公元647年，尼婆罗（尼泊尔）王那陵提婆派使者到长安，向唐朝皇帝赠送了菠棱、酢菜、浑提葱等地方特产。菠棱就是菠菜。自尼泊尔将菠菜、酢菜输入我国以后，唐人亦开始种植，使它们逐渐成为人们喜爱的蔬菜。

西域名酒在中国各地也很受人喜爱。我国自汉代张骞出使西域，即知西域有葡萄酒，但还不会酿造，因此，葡萄酒在初唐时仍十分珍贵。《新唐书·陈叔达传》说，高祖赐群臣食，赏给陈叔达葡萄酒，但他却舍不得喝，高祖问他原因。他说："臣母病渴，求不能致，我这杯葡萄酒还是留给她老人家吧！"高祖听了这话，又给他一些葡萄酒，让他捎回家去。可见当时即使高官，家里也喝不上葡萄酒。太宗时，征服西域的高昌国后，曾带回马奶葡萄的种子种在宫苑里，并掌握了葡萄酒的酿造技术，唐太宗有时甚至亲自监制，造出的酒色呈绿色，即李白《襄阳歌》所说"遥看汉水鸭头绿"，酒味也十分醇正浓郁，颇为朝廷所重，民间也渐渐知道了这种造酒法，葡萄酒便多了起来。① 当时以太原郡所产的葡萄酒最为著名，后来其他许多地方，如长安、洛阳等地的葡萄酒也为人们所赞赏。除了葡萄酒以外，唐代社会还流行来自西域的三勒酒，李肇《国史补》说："又有三勒浆类，酒法出西域。"所谓三勒酒，即是用庵摩勒、毗梨勒和诃梨勒三种植物酿成的酒。在唐顺宗时，又有一种新的酒在朝廷和市场上流行，即"龙膏酒"。这种酒亦产自西域，其色纯黑如漆，饮之很能提神清脑，故为时人所喜爱。②

中国古代虽然知道有甘蔗这种东西，但只知道将其压成浆，用以祀神，当时称为"柘浆"③。后来虽然也有了"石蜜"，即硬块的糖，但它来自外国，大约来自西域一带的波斯、康国、天竺等地，所以汉代张衡《七辨》说："沙饴石蜜，远国贡储。"晋代傅巽《七诲》说："西极石蜜。"当时中国还不懂得由甘蔗制砂糖的工艺。公元647年，摩揭它国使者到长安来，向唐太宗夸耀印度的砂糖，唐太宗对此很感兴趣，便派人前往印度学习熬糖法，回来后用扬州诸蔗制糖，

---

① 《册府元龟》卷九百七十《朝贡》："及破高昌，收马乳蒲桃实于苑中种之，并得其酒法。帝自损益，造酒成凡有八色，芳辛酷烈，味兼缇盎。既颁赐群臣，京师识其味。"又见于宋代钱易《南部新书》。

② 苏鹗《杜阳杂编》："顺宗时处士伊祈玄召入宫，饮龙膏酒，黑如纯漆，饮之令人神爽。此本乌弋山离国所献。"有人认为所谓"乌弋山离国"即在今伊朗南部，不知何据。

③ 《楚辞·招魂》："腼鳖炮羔，有柘浆些。"

其结果非常成功,史书说"色味愈西域远甚",比印度所生产的砂糖好得多。①
其优点主要体现在"色味"两个方面,即一是色白,一是味浓,甜度大。通过掌
握印度制糖工艺,唐人也能生产固体的石蜜了。我国江南、四川以及其他许
多产蔗的地区都起而仿效,很快便掌握了这种工艺,从而提高了石蜜和砂糖
的产量,使它们成为唐代人们,当然主要是贵族人物的生活消费品。

建筑、生活器物及其他

　　唐代社会生活的许多方面,都存在着异域情调与风气。

　　中国建筑受印度影响很大,这主要反映在佛教建筑上,如西明寺就是仿
天竺祇园精舍建筑的唐代名刹。除宗教建筑以外,唐代还有不少其他的深受
"胡风"影响的建筑。

　　昭陵是唐太宗的陵墓,高宗为了歌颂唐太宗的功业,命匠人制作了十四
个石像立于陵墓的北马门内。这十四个石像是照着太宗贞观时擒伏、归化的
各少数民族首领的相貌制成的,其中有突厥颉利可汗、左卫大将军阿史那咄
苾、吐蕃赞普、龟兹王诃黎布失毕、于阗王伏阇信、焉耆王龙突骑支等。人像
之外,又在北阙下刻太宗平常所骑的六匹骏马的石像。高宗的陵墓是乾陵,
也照昭陵制度,陵前有外族首领石像六十一尊。这种陵墓制度,是受了突厥
族的影响,带有突厥化的特点。据史书记载,突厥人的墓前依俗要"立石建
标",平时杀了多少人,就立多少石碑或石像,这种石碑,突厥人称为"杀人
石"。有一些学者在中亚细亚和新疆一带考察,发现了许多石像,并证实这些
石像是属于突厥族的。② 太宗陵墓之所以用突厥族的制度,是因为,"彼其时,
太宗一面君临汉土,一面又为漠南、漠北各部落之天可汗,参用北荒习俗以和
洽兄弟民族"③,可见,唐太宗的考虑是很深远的。

　　唐玄宗是一个很会享受的皇帝,他有一个用来避暑的凉殿,是个精巧的
建筑。凉殿的顶上,有机器喷水,水从屋檐上冲下来,好像是一个水帘洞;凉
殿里的榻椅是用石块雕琢成的,榻椅后面装着用水力转动的风车。风车转动
时,殿里凉风习习,太阳根本照不进来。三伏天气,人坐在殿里的榻椅上,简

---

①　《新唐书·摩揭它国传》。
②③　参看岑仲勉《隋唐史·唐史》第九节。

直如处仙境一般。① 不仅玄宗有这样的凉殿，一些大臣也有类似的建筑，如权臣王铁的宅院里便有一个"自雨亭子"，屋檐上水流飞落，盛夏时坐在亭子里，也使人感到清爽如处在高秋的季节里。这种建筑是学习西域人的方法建成的。《旧唐书·拂林传》说得很明白："至于盛暑之节，人厌嚣热，乃引水潜流上遍于屋宇。机制巧密，人莫之知。观者惟闻屋上泉鸣，俄见四檐飞溜，悬波如瀑，激气成凉气，其巧如此。"我们把玄宗的凉殿和王铁的自雨亭子与这里的记载比较一下，就会明白凉殿和自雨亭子是仿照拂林的建筑建造的。据说一直到清代，在圆明园中还有这种类似的建筑。

唐朝宫中颇多来自少数民族的物品。龟兹国曾进奉一只枕头，其色如玛瑙，温温如玉，而看外表又很朴素。晚上枕它睡觉，"十洲三岛、四海五湖，尽在梦中所见"。唐玄宗称它为"游仙枕"，后来赐给了杨国忠。② 西凉国曾进数百条木炭，每条长一尺多，呈青色，十分坚硬，宫中称之为"瑞炭"。这种炭在炉中燃烧，有光而没有火焰，每条可烧十日，其热气逼人而难以靠近。③ 交趾国曾进龙脑香，有蝉蚕之状，唐玄宗赏给杨贵妃十枚。④ 开元二年冬至，交趾国还进贡了一种"辟寒犀"，色黄如玉，将其放在殿中的金盘里，"温温然有暖气袭人"。⑤武则天曾召诸皇孙到殿上嬉戏，并命人把西域诸国所贡的玉环钏杯盘列在周围，让诸皇孙自己去拿，用以观察他们的志趣和性格。当然，皇宫里的这些宝物，一般人，即使王公大臣也是不会有的。但最高统治者对来自异域的物品如此喜好，却必然要对上层社会以至于平民百姓有所影响。

带有"胡气"的物品，在唐朝社会使用得很普遍，成为一种值得注意的社会现象。

1975 年敖汉旗李家营子发现了一批银器，其中有一件执壶，此壶扁圆腹，圈足较矮，壶柄部和口缘相接处饰一鎏金胡人头像，圈足底边有一匝联珠纹，造型和纹饰是波斯萨珊朝时期式样。1984 年河北宽城也出土一件银执壶，其形制与上一件执壶相似，只是腹部较小而圆，可惜柄部已残缺。⑥ 伊朗的这种有柄壶，在唐代颇为流行，唐人称为"胡瓶"，《旧唐书·李大亮传》说：皇帝曾

---

① 见《唐语林》。
②③⑤ 《开元天宝遗事》。
④ 《杨太真外传》。
⑥ 《考古》1985 年第 9 期：《河北宽城出土两件唐代银器》。

赐给李大亮一只胡瓶,并说:"它虽然并不贵重,却是我自用之物。"可见,这种胡瓶也是宫中的御用器皿。唐人还把"胡瓶"作为一种厚礼送给别人,顾况《李供奉弹箜篌歌》中说李某箜篌弹得极好,别人不惜重礼,请他来演奏,其中有"银器胡瓶马上驮,瑞锦轻罗满车送"之句。近年江苏镇江唐墓出土一件银簪,扁平,上宽下窄,上半段刻划人物、狻猊及缠枝忍冬,人物光头、露脐、着靴,手举忍冬枝,鱼子纹地。银簪上的缠枝忍冬花纹是我国传统的题材,而簪面上的短靴人像又具中亚波斯的萨珊风格,这是唐代中期以前金银工艺中外结合的体现。① 1981 年西安市西郊曹家堡唐墓出土一件金饰,圆形,薄如纸,剪轮,直径二厘米,重零点九七克,上面有一模压而成的深目高鼻、高颧骨、大胡子的胡人头像,额上有一圈联珠纹。这种胡人头像的圆片金饰,估计属于一个富商的眷属。② 唐代还有一件镶金牛首玛瑙杯,这件杯子,器形如牛角,尖部为牛首,双角并连到口部成执柄。有人估计这件器物,可能是波斯和阿拉伯商人带入中国的。1970 年 9 月,西安交大出土三件套装在一起的唐代银盒,其中一件是"都管七国六瓣银盒"。这件银盒身呈六瓣状,盖面高隆,子母口,盒面中部划分六角形,每边围一卵形规范。底部平坦,有喇叭形六瓣高圈足。正中六角形内,錾骑象人一,前有顶物膜拜者,后有手执伞盖者,表示了骑象者身份之高贵。膜拜者前方有"都管七国"题榜,下方中央有"将来"二字。从昆仑王国右侧起,顺时针排列有婆罗门国,土番国,疏勒国,高丽国,白拓□国,乌蛮人。此银盒的主要纹饰是以二十七个姿态各不相同的人物组成写实意义较浓,而且富有情节的七组图案。每图均有各自的地区和民族特征,如"吐蕃国",以青藏高原的野牦牛作为图案的主题,后有二人做驱赶状,构成一幅狩猎图;"疏勒国",右侧二人执刀,左侧一人恭立,一人持弓,四人皆英武骠悍,正表现了西域民族的尚武精神;"高丽国",一尊者居左盘坐,四人站立于左右,着其民族服装:冠上皆插二鸟羽,长衣宽袖,着韦履;"乌蛮人",即南诏,此图左侧两位尊者迈步向前,右侧三人似作迎客状。大襟长袍,首有囊角,正是当时西南少数民族的服饰特点。③ 这件银盒无疑是唐人的作品,但盒上的这些图案,却明显地带有异域的情调和气息。1970 年 10 月,在西安何

---

① 《考古》1985 年第 2 期:《江苏镇江唐墓》。
② 《考古与文物》1986 年第 2 期:《西安市西郊曹家堡唐墓清理简报》。
③ 《考古与文物》1984 年第 4 期:张达宏、王长启《西安市文管会收藏的几件珍贵文物》。

家村发现一处窖藏,出土唐代金银器皿二百余件,其中便有波斯萨珊朝风格的文物,如三件八棱流金银杯,器身作八棱面,每面有浮雕的乐工和舞伎。底地作鱼子纹。柄作圆圈形,上有放置拇指的平板,有的柄上饰以高鼻深目的胡人头像。足部边缘有联珠,各棱面的分隔处也有一列竖直的联珠。除了各面的人像和衣服有的具有中国风之外,其余都是萨珊式的特征。还有一些金银器,如刻花高足银杯,器形是萨珊式的,但花纹是唐代中国式的狩猎纹,底地是鱼子纹。这可能是中国匠人模仿波斯产品制造的。① 中国唐代金银器中确有不少西方的因素,有许多人,包括许多外国学者都注意到了唐代金银器与波斯地区贵金属工艺的密切联系,如日本学者梅原末治的《关于中国唐代金银器》、原田淑人的《东亚古文化研究》、石田茂作的《奈良时代文化杂考》以及德国学者 A·格拉夫·施特拉赫维茨的《唐代金银器及东西方联系》都认为唐代金银器无疑受到了波斯萨珊朝金银器的影响。瑞典学者俞博《唐代金银器》一书认为,中国大规模地制造和使用金银品是唐代才开始的,它的兴起和发展与隋唐时期西方文化的输入有着密切的联系。他认为,当时沿着丝绸之路东来的印度佛教艺术、犍陀罗艺术(希腊、罗马艺术的变体)、芨多艺术和萨珊波斯艺术对唐代金银器的兴起都有影响,而最直接的影响是波斯地区的贵金属工艺,他认为:"最初的金银器,不仅形制仿西方,技术仿西方,甚至纹样也仿西方。"当时中国其他工艺如陶瓷也难免受其影响。② 从而使中国唐代许多器皿具有了异域和外国的情调与风格。

　　唐代扬州是当时对外贸易的重要港口,也是我国南北交通运输的枢纽,出土了不少反映中外关系的唐代文物,其中有西域胡俑、胡人三彩俑和马来人陶范人像。在这些出土物中有一件翠绿袖大陶壶特别值得注意。这是一件波斯陶壶,壶通高三十八厘米,内口径九厘米,底径十厘米,唇口厚二厘米,高颈,宽肩,在肩部与颈部连结着对称弯曲的双系,系高九点五厘米、宽四点五至七厘米不等,厚一点二厘米,鼓腹,腹部以下渐渐收敛,饼足底,底心内凹。从釉色、胎质上,特别是造型艺术上看与唐代陶瓷器都不一样,无疑是属于波斯风格的物品。③ 周长源同志在《扬州出土古代波斯釉陶器》一文中说

　① 《考古》1978 年第 2 期:夏鼐《近年中国出土的萨珊朝文物》。

　② 《考古与文物》1985 年第 2 期:陈英英、贾梅仙《国外学者研究唐代金银器情况介绍》。

　③ 《考古》1985 年第 2 期:周长源《扬州出土古代波斯釉陶器》。

他"在今扬州市区文昌阁东侧的三元路菜场工地获得二块波斯的古陶片"。此后,其他人也"陆续捡到许多块波斯的古代翠绿釉陶片"。周长源同志又"多次捡到大小三十余块波斯的古代翠绿釉、蓝釉和灰蓝釉陶片"。"从这些碎片的胎釉、胎厚和器形等不同来看,应为罐、壶、盘等多种器皿。由此可证,当时运来扬州的波斯器数量之多,品种之丰富"。① 这些陶片出现在与其他许多唐代文物相同的地层,有的更是与唐代白瓷及青瓷器和残片在一起出土的,其时代经专家研究,认为相当于我国唐代的中期和晚期。1980 年,扬州博物馆考古组在东风砖瓦厂肖家山工地清理第九号汉墓时,发现一座叠压在该墓上面的唐代木棺残墓,出土四件随葬器物,其中有一件青釉绿彩背水扁瓷壶,高十七厘米,宽十三厘米,厚九厘米。直颈,唇口,口径六厘米。壶的两侧上下各有两系,中心各画有一条贯通上下的绿釉彩直线。壶的正背两面皆有一组绿釉彩饰,正面为一组阿拉伯文,背面饰云气纹。经有关专家鉴定,阿拉伯文乃"真主最伟大"之意。② 1956 年,太原市西郊出土了一件青釉人物狮子扁壶,此壶腹部浮雕胡人与狮子;正中立一胡人,长发短须、深目高鼻,着长衣,腰束带,足着高腰靴。胡人左右各有一昂首翘尾蹲坐的狮子。狮背上角,各露一人,作舞球状。③ 这件瓷壶从形制、纹饰以及表现方法等方面来看,都具有西方异域的风格。近年韩森寨盛唐墓出土的堆花青瓷壶,腹部也堆贴着胡人、武士打马球,武士和马球跃跃欲动。长沙窑的贴花壶中,也运用堆贴装饰,多在壶上贴着胡人、双鱼、狮子等。这显然有外域装饰艺术的影响。④ 1956 年西安出土的唐代白釉贴花钵,有联珠纹样,就是波斯萨珊王朝金银器皿和织锦上常见的纹样。⑤ 中国硅酸盐学会编的《中国陶瓷史》说凤头壶在初唐时已经流行,这种壶的造型很巧妙,"在壶身上堆贴着瑰丽的纹饰,壶盖塑造成一个高冠、大眼、尖咀的凤头,与壶口恰相吻合,由口沿至底部连接着生动活泼的螭龙壶柄,它是唐代以前所未见的新的风格样式,是吸收了波斯萨珊朝金银器的造型,而又融合了中国本土的风格,用龙凤纹作为装饰"。另一种"双龙耳瓶的器形也同样可以看出是在鸡头壶的基础上吸收了外来的胡

① 《考古》1985 年第 2 期:周长源《扬州出土古代波斯釉陶器》。

② 引自朱江:《扬州出土的唐代阿拉伯文背水瓷壶》。

③ 《文物》1963 年第 5 期:《太原西郊出土唐青釉人物狮子扁壶》。

④ 《中国陶瓷史》。

⑤ 《文物》1979 年第 1 期:《唐白釉贴花钵》。

瓶的特点"，"它盛行于初唐时期，唐高祖的儿子李凤墓中出土的白瓷双龙耳瓶，就是这样的造型"。特别值得注意的是，近年在唐乾封二年（667年）段伯阳墓中，出土了一件白瓷胡人尊，尊是装液体的容器。这件器物塑成一个跪胡形象，形体较高大，达三十七点五厘米。胡人深目高鼻，面带微笑，神态安详，前额有一个硕大的白毫相，齐眉的发尖是排联珠纹，裹幞头，身穿圆领短袖紧身衣，手腕佩镯，胸前抱一口袋，袋口扎成荷叶形状，巧妙地做成尊口。①巩县黄冶"唐三彩"窑还发现一些陶瓷玩具，其中有成批生产的玩具——骑驼人。"人驼通高六点五厘米。驼昂首曲颈，摆尾，背上置坐垫，人骑于两驼峰间，面左，头戴小帽，足登皮靴，高鼻大眼，蓄络腮胡子，胡人相貌"。② 还有狮子和狮子狗。驼与骑驼人，反映了唐与西域的交往，而狮子和狮子狗（拂菻狗）是外国进贡的动物。这些玩具，反映了社会生活中的"胡气"弥漫于各个角落，甚至在儿童的世界里，也有异域的情趣。以上的这些陶瓷制品，有的直接来自西域或外国，如扬州出土的波斯釉陶器；有的虽生产于内地，但却融合了异域的形制与风格，如唐三彩中的胡瓶、胡人尊、狮形杯等，都吸收了西域或外国，如波斯金银器中突花鎏金高足杯、曲口银瓶等器物的造型特色；有的是地道的汉族工艺产品，却又有来自异域的纹饰或胡人形象。这些作品，在创作上获得了新的活力，显得华丽多彩，具有异国情调，也表现了唐人对异域文化广收博采的自信与气魄。异域工艺和风格的影响，是唐代陶瓷生活用具与两汉、魏晋南北朝生活用具有很大不同的原因之一。

在出土的唐代文物中，有许多古镜，其中有用西域风格图案装饰的忍冬纹镜和海马葡萄镜。扬州和安徽怀宁县还出土了有异国体育活动——打马球图案的铜镜。近年在"丝绸之路"上出土了不少丝织品，其中就有唐代的产品。这些丝织品上，除了有唐代金银器和石刻线雕上常见的花鸟云树等纹饰外，还织有波斯风格的联珠、对禽、对兽等。还有的，既织有波斯常见的联珠纹，又有汉文字或我国传统的龙凤纹等中西结合的图案。同时，中国织工还学习了波斯萨珊式纬线起花的叙纹重组织的织法，有些带中国式花纹的织锦，也都采用了这种织法；所以有些仿波斯的织锦，与原产品几乎根本无法区

---

① 《考古与文物》1981年第1期：《西安地区隋唐墓葬出土陶瓷的初步研究》。《文物》1986年第6期：《唐三彩生活用具》。

② 《考古与文物》1985年第2期：《巩县黄冶"唐三彩"窑陶瓷玩具》。

别。从这些地方,我们都不难感受到在唐代盛行的异域情调与风气。

　　总之,这些带有所谓"胡气"的生活用品,从金银器到陶瓷、铜镜和织锦;从妇女的首饰到儿童的玩具;从酒器到银盒;从银执壶到胡人尊……几乎无所不有。从所受外来影响来说,有的是纯粹的进口货,有的是可以乱真的仿制品;有的是唐式花纹、胡式形制;有的又是唐式形制、胡式花纹;更有丝织品中中西结合的图案。——这一切都说明了:唐代社会,"胡气"几乎无处不在,而唐人对它又是抱一种开放和喜好的态度。同时特别注意使其适合本民族的特点,并不机械照搬,这是很难得的。

　　在其他方面,也经常可以看到外来的影响,如天文历法和医药。

　　印度观星术的输入与唐代天文科学的发展有密切的联系。《隋书·经籍志》载有多种印度天文学著作。唐朝天文学家经常展开争鸣,侨居中国的印度人也参与其中,他们对中国天文历法科学的发展起了重要作用。其中比较著名的有迦叶氏、瞿昙氏和俱摩罗氏三家,都程度不同地为中国天文科学做出了贡献。如唐高宗时,迦叶孝威由印度来到长安,推行天竺历法,其法"先依日月行迟疾度,以推入交远近"。虽与中国历法大体一致,但也稍有不同,为中国天文学家所吸收。而其中最为突出的是瞿昙氏三代天文学家,对中国的科学发展颇有贡献。瞿昙罗,在高宗和武后时任太史令断断续续达三十余年,高宗麟德二年(665年)曾编制《经纬历》,经高宗批准与当时的《麟德历》参照实行,后又编制《光宅历》。其子瞿昙悉达,开元六年(718年)奉玄宗命翻译天竺《九执历》,与《麟德历》参照实行,后又编《开元占经》一书。悉达子瞿昙譔,曾参考天竺古历编制了"瞿昙"氏历,与《至德历》参照实行。譔兄瞿昙谦,著有《大唐甲子元辰历》一书。瞿昙氏几代人服务于唐代司天台达一百多年。瞿昙悉达还介绍了天竺的数学知识,包括位值制数码、圆弧量法和弧的正弦。①

　　唐代医学,善于吸收印度、拜占庭医学的优长之处。当时一些医书,如印度人伐婆达写的《八科提要》等,很快便在中国流行了。其他一些医方,也为中国人所重视,如阿拉伯医方在《千金要方》、《千金翼方》、《外台秘要》中都有记载。印度的一些医生术士也有不少为唐朝皇帝所信任,唐初王玄策第二

---

　　① 《文物》1978年第10期:《唐代天文学家瞿昙譔墓的发现》。

次出使印度,便带回长安一位印度术士那罗娑婆寐,这位术士一直定居长安直到去世。高宗时又从东天竺迎来卢迦逸多,任怀化大将军。不久,又命他前往印度,寻求长生不死之药,但因道路不通,他死在了中印度。唐太宗想使自己长生不死,就去服了胡僧的药结果反被毒死了。不过,这种对所谓"长生不死"药的研究,客观上还是对医学的发展有帮助的。阿拉伯的外科医术也在唐时传入中国,同时西域和异国的药物也大量传入中国,如由阿拉伯和东南亚输入了香药、珊瑚、琥珀、胡黄连、没药、安息香等;由印度传入了胡椒、青黛(靛花)、郁金香、婆罗得等。这些药物,有的直接运往全国各地,有的在沿海各地移植栽培,不仅充实了我国的医药宝库,也使唐人受到很大的益处。唐代官府中专有鸿胪寺,其职责就是检验"蕃客"所献药物的质量,商定应付的价钱。① 可见当时外国输入中国的药物是很多的。

在唐代社会上,还有一些印度僧人行医治病。因为医学是佛教徒的必修课,所以来华的僧人大多都精通医术。唐代诗人刘禹锡就曾请印度僧人看过眼疾,他有《赠眼医婆罗门僧》诗:"三秋伤望眼,终日哭途穷。两目今先暗,中年似老翁。看朱渐成碧,羞日不禁风。师有金篦术,如何为发蒙。"当然,胡医的医术也有高低的区别,有些胡医号称善于治疗眼疾,其实或者医术不高,或者根本就是招摇撞骗,受害的只是那些盲目信赖他们的人,如著名的鉴真和尚在岭南韶州(今广东曲江),因眼睛发暗,看不清东西,听说附近有一个胡人善治眼病,便请他来治疗,结果"眼遂失明",使鉴真从此成为盲人。② 不过,这个例子也说明全国各处皆有胡人行医,即使像当时颇为偏远的韶州也不例外。文宗大和三年(829年),南诏攻掠成都,掠走了"医眼大秦僧一人"③,这个能医治眼疾的大秦僧,即是来自波斯或罗马的景教徒。这个例子至少可以说明两点:其一,即使偏远之地如成都,亦有胡医活动;其二,除佛教徒外,前来中国行医的还有景教徒,也可能还有其他宗教的信徒。

---

① 《新唐书·百官职》。
② 《唐大和上东征传》。
③ 事见李德裕《论故循州司马杜元颖追赠》。

马球与双陆

先说马球。

我国古代就有蹋鞠（又叫蹴鞠）之戏，相传为黄帝所创，开始是用以训练士兵，战国时期在民间也流行起来了，这在《战国策》和《史记》里都有记载①，但这种活动以步打足踢为主。随着中外文化友好往来的进一步发展，唐代初年，波斯的"波罗球"传入我国。波罗球是一种骑马持杖击球的游戏，是一种有趣的体育运动。据向达先生《长安打球小考》所说，这种马球之戏，源于波斯，后向西传至君士坦丁堡，向东传至土耳其斯坦，又由土耳其斯坦传至中国西藏及印度等地，然后由西域传入中原地区。最初，马球运动也是一个军中练兵的项目，其目的在于锻炼士兵的体质和技能、意志，但迅速为朝廷、官僚、文士，甚至一般百姓所喜受，成为一种社会时尚。

马球，作为一种体育活动，运动员骑在马上，手持木棍，用力击球，球急速滚动，然后驱马追赶，绕前捕后击打，盘旋萦回，速度极快。唐代诗人韩愈在《汴泗交流赠张仆射》里，这样描写马球比赛的激烈场面："分曹决胜约前定，百马攒蹄近相映。球惊杖奋合且离，红牛缨绂黄金羁。侧身转臂著马腹，霹雳应手神珠驰。"这里的描写是十分形象而生动的。

马球的用具与规则，在史书、笔记和诗文里有一些零星的材料，另外有些壁画、陶俑也可以作为参考和补充，不妨据以在这里作些介绍。马球的球，大小如一拳，用轻韧木挖其中或用牛角制成，要求是：坚硬和圆，不能是椭圆或扁的，所以唐代女诗人鱼玄机《打球诗》有"坚圆净滑一星流"之句。有的球，外边还要涂上红色或其他的颜色，故而又称为"彩球"。唐代武平一《幸梨园观打球应制》有"分标戏彩球"之句。球杖一般长数尺，一端如偃月形，故又称"月杖"，如鱼玄机《打球诗》说："月杖争敲未拟休。"阎宽《温汤御球赋》说："珠球忽掷，月杖争击。"②蔡孚《打球篇》也有"奔星乱下花场里，初月飞来画杖头"之句。这里的"月杖"、"初月"，都是形容球杖的偃月形状。球杖上一般雕有各种花纹，十分精致美观，高级的还是"金涂银裹"的，所以蔡孚有"雪

① 如《战国策》："临淄甚富而实，其民无不吹竽鼓瑟、弹琴击筑、斗鸡走狗、六搏蹋鞠者。"
② 《图书集成·艺术典·蹴鞠部引》。

杖雕文七宝球"之句。因为当时打球的人很多,球杖的制作成为一种专门的技术,有人便用心于此,将自己制作的球杖作为礼物送给别人,得酬金来买酒。① 这固然说明了唐代马球运动的普及,也说明球杖的制作并不太简单。有了球杖和球,还要有场地来施展,唐人对球场十分注意。球场的首要条件是平坦、光滑,便于球马奔跑。诗人杨巨源因而有"新扫球场如砥平"之句。② 阎宽这样描写马球场:"广场惟新,扫除克净,平望若砥,下看犹镜。微露滴而必闻,纤尘飞而不映。"③有的达官贵人,为筑球场颇下资本,如驸马武崇训、杨慎交竟"洒油以筑球场"④。球场的大小,似无一定的规矩,据现有资料统计,长安有马球场二十多个,最大的马球场有"一千步"之方,即约一千四百平方米。像武崇训、杨慎交等人在长安坊间的球场可能不会太大。而外地都有一些相当大的球场,如《通鉴纪事本末》卷二百十一载,徐州遣兵三千过许昌,节度使薛能便命他们在球场露营。一个球场能让三千人露宿,其面积之广,可想而知。球场亦不拘一格,在长安,比较宽大的街道,也是很现成的球场。打马球所乘的马,一般要经过反复挑选,基本要求是奔跑迅速、反应敏捷,蔡孚因有"自有长鸣须决胜,能驰迅足满先筹"之句。⑤ 有钱人还将马装饰得很漂亮,所谓"银鞍马上,华勒星还"便是很生动的描绘。⑥唐人打马球,也有用驴代马的,如剑南节度使郭英父便曾教女伎骑驴击球。⑦ 宝历二年六月,敬宗在三殿,亦观看过骑驴击球的比赛。⑧ 可见在唐代骑驴打球也很盛行。

马球的规则及比赛情况,唐人没有详细的记录,好在唐以后有些材料较为详细⑨,可以与唐代的诗文和壁画对比研究,这样无疑可以了解一些基本的情况。马球比赛,"球工分为左右朋",每朋人数相当,但多少不限。一种马球比赛是两面各设一个球门;还有一种仅在一面设球门。门框用木条、木板做成,又用网作成球囊。比赛时,球门前面有卫士持红旗端立,若是球进网中,

---

① 唐杜光庭《录异记》:"苏校书者,……善制球杖,外混于众,内潜修真。每有所阙,即以球杖干于人,得所酬之金以易酒。"

② 《观打球有作》。砥:磨刀石。

③⑥ 阎宽《温汤御球赋》。

④ 《资治通鉴·中宗纪》。

⑤ 《打球篇》。

⑦ 《新唐书·郭英父传》。

⑧ 《旧唐书·敬宗纪》:"宝历二年六月甲子,上御三殿,观两军、教坊、内园,分朋驴鞠、角抵。"

⑨ 见《宋史·礼志》、《东京梦华录》、《金史·礼志》、《析津志》等。

则大声通报,称为"唱筹"。又有教坊乐队在球场边、奏龟兹乐以助威。东西球门边各有五面鼓,随时击鼓助兴。两队各有"朋头"一名,"互相排击,各以出门为胜"。这是宫廷里打球的排场,但也可见一般打球的概况。宫内进行马球比赛时,旁边有"内人"(宫女或太监)充当"啦啦队",如果进球(即"得筹"),他们便鼓掌喝彩,称为"唱好"。所以杨巨源有"入门百拜瞻雄势,动地三军唱好声"①。王建又有"内人唱好龟兹急"②之句。龟兹急,是指助威的龟兹部鼓乐十分热烈、急促。马球比赛颇为紧张、激烈,常常伤人,如《新唐书·周宝传》说他即"以球丧一目"。那些球场老手,在场上"左索右拂,盘旋宛转,殊有可观",有时马跑得太快,稍有不慎便会摔下马来,有人被摔伤,也有人被摔死。打马球有许多高难度动作,其中尤以"背身球"最为新巧,故常为唐人说起。王建《宫词》说"殿前不打背身球",杨太后诗说"牵缰绝尾施新巧,背打星球一点飞"。向达先生认为,打背身球,可能即如今天打网球的反手抽击,并认为"马上反击,自然摇曳生姿,倍增婀娜"。根据史料来分析,这种说法还是能够成立的。

下面我们再介绍一下马球运动传入和流行的情况。

唐代初期,唐太宗听说西域胡人很喜欢打马球,便叫臣下比着样子练习,并常常登上城楼,看他们在街里打球。后来西域胡人在长安打球,请太宗前去观看。太宗想:自己刚刚做了皇帝,行为举动还是应该慎重一些才是,不能过于随便,于是令人烧掉一只马球以自戒。③ 尽管如此,马球这种活动,还是逐渐为唐人所喜爱,不久就在全国流行起来了。在长安和其他地方有许多球场,也有许多马球爱好者,马球比赛经常举行。近年出土的一些文物,充分说明了马球在唐代的风行情况,如扬州出土了唐代马球图铜镜,1983 年安徽怀宁县也发现了这样的铜镜,"铜镜为八瓣菱花形,直径十九点五厘米,边缘厚一厘米,半球形钮,镜面微鼓。镜背饰凸连弧纹一周,镜边与连弧纹之间饰等距花蝶纹。连弧纹内为浮雕式马球图,有四人驾驭奔马抢击二球,间饰花草、山峰。一马四蹄腾空,骑士高举球杖奋力击球;一马后蹄高扬,骑士肩荷球杖伺机击球;一马后蹄着地,前蹄腾空;一马似被紧勒缰绳,昂首嘶鸣,骑士侧身

---

① 《观打球》。
② 《宫词》其十五。
③ 唐封演《封氏闻见记》卷六。

向后用球杖钩住地上的球。整个图画表现了马球比赛的激烈场面"①。1981年9月,在临潼关山唐墓中出土了四件白陶彩绘打马球俑,它们小巧玲珑、造型生动,通高七厘米,马耳直竖,马头前伸,四蹄凌空飞奔。骑俑全是宫女形象,头挽茧形髻,身着异色紧身坎肩和长裤。左手挽缰,右手上扬,向前伏身作马上击球之势。这是继西安出土的三彩打马球俑后的再发现。② 1971年,从陪葬乾陵的章怀太子墓中出土了一幅打马球壁画。此画绘在墓道西壁上,"画中有二十多匹马,骑马人均着各色窄袖袍,黑靴,戴幞头。打马球者左手执缰,右手执偃月形鞠杖。最南面飞驰的马上坐一人,作回身反手击球状,另一人回头看球。后面的两人作驱马向前抢球之态。其后还有数十骑,有一马奔向山谷,臀部及后蹄露在山外,山顶露出人头和半个马头。最后一骑为枣红马,四蹄腾空,往南驰骋。骑马人着淡绿色袍,红色翻领,面部微红,未持鞠杖,可能是观者,马后为古树和重叠的青山"③。这幅壁画,生动地描绘了当时打马球的场面和形象。近年在西安附近唐代武则天外孙女永泰公主的墓穴中也发现有打马球的壁画以及作打球姿态的男女骑俑。

从文献上看,唐代喜欢马球运动的极多,其中有军人、里巷百姓、侨居中国的西域人和外国人,更有文人和官僚,而其中起倡导作用的是皇帝和贵族。在唐代,有十五个皇帝是马球爱好者,而且大都参加过马球比赛。在他们的提倡下,马球这一活动不仅很快在长安及其他城市流行起来,而且历整个唐代而不衰。唐中宗本人很喜欢打马球,他经常到长安芳林门内梨园的球场去看打球,如景龙四年春二月,中宗在梨园命三品以上的大官,分队拔河、击球,并命身边文臣当场赋诗,当时沈佺期也在其中,因此也赋了诗,他的诗说:"今春芳苑游,接武上琼楼。宛转萦秀骑,飘飘拂画球。俯身应未落,迥辔逐傍流。只为看花鸟,时时误失筹。"这首诗中间四句形象生动地写出了骏马奔驰,马球急飞而运动员们熟练运球、传球的场面;最后两句起一个小波折,使全诗增添了一种韵味:一位运动员因为太贪看宫中的花鸟,失去了好几次进球的机会。唐玄宗是个风流天子,他的马球技术相当高明,据唐封演的《封氏闻见录》记载,景云年间,吐蕃派使节到长安来迎娶金城公主,作为一种礼节

---

① 许文、金晓春:《安徽怀宁县发现唐人马球图铜镜》。
② 《考古与文物》1982年第3期:《临潼关山唐墓清理简报》。
③ 《文物》1972年第7期:《唐章怀太子墓发掘简报》。

和招待，中宗请他们在梨园内的球场观赏马球比赛。吐蕃使节赞咄向中宗进言说："我们吐蕃有极会打马球的人，是不是可以组成一队，与您手下的马球手打一场，一比高低？"中宗点头表示同意，让人给吐蕃人拿来几把球杖，由唐人和吐蕃人组成的两队便展开了激烈的比赛。打了几场，全是吐蕃人获得了胜利，中宗的面子有点挂不住了。当时，唐玄宗作为临淄王，正陪侍在中宗左右，他见唐人输得一蹋糊涂，便向中宗请求上场打一局，中宗便命他与虢王李邕、驸马杨慎交、武秀第四人出场，而吐蕃一方却有十几个人，其结果却大出人们的预料：朝廷一方队员虽少，但他们技术熟练，控制住了吐蕃队的进攻，赢得了比赛的胜利。其中唐玄宗表现最为突出，他"东西驱突，风回电激，所向无前，吐蕃功不获施"。玄宗作了皇帝以后，仍然十分喜欢马球之戏，他和诸兄弟相处得很好，每天上朝时，他们之间是君臣关系，可是一退朝，他们便常在一起宴饮、斗鸡、打球，几乎天天如此。① 唐玄宗即使短期离开皇宫，也要带上球具、球手，故阎宽在《温汤御球赋》中有"倾徒习于禁中，分将示于天下"的句子。也就是说：过去玄宗只在宫中打球，现在却要在宫外打球，从而使天下百姓都知道当朝天子对马球的喜爱。这实际就是一种无言的倡导。《资治通鉴·中宗纪》说中宗"好击球，由是风俗相尚"。用这句话来评价玄宗，也是十分恰当的。宋代晁无咎有一首诗，题为《题明皇打球图》，诗中说："宫殿千门白昼开，三郎（即玄宗）沉醉打球回。"正形象地表现了玄宗对马球运动的喜好。因为喜好打马球，玄宗养了许多马，但他要求很严，总认为这些马不适于马球活动，一次他问优人黄幡绰说："我好久以来就想得到良马，谁会相马呢？"黄幡绰说："我看当今三位丞相都会相马。"玄宗又问："我与三位丞相经常谈话，没听说他们会相马呀？"黄幡绰说："我看他们所乘的马都是好马，所以知道他们一定会相马。"玄宗笑了笑便改了话题。② 这个故事含义较深，黄幡绰说的是相马之事，其实是对玄宗太好马球提出批评，那潜台词是劝玄宗向三位丞相学习，挑马只要便于骑乘就行了，不是只有适于打马球的马才是好马，也就是劝玄宗不要为打马球花太多的精力。这个黄幡绰虽是个优

---

① 《开天传信记》："上（玄宗）与诸王靡日不会聚，或讲经义、论理道，间以球猎蒲搏，赋诗饮食，欢笑戏谑，未常惰息。"《资治通鉴·玄宗纪》："上（玄宗）素友爱，近世帝王莫能及。初即位，为长枕大被与兄弟同寝。诸王复旦朝于侧门，退则相从宴饮、斗鸡、击球，或猎于近郊，游赏别墅。"

② 《松窗杂录》。

人,但其作用却不小,据说玄宗后来不再打马球,就是因为听了他的劝告。据王说《唐语林》记载,一次,荣王与玄宗在三殿打球,因为马奔驰太快,他不幸落下马来,摔得昏了过去。这时,黄幡绰在一边向玄宗进言说:您年事已高,而且您的安危又关乎天下的安定,如果球马力尽,将您摔下马来,天下怎么办呢?您为什么不叫驸马与其他人打球,而自己只作个看客呢?就像人对着精美的食场,虽然不吃,但看一看,也是一种享受嘛!玄宗听了这些话,点了点头说:"你的话很有道理,好吧,以后我再也不打球了!"

玄宗以后,还有不少皇帝喜欢马球活动。有的竟为打球而引来疾病和灾祸,如穆宗有时在右神军、有时在麟德殿打马球①,常常是乐而忘返。长庆二年十二月的一天,穆宗在宫中与太监一起打马球,有一个太监从马上摔了下来,穆宗大吃一惊,因此而得了风疾,从此竟不能走路了,只能终日躺在床上,大臣们想见他也不能得到召见。② 这要补充一句:作为封建王朝的最高统治者,似乎不应该为一个太监的挨摔而吃惊。但穆宗所处的时代很特别,安史之乱以后,朝廷的威信降低了,王朝的力量也减弱了,太监们却逐渐掌握了大权,有时甚至能废立皇帝,因此是得罪不起的,搞不好,便会有杀身之祸,即使是皇帝也不例外。穆宗的儿子敬宗,即为击球将和宦官所杀。《通鉴纪事本末》卷二〇二说:敬宗极爱打马球,其父穆宗刚死不久,他便拿起球杖,骑上球马,在球场上奔跑游戏。他平日打球,有时竟日以继夜,到一更二更也不收场。当时有个算命先生叫苏玄明,曾对好友染坊供人张韶说:"我算了一命,你和我一样应当当皇帝。当今皇上白天晚上都在球场嬉戏,多数时间不在宫中,我们可以趁机起事!"张韶听信了他的话,便与苏玄明进一步谋划,他们纠集了一百多人,发动突然袭击,"挥兵大呼",直冲宫中而来。这时敬宗正在清思殿打马球呢!幸亏身边还有些忠诚的太监,急忙关上了宫门,又调兵平定了叛乱,敬宗这次才没有丧命。敬宗因为嗜好打球,便着意选拔击球技术高的人陪侍左右,如陶元皓、靳遂良、赵士则、李公定、石从宽等都是因为善于打球而被重用,结果他又为这些人所害:宝历二年(826 年)十二月的一天,敬宗

---

① 《新唐书·穆宗敬宗纪》:"十二月(元和十五年)庚辰,猎于城南。壬午击鞠于右神策军。""长庆元年……二月,……辛卯击鞠于麟德殿。"

② 《新唐书·穆宗敬宗纪》:"长庆二年十二月,穆宗因击球,暴得疾。"《通鉴记事本末》卷二〇二:"穆宗长庆二年十月,庚辰,上与宦官击球与禁中。""有宦者坠马……上惊,因得风疾,不能履地。自是,人不闻上起居,宰相累乞入见,不报。"

与人打球夜游归来,便与宦官刘克明、田务澄、许文瑞及击球将苏佐明、王嘉宪、石从宽、阎惟直等二十八人饮酒作乐。敬宗醉酒,入内室休息,突然,大殿上灯烛全部熄灭了,在黑暗中,敬宗被苏佐明等人杀于室内,时年仅十八岁。以后文宗、武宗、宣宗、僖宗等人均喜打球,有时行为甚为荒唐,如武宗竟以球艺高超作为选拔官史的标准。周宝就因为马球打得好,而被任为金吾将军,后来他因打球把一只眼睛搞瞎,反而又升为"检校工部尚书,泾原节度使"。①由此一例,即可看出武宗对马球的迷恋了。僖宗同武宗一样荒唐绝顶,他正处在天下大乱的唐末,不仅不积极想办法挽救动乱的局势,反而却更沉迷于马球之戏。广明元年(880年),朝廷准备西逃蜀中,需要往蜀中三川派一个高官去镇守其地,但又不知派谁合适,有人给他推荐了四个人,即陈敬宣、杨思立、牛勖、罗元杲,僖宗便命他们四人"击球赌三川",陈敬宣首先进球,便被任命为西川节度使。从这件事,同样可以看出僖宗对马球的迷恋是多么深!其行为又是多么荒唐!② 因此,有人认为他不应沉溺于马球,他便勃然大怒,把劝谏者给杀了。③ 本来,作为皇帝喜欢某一项体育运动,确实无可厚非,但是如果过分热衷于此,则难免给社会和国家带来不良的影响,成为乱世的征兆。有一次,僖宗还颇为得意地对优人石野猪说:"我要是考击球进士科,一定会是状元。"石野猪用玩笑的口吻提醒僖宗,希望他不要过于沉溺于马球,他说:"若是尧舜来作礼部侍郎,您恐怕免不了要名落孙山!"僖宗闻言,只是笑笑,没有再说什么话。④ 其他如宪宗、昭宗也是马球运动的爱好者和参加者,如朱温篡唐,昭宗被迫迁都洛阳,跟他同行的"打球供奉"(宫内专任打球职务的人)和"内园小儿"就有二百多人。⑤ 在这些皇帝中,可能宣宗的马球

---

① 《新唐书·周宝传》:"(周宝)会昌时迁方镇才校,入宿卫,与高骈皆隶右神策军,历良原镇使。以善击球,俱备军将军。骈以兄事宝,宝强毅,未尝诎意于人,官不进。自请以球见,武宗称其能,擢金吾将军。以球丧一目,进检校工部尚书,泾原节度使。"

② 《通鉴纪事本末》卷二一四。

③ 《资治通鉴·僖宗纪》:"广明元年二月,杀左拾遗侯昌业;昌业以上专务游戏,上疏极谏,上大怒,召昌业至内侍省赐死。"

④ 五代孙光宪《北梦琐言》:"僖宗皇帝好蹴鞠、斗鸡为乐。自以能于步打,谓俳优石野猪曰:'朕若作步打进士举,亦合得状元!'野猪对曰:'或遇尧舜禹汤作礼部侍郎,陛下不免且落第!'帝笑而已。"《资治通鉴·僖宗纪》:"上好骑射、剑槊、法算,至于音律、蒲博,无不精妙。尤善击球。尝谓优人石野猪说:'朕若应击球进士举,须为状元。'对曰:'若遇尧舜作礼部侍郎,恐陛下不免驳放。'上笑而已。"

⑤ 《通鉴纪事本末》卷二一七。

技术最为高超,《唐语林》说宣宗击球所乘之马特别矫健,除了衔勒以外,不加雕饰;而宣宗在马上十分自如,有时乘势奔跃,把球运于空中,连击数百下而球不坠地,速度快得犹如闪电一般,就是那些走门从事打球的"二军老手",也都十分佩服。"二军",指唐时的左右神策军。打球原为军中的一项活动,两军经常会鞠,所以二军中有不少精于打球的能手。《酉阳杂俎·诡习》曾说,唐建中初年,有一位姓夏的河北将军,常于球场中"累钱千余,走马以击鞠杖击之。一击一钱飞起,高六七丈,其妙如此"。通过击钱之例,可以看出夏某很好地掌握了击球的力度和分寸感,其基本功是相当扎实的,在球场上便决不会是一个等闲之辈。

最高统治者如此热衷于马球,必然起到倡导一代社会风气的作用,如宪宗就曾因球场生草而指责过官僚赵宗儒:"听说你在荆州,球场上生了草,是怎么回事呀?"赵宗儒连忙回答道:"确实出了草,这真是死罪! 不过,虽然草生却不妨球子往来。"①宪宗听了这话笑了起来。由此,我们不仅可以看出唐朝皇帝是很关心马球活动的;同时也说明当时全国各处,如荆州这样的地方都有马球场,当地地方长官还有维修场地的责任,可见马球活动在唐人生活中的地位和普及的程度。

唐朝诸王、驸马、权贵以及宫女等都经常在球场上驰骤游戏,如驸马武崇训、杨慎交竟洒油以筑球场,德宗时司徒兼中书令李晟、文宗时户部尚书王源中都爱打球。李晟在长安永崇坊住宅旁修有马球场②;王源中在太平坊住宅旁有马球场,休息的时候,他常与兄弟子侄在里坊间打球③。据说唐代的著名奸臣李林甫年青时对马球活动也有特殊的爱好,无名氏的《李林甫外传》说:李林甫年已二十岁了,却不专心读书,只热衷于游猎打球,驰逐鹰狗。有时在城外的大槐树下骑驴击球,一打就是一天。一次,他打球累了,便坐在地上休息,这时有个道士远远走来,对李林甫说:"马球有什么意思,你怎么这么喜欢玩它呢?"李林甫一听,有些发火,说:"我打马球关你什么事!"道士第二天又来了,说得还是那句话,李林甫感到很奇怪,知道这道士不是平常之人,忙起身施礼表示感谢,道士说:"你虽然善于打马球,但如果不慎从马上摔下来,就

---

① 《唐国史补》。

② 徐松《两京城坊考》。

③ 王定保《唐摭言》卷十五。

要断了你的前程,那时后悔都来不及了!"于是李林甫决心舍弃打马球的嗜好,后来他做了宰相,整天想着怎样排挤打击别人,可能也确实没有时间打马球了。因为马球运动为诸王、权臣所喜爱,因此这种活动有时还带有一定的政治色彩。天宝年间,安禄山受到唐玄宗的宠信,手握重要的兵权,招兵买马随时准备叛乱。肃宗李亨当时为太子,他比玄宗清醒,预料安禄山迟早要反叛。一天,玄宗让太子、诸王及安禄山等人一道打球。李亨看这是一个机会,便用自己的马冲撞安禄山的马,想不露生色地置安禄山于死地,玄宗看出了他的打算,他的计划才没有成功。① 马球的普及,由球场的多少即可看出,当时仅长安就有球场二十余处。向达先生说:"长安宫城内有球场,宫城北有球场亭,中宗于梨园亭子赐吐蕃观打球即在此也。大明宫东内院龙首池南亦有之;文宗宝历九年,龙首池亦填为球场。此外三殿十六王宅俱可打球。平康坊亦有球场。平时则街里亦可打球,不一定球场也。"②1956 年,在长安西内苑的遗址中,曾经发掘出一块刻有"含光殿及球场等,大唐太和辛亥乙未月建"等字样的奠基石,可见这里在唐代也曾经有一个球场。

打球是宫中经常举行的一项活动,宫女太监不仅在场外"唱好"助威,而且也常常上场比赛,好不热闹。唐诗中有不少描写宫中打球的诗篇,比如张籍诗说:"廊下御厨分冷食,殿前香骑逐飞球。"王建"宫词"写道:"新调白马怕鞭声,供奉骑来绕殿行;为报诸王侵早入,隔门催进打球名","殿前铺设两边楼,寒食宫人步打球。一半走来争跪拜,上棚先谢得头筹"。所谓"步打",又称"白打",即以步代马的一种打球方式。花蕊夫人《宫词》也这样写道:"自教宫娥学打球,玉鞍初跨柳腰柔。上棚知是官家认,遍遍长赢第一筹。"打马球也是京城及其他城市中豪侠少年经常玩的游戏之一,唐代李廓有《长安少年行》诗,诗中说这些少年"追逐轻薄伴,闲游不着绯。长拢出猎马,数换打球衣。"可见打马球也是他们放荡生活的一部分内容。至于唐朝官吏,也有许多马球运动的爱好者,比如唐德宗时的徐、泗、濠节度使张建封,本来是个文士,但自当地方军事长官以后,也"闲就平场学使马"③,参加了激烈的马球比赛;在泗州任常侍的李某也是一个马球能手,张祜有诗描绘他在球场上急驰

---

① 见《因话录》。

② 《唐代马球小考》。

③ 张建封:《酬韩校书愈打球歌》。

和争球、射门的场面："骤骑鞍上月，轻拨蹬前风。斗转时乘势，旁捎乍进空。等来低背手，争得旋分鬃。远射门斜入，深排马迥通。"一个生龙活虎般的马球运动员的形象，一下子就跃然纸上了。[①]

马球活动，亦为一般文士所喜爱，据载，新考中的进士，按惯例，要先去慈恩寺塔题名，然后到曲江集会游宴，还要前往月灯阁举行"打球之宴"。[②] 据说唐懿宗咸通十三年（872 年）三月，即曾举行马球之会，当时新进士"击拂既罢，痛饮于佛阁之上"[③]，而四面看棚相连，观众极多。文士中擅长击球的人，竟能与左右神策军中的好手较量。《唐摭言》说：在僖宗乾符四年（877 年），文人们和新进士集会于月灯阁，与两军打球将举行了一场马球比赛，新进士刘覃自告奋勇，说是要挫一挫打球将的骄气，众人忙请他上场。这刘覃身手果然不凡，他"驰骤击拂，风驱电逝，彼皆愕视。俄策得球子，向空磔之，莫知所在。数辈惭沮，俛俛而去。时阁下数千人，因之大呼笑，久而方止"。由此可见，月灯阁球会是怎样的盛况了。

马球运动不仅在唐朝国内盛行，而且向东邻各国传播，大约在八世纪初传入日本。据史料记载，公元 727 年，日本王子即与诸臣在春日郊野打球取乐。那年在欢迎勃海鞨鞨使节的一次宴会上，嵯峨天皇即兴赋了一首汉诗，这首诗的题目是《早春观打球》，诗中写道："芳春烟景早朝晴，使客乘时出前庭。回杖飞空疑初月，奔球转地似流星。左承右碍当门竞，群踏分行乱雷声。大呼伐鼓催筹急，观者犹嫌都易成。"同时有一个大臣也作了一首《奉和观打球》诗，其中两句"如钓月度甍阶侧，似点星晴彩骑头"，描写打球场面十分生动传神。

马球运动不仅在唐代流行，宋、辽、金时期仍然十分流行。宋太宗赵光义统一了唐和五代的马球规则，并在大明殿球场举行了多次马球比赛。宋孝宗时期，临安还曾出现了马球的民间俱乐部式的组织。辽金两国，马球运动也特别盛行，从皇帝到大臣、百官以及百姓，都不乏马球运动的爱好者。到了明代，马球运动走向衰落，其范围越来越小，渐渐成为仅供帝王们取乐的一种宫

---

① 其他如白居易《柘枝词》："将军拄球杖，看按柘枝来。"这位将军是刚打完马球就来看柘枝舞的。杨巨源《寄申州卢拱使君》："球场慢拨几人随。"这卢君也是个马球爱好者。

② 见《南部新书》乙。月灯阁，今作"月登阁"，是一村庄名，其地址在西安东南的浐河西岸。

③ 《唐摭言》。

中游戏了。

下面再谈谈双陆。

在唐代，除围棋、象棋、六博之外，还有一种棋戏叫"双陆"也很流行。《唐国史补》中说："今之博戏长行局子，黄黑各十五，掷采之骰有二，其法生于握槊，变于双陆。"三国时此棋被称为"双陆"，北魏时称为"握槊"，隋唐时称之为"长行"，也称为双陆，宋以后才定名为"双陆"。古人知道这种棋戏是由天竺经西域传入我国的故又称其为"波罗塞戏"。

双陆，作为一种棋戏，有棋盘、棋子和掷采的骰子。棋盘约是围棋盘的一半而略微长一点，棋盘左边和右边各刻有一个半月形的门和十二个圆型的"路"。棋子是木质的，共有三十枚，双方各有十五枚，称为"马"。双陆的骰子是掷采用的，它的每一面刻有代表数字的符号。走棋前，要先布好阵势，然后掷骰子，各以其采行子，白马自右归左，黑马自左归右。其方法，大体上和今天儿童玩的飞地棋相仿佛。计分方法很简单，一般是胜一盘得一筹，以十五筹为一局。这种棋戏，在我国曹魏时便由西域传入，而逐渐流行起来，《谱双》中说双陆之戏，"始于西竺，流于曹魏，盛于梁、陈、魏、齐、隋、唐之间"。双陆在唐代颇为流行，武则天和狄仁杰都是这种棋戏的爱好者。武则天白天有空时便玩几盘双陆，因为印象太深，有时夜黑也做有关双陆的梦。[①] 近年在长安西市遗址，曾出土大量作为双陆附件的骰子，说明这种棋戏，在唐代是特别为人们所喜好的，而西市是"胡商"聚集的地方，同骰子一同出土的又有许多珍宝，由此可以推测：这些骰子（实为双陆）可能是两域商人带入长安出售或者是供自己娱乐用的。

马球与双陆，正是从体育与娱乐两个方面，典型地表现了异域情调对唐人生活的影响。

（原载《唐人大有胡气》，农村读物出版社 1992 年 7 月版）

---

① 《新唐书·狄仁杰传》中记武则天的话说："朕数梦双陆不胜，何也？"

唐玄宗其人

唐玄宗,本名李隆基,是睿宗李旦第三子,垂拱元年(685年)生于东都,史书说他:"性英断多艺,尤知音律,善八分书。仪范伟丽,有非常之表。"他在位长达四十余年,既有功于历史,亦有罪于历史,他到底是怎样一个人呢?

公元705年,武则天病死,结束了她长达二十余年的统治,宰相张柬之等人拥戴中宗李显复位。中宗为人庸弱无能,只知优游享乐,武则天之侄武三思与韦皇后私通,干挠政事。太子李重俊见状,矫发羽林军杀死武三思及其死党十几人,在韦后和女儿安乐公主督促下,中宗不得不杀死了太子,自己也终为妻女所害,韦氏便"临朝称制"。中宗被毒死后,其弟李旦的儿子临淄郡王李隆基,暗与他姑母太平公主联合,准备诛杀韦党众人,这时有人请隆基先报告李旦,隆基说:"请而从,是王与危事;不从,则吾计失矣。"便趁夜"率万骑军入北军讨乱,诛韦氏"及韦后从兄韦温和他们的党羽,睿宗李旦立为帝,隆基被立为太子。先天元年(712年)秋天,睿宗听信相士之言,决定传位隆基,太平公主等人力谏不可,睿宗自己却已下决心,他对隆基说:"社稷所从再安,吾之所以得天下,皆汝力也。"隆基虽然固辞,但终从父命。睿宗虽然作了太上皇,但犹"自总大政",隆基只能处理一些较小的公务。李隆基虽然贵为小皇帝,但太平公主的权力极大,她"依上皇之势,擅权用事……宰相七人,五出其门,文武之臣,太半附之"(《资治通鉴》唐纪二十六)。于是隆基与太平姑侄间的矛盾日益发展和尖锐化,最后,李隆基终于动用了武力杀死太平公主门下的宰相窦怀贞等,太平公主逃入山寺,三日乃出,终赐死于府中,又杀太平公主党羽数十人。至此,睿宗才把帝位正式传给了李隆基,隆基即位即改元"开元","群臣上尊号曰'开元神武皇帝'"。中国历史上的唐玄宗、唐明皇就这样登上了历史的舞台。

　　李隆基做太子时常自称阿瞒,他是十分羡慕曹操的政治才能的。在长期的政治与权力之争中,他逐渐具有了一定的社会经验,他懂得皇位的得来不易、保之颇难,因此开元初他所任用的大臣都比较适当,如姚崇、宋璟等都是很有才干的人物。姚崇曾与玄宗"序次郎吏",玄宗顾左右而不答言,便又说了几遍,见玄宗还不表态,心里有些害怕地退下去了。高力士问玄宗为什么要这样对待姚崇,玄宗说:"我任崇以政,大事吾当与决,至用郎吏,崇顾不能而复烦我邪?"姚崇听了这话才放心,"由是进贤退不肖而天下治",知道这件事的人都认为玄宗有知人之明。姚崇曾向玄宗上奏十事,如行法必自亲近的人开始,废除苛捐杂税,不倖边功,宦竖不与政,停道、佛营造,用人为贤,刑赏得当等,这些都是对国家安定发展有重要意义的措施和建议,玄宗表示"朕能行之"。玄宗也确实想按姚崇所奏去做,如开元二年(714年)姚崇向玄宗进谏,不必沿中宗以来恶习,任凭贵戚"争营佛寺,度人为僧",玄宗听了他的话,即命有司沙汰天下僧尼万余人归农。同年薛王李业的舅舅王仙童,侵暴百姓,御史弹奏,薛王为其求情,姚崇、卢怀慎等奏仙童犯法,不可纵舍,玄宗听从了,治了仙童的罪,"由是贵戚束手"。宋璟也精于吏治,守法不阿,却谀尚实,不事虚文,敢于犯颜直谏,"上甚敬惮之,虽不合意,亦曲从之"。《开元天宝遗事》有一个小故事很有意思,说在一次宴会上,玄宗赏给宋璟一支金筷子并说:"非赐汝金,盖赐卿之箸,表卿之直也。"由此可见唐玄宗开元初年的政治还是比较开明的。这样,一方面是唐朝自建立以来实行了一些较为进步的措施,促进了社会生产的发展,积累了相当的社会财富;一方面是唐玄宗即位以后任用了较有远见、敢于直言的宰相,君臣协心,励精图治,便形成了唐代在"贞观之治"以后的另一个兴盛时期:"开元之治"。正如李白诗中所赞叹的:"一百四十年,国容何赫然!"

　　"开元盛世"的景象是怎样的呢?时人沈既济曾说当时是"家给户足,人无苦窳,四夷来同,海内晏然"。《新唐书·食货志》说得比较具体,"是时,海内富实,米斗之价钱十三,青、齐间斗才三钱。绢一匹,钱二百。道路列肆,具酒食以待行人。店有驿驴,行千里不持尺兵。天下岁入之物,租钱二百余万缗,粟千九百八十余万斛,庸调绢七百四十万匹,绵百八十余万屯,布千三十万余端"。诗人杜甫也在其《忆昔》里深情地回忆了当时国家大盛的局面："忆昔开元全盛日,小邑犹藏万家室。稻米流脂粟米白,公私仓廪俱丰实。九州道路无豺虎,远行不劳吉日出。齐纨鲁缟车班班,男耕女桑不相失。"那种"全盛"的往昔,怎能不使安史乱后流寓成都的杜甫感慨系之呢!当然,开元时的繁荣,正是唐朝一百多年来劳动人民辛勤劳动的结果,这些财富又被唐朝统治者剥削去了,供自己占有和享用;同时,这种"全盛"又是被封建史官有意夸大了的。但是,相对来说,这一时期社会比较安定,生产比较发展,人民的生活也比较好过一些,却也是无疑的。在这"全盛"局面的形成和发展中,作为皇帝的李隆基自有其功绩,这是应该给以充分估价的。

玄宗其人生性爱骄奢,喜好享乐游宴,当太平公主还时刻危胁着他的皇位时,他就曾大酺天下,大合伎乐,并陪同太上皇登门楼观看,夜以继日,狂欢竟达三个多月。玄宗虽然学问不大,还是个白字先生,曾将《尚书》"无颇"错改为"元陂",但是他却有自己的专长,那就是"洞晓音律,丝管皆造其妙"(《唐语林》),他击鼓的技术也是当时第一流的。开元二年,玄宗奢侈之心大动,迫不及待地要成立"皇家乐队":"旧制,雅俗之乐,皆隶太常。上精晓音律,以太常礼乐之司,不应典倡优杂伎;乃更置左右教坊以教俗乐,命右骁卫将军范及为之使。又选乐工数百人,自教法曲于梨园,谓之'皇帝梨园弟子'。又教宫中使习之。又选伎女,置宜春院,给赐其家"(《资治通鉴》卷二一二)。玄宗将雅俗乐分开虽有堂皇的借口,其实却只是为了自己更好地欣赏所谓俗乐,他不仅亲自指挥、培养宫中女乐,还让她们演奏自己的作品,有时甚至还亲自参加演出。除此之外,玄宗还特别喜欢打球、拔河以及歌舞、百戏之类。这对即位不久、年轻有为的皇帝是很不适合的,故而不断有人上疏谏阻,认为他正当春秋鼎盛之时,应该戒郑声、尚朴素、近贤人,以国家大事为怀。玄宗表面上也"嘉赏"了这些进谏之人,自己呢,却依然如故,并不改变。其实,此时的玄宗心里颇有矛盾,一方面自己本性骄奢,又当了皇帝,何况国家安定、生产发展,很想痛痛快快地享乐一番;另一方面他身边又有那么多敢谏之士,自己也想励精图治,使皇位更加巩固。因此,他有时确实放纵自己,如宠女乐之类;有时又想抑止自己的骄奢之心,表明自己是"尚朴素"的,如开元二年夏秋之际,他接连下了两道命令,一道是给宫廷的《禁珠玉锦绣敕》:"乘舆服御、金银器玩,宜令有司销毁,以供军国之用;其珠玉、锦绣,焚于殿前;后妃以下,皆毋得服珠玉锦绣。"一道是对百官的《禁奢侈服用敕》:"百官所服带及酒器、马衔、镫,三品以上,听饰以玉,四品以金,五品以银,自余皆禁之;妇人服饰从其夫、子。其旧成锦绣,听染为皂。自今天下更毋得采珠玉、织锦绣等物,违者杖一百,工人减一等。"接着解散了长安和洛阳的织锦坊。玄宗这次像是下了大决心,七月,下了两道诏书禁珠玉锦绣,同月"内出珠玉锦绣等服玩,又令于正殿前焚之"(《旧唐书·玄宗本纪》),八月,禁女乐,真可以说是雷厉风行了。虽然玄宗奢心时萌,但他还能抑止,如开元四年(716年)有胡人说海南多产珠翠奇宝,可往营致,因言市舶之利;玄宗又想派人去师子国,"求灵药及善医之妪,置之宫掖",便命监察御史杨范臣与胡人偕往求之,范臣进言曰:"陛下前年焚珠玉、锦绣,示不复用。今所求者何以异于所焚者乎!"玄宗马上表示同意,遂罢此事。当然,封建统治者的抑奢政策从来都是不彻底的,但一再下诏表示抑奢,其间还有实际行动,至少说明玄宗初年较用心于政治,生活还比较收敛,不敢过于放纵。随着社会安定局面的持续发展,社会财富的大量积累,以玄宗为代表的整个统治阶级为空前的升平景象所陶醉,日渐腐化,玄宗抑奢的决心与行动都是虎头蛇尾,不了了之。宪宗说他是:"开元初锐意求理,至十六年已后,稍似懈倦,开元末又不及中年"(《旧唐书·宪宗本纪》)。岂到开元十六年,开元十三年玄宗东封泰山,居然就带着三百头由"神鸡童"贾昌饲养的斗鸡随驾。贾昌的父亲死了,贾昌护送灵柩归葬长安,葬器等都由官府承办,难怪时人讽刺道:"生儿不用识文字,斗鸡走马胜读书!"到了开元中期以后,玄宗似乎已经忘记了过去的诏令,带头奢侈起来,如开元十八年(730年)春,他命令侍臣和百官每个假日找一处风景优美的地方举行游宴,还广为赐钱,住宿饮食皆由公家出资提供,"丁卯,侍臣已下宴于春明门外宁王宪之园池,上御花萼楼邀其回骑,便令坐饮,递起为舞,颁赐有差"(《旧唐书·玄宗本纪》)。开元二十年(732年)四月乙亥,"宴百僚于上阳东州,醉者赐以床褥,肩舆而归,相属于路"(同上)。到了天宝年间,玄宗以为国家殷富无比,更有了放纵的基础,他常"召公卿百僚观左藏库,喜其货币山积"(《旧唐书·杨国忠传》)。因此,玄宗更加纵情声色,尽兴挥霍,变成一个十足的昏君,当时他在西都与东都"大率宫女四万人",这与十几年前他"令有司具车牛于崇明门,自选后宫无用者载还其家"时已经大不相同了。他不仅把自己儿子的妃子杨玉环立为贵妃,而且对她宠遇极甚,"宫中供贵妃织锦刺绣之工,凡七百人,其雕刻镕造,又数百人。扬、益、岭表刺史,必求良工造作奇器异服,以奉贵妃献贺,因致擢居显位"(《旧唐书·杨贵妃传》)。贵妃的三个姐姐都得到玄宗的恩宠,称之为姨,出入宫掖,势倾天下,韩、虢、秦三夫人每人每年给钱千贯作为脂粉费。杨氏兄妹五家,甲第洞开,敢与宫廷建筑媲美;车马仆御十分奢侈华丽,照耀京邑。他们几家竞相摆阔,递相夸尚,若是看到别人的建筑胜过自己的,便马上拆了重盖,"每构一堂,费逾千万计"。由玄宗对杨氏外戚的殊宠,就可以想见玄宗已经荒淫和昏庸到什么程度!玄宗在开元末和天宝年间挥霍无度,对外戚、宦官、权臣,动辄赏赐巨万,单是对杨氏兄妹的靡费就是相当惊人的。这么多钱从哪里来呢?《新唐书·食货志》云:"天子(玄宗)骄于佚乐而用不知节,大抵用物无数,常过其所入。于是钱谷之臣,始事朘刻。太府卿杨崇礼句剥分铢,有欠折渍损者,州县督选,历年不止。其子慎矜专知太府,次子慎名知京仓,亦以苛刻结主恩。王铣为户口色役使,岁进钱百亿万缗,非租庸正额者,积百宝大盈库,以供天子燕私"。玄宗的荒淫和贪婪自然培养了像杨崇礼、杨慎矜、王铣一类人物,这样便加重了对人民的剥削和压迫,使所谓开元盛世的阶级矛盾更加尖锐。玄宗对这类能压榨人民的奸吏是很欣赏的:"以为铣有富国之术,利于王用,益厚待之"(《旧唐书·王铣传》)。玄宗对这些奸臣的重用,使开元和天宝年间的政治一步步走向了黑暗。司马光在《资治通鉴》里说:"明皇之始欲为治,能自刻厉节俭如此,晚节犹以奢败;甚哉奢靡之易以溺人也!《诗》云:'靡不有初,鲜克有终。'可不慎哉?!"这段话说得还是很中肯的。

封建专制时代,皇帝想有所作为,不一定真能成事,但若是他一心想追求声色享乐,不专心于国家事务,那么坏人就会乘机而入,窃取政权,伏下王朝覆灭的危机。

玄宗即位之初,深知自己的权力来之不易,故而大权独揽,"收还权纲,锐于决事,群臣畏伏"(《新唐书·吴兢传》),甚至连太守的任用也亲自选择。但当他想用更多的时间享乐时,便把一部分权力交给了曾在铲除太平公主及其党羽的斗争中立过功的太监高力士,"每四方进奏文表,必先呈力士,然后进御,小事便决之"(《旧唐书·高力士传》)。高力士毕竟仅是一个太监,并不能为玄宗分多少心,为了专心享乐,玄宗想找一个更好的人代替,但时相张九龄"遇事无细大皆力争",很不得玄宗宠信,因为他此时所需要的是佞臣而不是直臣。李林甫巧伺玄宗之意,"日夜短九龄于上,上浸疏之"。开元二十四年(736年)李林甫终于排挤了张九龄而登上相位,因为林甫巧作会讨玄宗喜欢,玄宗便决定把权政委于他。玄宗曾问过高力士曰:"朕不出长安近十年,天下无事,朕欲高居无为,悉以政事委林甫,何如?"高力士还不糊涂,听玄宗此言忙说:"天下大柄,不可假人;彼威势既成,谁敢复议之者。"玄宗听了很不高兴,从此高力士也"不敢深言天下事矣"。玄宗还是把国家大权给了李林甫,中唐陈鸿《长恨歌传》曰:"玄宗在位岁久,倦于旰食宵衣,政无大小,始委于右丞相(李林甫),稍深居游宴,以声色自娱。"《旧唐书·李林甫传》也说:"上在位多载,倦于万机……,自得林甫,一以委成。"李林甫是一个口蜜腹剑的大奸臣,因其狡猾多诈,善迎玄宗意,故受到玄宗的高度信任,"林甫久典枢衡,天下威权,并归于己"。他的上台和受到玄宗的重用,给唐朝带来了重大的灾难,《资治通鉴》小结道:"上晚年自恃承平,以为天下无复可忧,遂深居禁中,专以声色自娱,悉委政事于李林甫。林甫媚事左右,迎合上意,以固其宠;杜绝言路,掩蔽聪明,以成其奸;妒贤疾能,排抑胜己,以保其位;屡起大狱,诛逐贵臣,以张其势。自皇太子以下,畏之侧足。凡在相位十九年,养成天下大乱,而上不之寤也。"这一节话言简意赅,把李林甫当权后所犯的罪行大体说清了,从中看出玄宗已经是多么昏庸!

李林甫死了以后,玄宗又任用了奸臣杨国忠,国忠是杨贵妃的从祖兄,他的上台,同玄宗宠爱贵妃直接有关。国忠也很善于迎合玄宗之意,他竭力聚敛钱财,讨玄宗的欢喜,故而在天宝七载(748年)就领十五余使。天宝十一载(752年)林甫病死,国忠即为右相,兼文部尚书。国忠权力甚大,仍领四十余使,大到军国大事,小到替皇宫采办木炭、料理"宫市",都由他一手包办。《旧唐书·杨国忠传》载:"国忠本性疏躁,强力有口辩。既以便佞得宰相,剖决几务,居之不疑。立朝之际,或攘袂扼腕,自公卿已下,皆颐指气使,无不詟惮。"杨国忠在宰相之位,大肆排除异己,安插亲信;耀武杨威,挥霍无度;对国家大事常常待如儿戏,如朝廷选官本是一件严肃的公务,但他却草率从事,聊以取笑自乐。特别可恶的是他发动了对云南少数民族的"南诏之战",为了征兵"杨国忠遣御史分道捕人,连枷送诣军所"(《资治通鉴》)致使"举二十万众弃之死地,只轮不返,人衔冤毒,无敢言者"(《旧唐书·杨国忠传》)。这给人民带来了多么深重的灾难。

李林甫专权时,"志欲杜出将入相之源,尝奏曰:文士为将,怯当矢石,不如用寒族蕃人,蕃人善战有勇,寒族无党援。……自是,高仙芝、哥舒翰皆专任大将,林甫利其不识文字,无入相由。"安禄山为人很阴险,"外若痴直,内实狡黠",很快就取得了玄宗的信任,不久就控制了东北三大重镇——平卢(治营州,今辽宁朝阳)、河东(治太原,今山西太原)、范阳(治蓟州,今北京大兴),成为一个极有兵权的专任大将。到天宝十二载,"禄山精兵",已到了"天下莫及"的程度。天宝末有许多人已看出禄山有反叛之心,但昏庸的唐玄宗对其却绝对信任,最后竟愚蠢到"自是有言禄山反者,上皆缚送",因而人人知禄山将反,但无人敢言。

当时有许多人对奸臣当道、玄宗受蔽的局面是不满的,李林甫和杨国忠相继为相,他们心怀鬼胎,因此特别用心于杜绝言路,凡是对他们所做所为表示不满的人,皆在排挤之列。李林甫一当宰相,"欲蔽塞人主视听,自专大权,明召诸谏官谓曰:今明主在上,群臣将顺之不暇,乌用多言! 诸君不见立仗马乎? 食三品料,一鸣辄斥去,悔之何及!"后来有人上书言事,果然就受到了贬谪。天宝六载(747 年),玄宗下令制举考试,李林甫怕应试之人上言不利于自己,便想办法让这些人统统落选,还上言说"野无遗贤"。杨国忠也是想尽办法要"蔽塞人主视听",使玄宗成了傀儡皇帝,如对南诏的战争,本来是"千去不一回,投躯岂全生"(李白《古风》三十四),但杨国忠却对玄宗说打了胜仗,玄宗一直被蒙在鼓里。再如天宝十二载,因水旱相继,关中大饥,玄宗担心久雨伤稼,杨国忠选了一些长得好的庄稼献上说"雨虽多,不害稼也",以粉饰他当宰相的功绩。扶风太守说了他那里的灾情,国忠便"使御史推之"。因此第二年虽仍有灾,但"天下无敢言灾者"。就在李林甫和杨国忠的欺骗下,唐玄宗一直以为天下太平,岂不知此时因为政治黑暗、权力下移,危机就要爆发了,他其实正坐在火山顶上过着"春宵苦短日高起,从此君王不早朝"的荒淫生活。

对于君权削弱可能造成的后果,许多有识之士是不放心的,李白就有诗表达了这种忧虑,他在《远别离》里描写当时的局势是:"日惨惨兮云冥冥,猩猩啼烟兮鬼啸雨。"他十分担心玄宗失权遇到危险,故而警告说:"君失臣兮龙为鱼,权归臣兮鼠变虎"。在李白看来,这种可悲的情况很可能出现,在《古风》五十三里,他更借古警今,说得十分明白:"奸臣欲窃位,树党自相群。果然田成子,一旦杀齐君。"李白既担心玄宗失权可能造成悲剧,更担心在奸臣弄权下,将造成国家混乱、人民遭殃的结局,但却是"我欲言之将何补?"玄宗此时不仅听不到,而且根本听不进去那些有关国家兴亡的进言了! 许多有识之士同李白一样,虽然感到忧虑,但却也无可奈何。

玄宗晚年最昏聩的一件事就是听信李林甫之言而优宠安禄山,使安禄山的势力越来越大,最后酿成了"安史之乱"。

安禄山受到玄宗信用后经常上朝,看到李林甫、杨国忠相继擅权,朝纲紊乱,遂生乱唐之心。李林甫在时,禄山还有所顾忌,不敢鲁莽起事,待杨国忠做了宰相,禄山便不把他放在眼里,因此两人矛盾甚深。杨国忠知道禄山将反,数次向玄宗上言,无奈玄宗实在昏庸,连杨国忠的话也听不进去。到安禄山叛乱前几个月,玄宗还对杨国忠说:"禄山,朕推心待之,必无异志。东北二虏,藉其镇遏。朕自保之,卿等勿忧也!"杨国忠见玄宗不听自己的,便命令京兆尹围住安禄山在长安的府第,逮捕并杀了禄山门客李超等人,以刺激禄山,使他快些造反,从而取信于玄宗。禄山早已为叛乱作了准备:一方面他大力提拔手下将领,以买人心,并养"子弟兵"八千人作为骨干队伍;另一方面在范阳城储备粮草,修筑战堡,赶制军械。现在受杨国忠这么一激,怕动手晚了吃大亏,便在天宝十四载(755年)十一月甲子日,发所部兵十五万,以讨杨国忠为号召,反于范阳。

真是:"渔阳鼙鼓动地来,惊破霓裳羽衣曲"。安禄山反时,玄宗正在华清宫寻欢作乐,开始,他以为是忌恨禄山的人谎报军情,根本不信;不久,听到安禄山真地反了,赶忙召集宰相商量对策,决定下诏痛责安禄山,允许其归顺,谁知安禄山毫无悔意,答书极其轻慢。玄宗这才感到形势实在严重,便在十二月辛丑日,制太子监国,打算"御驾亲征"。当时玄宗已届迟暮之年,加之长期的荒淫生活,使他的身体衰朽多病,亲征确实不太容易,但他毕竟是当今皇帝,有一定的号召力,若是以国家为重,扶力一行,可能鼓舞士气,争取时间,使官军阻止或削弱叛军"烟尘千里,鼓噪震地"的气势。可是杨国忠听玄宗说要亲征就慌了神儿,他退朝后对韩、虢、秦三位夫人说:"太子素恶吾家专横久矣,若一旦得天下,吾与姊妹并命在旦暮矣!"然后几个人抱头痛哭,好不凄凉!三姊妹又向贵妃哭诉,贵妃衔土请求玄宗收回成命,玄宗发发虚火也乐得不去"亲征"了。在唐玄宗、杨国忠等人看来,国家社稷岂有他们的性命重要!

安禄山叛军来势十分凶猛,天宝十五载六月潼关失守,京城一片慌乱。在杨国忠的建议下,玄宗决定逃往西南,看一看他们逃跑的情状,只有"仓皇"二字聊以形容:"(甲午)上移仗北内。既夕,命龙武大将军陈玄礼整比六军,厚赐钱帛,选闲厩马九百余匹,外人皆莫知之。乙未,黎明,上独与贵妃姊妹、皇子、妃、主、皇孙、杨国忠、韦见素、魏方进、陈玄礼及亲近宦官、宫人出延秋门,妃、主、皇孙之在外者,皆委之而去"(《资治通鉴》唐纪三十三)。这一行人匆匆忙忙向京城外逃去,天亮时过了一座便桥,杨国忠怕叛军追及想断桥,幸亏玄宗阻止才没有马上断掉。辰时,他们来到咸阳望贤驿打尖休息,因为出逃仓促,官吏骇散,无复储供。玄宗在一棵树下小憩,到亭午尚未进食,幸有附近百姓看在旧君的面子上相继献食,才没有饿着这当今天子,众军士则到附近各村寻粮求食。晚上,他们逃至金城县,县官早已溜走,虽去人招诱也无人回来,只得靠智藏寺僧所献食物充饥,住得也很随便:"驿中无灯,人相枕藉而寝,贵贱无以复辨。"第二天丙申时队伍到达了京兆兴平县马嵬驿,将士们又饥又疲,都很愤怒,他们认为杨国忠误国召乱,罪该万死,要求"护驾"将军陈玄礼将其杀掉。陈玄礼进奏曰:"逆胡指阙,以诛国忠为名,然中外群情,不无嫌怨。今国步艰阻,乘舆震荡,陛下宜徇群情,为社稷大计,国忠之徒,可置之于法"(《旧唐书·玄宗本纪》)。正这时兵士们看到吐蕃使者二十余人拦住国忠说话,兵士们大声叫道:"国忠与胡虏谋反!"把杨国忠抓住杀掉肢解了,还有枪戳着他的头放在驿门外示众,接着兵士们又杀了国忠之子杨暄和韩、秦二夫人,军士们包围了马嵬驿。玄宗听到喧哗声,问知兵士们杀了杨国忠,便拄着杖子走出驿门,好言劝慰,让士兵们解散归队,军士不应。玄宗令高力士去问原因何在,陈玄礼答道:"国忠谋反,贵妃也不应再在左右,请陛下割恩,一同正法。"贵妃是玄宗的心头肉,如何舍得?可是兵士不散,恐有大乱。正在犹豫,京兆司录韦谔叩头流血,进言说:"今众怒难犯,安危在晷刻,愿陛下速决!"玄宗还为贵妃开脱道:"贵妃常居深宫,安知国忠反谋?"高力士又进谏说:"贵妃诚无罪,然将士已杀国忠,而贵妃在陛下左右,岂敢自安!愿陛下审思之,将士安则陛下安矣。"高力士这番话很有分量,玄宗更看重的恐怕是"陛下安",只好叫高力士牵贵妃到佛堂,用白练缢死了,然后将贵妃尸体放在驿庭,让陈玄礼等进来验看,陈玄礼等人都免胄释甲,顿首请罪。玄宗慰劳了他们,众人高呼万岁,再拜而出,将此事晓谕随行兵士,队伍又准备出发了。这就是有名的"马嵬兵变",有许多诗人对这次事件给以高度赞扬,高适有诗云:"乙未将星变,贼臣候天灾。胡骑犯龙山,乘舆经马嵬。千官无倚着,百姓徒悲哀。诛吕鬼神助,安刘天地开"(《酬裴员外以诗代书》)。杜甫也写道:"忆昨狼狈初,事与古先别。奸臣竟菹醢,同恶随荡析。不闻夏殷衰,中自诛褒妲。周汉获再兴,宣光果明哲。桓桓陈将军,仗钺奋忠烈"(《北征》)。白居易的描写则很细致:"翠华摇摇行复止,西出都门百余里,六军不发无奈何,宛转蛾眉马前死!"(《长恨歌》)"马嵬之变"确实是一次不凡的壮举,杨国忠等人受到了应有的惩罚,只是便宜了引起"安史之乱"的更大的罪魁李隆基。

待要从马嵬驿出发了,玄宗等人还没决定往哪儿逃跑,将士们有的说向河、陇,有的说向灵武,有的说向太原,还有的说以还京为好,玄宗想入蜀,怕违众心,所以只能不说话。最后还是采纳了韦谔的意见,先去扶风,然后再考虑要去的地方。刚要动身,当地父老拦路请玄宗留下,领导平定"安史之乱",玄宗接辔良久,还是想跑,众人便乞留皇太子,"愿勠力破贼,收复京城"。太子李亨遂留下没有同行入蜀。

乙亥,玄宗诸人到达扶风郡,军士各怀去志,口出怨言,陈玄礼也控制不住。正巧成都贡来春彩十余万匹,玄宗命置之于庭,召集众将士说:"朕比来衰耄,托任失人,致逆胡乱常,须远避其锋。知卿等皆苍猝从朕,不得别父母妻子,茇涉至此,劳苦至矣,朕甚愧之。蜀路阻长,郡县褊小,人马众多,或不能供,今听卿等各还家;朕独与子、孙、中官前行入蜀,亦足自达。今日与卿等诀别,可共分此彩以备资粮"(《资治通鉴》唐纪三十三)。说完泣下沾襟,看来真动了感情,众人闻言都哭道:"臣等死生从陛下,不敢有贰!"人心这才稍稍安定。这支逃亡队伍又经过长途跋涉,经陈仓、散关到了河池郡,又经益昌县至普安郡,在这里,房琯等人由京城追来。房琯劝玄宗实行分制,玄宗便下了制文,分封了太子李亨、永王李璘、盛王李琦等人,希望他们同心协力以平叛乱。开始人们还不知道玄宗踪迹,待看了这篇制文,才知道他快逃到四川去了。七月庚辰(二十八日),玄宗与随从兵士经巴西郡到了成都,"扈从官吏军士到者一千三百人,宫女二十四人而已"(《旧唐书·玄宗本纪》)。不久前,笔者曾沿玄宗逃跑路线凭吊古迹,由今日此路之难行完全可以想见当年奔蜀之艰辛,不知玄宗人马是怎样到达成都的,这位"太平天子"一定吃了不少苦头。不过,这也是咎由自取,任谁他也埋怨不得!不知这位骄奢惯了的皇帝,见仅有一千余人跟从自己又该作何感想?

玄宗到成都不久,灵武所派使者至,这才知道皇太子李亨已在凤翔即了帝位,玄宗无奈,便派韦见素、房琯等奉宝册至顺化禅位,玄宗做了太上皇。

第二年(至德二载,757年)九月,元帅广平王李俶、副元帅郭子仪将朔方等军及回纥、西域之众十五万,发凤翔,取长安,激战于长安西,叛军大溃,向东逃去。官军收复西京长安,然后又进军洛阳,安庆绪败走河北,官军又收复东京洛阳。十月肃宗李亨返长安,在谋臣李泌督促下,他上表玄宗请其回京,并表示要归政玄宗,自己重还东宫修臣子之职。十二月丁未(初四),玄宗由蜀返长安,行到咸阳,看到李亨释黄着紫、痛哭流涕地来迎驾,便说:"天数、人心皆归于汝,使朕得保养余齿,汝之孝也!"至长安后,"文武百僚、京城士庶夹道欢呼,靡不流涕"。几日后,玄宗又到暂为太庙的大内长安殿,向老祖宗请罪,然后即住进自己当皇帝以前居住的兴庆宫。

玄宗与肃宗回到长安以后,二人都小心翼翼地拿父慈子孝的封建伦理道德维系着父子关系。乾元元年(758年)正月,玄宗御宣政殿授册,加给肃宗以"光天文武大圣孝感皇帝"的尊号;肃宗也投桃报李,马上回赠其父一个"太上至道圣皇天帝"的尊号,真像是一场双簧戏。若是想到其时战乱尚未平息,便可以知道这一对父子用心何其良苦。

但是有些事情是不以个人的意志为转移的,父慈子孝的面纱到底遮挡不住政治斗争的刀光剑影。玄宗很喜欢兴庆宫,自蜀归后就住在这里,左龙武大将军陈玄礼、内侍监高力士都在玄宗身边侍卫;肃宗又命玉真公主、如仙媛、内侍王承恩、魏悦陪伴玄宗,还派数十名梨园弟子常在玄宗身边排练、演出,以供解闷。兴庆宫里有座长庆楼,南临大道,玄宗爱去那里徘徊观览,从大道上路过的父老和官吏往往瞻仰跪拜,山呼万岁,玄宗常在楼下置酒食赏赐他们,还曾召呼将军郭英乂等上楼来欢宴。一次,从剑南来的奏事官过楼下拜舞,玄宗命玉真公主、如仙媛为之做主人。且不说作为逊位君主的玄宗,是不是真想复辟,只是私下接近民众、交接官吏,却绝不是在位君主所愿意的。李辅国当时专权用事,但他出身却很微贱,玄宗左右的人都很看不起他,辅国便怀恨在心,为了报复,也是想立奇功以固其宠,就对肃宗上言说:"上皇居兴庆宫,日与外人交通,陈玄礼、高力士谋不利于陛下。今六军将士尽灵武勋臣,皆反仄不安,臣晓谕不能解,不敢不以闻。"肃宗哭道:"圣皇慈仁,岂容有此!"李辅国答曰:"上皇固无此意,其如群小何!陛下为天下主,当为社稷大计,消乱于未萌,岂得徇匹夫之孝!且兴庆宫与阎间相参,垣墉浅露,非至尊所宜居。大内深严,奉迎居久,与彼何殊,又得杜绝小人荧惑圣听。"(《资治通鉴》唐纪三十七)肃宗没有答应。兴庆宫原来有三百匹马,李辅国假传肃宗的话,仅留下了十匹。玄宗伤心地对高力士说:"吾儿为辅国所惑,不得终孝矣。"李辅国又令六军将士,号哭叩头,请求迎玄宗居太极宫(即"西内"),肃宗只是流泪却不表态。不久,肃宗病了,李辅国便假传圣旨,迎接玄宗到西内游玩,待走到睿武门,辅国带领五百兵士,拔刀露刃,拦路进奏说:"皇帝以兴庆宫湫隘,迎上皇迁居大内。"玄宗大惊,差点儿摔下马来。高力士厉声说:"李辅国何得无礼!"叱令其下马,高力士就势宣布玄宗的命令,叫众兵士不得动武,将士们都纳刀入鞘,拜呼万岁,高力士又叱令李辅国和自己一起执玄宗马鞯,侍卫着到了西内,玄宗住在了甘露殿。李辅国只准留下数十个老弱兵士,陈玄礼、高力士及旧宫人皆不得留在玄宗身边。辅国之所以如此大胆,是得到肃宗的默许的。不久高力士被流放到巫州,王承恩被流放到播州,陈玄礼被勒令致仕。肃宗又另外挑选后宫百余人,名为备洒扫实是做密探,玄宗事实上已经被软禁起来,完全失去了自由,虽然贵为太上皇,玄宗的处境其实是很凄凉的。在太极宫里,这位白发老翁常常想起自己武震天下的往昔,有时又怀念与自己共度春宵的杨贵妃,这一切都成了过眼烟云。此刻,自己身边竟没有一个亲信、心腹,虽有满肚子的话,也不知向谁去说,心情自然很不愉快,因此他竟"不茹荤,辟谷",久而久之便成了重病,到宝应元年(762年)一病不起,卒年七十八岁。

唐玄宗李隆基始以英雄人物的形象登上了历史舞台,却终以悲剧角色的形象了结了一生,也许这个问题不难回答:这出悲剧是谁导演的呢?

(作于 1984 年 8 月 28 日)

安禄山其人

提起唐代的历史，人们自然会想到安禄山，因为安禄山与史思明发动的长达八年之久的"安史之乱"，是唐王朝由盛而衰的转折点。

安禄山是一个少数民族的将领，何以有如此大的破坏力？他是怎样发迹、怎样受到唐玄宗的宠信，又是怎样起兵叛乱的？他的下场又是如何呢？

安禄山（705？—757年）的父亲是西域胡人，本姓康，母亲是突厥巫师，以卜为业。安禄山本名轧荦山，据说是因为生他之前，其母向营州少数民族人所谓之战斗神"轧荦山"祈祷而有孕，故以此名之。禄山生父死后，其母再嫁胡将安延偃，故冒姓安氏，更名禄山。及长，通六蕃语，为唐互市牙郎，这是专管南北物价及贸易的小吏，那时他即以骁勇为幽州节度张守珪所知。守珪提拔他为捉生将，专门干骚扰邻近少数民族人民的勾当。安禄山每与数骑出，都能擒捉契丹人数十个，而且为人狡猾，善揣度人情，博得了张守珪的宠爱，收为养子。禄山本人肥胖，为了讨守珪的喜欢，每顿饭只敢吃个半饱，平时也小心谨慎，希望进一步得到提携。

开元二十四年（736年）安禄山已经做到了平卢讨击使、左骁卫将军的官职。一次，张守珪令他率军讨伐奚、契丹之叛离者，禄山恃勇轻进，为敌所败。这年四月，守珪上奏朝廷，请求斩掉安禄山，禄山在临刑时大叫道："大夫不欲灭奚、契丹邪？奈何杀禄山！"张守珪为之心动，惜其骁勇，便把他绑送京师，请朝廷裁决。当时宰相张九龄认为若行军令，当斩禄山，但玄宗闻禄山颇有武功，只免了他官职，就放他回去了。其实，所谓免官只是象征性的惩罚，不久，禄山又做了平卢兵马都使，因为他善于心计，曲意事人，故而人们对他交口称赞。从京师来到平卢的官吏，禄山皆厚赂之，这些人回到长安，自然要在玄宗面前为禄山吹嘘美言。开元二十九年（741年）七月，御史中丞张利贞为河北采访使，至平卢，安禄山阿谀奉迎，同时贿赂了利贞左右官吏，利贞入朝后盛称禄山之美。八月，禄山即升任营州都督，充平卢军使、两蕃、勃海、黑水四府经略使。天宝三载（744年）三月又以安禄山兼范阳节度使，当时礼部尚书席建侯为河北黜陟使，受禄山之赂，故称禄山公直，李林甫等皆顺旨称其美，因此玄宗宠信禄山之心更固。

安禄山狡诈而且大胆，正逢玄宗在位四十余年，怠于朝政，日渐昏庸，故而禄山敢于当面扯谎，欺骗玄宗。如天宝二年（743年）安禄山入朝，竟上奏说："去年营州虫食苗，臣焚香视天云：'臣若操心不正，事君不忠，愿使虫食臣心；若不负神祇，愿使虫散。'即有群鸟从北来，食虫立尽。"（《资治通鉴》唐纪三十一）这纯粹是一派胡言乱语，借以吹嘘自己操心国事，忠心事君。玄宗竟然丝毫不疑，还按照禄山的请求，把这派胡言载入了史书。天宝四载（745年）十月，禄山又上奏说："臣讨契丹至北平郡，梦先朝名将李靖、李勣从臣求食。"玄宗下令立庙，禄山不久又上奏："荐奠之日，庙梁产芝。"由此可见禄山之欺罔、玄宗之昏蔽了。

禄山其位愈显，上朝机会增多，便时时在玄宗面前装忠卖乖，以求恩宠，"外若痴直，内实狡黠"。这时他已不必为讨谁的喜欢而节食，因此身体肥胖，腹垂过膝，尝自称腹重三百斤，需要左右抬挽其身，方能移步，但是在玄宗前作《胡旋舞》却疾快如风。一次玄宗戏指其腹说："此胡腹中何所有，其大乃尔！"禄山答道："更无余物，正有赤心耳！"玄宗听罢大悦。又有一次，禄山见到太子而不拜，左右之人催促他快拜，他装傻问："臣胡人，不习朝仪，不知太子何官？"玄宗笑答："此储君也，朕千秋万岁后，代朕君汝者也。"禄山又说："臣愚，向者惟知有陛下一人，不知乃更有储君。"不得已才下拜。玄宗以为他直爽诚实，更加宠信他。有时在勤政楼设宴，百官列坐楼下，玄宗还独为禄山在御座东边设金鸡障，置榻使坐其前，仍命卷帘以示荣宠，并命杨铦、贵妃、三夫人等与禄山叙为兄弟。禄山为了固宠，自请作贵妃养子。当玄宗与贵妃共坐时，禄山总是先拜贵妃而后拜玄宗，玄宗问其故，禄山答道："胡人先母而后父。"玄宗其时已昏愦得可以了，听到这话居然"大悦"。

　　为了得到玄宗的宠信,安禄山千方百计侵掠东北边境的少数民族。如天宝四载(745年)九月,禄山数次侵掠奚、契丹,奚、契丹皆杀公主以叛;天宝九载(750年)十月,禄山屡诱奚、契丹,为其设宴,饮以莨菪酒,醉而坑之,动数千人,函其酋长之首以献,前后数四。不久,又献俘八千人。这一切当然得到了已有"吞四夷之志"的玄宗的赏识。

　　禄山以其狡诈佯忠蒙骗了玄宗,也因其"岁献俘虏、杂畜、奇禽、异兽、珍玩之物"而使玄宗的宠信与日俱增。天宝六载(747年),进御史大夫,封其妻段氏为国夫人;七载(748年)六月,赐铁券;九载(750年)五月,赐爵东平郡王,开唐代将帅封王之始;并允许禄山于上谷起五炉铸钱。十载(751年)五月,玄宗命有司为禄山在亲仁坊筑第,并敕令但穷壮丽,不限财力。自然此第修建得华丽壮观,室内陈设,应有尽有,"虽禁中服御之物,殆不及也"(《资治通鉴》唐纪三十三)。玄宗还不断地叮嘱:"胡眼大,勿令笑我。"禄山入居新第以后,玄宗吃到什么美食或在后苑猎得什么鲜禽,都要派人给禄山送去一些,以至于"络绎于路"(《资治通鉴》唐纪三十二)。在禄山生日那天,玄宗与贵妃赐衣服、宝器、酒馔甚厚,过了三天,又召禄山入禁中,贵妃以锦绣为大襁褓,裹禄山,使宫人以彩舆昪之。玄宗听到后宫欢笑声时起,问其故,左右答曰:贵妃三日洗禄山儿。玄宗前往观之,还赏贵妃洗儿金银钱,复厚赐禄山,尽欢而罢。从此禄山出入宫掖不禁,或与贵妃对食,或通宵不出,颇有丑闻,但玄宗始终不疑。

　　由于受到玄宗的宠信,禄山颇为自傲,满朝百官皆不在他的眼里,见了李林甫也很傲慢。林甫为了暗示和警告他,便假借他事召与禄山俱为大夫的王铣,王铣见了林甫趋拜恭敬,禄山见状大惊,从此对李林甫也就恭顺多了。林甫与禄山谈话,总是先揣摸到他的心思,先说出来,禄山以为神,惊叹折服,以至禄山独怕林甫,盛冬时相见,也常常汗流浃背。然后,林甫就引禄山坐于中书厅,和言悦色,并解下自己的披袍送给禄山,禄山很感激林甫,称他为十郎。既归范阳,坐探由京师回来,必问:"十郎何言?"听到好话则喜,若语:"大夫须好检校!"就反手据床曰:"噫嘻,我死矣!"实际上,林甫却帮了禄山大忙。李林甫"志欲杜出将入相之源,尝奏曰:文士为将,怯当矢石,不如用寒族蕃人,蕃人善战有勇,寒族无党援。……自是,高仙芝、哥舒翰皆专任大将,林甫利其不识文字,无入相由。然而禄山竟为乱阶,由专得大将之任故也"(《旧唐书·李林甫传》)。禄山之所以得到玄宗的宠信,正是李林甫这个建议的结果。从这个意义上来说,李林甫与安禄山恰是乱唐的一丘之貉!

安禄山升迁极快,不久就控制了东北三大重镇——平卢(治营州,今辽宁朝阳)、范阳(治蓟州,今北京大兴)、河东(治太原,今山西太原),成为一个极有兵权的专任大将。禄山既兼领三镇,赏罚己出,日益骄恣,加之眼见朝纲紊乱、武备堕弛,故萌发了叛逆之心。天宝六载(747年)他即令其将刘骆谷留驻京师,观察朝廷动静,负责递送情报,并且假托御敌,筑雄武城,大贮兵器,当时军事家王忠嗣已觉察禄山有反心,数次上言却无人理会。禄山上朝,每当经过朝堂龙尾道时,总要左右端详,停留好大一会儿才离去。几年以后,禄山更招兵买马,精心准备。他养同罗、奚、契丹降者八千余人,谓之"曳落河"(胡语"壮士"之意),及家僮百余人,皆骁勇善战,一可当百,又畜战马数万匹,多聚兵杖,分遣商胡诣诸道去做生意,岁输珍货数百万,还私做百万件绯紫袍、鱼袋(皆朝官所服)。为了神化自己,每逢盛大庙会,禄山便高坐榻上,前面燃着香,周围摆着奇珍异宝,旁边侍立胡人数百,然后接见来往商贾;有时更让女巫在前面敲鼓跳舞,故意制造一种特殊的气氛。待天宝十二载(753年),阿布思为回纥所破,安禄山诱其部落而降之,"由是禄山精兵,天下莫及"(《资治通鉴》唐纪三十二)。

虽然安禄山早有叛志,且有精心准备,但是由于畏服狡猾逾己的李林甫,所以不敢轻举妄动,待杨国忠为相,"禄山视之蔑如也"(《资治通鉴》唐纪三十三),便有些肆无忌惮了。杨国忠屡言禄山将反,玄宗皆不信。天宝十三载(754年)正月,杨国忠向玄宗重申己意,并说:"陛下试召之,必不来。"玄宗使人召之,禄山闻命即至,在华清官哭见玄宗说:"臣本胡人,陛下宠擢至此,为国忠所疾,臣死无日矣!"玄宗听信了禄山之言,很可怜他,也更信任他。三月,禄山辞归范阳,玄宗解御衣赐之,禄山受宠若惊,又怕杨国忠上奏留之,便慌慌忙忙奔出潼关,乘船而下,令船夫执绳板立于岸侧,十五里一换,昼夜兼行,过郡县不下船,反叛之心已经十分明显了。但玄宗却妄想用恩宠加以笼络,甚至到了十分可笑的地步:"自是有言禄山反者,上皆缚送",从此人人知禄山将反,但无人敢言。正像杜甫《后出塞》中描写的一样:"主将位益崇,气骄凌上都。边人不敢议,议者死路衢。"

禄山加紧了叛乱的准备,他不仅请求兼领闲厩、群牧、总监等职,而且密遣亲信选健马堪战者数千匹,特别饲养之。为了收买众心,他为其部将请功求赏,任命将军五百多人,中郎将二千多人。并从天宝十四载(755年)开始在范阳城北储备粮草,修筑战堡,赶制军械。此时,安禄山反迹已显,对朝廷也开始有分庭抗礼之势。朝廷每遣使者至,皆称疾不出迎,安排武备,然后见之。朝官裴士淹至范阳,二十余日乃得见,无复人臣礼。玄宗以子成婚,手诏禄山观礼,他也辞疾不至。过了一个月,禄山上表要献马三千匹,每匹马有控夫二人,遣蕃将二十二人部送,阴有袭京师之心。河南尹达奚珣疑有变,上奏玄宗,提出冬日才宜献马,且不必由禄山派人护送。玄宗这才如梦初醒,对安禄山产生了怀疑,遣中使冯神威宣旨,诏禄山于十月至华清宫。禄山踞床微起,亦不拜,只问了几句话,就置神威于馆舍,不复见,数日遣还,亦无上表。神威还,见玄宗哭泣道:"臣几不得见大家!"(《资治通鉴》唐纪三十三)

杨国忠自从当上宰相以后,便与禄山不和。他看出了禄山迟早要反,数言于玄宗,但玄宗昏庸不察,因此国忠便日夜求禄山反状,使京兆尹围其京师之第,捕禄山客李超等,治罪杀之。本来,安禄山潜怀异志由来已久,但一方面李林甫在世时他不敢轻举妄动,另一方面觉得玄宗待他很好,想等玄宗死了以后再动手,可是杨国忠屡次上奏安禄山欲反,且数以事激之,想叫他快点反以取信于玄宗,于是安禄山决定叛乱。

禄山独与孔目官、太仆丞严庄,掌书记、屯田员外郎高尚,将军阿史那承庆密谋,其他将佐一概不知。十月,恰巧有奏事官自京师还,禄山诈称得到诏书,便召诸将示之曰:"有密旨,令禄山将兵入朝讨杨国忠,诸君宜即从军",众将虽然愕然,但不敢异言。十一月甲子日,禄山发所部兵及同罗、奚、契丹、室韦凡十五万众,号称二十万,反于范阳。

禄山乘铁舆(音豫,是一种轿子),步骑精锐,烟尘千里,鼓噪震地。唐朝社会承平日久,政治腐败,军备废弛,故当叛军打来之时,"州县发官铠杖,皆穿朽钝折不可用,持挺斗弗能亢。吏皆弃城匿,或自杀,不则就禽"(《新唐书·安禄山传》)。中央禁军也与地方武备一样,兵不能战,朝廷在匆忙中急速募兵,令高仙芝、封常清东讨,但叛军之势难挡。十二月禄山渡河至陈留郡(汴州,今河南开封),在城门上,安庆绪看见了朝廷诛杀安庆宗的布告,泣告禄山。禄山狂而怒，将陈留降者近万人交相砍杀，刹时血流遍地，哭声入云。不久，叛军又攻陷东京洛阳，至德元年（756 年）正月安禄山自称大燕皇帝，建号圣武，达奚珣以下置为丞相。这正是李白神游莲花山时所见的景象："俯视洛阳川，茫茫走胡兵，流血涂野草，豺狼尽冠缨。"（《古风》十九）

东京失陷，潼关告急，朝廷又命哥舒翰扶病前守潼关，但为禄山部将攻破，哥舒翰为部下缚而献敌，终于投降了安禄山。玄宗等仓皇西逃，奔向四川。叛军又攻占了长安，禄山使其将杀霍国长公主及王妃、驸马于崇仁坊，刳其心，以祭安庆宗；凡杨国忠、高力士之党及禄山素所憎恶者皆杀之，凡八十三人。不久，又杀皇孙及郡、县主二十余人。禄山听说昔日百姓乘乱多盗库物，攻进长安，便命士卒大索三日，连百姓私财也统统抢掠一空，搞得人心惶惶，给人民带来了沉重的灾难。

安禄山自从叛乱以来，由于日夜操劳，目力渐昏，至元二年（757 年）正月就已看不见东西了。加之重病在身，脾气日益暴躁，左右官吏稍不如意即遭其箠挞，甚至杀害。自从在洛阳称帝以后，将领们很难见他一面，只是通过严庄了解情况，下达命令，因此像严庄这样的"重臣"也免不了常常挨打；侍奉禄山的阉臣李猪儿因为天天和他打交道，虽受宠爱，但挨打最多。其他官吏见此情况，谁不为自身难保而担心，加之，禄山嬖妾段氏，生子庆恩，欲以代庆绪为后，庆绪常常害怕，不知怎么办好。严庄对庆绪说："事有不得已者，时不可失。"庆绪说："兄有所见，敢不敬从！"严庄又对李猪儿说："汝前后受挞，宁有数乎！不行大事，死无日矣！"猪儿亦许诺。一天夜里，严庄与庆绪手持武器立于帐外，猪儿执刀直入帐中，举刀向禄山腹部砍去。禄山眼无所见，床头常挂一刀，此时摸刀不着，便摇撼帐竿大叫："必家贼也！"肠子流出数斗而死。这离他发动叛乱仅仅十三个月。可恨的是，这场叛乱却在六年以后才被平定。

（原载《文史知识》1984 年第 6 期）

漫说《春秋》、《左传》、《国语》和《战国策》

春秋战国时期，"社会急遽变化，阶级斗争复杂激烈，奴隶主贵族日趋没落，地主阶级逐渐兴起。为了维护各自的利益，他们都必须汲取历史的经验教训，国有大事，互相赴告；会盟朝聘，史不绝书；褒善贬恶，直笔不隐。因此各国史官便自觉地积累了大量的档案材料，以备编纂之用"（游国恩主编《中国文学史》）。与时代的剧变相适应，文化不再为奴隶主贵族所独占，学在官府、史在官府的局面也逐渐被打破，私人讲学和修史的风气日益发展起来，原来那种官文书和诗篇的形式也发展为按年代先后连续记载的国史形式了。春秋战国时期，史学发展的步伐加快。不仅周王室有史书，如《周书》、《周志》和《周春秋》，而且各诸侯国也分别有国史，如郑有《郑志》，晋有《乘》，楚有《梼杌》和《楚书》，宋、齐、鲁、燕有《春秋》。据史书记载，墨子曾说自己见过百国《春秋》，孔子曾得"百二十国宝书"，由此可见当时史书编著的盛况。可惜这些"国史"都没有流传下来，只有鲁国的国史，经过后人的修改，有幸保留了下来，这便是《鲁春秋》，又叫《春秋经》或《春秋》，除了国史以外，还有一些史书和具有重要史料价值的其他书籍一直留存至今。

"春秋"本来是古代记事史书的通称。因为那时朝廷多在春秋季节举行朝廷大事，故而记事史书用"春秋"作名字。各国有各国的史书，亦即各国有各国的"春秋"，可是各国春秋后世均未流传，流传下来的只有经后人修改增删的《鲁春秋》，所以"春秋"也便成了它的专名了。

据传说，《春秋》是孔子作的，孟子即有"孔子作《春秋》"的话。据说，鲁哀公十四年（前481年），孔子听说有一猎人打死了一只独角怪兽，便前去观看。看罢,孔子流下了眼泪,感伤地说:"我的主张看来不能实行了!"孔子为什么这样感叹呢? 因为那独角怪兽是麟,它的出现是吉祥的象征,只有天下太平它才会来,可当时天下大乱,所以它一出现便被猎人打死了。孔子由不幸的麟想到了自己,虽然做了许多努力,却无法改变现实。因此,他的眼泪即是为麟死而落,也是为自己生不逢时、有志难酬而落。这时,他决心修撰一部《春秋》,让人们从这部书里学到为君为臣的道理。于是,孔子用了九个月的时间编成了这部史书。《春秋》记的是上起鲁隐公元年(前722年),下至哀公十四年(前481年)获麟而止,共二百四十二年的史事。每年都有记载,全书共一万八千余字。

从目前的材料分析,这部《春秋》是孔子根据《鲁春秋》旧文,"约其辞文,去其烦重"整理而成的。以《春秋》与鲁史佚文相校,"其中有袭用旧史者有修改旧史者,有删烦就简者,有削而不采者"(白寿彝《中国史学史》)。如《春秋》僖公三十三年为"冬十有二月陨霜不杀草,李梅实",即是袭用鲁史之旧,其他例子还有很多,但这并不是说《春秋》全部都是袭用鲁史的。

孔子之所以要编订《春秋》,原因在于"春秋时,周室不振,诸侯争霸,战乱迭起,外族交侵。孔子为维护周王朝奴隶制的统治,主张尊王攘夷,正名定分,企图巩固王朝最高奴隶主政权,使'大一统'局面恢复安定。孔子这种政治主张,通过《春秋》的谨严书法,表现出来,在当时是为日趋没落的奴隶主国家服务的"(游国恩主编《中国文学史》)。所以,《春秋》记事往往以周礼为准则。如吴、楚的国君自己称王,而《春秋》却贬其为子;践土之会本是周天子应晋文公之召,而《春秋》却说成"天子狩于汉阳",为其讳。这种情况很多,正反映了孔子的保守思想。

《春秋》所载,主要是鲁国奴隶主贵族的政治事件和人物活动,并涉及周王室和其他诸侯国,包括列国间访聘、会盟、战争以及各国逐君、弑君、争位、筑城等均是记录的内容。此书还记录了一些自然现象,如日食、地震、大水、大旱及其他各种怪异的自然现象。特别值得一提的是,《春秋》所记的鲁国日食,有三十次和西方科学家所推算的相合。由此可见,此书是一部较为可信的史书。

《春秋》记事语言太简单,往往仅有事目,犹如后世的新闻标题,只是片断的记录。有的每条仅有一字,如僖公三年夏六月:"雨";有的每条只有二三

字,如襄公九年春:"宋灾"。最多的也只有四十五字。当然,其中也有记得简洁明白的,如僖公十六年作:

　　春,王正月,陨石于宋五;是月,六鹢退飞,过宋都。

　　仅有寥寥十余字,却叙述得错落有致,与《尚书》、金文已大不相同。

　　《春秋》以"属辞比事"为其编撰方法,即很注意编排史事和用字造句。全书的时间顺序很明确,《史记》说它记事"以事系日,以日系月,以月系时,以时系年",一般按年、时、月、日的顺序编排史事,日期不明时有年、时、月,月份不明时有年、时。这样就将二百四十二年的史实系统地编列了出来。另外,《春秋》对史实的记述,有详有略,有取有舍,用字亦有讲究,如记战争就有伐、侵、战、围、入、灭、救、取和败等不同的字眼。后人认为《春秋》比事属辞,寓褒贬于其中,即所谓"微言大义"。其实,《春秋》的"比事",不过是删订鲁史旧文而其属辞亦只是沿袭鲁史用词而已,所以孟子"孔子作《春秋》而乱臣贼子惧"的说法便是十分可疑的了。

　　总之,《春秋》是我国第一部私人撰写的史书。虽然它没有为后来的编年史建立完美的体例,但它本身却具有了编年体史书所应该具备的基本因素,它的"褒贬善恶"、"微言大义"的笔法和编年体例,对中国封建史学产生了深远的影响。

　　《春秋》之后,又出现了一些重要的私人撰述,《左传》和《国语》等便是这一类著作。这些著作的产生是当时思想活跃、百家争鸣的结果,标志着中国古代史学逐渐走上成熟的道路。这一类著作有的经过后人窜改,也有的是后人伪作的,还有的是后人从其他书籍中辑得的,但它们毕竟在一定程度上记录了当时的史实,有很高的历史和学术价值。

　　《春秋左传》简称为《左传》,汉代传说这部书是鲁国的左丘明所作。关于这位左丘明,有的人说是鲁国的君子,有的人说是孔子的门人,又有人说是鲁国的史官。从目前所存的资料看来,左丘明大概是早于孔子的一位学者。《左传》记事止于智伯灭亡,它的作者也可能是战国初年或稍后的人。左丘明是不是鲁国太史,现在已无法知道了,但他一定是一位充分掌握了春秋时代诸侯各国史料的学者。以前人们认为《左传》是《春秋》的辅助读物，所以它与《穀梁传》、《公羊传》合称为《春秋三传》。其实，《左传》与《公羊传》、《穀梁传》阐释的《春秋》微言大义不同，它并不是为解释《春秋》而作。它是独自叙述历史的一部著作。今本《左传》已不是原作，而是经过晋人杜预改编过的本子。

《左传》记载春秋时期的史实，开始于鲁隐公元年，一直到鲁哀公二十七年，共二百五十五年。最后有鲁悼公四年事一条，记智伯之亡。所记晋事最多，鲁事、楚事次之，郑事、齐事较少，而卫、宋、周等各国事则更少。从所记时间上看，《左传》与《春秋》、《国语》相差不多；但从内容上看，它却较之《春秋》更丰富，较之《国语》也更系统而详细。从体裁上看，《左传》是编年体，这与《春秋》一样，但它原来的形式，也并不全是编年体，其中也有传记体和纪事本末体。白寿彝先生在《中国史学史》中举《左传》所记晋公子重耳流亡的经历为例详细作了说明。由此，我们可以看出《左传》在体裁上的特点。编年体自有其长处，主要表现为时间顺序明确、清楚，但也有它的短处，即一些史实如果按年、月、日的顺序，便无法写出来。《左传》在编年体裁之中，也偶尔运用传记和纪事本末体，使编年体避短扬长，确是一个很了不起的创举。

《左传》的内容丰富多彩，它既记载了春秋列国的政治、外交和军事等各方面的活动及有关言论，又记载了天道、鬼神、灾祥、卜筮和占梦之事。总之，凡是作者认为可资劝戒的内容，无不记载。

《左传》通过叙述历史事件和人物言行，表现出明显的进步史观。首先，《左传》流露出进化的观点。作者认为，大国兼并、公室衰微、贵族沦落，是社会发展的必然结果，这是大势所趋，没有什么可以指责的。这一点较之《春秋》不忘周礼的观念确是大大地进步了。如《左传》中有这样的话：

> 社稷无常奉，君臣无常位，自古以然。故《诗》曰："高岸为谷，深谷为陵。"三后之裔，于今为庶。

《左传》还有明显的民本思想。如晋侯认为卫人逐其君太过火了，作者却记师旷的话说：

　　夫君,神之主也,民之望也。若困民之主,匮神乏祀,百姓绝望,社稷无主,将安用之? 弗去何为?

又说:

　　天之爱民甚矣! 岂其使一人肆于民上,以从(纵)其淫,而弃天地之性? 必不然矣。

　　师旷的这番议论,根据人民的利害来发表政见,有明显的进步内核。

　　《左传》在许多方面都表现了"重人事"的思想,作者力图把天道与人事杂糅在一起,这虽然仍有局限性,但较之宣扬商周时期传统的天道观又有明显的进步。《左传》中确实还有许多有关预言的记载,它通过卜筮、星占和圆梦等手段的应验,来说明许多人世大事要受一种神秘力量的支配。如鲁昭公九年,郑国神灶有关陈将复封,受封五十二年就亡的预言,以及魏始封为晋大夫后卜偃关于三家分晋的预言,都被史实所证明,从而宣扬了神秘的宿命观点。但是,《左传》没有停留在这一思想上,而是力图将天道与人事相糅合,努力从人事上解释历史的变化。如书中有这样的话:"国将兴,听于民;将亡,听于神。"在《左传》的作者看来,神是"聪明正直而壹"的,它不是仅凭主观意志行事,而是观察国家和个人的行事如何才有所作为的。

　　《左传》善于描写战争,它十分注意记载战略思想以及对战役的指导作用,注意描写介绍战争的性质、敌对双方的特点、双方胜败的原因。其中有些篇章是相当著名的,如《曹刿论战》便是一篇代表作:

　　十年春,齐师伐我。公将战,曹刿请见。其乡人曰:"肉食者谋之,又何间焉。"刿曰:"肉食者鄙,未能远谋。"乃入见。问何以战。公曰:"衣食所安,弗敢专也,必以分人。"对曰:"小惠未遍,民弗从也。"公曰:"牺牲玉帛,弗敢加也,必以信。"对曰:"小信未孚,神弗福也。"公曰:"小大之狱,虽不能察,必以情。"对曰:"忠之属也,可以一战。战则请从。"
　　公与之乘,战于长勺。公将鼓之。刿曰:"未可。"齐人三鼓,刿曰:"可矣。"齐师败绩。公将驰之,刿曰:"未可。"下视其辙,登轼而望之,曰:

"可矣。"遂逐其师。

　　既克，公问其故。对曰："夫战，勇气也。一鼓作气，再而衰，三而竭。彼竭我盈，故克之。夫大国难测也，惧有伏焉。吾视其辙乱，望其旗靡，故逐之。"

这篇文章表现出作者对"民"的态度，说明了民心向背是战争胜负的根本因素，这是一种进步的历史观。

《左传》是一部历史名著，也是一部文学名著。从文学角度看，它是很有特色的。其一，《左传》叙事富于故事性、戏剧性，有紧张动人的情节。如写晋灵公与赵盾的斗争，其中鉏麑行刺、提弥搏獒两个片断十分紧张，故事性极强。又如写晋公子重耳出亡及返国的经过，故事情节复杂曲折，而选材布局却十分恰当。其二，《左传》注意描写生动的人物形象。如对郑庄公、晋文公、赵盾和子产等人，都能写出他们在历史发展过程中所处的地位以及他们的思想特点和个性风貌。其三，《左传》很重视行文辞令之美。如写朝聘、会盟，着意刻画使者的形象和才能，特别突出了使者的辞令之美。这些辞令，首先有充分的理由，如烛之武对秦伯说的那番话："越国以鄙远，君知其难也。焉用亡郑以陪邻？邻之厚，君之薄也。"用势事必然之理来劝说秦伯，合情合理，秦伯不得不听。至于一般的叙事记言，《左传》行文往往言简意赅，虽寥寥数语，却常能做到曲而达、婉而有致，富于形象性。如"中军、下军争舟，舟中之指可掬也"（宣十二年）、"鲍庄子之智不如葵，葵犹能卫其足"（成十七年）等，均是很好的例子。

从史学发展的角度看，《左传》发展了《春秋》的编年体。它打破了编年体的限制，其中出现了传记体和纪事本末体的雏形。这些重大的创造，对后代史书的编纂有很深远的影响。

《国语》是一部国别史，分别记载周王朝及诸侯各国的史事，而主要是记言，故叫作《国语》。同《左传》一样，《国语》也被前人视作是《春秋》的辅助读物，所以又称为《春秋外传》，其实它并不是为《春秋》而编撰的。

《国语》编成于战国初期，全书始载西周晚年周穆王征犬戎，而以春秋末年智伯之亡为下限，大约四百年的历史。《国语》共二十一卷，内有《周语》三卷、《鲁语》二卷、《齐语》一卷、《晋语》九卷、《郑语》二卷、《楚语》二卷、《吴语》一卷、《越语》二卷。由此可见,《国语》是依"先王室而后列国、先诸夏而后蛮夷"的次序编排的,表现出尊周的思想倾向;而它不仅记了周史、鲁史,还记了齐、晋、郑、楚、吴、越等国的历史,突破了春秋列国国史的限制,把各国历史汇合到了一起,这又是一个创新。

《国语》的作者是谁?汉朝人断言为左丘明。司马迁《报任安书》说:"左丘失明,厥有《国语》。"后人认为《左传》、《国语》为同一人所作,但《国语》所记与《左传》多有重复、抵触,彼此之间又常常详略互异,这都说明《左传》与《国语》的作者绝非同一人。《国语》的作者到底是谁,现在已不可考知,但他和《左传》的作者一样,也是战国初期一个熟悉历史材料的人,则是没有疑问的。

《国语》记载了许多与重要历史事件有联系的材料。如《国语》记周厉王专制,止谤以至流亡;记宣王不籍千亩,因伐鲁料民而失众;后又记幽王荒淫亡国。这些记载,反映了宗周晚年逐步衰落的过程。同时,作者还在每条记载之后,指出这一事件的历史影响。如《晋语》记文公的霸政,指出"于是乎复霸";记平公的"惑以丧志",指出"诸侯叛晋"。另外,《国语》很注意政治上的选贤任能,如《齐语》将桓公称霸之功归于"唯能用管夷吾、宁戚、隰朋、宾胥无、鲍叔牙之属而伯功立"。

《国语》记载了宗周末年以来一些重要的政治言论,也反映了某些进步思想。如祭公谏穆王征犬戎说:"先王耀德不观兵。"又说:"无勤民以远"。邵公谏厉王弭谤说:"防民之口,甚于防川。川壅而溃,伤人必多,民亦如之。是故为川者决之使导,为民者宣之使言。"这些都反映了有价值的进步思想。

《国语》以汇编各国史事为其编纂特点,所以它的时间记载多不详,也没有把各国的史事有机地组织起来,前后往往不能互相联系。因为其材料来源庞杂而又较多地保留了原有材料的形式,所以《国语》还不能算是一部规模完整的史书,这一点较之《春秋》要略逊一筹,但它的内容却比《春秋》丰富得多,思想也较为进步。

从历史文学的角度看,《国语》远不如《左传》,如同样记长勺之战,二书意同而辞异,《左传》所记简练而生动,《国语》所记则枯槁而平庸。但是,《国语》记言也有相当出色的地方,如《晋语》记姜氏与子犯谋醉重耳一段中,重耳和子犯二人的对话十分幽默生动,而《左传》此处却过分追求简洁,反而不如《国语》。另外,《国语》里多有后人铺张之词,所以运用它的材料应慎重选取。

自《春秋》、《左传》和《国语》之后,在战国中叶至秦汉之际,还有多种历史撰述出现,较著名的有《纪年》、《世本》和《战国策》。《战国策》原是战国时期各国史官记载的有关策士们游说各国诸侯的言论资料,是一部分国别、按时间顺序记事的资料汇编。它杂记东西周及秦、齐、楚、赵、魏、韩、燕、宋、卫、中山诸国之事。其时代上接春秋,下至秦并六国,约二百四十(前460—前220)年。

《战国策》有古本、今本之分。今本三十三卷,基本内容是战国时代谋士说客纵横捭阖的斗争和他们的谋议、辞说,同时也反映各国政治、经济、军事和外交等方面的动态和重大事件。《战国策》的编撰者,今已不可确知,有人认为是蒯通,却没有充分的根据。大概此书并不是成于一人一时之作,而是多人合作的产物。它基本上是战国时期的作品,只有少数作品出现于秦汉之际。《战国策》原有《国策》、《短长》、《国事》、《长书》、《修书》和《事语》等名称,经西汉刘向编校,才正式定名为《战国策》。

因为出于多人之手,材料来源复杂,加之不是系统的编著而是摘抄汇编,所以《战国策》中有些内容不够可靠,其史料价值尚不及《国语》,更不如《左传》。因此有人认为,《战国策》"多浮夸不实之词,还有张冠李戴、以讹传讹等谬误。全书没有年月记载,甚至连论说者也不详。所以,它既算不上一部完整的史书,也不能当作可信程度较高的史料"(陶懋炳《中国古代史学史略》)。当然,《战国策》毕竟也具有相当丰富的社会内容,在一定程度上反映了战国时期的历史特点,为研究这一时期的历史提供了重要的史料。司马迁修《史记》,司马光编《资治通鉴》,战国部分的资料大都取材于《战国策》。因此,它的史学价值也是不应该低估的。

比起史学价值来,《战国策》的文学价值历来受到人们的极高评价。《战国策》的特点是长于说事,无论个人陈述还是双方辩论,都喜欢渲染夸张,有很强的说服力。如苏秦说赵王、张仪说秦王等,都明白流畅,是以前的历史散文所没有达到的。《战国策》摹状物态颇能曲尽其妙,描写人物较《左传》更生动,更形象。其中如苏秦游说、冯谖焚券和荆轲刺秦王等都惟妙惟肖,栩栩如生,已具备了人物传记的规模。这对后来的人物传记有很大的影响。

《战国策》的古本为西汉刘向所编,东汉高诱曾为之作注,到北宋时已残缺不全,曾巩重新补充编订为今本,南宋姚宏、鲍彪续为校注。元代吴师道参古本、今本之注,又杂引诸书作为补正而成《战国策校注》,通行至今。1973年,长沙马王堆三号汉墓中出土了类似《战国策》的帛书,经整理,定名为《战国纵横家书》。《战国纵横家书》共二十七章,其中有十六章不见于《战国策》,可视作是《战国策》的别本,也是关于战国时期历史的重要资料。

战国秦汉之际,还出现了《公羊传》、《穀梁传》、《山海经》及《铎氏微》、《虞氏春秋》、《穆天子传》、《越绝书》、《楚汉春秋》等许多历史著作。这些著作有的已经亡佚,有的虽有后人的辑本,却已经不是原来的面貌了。还有的尽管有一些脱遗断简,但原来面目似还未有太大的损害,如《山海经》等,则自然保存了可信和原始的材料,因而就具有了极高的史料价值。

（原载《千古往事千古书》,人民日报出版社 1995 年 1 月版）

评新旧《唐书》和新旧《五代史》

唐末五代，内地兵祸连结，文人四处避难，学术文化自然难以发展，史学亦是如此，虽然仍有一些实录、起居注之类的著作，但是没有出现史学名著。北宋建国后，经济逐渐得到恢复，出于统治阶级维护封建统治的需要，史学日益受到最高统治者的重视。这时出现了标志着我国古代史籍中会要体史书正式形成的《唐会要》、《五代会要》和我国地志划时代之作《太平寰宇记》等史书。《太平御览》、《文苑英华》、《太平广记》和《册府元龟》也先后修成，保存了大量的史料，对史学史的研究极有价值。特别应该注意的是对唐史和五代史的重新修撰，产生了《新唐书》和新、旧《五代史》。

《旧唐书》和《新唐书》

《旧唐书》二百卷，包括本纪二十卷、志三十卷、列传一百五十卷，记载了自高祖武德元年（618年）李渊称帝，至哀帝天祐四年（907年）朱温灭唐共二百九十年的史事。本称《唐书》，宋朝宋祁、欧阳修等编写的《新唐书》问世后，才改称《旧唐书》。

后梁篡唐之后，由于战乱不停，唐史还来不及修撰。直到后梁末帝龙德元年（921年）开始为修唐史作准备，收集了一些材料，但还没有正式修史后梁就亡了。后唐明宗时，重提修史之事，收购了一些遗书残史。到后晋天福六年（941年），石敬瑭从贾纬之请，命张昭远、贾纬和赵熙等人编修唐史，以宰相赵莹为监修。四年后，《唐书》编撰完成。当时赵莹罢相，刘昫以宰相兼领监修，将此书奏上。因此，《旧唐书》的作者署名"刘昫"。实际上，刘昫对这部史书没有做什么工作，而张昭远、贾纬等人才是真正的作者。清人赵翼说：

> 《旧唐书》之成，监修则赵莹之功居多，纂修则张昭远、贾纬、赵熙之功居多，而《刘昫传》并不载经划修书之事。今人但知《旧唐书》为昫所撰，而不知成之者乃赵莹、张昭远、贾纬、赵熙等也。

《旧唐书》主要取材于实录、国史和野史。但由于唐朝前期史料较丰富，而后期处于兵荒马乱的年代，史料无人整理，所以《旧唐书》前半选材适当，剪裁亦得体，文字也较为简洁。这一部分主要参考了唐玄宗时人韦述所修撰的《唐书》一百十二卷，有些地方就是抄自《唐书》，如《唐书》中写的"我开元……"之类也径抄在《旧唐书》中了。同时，前期修的一些实录，也可供采摘。后一部分则因为史料不足，如宣宗以后无实录，穆宗以下又无国史，全靠作者采访编辑，所以内容明显芜杂，记事矛盾的地方也很多。列传部分多叙官资宠遇，却缺乏事实，而且有一人两传、一事两见的现象。如卷一百二十二有《杨朝晟传》，而卷一百四十四又为其立传；卷一百〇二附有《萧颖士传》，而卷一百九十《文苑传》又有他的传记。前后表疏也有重复的。这种情况是因为书成众手而且编撰仓促不及检查、校阅造成的。《历志》和《经籍志》只叙述到唐玄宗时期，其后便没有记载了。

但是，《旧唐书》也有其价值，所以能流传至今。《旧唐书》最突出的优点是保留了许多有价值的史料。它修撰时离唐亡仅四十年，作者多为当代人或去之不远者，有条件看到并收录大量的原始记录。中唐元和以前的许多国史、实录，经过后梁、后唐大规模的搜集，大多保存了下来，为《旧唐书》的修撰提供了极有利的条件。后半部由史官杂取史料重新撰著，从而保存了原始史料的真实性。如《懿宗本纪》、《僖宗本纪》中有关于庞勋起义和黄巢起义的记载，是比较真实而原始的史料。列传中对我国少数民族有详细的记载，尤以突厥、回纥和吐蕃等民族的史料最为详尽，超过了以前各史。列传记载了1180余人，其中对思想、文化和科技等领域的代表人物记载较多。《食货志》记载唐代的土地制度和赋税制度都很详细，颇有史料价值。《旧唐书》还把许多诏令、奏疏和书信都原封不动地抄录下来，保存了丰富的原始资料，其积极意义是不应低估的。司马光修撰《资治通鉴》对新旧《唐书》均采用,但用《旧唐书》材料较多。由此亦可以看出《旧唐书》的地位和价值。

《新唐书》问世后,《旧唐书》几乎无人问津,以致一度摈弃而渐散佚。《经史百家制度》说:自从《新唐书》刊行至今已数十年了,《旧唐书》已没有人阅读,只能堆在墙角,或者用来盖腌菜缸的口。许多成年人竟然不知道历史上曾经出现过《旧唐书》。这里记载的情况,正反映出《旧唐书》被冷落的史实。到了明嘉靖年间,《旧唐书》才为人重视,有人搜集校对,重新刻印,使它重新流传开来。至清修《四库全书》,它才被列入"二十四史"之中。

《新唐书》共二百二十五卷,包括本纪十卷、志五十卷、表十五卷、列传一百五十卷,记事时间与《旧唐书》大体相同。

宋仁宗庆历四年(1044年),贾昌期疏请重修唐史。仁宗认为《唐书》太浅陋,同意重修,遂命欧阳修、宋祁重修唐书,参预其事的有范镇、王畴、宋敏求和吕夏卿等人,宰相曾公亮先提举其事,后为监修。宋祁负责先撰列传,后来欧阳修负责主撰本纪、表、志,两人同时完稿,前后历时十七年。

《唐书》重修时,不仅参加撰写的人都各有专长,而且自宋朝建立后,各种史料不断被发现,这为重撰唐书提供了丰富的史料。清人赵翼说:

> 《旧书》当五代乱离,载籍无稽之际,掇拾补葺,其事较难。至宋时文治大兴,残编故册,次第出见。观《新唐书·艺文志》所载唐代史事,无虑数十百种,皆五代修《唐书》时所未尝见者,据以参考,自得精详。又,宋初绩学之士,各据所见闻,别有撰述,如孙甫著《唐史记》七十五卷,每言唐君臣行事,以推见当时治乱,若身历其间,人谓终日读史,不如一日听孙论也。又赵瞻著《唐春秋》五十卷,赵邻几追补《唐实录》会昌以来日历二十六卷,陈彭年著《唐纪》四十卷。诸人皆博闻勤采,勒成一书,必多精核。欧宋得藉为笔削之地。

因此,较之《旧唐书》,《新唐书》有许多长处,也有一些短处。新旧二史各有短长,不可偏废。《新唐书》的长处主要表现在以下几个方面:

1. 较之《旧唐书》,《新唐书》增加了许多史实。因为《旧唐书》后半部史料缺乏,《新唐书》就此作了一些补充。如《黄巢传》,《新唐书》在篇幅上几乎增加了一倍。列传增加三百三十一传,为不少晚唐人物立了传。又如《食货志》有关授田情况和租庸调的记载,比旧志丰富了许多。《艺文志》在《旧唐书·经籍志》之外,增收了许多图书,仅唐人文集就由一百余家增至六百多家,如旧志所没有著录的李白、杜甫、韩愈和柳宗元等文化巨人的著述均在其中,弥补了旧志的一个重大缺陷。《地理志》不仅对各种材料的处理很得体,而且还记载了贾耽地理学的成果。

2. 较之《旧唐书》,《新唐书》在体例上也有创新。针对唐代社会特有的现象,《新唐书》创立了《仪卫》、《选举》、《兵》三志和《藩镇》、《公主》、《藩将》和《奸臣》四传。《选举志》记载了唐代的科举制度,《兵志》十分详细地记载了府兵制。另外,《新唐书》继承《史记》、《汉书》的传统,在魏晋以来正史都不列表的情况下,又新编写了表。它的《宰相表》、《方镇表》、《宗室世系表》和《宰相世系表》,都编得有一定特色,很有价值。其中尤以《方镇表》最佳,为了解唐代方镇势力的消长提供了珍贵的线索。

3. 较之《旧唐书》,《新唐书》在文字上较为简洁。旧书约一百九十万字,新书仅一百四十万字,可见确是简洁多了。针对《旧唐书》繁复杂乱的缺陷,新书注意繁者简之,杂者删之。《新唐书》不仅没有一人两传的现象,就连一事分见数处、一文别见数卷的现象也尽量减少,或采用互相参见的方法,以达到文笔简洁的效果。但就《新唐书》本身而言,因为宋祁较刻意追求简古,所以列传语义颇为晦涩,不如纪、志文笔通畅。

《新唐书》虽弥补了《旧唐书》的一些缺陷,但还并不能取代《旧唐书》,因为它也有一些短处。首先,为了达到"其文则省于旧"的目的,《新唐书》对《旧唐书》作了许多删削,有时不免失之于太简略,有一些极有价值的文献也被删削了。如狄仁杰《谏太后营大像疏》、陆贽《代德宗罪己诏》等在唐代极有影响的诏疏都被删掉了。有些传记不应删而删去了,如列传中删去了玄奘、神秀和一行等人的传记。这些都是很不恰当的。其次,新书对旧书的史料加以改写,也多有不当之处。为了浓缩史料,精练文字,《新唐书》所述事实也较《旧唐书》显得有更多的疏略之处,有些帝纪被删减得太多。如《哀帝纪》,旧书一万多字,新书仅千字上下。这样大量的删改,失去了许多宝贵的史料。另外,《新唐书》有时还把原诏令、奏议中的骈文改写成散文,减弱了原有史料的价值。《新唐书》为了行文方便,常削删年代、数字和官爵等内容,使人不能了解具体的史实。《新唐书》刚修撰完成，吴缜即撰写了《新唐书纠谬》，共四百六十条，分二十门，指出《新唐书》有多采小说而不精择、因袭旧文而不推考等失误。有些意见是很有价值的。

　　由以上的介绍可以看出，《新唐书》自有其价值，但《旧唐书》也并非一无是处。正确的评价应该是：二书各有千秋而不能偏废，都是研究唐代历史的宝贵资料。

《旧五代史》和《新五代史》

　　《旧五代史》一百五十卷，另有目录二卷，其中本纪六十一卷、列传七十七卷、志十二卷，记载了自后梁建立（907 年）至后周灭亡（960 年）五十余年间"五代十国"的历史。原名《五代史》，又称《梁唐晋汉周书》，后来为了与《新五代史》相区别，改叫《旧五代史》。

　　北宋开国后，即于开宝六年（973 年）诏修五代史，命宰相薛居正监修，参预编修的人有卢多逊、扈蒙、张澹、李昉、刘兼、李穆和李九龄等。次年闰十月编撰任务便完成了。成书如此之速，是因为它有各朝实录可资利用，并以范质《五代通录》为蓝本，以及修史诸人与五代时代相近，对当时的掌故和史实多能了解。

　　《旧五代史》的编纂方法效法《三国志》，五代各自成书，每书有纪有传。梁书二十四卷，唐书五十卷，晋书二十四卷，汉书十一卷，周书二十二卷。五书合称为五代史。十国的史事分别记入《世袭别传》和《僭伪列传》，契丹、吐蕃等则为《外国传》。

　　《旧五代史》成书仓促，对史料的整理、对文字的加工都欠功力。但因为作者大多经历过五代，了解当时的掌故和史实，所以记事较为详细，保存了许多有价值的史料。

　　《旧五代史》修成后约八十年，欧阳修编撰了《新五代史》，二书并行于世。至金章宗泰和七年（1207 年）诏令学官专用《新五代史》，《旧五代史》逐渐湮没无闻。自明中叶至清乾隆约二百年间，很少有人提到《旧五代史》。《永乐大典》虽多载其遗文，但原书因被割裂而非旧貌了。到清乾隆年间修《四库全书》，因为找不到旧史原本，邵晋涵等人乃从《永乐大典》中辑录原文，又以《册府元龟》等书引用《旧五代史》的史文作补充，同时还以其他典籍文物进行考订，才大致恢复了原书的面貌。乾隆四十年（1775 年），它被作为《四库全书》中的一种，缮写进呈，这便是我们今天看到的《旧五代史》辑本。需要说明的是，清朝对于辑录本中有犯忌讳的文字，如虏、戎、胡、夷狄和伪等称谓，多所窜改。陈垣先生曾在《旧五代史辑本发覆》一书中加以揭露和考证。

《新五代史》，七十四卷，包括本纪十二卷、列传四十五卷、考三卷、世家及年谱十一卷、四夷附录三卷。原名《五代史记》，欧阳修撰。

欧阳修（1007—1072 年）字永叔，江西庐陵（今江西吉安）人。曾任枢密副使、参知政事。他是著名的文学家，曾倡导诗文革新，写下了许多优秀的诗文。他在奉命编写《新唐书》之前，大约用了二十年的时间，独自撰写了《新五代史》。

在体例上，《新五代史》与《旧五代史》不同，它取法《南史》和《北史》，打破朝代界限，把五朝的纪、传综合在一起，按时代先后排列。本纪之后是列传。《新史》的列传与《旧史》多有不同，它列了不少类传，如《家人》、《死节》、《死事》、《一行》、《唐六臣》、《义儿》、《伶官》和《宦者》，历官数朝的人则编在《杂传》。

本来《旧五代史》有《礼》、《乐》、《食货》、《刑法》、《选举》和《职官》等志，内容虽然失之于单薄，但仍能从一些侧面反映五代时期的社会生活。可是，欧阳修认为五代典制没有什么特点不值得专门论述，所以不作志，只作了《司天》和《职方》二考，以记五代的天文与地理。这是《新五代史》一个很大的不足之处。

《新五代史》纠正了《旧史》的许多不正确的记载，如实地记载了朱温家世，不立《唐武皇（李克用）纪》，而将其事载之于《庄宗纪》内，这些地方处理得都很好。另外，《旧五代史》载十国史实大多不够详细，《新史》作了许多补充，虽然仍难免显得简略，却也首尾有序，比《旧史》前进了一步。《新五代史》中的《世家》专记十国政权的兴衰，《四夷附录》主要记载契丹等少数民族的历史，是《旧五代史》所没有的。但欧阳修行文讲究简洁，有时难免简而失当，往往删去了《旧五代史》中的一些有价值的史料。单就史料价值来看，《新五代史》反不如《旧五代史》。

　　欧阳修编《新五代史》,特别着意于"书法谨严"。他特别注意"褒贬义例",喜欢作所谓"《春秋》笔法",即用规定有特定含义的字词表达对人和事的态度。如"攻",指两个地位平行的封建国家或政治集团互相作战;"征",指皇帝亲自率军作战;"杀",指无罪被杀;"伏诛",指有罪当杀,等等。欧阳修列的类传,如《死节传》《唐六臣传》和《杂传》等都寓有褒贬之意。论述中也多封建教条的说教,表现了他维护"君君、臣臣、父父、子子"封建秩序的立场。

　　徐无党是欧阳修的学生,他为《新五代史》作了注。徐无党的注主要是解释书法义例,对读者很有帮助。

　　《新五代史》与《旧五代史》相比,确实有许多长处,所以成为"二十四史"中自唐朝以后唯一的一部私修史书。但两部《五代史》同两部《唐书》一样,互有优劣,各有短长,不能偏废,都是研究五代十国历史的主要资料。

　　　　(原载《千古往事千古书》,人民日报出版社 1995 年 1 月版)

卷二　唐代文学散论

论咏物诗

在我国第一部诗歌总集《诗经》里，我们可以看到不少咏物的诗句，刘勰《文心雕龙·物色》说《诗经》里"'灼灼'状桃花之鲜，'依依'尽杨柳之貌，'杲杲'为出日之容，'瀌瀌'拟雨雪之状，'喈喈'逐黄鸟之声，'喓喓'学草虫之韵"。苏轼说："诗人（指《诗经》作者）有写物之工，'桑之未落，其叶沃若'，他物不可当此。"（《野客丛书》引）但是，在《诗经》里，"物"并不是诗人描写的主要对象，而只是诗人用为"比兴"的媒介，如"关关雎鸠，在河之洲"（《关雎》），诗人并不是在咏雎鸠，而仅仅是以之起兴而已。

在楚辞里，也有相同的一面，如《离骚》里，诗人写了秋菊、薜荔、菌桂，但诗人并未将其看作主要描写对象，而只是用它们来比喻自己的高洁。清钱銮说："诗能体物，每以物而兴怀；物可引诗，亦因诗而睹态。周存篇首，托兴雎鸠，楚客词中，寄情兰茝……"（《咏物诗选序》）不同的是，屈原有一篇《橘颂》，可以看作是我国文学史上最早的一首咏物诗。在这首诗里，诗人描绘了桔的形象和品格，寄寓了诗人的感情和理想，表明了诗人所追求的一种高洁的人格。在《橘颂》里体现了咏物诗的基本特征：至少从字面上，是以"物"为主要描写对象。但是，《橘颂》在后半部分正面抒发了诗人的感情，物我界限还很明显，诗人之"我"并未完全溶入对物的描绘之中，因此《橘颂》还不能称为纯粹的咏物诗。

汉代以后，大赋专事体物，以文辞繁富、刻画细致为特色，《文心雕龙·通变》说"夸张声貌，则汉初已极"，并批评它"模山范水，字必鱼贯……辞大丽淫而繁句也"。也许是受了"写物图貌，蔚似雕画"的赋的影响，这时出现了一些咏物诗，如汉武帝的《天马歌》、《西极天马歌》；汉昭帝的《黄鹄歌》。乐府古辞有《蜻蝶歌》、《鸡鸣歌》。但是,这些咏物诗不仅数量极少,而且质量也不高,只能将其视作咏物诗发展过程中一个必要的环节。

咏物诗的大量涌现,是在魏晋南北朝时期,王夫之《姜斋诗话》说:"咏物诗,齐、梁始多之。"俞琰认为,咏物诗"至六朝而始,以一物命题,唐人继之……"(《咏物诗选·自序》)。这个时期咏物诗的数量大增,作品相当多,如魏曹植有《斗鸡诗》、《鰕䱇篇》,繁钦有《槐树诗》,晋傅玄有《芙蕖》、《莲歌》,陆机有《园葵》,许㭔有《竹扇》,袁山松有《菊》。到了南朝,写咏物诗更成为一种风气,如梁简文帝有《咏风》、《赋草》、《咏橘》、《早蝉》、《蛱蝶》、《栀子花》、《蔷薇》,刘孝绰有《咏素蝶》,吴均有《梅花落》,谢朓有《咏蔷薇》,庾信有《杏花》……之所以在这个时期出现了大量的咏物诗,除了赋的影响和其他原因以外,我以为这与我国文学至魏晋南北朝进入了自觉阶段有关。

我国汉代以前,诗歌作为一种艺术,没有摆脱开儒家经学的轨道而按自身的艺术规律独立发展,"诗言志"成为占主导地位的文学思想,而忽略了诗歌的基本特征——抒情性。到魏晋六朝时期,缘情说建立起来,陆机说:"诗缘情而绮靡"(《文赋》),刘勰说:"人禀七情,应物斯感"(《文心雕龙》)。也就是说,诗不一定非要"言志",也可以用之抒情,也可以描写那些触发自己感情的事物,即所谓"情以物迁,辞以情发"(《文心雕龙·物色》)。清人俞琰《咏物诗选·自序》有一段话颇为精当,他说:"凡诗之作,所以言志也。志之动由于物也。感于物而动,故形于言;言不足,故发为诗。诗也者,发于志而实感于物者也。诗感于物而其体物者,不可以不工;状物者,不可以不切。于是,有咏物一体,以穷物之情,尽物之志……"这里对咏物诗产生原因的分析还是有一定道理的。同时,五言诗的兴起,为诗人们描写外物、抒发感情提供了很好的形式,所以梁钟嵘在《诗品》里说:"五言居文词之要……岂不以指事造形、穷情写物,最为详切者耶?"

咏物诗大量产生以后,经历了一个借物比兴、借物言志到较重形似的过程,宋张戒《岁寒堂诗话》认为"建安、陶、阮以前诗,专以言志;潘、陆以后诗,专以咏物。"所谓"专以咏物",便是指在咏物时过分追求"形似"的状况。当时的文风颇重形似,或曰"巧似",如《诗品》评张协:"巧构形似之言";评谢灵运:"故尚巧似,而逸荡过之,颇以繁富为累";评颜延之:"尚巧似"。《颜氏家训》云:"何逊诗实为清巧,多形似之言。"对这种文风,刘勰有一段话说得比较明白,他说:"自近代以来,文贵形似。窥情风景之上,钻貌草木之中。吟咏所发,志惟深远;体物为妙,功在密附。故巧言切状,如印之印泥,不加雕削,而曲写毫芥。"(《文心雕龙·物色》)在这种文风影响下,咏物诗的数量虽然不少,但质量还不甚高,诗人们咏物往往滞于物,很少留意于写出物的神韵,这种风气一直到唐初亦未根本改变,如初唐诗人李峤写了一百二十余首诗,遍咏群物,但却没有一首可称为优秀之作,其原因便是太追求"图形写貌",而没有写出物的精神和韵致。

初唐以后,诗坛上也出现了大量优秀诗人,他们总结了前人的经验和教训,努力创作,写出了许多优秀的作品,其中包括咏物之作。唐以后的咏物诗,虽然在题材上有所开拓,但总的讲,无疑是沿着唐代诗人开辟的道路走了下来,所以清人俞琰在其《咏物诗选·自序》里说:"故咏物一体,三百导其源,六朝备其制,唐人擅其美,两宋、元明沿其传。"这个分析还是符合咏物诗的发展历程的。

咏物虽被视为"小道"、"小题",可是自唐以后,几乎每一位有成就的诗人都有几首咏物诗。在文学史上确也有因咏物而得名的诗人,如谢逸写了三百余首《蝴蝶》,被称为"谢蝴蝶"。袁凯因其《白燕》诗写得出众,被人称作"袁白燕"。其实,要写出好的咏物诗是很不容易的,宋代张炎认为"诗难于咏物"(《词源》)。明代屠隆说:"抒心而妙者,十常八九;体物后工者,十不二三,盖古今难之矣。"(《咏物诗选》)又说:"诗到咏物,虽唐人犹难之。大家哲匠,篇章寥寥,岂非以写情境者易妙,体物理者难工也。"(《观灯百咏序》)清代吴衡照认为"咏物虽小题,然极难作"(《莲子居词话》)。咏物诗之所以难写,那是因为它不以抒情言志为主,作者的抒情受到他所描绘的物的制约,必须通过"体物"来写出自己的感情。况周颐在其《蕙风诗话》里指出:要写出好的咏物诗,就不能呆板,具体地说要戒"三呆":"一呆典故,二呆寄托,三呆刻划。"这个见解十分精当,很能说明问题。戒"三呆",是写好咏物诗的必要条件;三不"呆",是好的咏物诗必备的特点。下面我们以这"三戒"为线索,来谈一谈好的咏物诗的特点:

一戒呆典故。咏物诗同其他题材的诗一样,可以用典,因为典故概括性强,将其用在诗里,可以使全诗内容显得丰富,形象更加生动,起到很好的艺术效果。如明高启《秋柳》诗云:"欲挽长条已不堪,都门无复旧毵毵。此时愁杀桓司马,暮雨秋风满汉南。"《世说新语·言语》载,东晋桓温在率兵北伐的路上,看到自己年轻时栽种的柳苗已经长大成树,深感年华易逝而功业未成,不禁叹道:

"木犹如此,人何以堪!"说完折下一枝柳条而凄然流泪。《秋柳》借用这个典故,表达了诗人希望能及早有所作为的愿望。因为用典,全诗的感情更为深沉,主题也得到了深化。又如清王丹林《白桃花》云:"相逢不信武陵村,合是孤峰旧托根",又说白桃花"开当玉洞谁知路"。这里用了陶渊明《桃花源记》的典故,写活了白桃花的形象与神韵。杜牧《蔷薇花》:"石家锦障依然在,闲倚狂风夜不收。"《世说新语·侈汰》载,石崇为人极奢,曾做五十余里长的锦缎屏幕以遮避风尘,这里用"石家锦障"来夸张地形容蔷薇花盛开的景象,由于用典,使所咏之物更为形象生动。但是,咏物诗虽然可以用典,但要戒"呆",即是说不能死板地用典,不能为用典而用典。王骥德《曲律》认为戏的曲白要善于用典,所谓"善于"就是引得确切,用得恰好。"用在句中,令人不觉,如禅家所谓撮盐水中,饮水乃知咸味,才是妙手"。这样用典,看起来像是顺手拈出,一点也不勉强生硬。若是不善用典,则必然"失之堆积",痕迹明显,从而使人望而生厌。王骥德的看法很有道理,看来"呆典故"是诗、词、曲白创作都应避免的。

二戒呆刻划。咏物诗的描写对象是"物",既然是咏物诗,便需对所咏之物作一定的描绘,求其逼真,或曰"刻划"。这种刻划是为了曲尽物体之妙,达到形似的目的,正如画中的工笔,因其纤密委婉,可使事物的声色状貌毫发皆见,从而给人以十分具体而清晰的感受。但是若"呆"于此,为了形似,单纯追求刻板和琐屑的描写,也不是好的咏物诗。苏轼《书鄢陵王主簿所画折枝》诗中说:"论画以形似,见与儿童邻。赋诗必如此,定知非诗人。"咏物诗还应该在形似的基础上再进一步,写出"物"的神韵,即所谓"以貌取神"。清田同之《西圃诗说》认为"咏物贵似,然不可刻意太似。取形不如取神"。《直方诗话》有一段记载,很有意思:"王居卿在扬州,同孙巨源、苏子瞻适相会。居卿置酒曰:'疏影横斜水清浅,暗香浮动月黄昏。此林和靖《梅花》,然而为咏杏花与桃花皆可。'东坡曰:'可则可,但恐桃李花不敢承当。'一座大笑。"苏轼的见解是很高明的,因为林逋的《梅花》诗,描绘出梅花孤傲雅清的神态和风韵,尤其是"疏影"一联写刚盛开的梅花,最为传神,而"杏桃李者,影能疏乎?香能暗乎?繁秾之花又与月黄昏、水清浅有何交涉,且'横斜浮动'四字,牢不可移"(方回《瀛奎律髓》)。如果林逋仅仅着眼于梅花的色彩、形状,尽管可能写得更为细致、逼真,却会失去梅花的神韵,不会成为千古传诵的佳作,如宋代石曼卿的《红梅》诗这样写梅花:"认桃无绿叶,辨杏有青枝",便比林逋

《梅花》逊色多了。苏轼不满于石曼卿的咏梅,认为它没有写出红梅不同流俗的品格,也写了一首《红梅》诗,其中说"诗老(指石曼卿)不知梅格在,更看绿叶与青枝"。而他却这样来写红梅:"怕愁贪睡独开迟,自恐冰容不入时。故作小红桃李色,尚余孤瘦雪霜姿。寒心未肯随春态,酒晕无端上玉肌。"这就在对红梅形象描绘的基础上,写出了它的风采与品格。

虽然"刻划"对咏物诗来说是重要的,但不能"呆"于刻划,有时为了写出所咏之物的内在气质和精神,宁可舍去细致的描绘,这便是所谓"遗貌取神"的写法。如陆龟蒙的《白莲》:"素花多蒙别艳欺,此花真合在瑶池。无情有恨何人觉?月晓风清欲堕时。"这首诗舍去了外在形貌的描绘,却写出白莲的神韵和风姿,于是成为咏物诗中的上乘之作。清王士禛将这首诗与林逋《梅花》并题曰:"疏影横斜,月白风清等作,为诗人咏物极致。"(《花草蒙拾》)有人认为,《白莲》诗可以移作咏白牡丹,更感亲切,张宗柟《〈带经堂诗话〉卷十二附识》认为这种看法:"似不深究诗人写物之意……而牡丹开时正风和日暖,又安得有月冷风清之气象耶?"这话是很有道理的。

在咏物诗里,我们可以读到许多以貌取神或遗貌取神的佳作,如李白写白鹰:"孤飞一片雪,百里见秋毫"(《观放白鹰》);杜甫咏马:"所向无空阔,真堪托死生"(《房兵曹胡马诗》);岑参咏马:"草头一点疾如飞,欲使苍鹰翻向后"(《卫节度赤骠马歌》);李贺咏马:"向前敲瘦骨,犹自带铜声"(《马诗》);杜牧写鹭鸶:"惊飞远映碧山去,一树梨花落晓风"(《鹭鸶》);王安石咏梅:"遥知不是雪,为有暗香来"(《梅花》);袁凯咏白燕:"月明汉水初无影,雪满梁园尚未归"(《白燕》)……这些咏物诗之所以写得好,有一个共同的特点,那就是不仅仅追求形似,而是力图神似,在刻划中求神似;虽咏物,但不呆滞于物,力求有空灵之感,而不是太实,因为"太实则近腐"。将这些概括为一句话,即是"不呆于刻划"。呆于刻划,则会使咏物诗不免陷于纤碎小巧,而失之于境界不高、意境不美。前人早已指出:"咏物诗最难工,太切题则粘皮带骨,不切题则捕风捉影,须在不即不离之间。"(清钱泳《履园谭诗》)刘熙载《艺概》也用"不即不离"来要求咏物诗。不即不离,其实就是"不呆于刻划"。

三戒呆寄托。"诗言志"是我国文学传统思想之一,诗人们在创作时,总有某些感情要抒发,即使是咏物,也希望能表达出自己的理想和志向,或者表达自己对某些事物的看法,这便是寄托。咏物诗可以有寄托,有寓意,这也是比较一致的看法,如元杨载《诗法家数》:"咏物之诗,要托物以伸意。"薛雪《一瓢诗话》:"咏物以托物寄兴为上。"这些说法都强调咏物诗应有寄托,虽然可以明显地看出传统文学思想的影响,但确实有合理之处,在优秀的咏物诗里,我们往往可以看到诗人在对具体"物"的描绘中融进了自己的愿望和感情,读之往往能发人深省。如杜甫《古柏行》,在对"霜皮溜雨四十围,黛色参天二千尺"的老柏的描绘中,抒发了"古来材大难为用"的感慨;韩愈在对"犹堪持改火,未肯但空心"(《枯树》)的老树的描写里,寄托了自己希望能为世用的心情。薛涛《柳絮咏》:"他家本是无情物,一向南飞又北飞。"在咏柳絮里,暗寓着诗人飘零无依的忧伤和感叹。李商隐《柳》:"曾逐东风拂舞筵,乐游春苑断肠天。如何肯到清秋日,已带斜阳又带蝉。"诗中描写了柳由春至秋的荣悴变化,抒发了诗人深长的人生感慨。宋李纲《病牛》:"耕犁千亩实千箱,力尽筋疲谁复伤? 但得众生皆得饱,不辞羸病卧残阳。"诗中借"病牛"的形象,表现了作者为百姓温饱、国家安定,不计个人荣辱得失的高尚情操。于谦《石灰吟》:"千锤万击出深山,烈火焚烧若等闲。粉骨碎身全不怕,要留清白在人间。"抒发了诗人愿为国家献出生命的情怀。郑板桥《竹石》:"咬定青山不放松,立根原在破岩中。千磨万击还坚劲,任尔东西南北风。"表现出作者所追求的一种坚定、顽强的品格。王冕《白梅》:"冰雪林中著此身,不同桃李混芳尘;忽然一夜清香发,散作乾坤万里春。"寄托了诗人兼济天下的志愿。再如卢仝《白鹭鸶》:"刻成片玉白鹭鸶,欲提纤鳞心自急。翘足沙头不得时,傍人不知谓闲立。"讽刺了生活中那种内慕名利而外示高洁的人。来鹄《云》:"千形万象竟还空,映水藏山片复重。无限早苗枯欲尽,悠悠闲处作奇峰。"讽刺了社会上那种空有其表、徒有其名的人物。其他如王安石咏杏花:"纵被春风吹作雪,绝胜南陌碾成尘"(《北陂杏花》),朱淑真咏菊花:"宁可抱香枝上老,不随黄叶舞秋风"(《黄花》),元好问咏未开海棠:"爱惜芳心莫轻吐,且教桃李闹春风"(《同儿辈赋未开海棠》)……以上我们所举出的这些诗作,在咏物中都有所寄托,有所寓意,因为诗人将所咏之"物"与所寓之"意"有机地结合起来,达到了物我合一的境界,若是脱离开对物的描绘,一味地表达自己的理想和感情,便会使咏物诗显得太直、太露,没有回味的余地,做不到"言有尽而意无穷"。那些成功的有寄托的咏物诗,之所以为人们所喜爱,原因之一就是它们不呆于寄托,做到了物我合一。

但是，是不是咏物诗只有有了寄托才是好诗呢？那也不一定。如贺知章的《咏柳》："碧玉妆成一树高，万条垂下绿丝绦。不知细叶谁裁出？二月春风似剪刀。"这首诗构思新巧，用鲜明的色彩和形象的比喻，把春柳描绘得生气勃勃，充满了诗意。张谓《早梅》："一树寒梅白玉条，迥临村路傍溪桥。不知近水花先发，疑是经冬雪未销。"这诗虽无深意，但写得风趣活泼，将早梅的形象和神态描绘了出来。钱起《衔鱼翠鸟》："有意莲叶间，瞥然下高树。擘波得潜鱼，一点翠光去。"这四句诗写出了翠鸟捕鱼时的四个动作：侦察鱼的动态、忽然飞下高树、分波捕得游鱼、衔鱼迅速飞去。写得有声有色，十分生动。再如薛涛的《金灯花》："阑边不见裦裦叶，砌下惟翻艳艳丛。细观欲将何物比？晓霞初叠赤城宫。"这首诗想象奇特，生动地描写出金灯花的形象和神韵。皮日休《题蔷薇》："浓似猩猩初染素，轻如燕燕欲凌空。可怜细丽难胜日，照得深红作浅红。"诗人观察得十分细致，把日光下蔷薇颜色的变化写得生动传神。范成大《樱桃花》："借暖冲寒不用媒，匀朱匀粉最先来；玉梅一见怜痴小，教向傍边自在开。"作者通过梅花来写樱桃花，既生动形象，又风趣活泼……这一类诗，表现出诗人对生活的热爱，它们以其生动的形象描绘和强烈的美感打动读者，引起人们丰富的联想，满足人们某一方面的审美要求，自然也是咏物诗中的上乘之作。因此，说咏物诗一定要有寄托才为"上"，是片面的。施补华更认为"咏物诗必须有寄托"（《岘佣说诗》），则是太绝对化了。事实上，在大量的咏物诗中，真正有寄托、有寓意的并不是多数，有许多很好的、为人们广泛传诵的名作，也并不一定有寄托。要求"咏物诗必须有寄托"，就会"呆于寄托"，这对咏物诗写作的要求是不现实的，因为人的感情是多方面的，诗人观察事物也是多角度的，"呆于寄托"，只能使咏物诗中的寄托显得勉强、生硬，从而使咏物诗失去诗意，寄托也便显得苍白而毫无意义了。

在我国文学史上，自从咏物诗兴盛起来以后，便没有衰竭，各朝各代的诗人都有大量的制作，因为它的数量是相当多的，它的内容也是相当广泛的，难免鱼龙混杂，这自然给我们的欣赏与评价带来一定的困难。以上我们从戒呆典故、戒呆刻划、戒呆寄托三个方面说明了好的咏物诗必然具备的三个特点，以之为线索，也许有助于我们对古代咏物诗的欣赏与评价。

（原载《上海教育学院学报》1987 年第 3 期）

浅论盛唐边塞诗派的艺术风格

在盛唐时代,由于整个社会呈现出一种蓬勃向上的气氛,又恰逢边塞战争频繁发生,许多文人自然萌发了立功边塞的雄心壮志。他们或者驱马扬鞭,从戎边塞;或者身处内地,关心边事。于是,产生了许多歌咏边塞生活和战争主题的诗歌,一时形成一股潮流,这就是盛唐的边塞诗派。

对于流派的划分,不仅要考虑这些诗人所描写的是相似或相近的题材,所抒发的是相似或相近的感情,而且还应该特别注意这些诗人在艺术风格上的共同之点。正是因为题材和风格的相似和相近,人们才把高适、岑参、李颀、王昌龄等人视为一个流派。当然,任何事物都不是绝对的,何况像"边塞诗派"这样没有明确含义和范围的概念,更是存在着矛盾。边塞诗人们虽然写下了许多关于边塞战争和边塞生活的诗歌,但是由于生活经历、个性以及擅长的体裁不尽相同,因而他们在诗歌的艺术风格上也存在着一定程度的差异。需要指出的是:这种不同,是在总的色调相同基础之上的不同。正像几幅各有特色的国画,虽然具体用笔可能有所差别,但却可以清晰地看出它们共同具有的气骨和精神。

边塞诗人在思想倾向上有共同的特点:他们在人生态度上是积极的进取的,而不是消极的退却的。当然,在佛道盛行的时代,在奸佞当权的时代,他们在坎坷仕途中遭受了种种打击,也难免产生归隐从禅的念头。如岑参说:"久欲谢微禄,誓将归大乘","浮名何足道,海上堪乘桴"。高适说:"且向世情远,吾今聊自然。"王昌龄诗曰:"早知行路难,悔不理章句。"但是,他们的基本方面毕竟是积极入世的,并没有走向隐逸山林的道路,边塞诗人们不仅有建功立业的急切心情,而且还具有不同程度的乐观情绪和英难气概以及一定的民族意识和爱国热情。他们在诗中唱道"万里奉王事，一身无所求。也知边塞苦，岂为妻子谋"（岑参《初过陇山途中呈宇文判官》）、"万里不惜死，一朝得成功。画图麒麟阁，入朝明光宫"（高适《塞下曲》）、"气高轻赴难，谁顾燕山铭"（王昌龄《少年行》），字里行间充满了积极乐观的气息和立功边塞的愿望。

　　边塞诗派的诗人们有亲身的边塞生活的体验，无论是高适、岑参，还是王昌龄、崔颢都到过边塞，有的还长期生活在那里，如岑参，他自己说："终日见征战，连年闻鼓鼙。"（《早发焉耆怀终南别业》）因此，他们一定亲眼看见过将士们不畏艰险英勇杀敌的英姿，更清楚地认识到军队里的种种不平，更容易理解不义战争带给人民的痛苦和灾难。基于这样的思想基础和客观条件，他们怎么能够写出像王维《竹里馆》那样静寂风格的作品呢？文学作品的风格与作品所反映的生活往往是一致的，因此反映火热的边塞生活的边塞诗在风格上就往往是豪放悲壮的，这就是边塞诗派艺术风格的基调，这是前人早就予以注意的。严羽在《沧浪诗话》中说："高岑之诗悲壮，读之使人感慨。"辛文房在《唐才子传》里说："（岑参）诗调尤高，唐兴罕见此作……与高适风骨颇同，读之令人慷慨感怀。"《河岳英灵集》说："（高适）诗多胸臆语，兼有气骨。"《唐才子传》还说到崔颢"晚节忽变常体，风骨凛然，一窥塞垣，状极戎旅，奇造往往并驱江鲍"。胡应麟《诗薮》说："高适、岑参、王昌龄、李颀……本子昂之古雅，而加以气骨者也。"这里虽然只提到边塞诗派的几位代表诗人，却足以代表整个边塞诗派的共同风格。所谓"诗调尤高"，所谓"风骨凛然"，所谓"气骨"，实际就是指风格的豪放悲壮，遒劲有力。这种风格的形成是和他们的政治理想和生活经历分不开的。看看崔颢的例子，我们就能明白火热的边塞生活会给诗人们在思想和风格上带来多么大的影响。他"少年为诗，意浮艳，多陷轻薄"，写了不少"十五嫁王昌"之类的艳诗，只是后来"一窥塞垣"，才写出了像《古游侠呈军中诸将》那样的佳作。可见，不能离开诗人的生活实践来评论他们作品的艺术风格。

　　但是，我们说边塞诗人在艺术风格上有共同的基调，这并不排除他们仍然存在着一定程度的差异。当我们比较认真地研究了边塞诗人的主要作品以后，对这种差异的认识也就会比较清晰。

　　高适边塞诗的风格自然是豪放悲壮的，所以能使人"慷慨感怀"。但是由于他的生活经历以及思想状态所决定,他更多地关心边塞的安全,同情士兵们的疾苦,批评统治者的守边措施。因而,他的边塞诗就写得更加深沉和深刻,在豪放悲壮中更倾向于悲壮。他的诗在气象上似乎比不上岑参的诗奔放,然而更富于苍凉的情怀。先读他的《蓟中作》:

> 策马自沙漠,长驱登塞垣。
> 边城何萧条,白日黄云昏。
> 一到征战处,每愁胡虏翻。
> 岂无安边书,诸将已承恩。
> 惆怅孙吴事,归来独闭门。

由于策马边塞,他产生了一些安边的计策,可是"诸将已承恩",于是他只能"归来独闭门",全诗有一种悲凉的色彩,使人感到诗人的一腔爱国热情正受着痛苦的压抑。而真正能称得上是他代表作的则是《燕歌行》,这首诗大气磅礴,笔力劲拔,风格雄伟而悲壮。诗人用浓墨重笔描绘了战争场面的激烈、紧张,写出了敌人来势的凶猛和唐将士的昂扬斗志;深入地刻画了战士们细致的心理状态,表现了他们在战斗之余思念家乡而不得归的痛苦以及思妇的怀念之情。并且用有力的笔触,揭示了士兵和将军两种迥然不同的战地生活,充分显示了他观察的敏锐和思想的深刻。读完《燕歌行》,我们明显感到,它写得激昂而又深沉,虽然涉笔于种种矛盾,但整首诗的情绪却仍然是积极的豪壮的。有人把它列为盛唐边塞诗的压卷之作,这是很恰当的。

李颀边塞诗的风格略近于高适,在豪迈激昂之中不时流露出悲愤之气。且不说他的《古从军行》是这样,就是《塞下曲》也不例外:

> 少年学骑射,勇冠并州儿。
> 直爱出身早,边功沙漠陲。
> 戎鞭腰下插,羌笛雪中吹。
> 膂力今应尽,将军犹未知。

诗中的少年,英勇善战,屡立边功,给人一种豪放的感觉,使人羡慕;但是,在他力量已尽之时,仍然不为将军所知,更谈不上加以褒奖和受到重用了。由于写得深刻,因而使人得到了悲凉的印象。

有些边塞诗,在豪放悲壮中甚至有些颓放,我们可以很自然地想到王瀚《凉州词二首》之一,这首诗写得颇有特色:

　　葡萄美酒夜光杯,欲饮琵琶马上催。
　　醉卧沙场君莫笑,古来征战几人回?

这首诗在豪放的情绪中夹杂着无可奈何的感叹,内容丰富。沈德潜说:"故作豪饮之词,然悲戚已极。"(《唐诗别裁集》)确是这样,诗中表现的感情看起来很豪放,但若仔细品味,就会体会出其中的苦涩。将士们的一腔怨恨和愁苦却只能借着放怀豪饮求得短暂的消解。在字里行间,我们不是正可以看到战争的残酷以及将士们对战争的厌恶吗?再如王之涣的《凉州词》:"黄河远上白云间,一片孤城万仞山。羌笛何须怨杨柳,春风不度玉门关。"全诗描写的景色荒寒壮阔,表现了士兵久戍不得归来的哀怨和不满,同时流露了一种无可奈何的情绪,给人留下了深刻的印象。

岑参则更富于浪漫主义色彩,他的边塞诗充满了乐观的情绪。他也到过边塞严寒地带,却写出了这样奇丽的诗句:

　　北风卷地白草折,胡天八月即飞雪。
　　忽如一夜春风来,千树万树梨花开。
　　　　　　——《白雪歌送武判官归京》

他善于撷取边地特有的景致和事物,极力捕捉它们的动态,大笔勾勒,描绘了别有天地的图景。他不像高适那样夹叙夹议,直抒胸臆,而是擅长于描写,寓豪情于景物的描绘之中。因而他边塞诗的风格就更偏重于豪放俊逸和奇壮峭拔。在岑参的七十余首关于边塞的诗歌中,除了几首正面描写战争之外,它们大都以写景为主,在写景中抒情——在祖国奇丽壮阔的山川旷野的天地里,抒发了他的要求建功立业以及边地思家的情怀。由于他具有乐观精神和浪漫气质,因而在他笔下的边塞大自然,虽然也有恼人的严寒和酷暑,也有卷走沙石的狂风和终年不化的大雪,也有突兀的大山、无垠的沙漠和旷野,但却并不使人感到恐怖和萧索,而是充满了神奇、浪漫的色彩。即使那些直接描写战争的诗歌,也散发着浓重的豪放乐观之气,使人读罢有一种跃跃欲试的激越之情。请读《走马川行奉送封大夫出师西征》:

> 君不见走马川行雪海边,平沙莽莽黄入天。
> 轮台九月风夜吼,一川碎石大如斗,随风满地石乱走。
> 匈奴草黄马正肥,金山西见烟尘飞,汉家大将西出师。
> 将军金甲夜不脱,半夜行军戈相拨,风头如刀面如割。
> 马毛带雪汗气蒸,五花连钱旋作冰,幕中草檄砚水凝。
> 虏骑闻之应胆慑,料知短兵不敢接,车师西门伫献捷。

在诗里,诗人抓住边塞景物与气候的特色,运用自己的生活实践和感受,作了动人的渲染和描绘,写得是那样奇丽,语奇意亦奇。通过对奇异的风雪和严寒的描写,有力地烘托出爱国将士奔赴战场的雄姿。突出战斗环境的艰苦,是为了表达一种必胜的信心,给人一种乐观的情绪感染,呈现出雄壮的特色。诗里充满了急骤的动态的描绘,大胆地运用了想象和夸张。在形式上富有极强的音乐性,使全诗的思想表达得更加完美。为了说明他的奇壮的风格特征,我们可以再看他的《使交河郡》,诗里写道:

> 铁关控天涯,万里何辽哉!
> 烟尘不敢飞,白草空皑皑。

写得真是雄浑壮阔,语奇意新。

王昌龄的边塞诗作,不乏豪放悲壮之音,如他的五绝《从军行》、《出塞》等等,但有些诗却写得含蓄而有韵味,在豪迈之外别有一番情致。他很善于在感情表达与环境描写上,选取最有代表性的事物,使得短小的诗歌有极强的表现力,可以举他《从军行七首》里的两首为例:

> 琵琶起舞换新声,总是关山旧别情。

撩乱边愁听不尽，高高秋月照长城。

——之二

关城榆叶早疏黄，日暮云沙古战场。
表请回军掩尘骨，莫教兵士哭龙荒。

——之三

前一首诗含蓄有致，表达了边塞士兵思归不得，在洒满月光的长城上坐听琵琶时的思想情绪；后一首更是含蓄而深刻地描写了战争的残酷以及希望朝廷妥善处理阵亡士兵后事的愿望。这两首诗写得是完全不同的两个方面，但却有一个共同之点，那就是诗有尽而意无穷，很能引人深思。

当然，在总的风格相同基础之上的风格差异和区别，在边塞诗人中也是相对的，不能绝对看待。而且，他们诗歌的风格也是同所要表现的主题有密切关系，故而在写到战斗时往往豪迈悲壮；写到士兵思家而不得归时往往悲哀而颓放；写到征夫边愁、思妇闺怨之时，又是含蓄有致，耐人寻味。

最后，还要提一下边塞诗派诗歌的体裁，因为这与他们诗作的艺术风格是密切相关的。比起五言来，七言更便于表达较为复杂的内容和情感，因而边塞诗人常常运用而且很擅长七言诗。但是，又有所不同：高适、岑参、李颀等长于七古和乐府歌行，王昌龄等则长于七绝。宋育仁说："高适其源出于左太冲，才力纵横，意态雄杰……七言与岑一骨，苍放音多，排奡骋妍，自然沉郁，骈语之中独能顿宕，启后人无限法门，当为七言不祧之祖。"（《三唐诗品》）胡应麟也认为岑参的诗最近古诗。我们读一读岑参的《白雪歌》、《轮台歌》，高适的《燕歌行》等，就自然会明白前人的评价是恰当的。高适和岑参的诗比较为人们所熟悉，我们不妨看一下李颀的《古从军行》，这首诗也是很有代表性的：

白日登山望烽火，黄昏饮马傍交河。
行人刁斗风沙暗，公主琵琶幽怨多。
野云万里无城郭，雨雪纷纷连大漠。
胡雁哀鸣夜夜飞，胡儿眼泪双双落。

闻道玉门犹被遮,应将性命逐轻车。

年年战骨埋荒外,空见蒲桃入汉家。

这首诗内容复杂,感情真挚,慷慨悲凉,真称得上是盛唐边塞诗中七古的一篇力作。

王昌龄最擅长七绝体。陆时雍说:"王龙标七言绝句自是唐人骚语。深情苦恨,襞积重重,使人测之无端,玩之无尽……"(《诗镜总论》)王世贞更说:"七言绝句少伯(昌龄)与太白争胜毫厘,俱是神品。"(《艺苑卮言》)叶燮在《原诗》里把王昌龄和李白七绝的风格进行了区分:"七言绝句,古今惟推李白、王昌龄。李俊爽,王含蓄。两人辞调意俱不同,各有至处。"如他的《出塞》等名作都可以看出他诗歌的特点和优长。王昌龄常常择取边塞生活的一个场面,一个片断,加以概括和集中,深入挖掘,写出了不少格调高昂、情韵深长的佳作,从而赢得了"七绝圣手"的雅称。

总之,作为一个流派,边塞诗派的诗人们有共同的风格基调;作为一个个成就卓越的诗人,他们又有彼此不同的风格特点,这两个方面都是不应忽视的。我以为,只有既认识到边塞诗派的风格基调,又了解了每一位边塞诗人的风格特点,才能使我们对边塞诗派的认识,不仅能更全面,而且能更深入。

(原载《浅草集》,中国书店出版社 2007 年 1 月版)

漫说盛唐山水田园诗派产生的条件

　　我国的田园诗和山水诗在魏晋南北朝时期就已经出现,其代表作家是陶渊明和谢灵运。但是,山水诗和田园诗真正合流在盛唐,并形成了以王维、孟浩然为代表的山水田园诗派。为什么在盛唐时期形成了与边塞诗派并驾齐驱的山水田园诗派呢? 这是一个有待于深入探讨的问题。

　　我们知道:盛唐是我国封建社会发展的一个高峰,从"贞观之治"以来的一百年间,由于社会生产力的发展、商业经济的发达、政治的相对稳定,造成了开元、天宝年间"全盛"的局面,这必然为盛唐的诗人们提供了较为丰足的物质基础和较好的写作环境,这是不言而喻的。但是,我以为:社会生产力的进步和阶级斗争的发展,促进了唐代庄园制的兴盛以及社会局势的稳定、物质财富的不断积累所造成的交通业的发达,这才是山水田园诗派产生的现实、直接的条件和基础。另外,上层建筑中的各个因素也相互影响、相互作用,特别是在盛唐时代盛行的隐逸风气,对山水田园诗派的产生无疑也是有重要意义的。

　　隋末的农民起义严重地打击了魏晋以来的士族地主的利益,到了太宗之时,他不仅命令重修了《姓氏录》,贬低山东士族大姓的地位,而且还通过科举制度,努力吸取寒门地主中的有用之才参与政权。庶族地主随着政治势力的日益上升,也同门阀士族一起加倍掠夺农民,兼并土地,严重地损害了唐初实行的均田制。由于农业经济的发展,这种土地兼并确能带来很大的物质利益。在兼并土地的行列里,当然有皇亲国戚、朝廷命官以及大宦官和大僧侣,在他们后边也有众多的中小地主。太宗时泽州(山西晋城)刺史"张长贵、赵士达,占郭中腴田数十顷"①。武则天的女儿太平公主"田园遍于近甸膏腴"②。在开元、天宝之际,兼并之风有增无减,宇文融曾在玄宗面前告大臣卢从愿的状,说他"盛殖产,占良田数百顷",因而玄宗"自此薄之,目为多田翁"③。《旧唐书·李林甫传》记载道:

> 林甫京城邸第,田园水硙,利尽上腴。城东有薛王别墅,林亭幽邃,甲于都邑,特以赐之……

不仅大官僚如此,一般的地主豪绅也广占良田。史书记载:开元时河南屈突仲任"家僮数十人,资数百万,庄第甚众"。天宝时相州王叟"庄宅尤广,客二百户"。天宝十一载(752年)玄宗下诏说:"王公百官及富豪之家,比置庄田,恣行吞并,莫惧章程……"可见兼并风气之盛,中小地主也包括其中。因此《通典》说:

> ……开元之季,天宝以来,法令弛坏,兼并之弊,有逾汉成、哀之间。④

由此可见,均田制在开元天宝时期已经被破坏了,代之而起的是地主庄园的大量出现。唐代庄园经济的形成与发展,有一个缓慢的过程。早在南北朝时期就出现了庄园经济形态,盛唐以前也一直存在着,只是到了唐代均田制遭到破坏的前后,它才迅速发展起来。

"庄园",在中国史书上或称"庄"、"别墅"、"庄田",在唐诗中则多称"别业"。除了皇庄、官庄、寺院庄园以外,唐代普遍存在着的是官僚地主的庄园。盛唐山水田园诗派的诗人们大都属于中小地主阶层,个别的像王维还是属于大地主官僚阶层的人物。一般地说,他们都有自己的庄园。当然,他们的庄园不能和李林甫、卢从愿等大官僚的庄园相比,但毕竟是相对独立的自给自足的经济单位。如孟浩然在襄阳有自己的庄园,他说:"余亦忘机者,田园在

---

① 《新唐书》卷一〇五《长孙顺德传》。
② 《旧唐书》卷一八二《武嗣传》附《太平公主传》。
③ 《新唐书》卷一二九《卢从愿传》。
④ 《通典》卷二《食货典》。

汉阴。"①"弊庐在郭外,素产惟田园"②;储光羲的地主庄园在终南山,《田家杂兴》八首就是他隐居终南山庄园时所作,他有《终南幽居》诗说:"抗策还南山,水木自相亲。深林开一道,青嶂成四邻";綦毋潜也常年生活在自己的庄园里,《唐才子传》说他"后见兵乱,官况日恶,挂冠归隐江东别业……",李颀有一首《题綦毋校书别业》诗说:"万物我何有,白云空自幽",祖咏在汝坟(今河南叶县北)有庄园,他自己说:"失路农为业,移家到汝坟"③,看来也是由于仕途不得意而归隐的。更为著名的当然要数王维的辋口庄。唐代的许多庄园不仅占地面积很大,其中有农田、果园和菜园等等,而且庄园里还有华丽的住宅。亭台楼阁,清泉怪石,点缀其中。庄园地主在这种环境中过着悠闲的生活。王维在《辋川集序》里说他的辋口庄:"余别业在辋口山谷,其游止有孟城坳、华子冈、文杏馆、斤竹岭、鹿柴……"他在《辋川别业》诗里描写道:"雨中草色绿堪染,水上桃花红欲燃",可见庄园景致之美。在庄园里,王维"浮舟往来,弹琴赋诗,啸咏终日……"④。这种别业生活,一方面使诗人们获得了一种恬静、淡然的心境,可以使他们静下心来,认真地观察和描摹眼前的景致和极有兴趣地描写自己的庄园和庄园生活;另一方面,他们虽然并不像陶渊明那样躬耕田野,但却也可以在庄园里浮光掠影地看到农民的春种秋收,增加一点儿作诗的雅兴。有的人即使自己没有庄园,但由于庄园普遍存在,很容易在别人的庄园里得到这种享受和满足,如裴迪等人就经常出入王维的辋口山庄,他们一同出游,共同唱和。由此可见:由于社会经济的发展和阶级斗争的发展而导致了盛唐时期地主庄园的大量出现,这对山水田园诗派的产生确实是有较大影响的。

初唐到盛唐时期,由于经济发展,政治局势相对稳定促成了国家长期统一和交通业的发达。全国的统一,给诗人们周游全国的名山大川提供了政治上的保障,而交通业的发展,又给诗人们周游四方准备了具体的物质条件。史书上关于这方面的记载颇多,《贞观政要》上说:

---

① 《都下送辛大之鄂》。
② 《涧南园即事贻皎上人》。
③ 《汝坟别业》。
④ 《新唐书》卷一百九十下《王维传》。

　　行旅自京师至于岭表,自山东至于沧海,皆不赍粮,取给于路,入山东村落,行客经过者,必厚加供待,或发时有赠遗……①

《新唐书》说玄宗开元时:

　　道路列肆,具酒食以待行人。店有驿驴,行千里不持尺兵。②

　　因而杜甫在《忆昔》诗里感慨道:"九州道路无豺虎,远行不劳吉日出。"当时唐代交通如《历代盛衰户口》和《通典》的记载是:以京城长安为中心,东至宋汴,以达山东半岛;西至凤翔,以入西川;西北至凉州,以通西域;北至太原、范阳;南至荆、襄,直到广州;沿路都有店肆,接待过往行旅之人。而且还有以运河为主的水路,也十分便利。《新唐书·地理志》记载有七条对外交通要道,分别通向高丽、天竺等方向。可见唐代的交通是相当发达的。

　　这种有利的交通条件,使诗人们走出了自己长期生活的故乡,去祖国各地游历,不管这种出游是为了寻找仕进的机会,还是为了求仙访道,抑或纯粹是为了欣赏大自然的美。总之,祖国的壮丽河山的确给了诗人们许多灵感和激情,使他们写出了动人的篇章。如伟大的浪漫主义诗人李白自称"五岳寻仙不辞远,一生好入名山游"(《庐山谣》),他在二十五岁时就"仗剑去国,辞亲远游",他的足迹遍及祖国的四面八方,即使像孟浩然这样一向称为"襄阳诗人"的人也曾入京赴举和远游吴越,并且还到过四川。他说自己"为多山水乐,频作泛舟行"(《经七里滩》)。在游山览水的过程中,他们写下了大量描绘祖国秀丽山水的美好诗篇。王维还曾远行边塞,写下了描写边塞风光的佳作,如"大漠孤烟直,长河落日圆"(《使至塞上》)等,都是非眼见不能道出的。

　　正是唐代国家的统一和交通业的发达,才使得大批中小地主阶级中的人物能四处游历。壮丽的山河陶冶了他们的性灵,激发了他们的诗兴,政治和仕途的失意,使他们把情感和兴趣倾注在山水景物之中。因此,大量地描绘山川河流的诗篇就应运而生了。如果没有这样方便的交通,诗人们就不能自由地远游便访,也就不能把祖国的山水之美尽收诗中,这是很显然的。同时,

---

① 《贞观政要》卷一《论政体》。
② 《新唐书》卷五一《食货志》。

由于遍览了祖国壮丽、雄伟的山河,培养了诗人们一种对山水自然的热爱之情,即使描写自己庄园里的景物时也往往起着潜移默化的作用。这是因为:诗人们在周游祖国名山大川的时候,不仅经历了思想的变化,而且也经历了审美意识的变化,他们更加注意把山光水色作为自己描写的主要对象,更能体会和揣摩自然山水中的妙趣。这种审美意识的变化,也影响了诗人们其他题材诗歌的写作。这是因为诗人的审美和创作是一个统一的整体,不是彼此无关的。这就是为什么孟浩然远游吴越以后重归襄阳,写的小诗甚至更为传神的原因。

社会为诗人们提供了可以过安然的田园生活和行旅生活的条件,但是从主观方面讲,诗人们为什么能安心于田园生活和山水之乐呢? 这就必然要探究其社会思想的影响了。由于"终南捷径"的吸引,政治斗争的激烈以及统治阶级大力提倡佛老思想,使整个唐代社会弥漫着浓厚的隐逸风气。生活在这种环境里的诗人们当然不能超脱其外,再加上阶级的和个性的原因,就出现了主要倾向是出世而不是入世的诗人群。我们只要检阅一下山水田园诗派诗人们的作品以及有关他们的各种记载,就会发觉:这些诗人在思想上都比较消极而喜欢隐居。如王维虽然没有失去官位,但却长期隐居辋口,他说:"晚年唯好静,万事不关心"(《酬张长府》),又说:"一生几许伤心事,不向空门何处销?"(《叹白发》)干脆归入佛门去了;孟浩然隐居鹿门山,他的《夜归鹿门歌》说:"岩扉松径长寂寥,惟有幽人自来去",在《秋登万山寄张五》诗里说:"北山白云里,隐者自怡悦",在入京考试失利以后,他表示:"拂衣从此去,高步蹑华嵩"(《京还留别新丰诸友》),更由于"风尘厌洛京",而"山水寻吴越"了①;其他诗人如储光羲隐居终南山(有《终南幽居》诗);綦毋潜"归隐江东";祖咏隐于汝坟……在政治上,一般地说:这些诗人不像边塞诗人那样积极入世、乐观待物,而往往程度不同地沾染了消极避世,洁身自好的思想,有的还相当严重。这样就使他们或者远寻山水之乐,把自己的闲情寄托于自然景物之中,或者安于田园隐居,终日远离人世纷争。但并不是说山水田园诗派的诗人们是绝然忘情世事的,他们的思想在前后期也并不完全一样。如王维前期有较强的仕进之心,而安史之乱后才归入佛门;孟浩然在游山玩水中

---

① 《自洛之越》。

仍唱道"未能忘魏阙,空此滞秦稽",即使在隐居过程中,他们也不是对世事全然不关心的。王维在《与卢员外象过崔处士兴宗林亭》里说:"科头箕踞长松下,白眼看他世上人。"孟浩然说自己和"二三子""俱怀鸿鹄志,共有鹡鸰心",并对社会表示了不满,他说:"世途皆自媚,流俗寡相知",希望社会做到:"去作人无陷,除邪吏息奸",其他山水田园诗人也有相近似的情绪。但这毕竟不是他们思想中的主要倾向和主要方面。许多诗人的出外周游和隐居田园在精神上其实是一致的。他们有的官成身退,于是乎悠哉游哉;有的虽然心存魏阙,却身在江湖。虽然各人的具体情况有所不同,但是他们相近的生活环境和思想情趣,却决定了他们作品的内容和风格在总的方面是接近和相似的。他们生活在安静的田园里和美妙的山水中,每日所见无非是田园生活的闲适,是皎洁的月亮,是幽静的竹林,是奇异的花草,或者是肃穆的远山,如练的长河;每日所闻也常常是溪水的汩汩,是春鸟的欢鸣,是田园的犬吠,是孤独的琴声……在这样的环境里,诗人们的感情很容易是平静和缓的,有时甚至是淡漠的。文学是现实的反映。诗人们要表现自己的生活和情趣,要描摹自然的山水风光,那么就必然要产生以山水田园生活为主要内容,以恬淡闲适的笔调为主要风格的山水田园诗歌,而同时有许多诗人一起来写这样的作品,形成了一时的文学潮流,山水田园诗派就产生了

(原载《文学论集》第七辑,中国人民大学出版社 1984 年 4 月版)

一塌糊涂的泥塘里的光彩和锋芒

——晚唐小品文作家作品简论

晚唐时期,散文出现了两种突出现象:一是骈文又重新兴起,逐渐成为文坛上一种强大的潮流;一是出现了以皮日休、陆龟蒙、罗隐为代表的小品文创作高潮。后者继承并发展了韩愈、柳宗元领导的古文运动的传统,不讲求对偶、排比、典故,而是用明快、质朴、自然的文笔,或说理,或讥讽,或抨击,总是面对着黑暗的现实,具有丰厚、充实的内容,成为揭露社会黑暗、批判封建统治者的锐利武器。

政治小品文之所以能在晚唐这个特定的历史时期得到迅速发展,以至形成一个引人注意的流派,首先应从当时的历史背景去寻找原因。自唐穆宗起进入的晚唐时代是一个黑暗、动荡的时代。安史之乱使唐王朝元气大伤,各种矛盾日益尖锐,统治阶级对人民的剥削与压迫愈来愈重,各地民变兵变时有发生。至僖宗乾符元年(874年),终于爆发了王仙芝、黄巢等人为首的大起义。许多有正义感和社会责任感的文人,看到了朝廷政治的腐败、官府的暴政以及下层人民日益增长的离心情绪和反抗意识,纷纷拿起笔来,创作出政治倾向鲜明、密切联系现实、笔调冷峻、思想深刻的小品文,抨击时弊,暴露腐败。

积极关心社会、怀有济世之志,是晚唐小品文作家共同的思想特点。他们坚持了从《诗经》直到杜甫、白居易的现实主义传统,认为文学作品应该干预和反映现实生活,对时政要有认识和警戒作用。皮日休在《正乐府序》里说:“诗之美也,闻之足以观乎功;诗之刺也,闻之足以戒乎政。”在《文薮序》里说他自己的作品,“皆上剥远非,下补近失,非空言也”。反映了晚唐小品文作家基本的政治倾向和文学观点。小品文作家大都出身于社会的中下层,有相近的政治遭遇。他们虽然有很高的政治理想,但因为吏治腐败、社会黑暗,统治者根本不可能广泛收揽人才,他们的政治理想根本无法实现。皮日休出身寒门,曾自言:"至于吾唐,汩汩于民间……或农竟陵,或隐鹿门,皆不抱冠冕,以至皮子。"(《皮子世录》)他的《文薮》便是在"射策不上第,退归州东别墅"后编纂而成的。陆龟蒙亦"举进士一不中",只得隐居避世。陈黯"举进士,计偕十八上而不第"。来鹄也多次应举,皆不第,自称"乡校小臣",隐居山泽。罗隐二十岁开始应试,前后十次均为"有司用公道落去"(《谗书·重序》)。黑暗的政治现实,一次次击破了晚唐小品文作家的理想之梦,使他们积极乐观的热望一次又一次地成为泡影,因而对社会阴暗充满了痛恨与愤怒。《唐才子传》说罗隐"自以当得大用,而一第落落,传食诸侯,因人成事,深怨唐室"。罗隐在《谗书·自序》里激愤地说:"取其所为书诋之曰:他人用是以为荣,而予用是以辱;他人用是以富贵,而予用是以困穷;苟如是,予之书乃自谗耳,且曰《谗书》。"方回在《谗书》跋语中说:"所为谗书,乃愤闷不平之言,不遇于当世而无所以泄其怒之所作。"黄真《罗昭谏〈谗书〉题辞》亦说罗隐之作是"忿势嫉邪,舒泄胸中不平之道"。这两段话,指出了《谗书》的主要精神,将其移来评论晚唐其他作家的优秀小品文,也十分恰当。

晚唐小品文作家虽然有关心现实的热情,也不乏治国的"长策",但由于晚唐"国势日衰,干戈扰攘之际,士既不得从容于学,而偷生避难,仅存于锋镝之间"(陈柱《中国散文史》),作家们不可能具有盛唐李白,甚至中唐韩愈那样宏大的理想和强烈的信心,反映在文章里,便没有了盛唐、中唐时期文人们的那种磅礴的气势、浑厚的气象、豪迈的精神;也不可能从容不迫地写作鸿篇巨制,来阐发自己的观点与愿望,而只能将其心血凝成一篇篇短小精悍、内容充实、文风泼辣的政治小品文。这些小品文,正是晚唐文坛上最有思想深度的代表性作品。鲁迅曾对它作了极高的评价:"唐末诗风衰落,而小品放了光辉。但罗隐的《谗书》,几乎全部是抗争和激愤之谈;皮日休和陆龟蒙自以为隐士,别人也称之为隐士,而看他们在《皮子文薮》和《笠泽丛书》中的小品文,并没有忘记天下,正是一塌糊涂的泥塘里的光彩和锋芒。"(《小品文的危机》)这段话,正确地概括和论述了晚唐小品文的价值和它们在文学史上的地位。

　　晚唐小品文作家继承了现实主义的传统和精神,在他们的笔下,黑暗的现实、腐败的世风、人民的疾苦,得到了深刻、突出的表现。正如罗隐《江亭别裴饶》所云:"乾坤垫裂三分在,井邑摧残一半空。"陆龟蒙的《禽暴》以小见大,写出了天灾人祸、战乱频仍给百姓带来的痛苦。作者由小禽肆暴,商不得行,想到"古圣人"为民除害,而唐朝统治者却不能使百姓免于"死乎盗,死乎饥"的遭遇,从而对"驭者"提出怀疑与指责:既然不能使天下安定、百姓乐业,就失去了统治人民的权力。晚唐赋税苛重,名目繁多,陆龟蒙在《送小鸡山樵人序》里,借老樵夫的话揭露了唐王朝连年用兵,国库空虚,"赋数倍于前"的现实。袁皓的《齐处士言》,借历史故事阐述了薄税以利民的主张。皮日休的《请行周典》,反映了晚唐时期,农村土地高度集中,农民无地耕种,土地日益集中到大地主手中的现实。随着封建朝廷权力和威望的削弱和降低,晚唐出现了纲常不存、法纪混乱的局面,统治者肆意用酷刑来镇压人民,企图维持它的统治。皮日休在《鹿门隐书》中指出:"古之决狱,得民情也哀。今之决狱,得民情也喜。哀者,哀其化之不成;喜者,喜其赏之必至。"沈颜的《象刑解》针对晚唐酷刑泛滥的现实,借古说今,通过对传说的舜、禹"象刑"作出新解,对统治者的酷刑政策给予抨击。晚唐小品文还揭露了统治者和封建官吏肆意屠杀人民的罪行。皮日休的《斥胡建》,借胡建"擅行诛杀"而"辱国威",影射晚唐生灵涂炭的社会现实。李甘的《宵利说》更直斥道:"前有将官兵以诛恒蔡叛者,不十余战而能杀万人则师喜,不能杀万人则师耻。"皮日休对这种擅行诛杀的现实,一针见血地指出:"古之杀人也,怒;今之杀人也,笑。"简短的一句话,却使人震惊,令人深思。对晚唐浇薄的世风,小品文作家也作了抨击与揭露,从而使我们对那个时代有了更为具体、深刻的认识。罗隐揭露晚唐乌烟瘴气的官场:"今之世风俗偷薄,禄位相尚,朝为一旅人,暮为九品官,而骨肉亲戚已有差等矣,况故人乎?"(《刻严陵钓台》)皮日休亦激愤地说:"吾观于今之世,诐颜偷笑,辱身卑己,汲汲于进,如竖貂者几希!"(《原己》)陈黯的《辩谋》赞扬古代"圣人"能为天下谋,"而不利于身",然后指出近世之人专为己谋衣食禄位。在《鹿门隐书》里,皮日休指出:"古之奢也僭,今之奢也滥;古之俭也性,今之俭也名。""古之隐也,志在其中;今之隐也,爵在其中。"对日益浇薄、颓败的世风的抨击确实做到了一针见血。

　　引人注意的是,晚唐小品文作家的思想境界远远超出了他们的前辈,他们勇敢地把嘲讽和批判的锋芒指向最高统治者——皇帝,这种大无畏的精神是历史上少见的。皮日休的《原谤》便充满了大胆的叛逆精神。这篇短文由怨天说到怨君主,一宾一主,以宾衬主,认为"王天下有不为尧舜之行者",理应受到讨伐和逐杀,这确是前人所极少敢说的。皮日休还在《六箴序》里反问道:"帝身且不德,能帝天下乎? 能主家国乎?"在他看来,皇帝胡作非为,丧失了天下,是咎由自取。这种大胆的思想,正是唐末阶级斗争激化的反映。沈颜的《时辩》亦指出,时代的变化有在君、在臣、在民的区别:"君德日勤,时在于君;君德不申,时在于民。"也就是说:统治者如不主动变革朝政,就会引起人民的起义和反抗。皮日休在《读司马法》里,用古今比对的方法,进一步指出:封建王朝的统治,是建立在对人民的屠杀和掠夺的基础之上的,是"不仁"的。作者猛烈抨击了封建统治者不惜牺牲人民的生命来实现其争权夺利的政治野心,在战乱频仍、军阀割据的晚唐,无疑有一定的现实意义。罗隐的《英雄之言》通过刘邦、项羽的两句所谓"英雄之言",指出那些自命为救国救民的"英雄们",虽然常常打出"安天下"、"救黎庶"的旗号,其实他们真正的目的,只不过是为了个人的私欲。《汉武山呼》指出:封建帝王本质上是贪图豪奢逸游生活的,他们之所以日益昏乱、刚愎自用,是由左右谀佞者的"万岁"之声促成的,而真正受其害的则是无辜的百姓。沈颜《谗国》指出,封建君主"宠一佞而百佞进,黜一忠而百忠退……知佞之谗谗忠,不知佞之谗谗国,悲夫"! 这也是针对晚唐现实所发的议论。

晚唐时期,吏治极端腐败。一方面,封建统治者需要那些峻刻之臣为其收刮钱财,正如皮日休所指出的:"古之置吏也,将以逐盗;今之置吏也,将以为盗。"(《鹿门隐书》)另一方面,朝纲紊乱,皇帝无所作为,官吏们为所欲为。陈黯的《御暴说》便指责封建统治者不自振作、无能为力:"权倖如之何能御也? 曰:刑法……田鄙者由能执弓矢以弭其暴耳,有国者反不能施刑法而御其暴? 岂有国者重其民,不若田鄙者重其生哉!"因为统治者软弱无力,刑法松弛,"绳其小而不绳其大"(罗隐《秘虫赋》),使得那些贪官污吏无所畏惧,为非作歹。因此,晚唐小品文作家自然也把批判与抨击的锋芒指向了这些祸国害民的"囊虫"。皮日休在《鹿门隐书》里简明而深刻地指出:"古之官人也,以天下为己累,故己忧之;今之官人也,以己为天下累,故人忧之。"陆龟蒙的《野庙碑》,前半篇批判了民间的迷信风俗,后半篇借题发挥,用辛辣的笔触讽刺了晚唐时期的贪官污吏,指出和虚妄的鬼神相比,现实中的官吏给人民带来的灾难更为深重。来鹄《猫虎说》的笔法与《野庙碑》有些相似,它把贪吏写得比虎还厉害,这种辛辣深刻的讽刺,耐人寻味。罗隐的《越妇言》是一篇很有特色的短文,它运用朱买臣出妻的历史故事,翻出新意,讽刺了那些富贵骄人的封建官吏的丑恶灵魂,从而揭穿了热衷功名利禄的封建士大夫,在不得志之时所标榜的"匡国致君"、"安民济物"的远大抱负,其实只不过是自欺欺人罢了。皮日休的《旌王宇》,赞扬王宇在君王大权旁落之时,能挺身而出,大义灭亲,实际上就是指责唐末封建官吏一个个"莫不回忠作佞,变直为邪",几乎没有王宇那样可钦可敬的人物。

　　晚唐小品文作家虽然对唐末的农民起义,大都带着固有的阶级偏见,称之为"盗"、"草寇",但因为他们长期生活在社会的中下层,所以对社会的黑暗和人民的实际情况比较了解,从而对农民揭竿而起的原因也有所认识,如罗隐《与招讨宋将军书》,不仅指责镇压农民起义的"将军之行,酷于君长、仙芝之行",而且指出"所不幸者,江南水,钟陵火,缘淮饥,汴、滑以东螟。故无赖辈一食之不饱,一衣之不覆,则磨寸铁、挺白棒,以望朝廷姑息"。在这里,罗隐虽然把农民铤而走险的根本原因仅仅归咎于水、火、饥、螟,但这毕竟说明了一个事实:百姓是在无法生存的情况下揭竿而起的。陆龟蒙的《记稻鼠》就从更深的层次上揭示了"官逼民反"的道理,它写到吴兴地区在四个多月大旱的同时,又遇鼠患,官吏们不急着救助百姓,以抗旱灾鼠灾,反而逼着百姓上交死鼠,还不分年龄乱打乱抓人,使当时人民的境况更为凄惨、困难。由此,陆龟蒙想到《诗经》里"以硕鼠刺重敛,硕鼠斥其君"的《魏风·硕鼠》,不由地感叹道:"上掮其财而下啖其食,率一民而当二鼠,不流浪转徙,聚而为盗,何哉!"指出百姓造反、"为盗"的根本原因是统治阶级的残酷剥削和压迫。这种认识,在当时是相当大胆和进步的。

　　读晚唐小品文,我们还常常为它所表现的反传统思想而惊叹。同时,可以看出,小品文作家还很善于从具体的事物、平凡的生活中发掘深刻的"理",其中既有治国之道,亦有生活的哲理,至今读来,仍能发人深省。罗隐的《辩害》可以说是此类作品的代表。这篇文章经过反复论证,指出凡事应该从大局着眼,不能拘泥于一般的道德名分,而不敢采取应当采取的行动,确是很有见解的议论。结合当时的历史现实,罗隐似乎在探讨扭转时局的办法。一反传统说法,罗隐认为"扣马而谏"只是"计菽粟而顾钓网者也",这也是很新颖的。皮日休亦对伯夷提出批评:"故伯夷之道过乎高,吾去高而取介者也。"罗隐的《荆巫》也是一篇言而有理的短文,它通过寓言故事,说明了这样一个道理:为己就不可能为人。作者通过荆巫为人祈祷时,前后截然不同的表现和结果,说明"牵于心",必然"不暇及人"。为了更鲜明地揭示出全篇主旨,他在篇末又发人深省地补充了一句:"以一巫之用心尚尔,况异于是者乎!"这句话画龙点睛,收到了以小喻大的效果,使人想到封建统治者,在未当政前,尚能打着"安天下"的旗号,但一旦获得政权,便只知个人的享受,根本不顾百姓的疾苦,因此社会动荡不定,百姓遭遇灾难,都是由于统治者因私害公的结果。如果说《荆巫》以迷信活动来说明一定的道理,那么陆龟蒙的《野庙碑》则用辛辣的语言来批判民间的迷信风俗,透发着无神论的精神。作者在文中有理有据地揭示出社会上迷信巫鬼的愚妄和无知,指出所谓鬼神只是百姓自己创造的幻影,它反过来却又受到百姓的顶礼膜拜,这种认识是很深刻的。罗隐的《解武丁梦》也是主题近似的作品,它借商王武丁"用假梦徵象,以活商命"故事,批判了统治者神道设教的虚妄,说明神道设教,并不能使统治者化凶为吉,正如他在《惟岳降神解》中指出的:"是必以国之兴也听于人,亡也听于神。"罗隐作了不少翻案文章,常常对传统观念表现出蔑视和抨击,如在《伊尹有言》里,他认为伊尹立,放太甲,是不合法的;在《三人碑》里怀疑周公有谋篡之心等等。其他小品文作家亦表现了相同的思想倾向,如皮日休的《请立孟子为学科书》、陆龟蒙的《象耕鸟耘辨》、陈黯的《禹诰》、程晏的《祀黄熊评》等等,也是具有反迷信迂怪思想倾向的作品。这些议论,大都是发前人所未发,并非无的放矢,而是针对当时的社会现实而说的,因此便有高人一筹之处。

在晚唐小品文里,还经常出现一些言简意深,可作格言的句子,如罗隐的《谗书》:"勇可持虎,虎不至则不如怯;力能扛鼎,鼎不见则不如羸。"(《君子之位》)"善不能自善,人善之然后为善;恶不能自恶,人恶之然后为恶。善恶之成,盖视其所适而已。"(《善恶须人》)皮日休《鹿门隐书》亦有许多名句,言虽简,而含意极深,如:"毁人者,自毁之。誉人者,自誉之。夫毁人者,人亦毁之,不曰自毁乎?誉人者,人亦誉之,不曰自誉乎?""学而废者,不若不学而废者。学而废者,恃学而有骄,骄必辱。不学而废者,愧己而自卑,卑则全。""不思而立言,不知而定交,吾其惮也。""惮势而交人,势劣而交道息;希利而友人,利薄而友道退。"这些只言片语之所以能使人时有所得,其原因就是它们来自现实生活,是对生活现象和规律的高度概括。

晚唐小品文不仅思想深刻、内容丰富,而且在艺术上也很有特点。虽然不同的作家艺术上有所区别,如皮日休议论精警,言少意多,妙语惊人;陆龟蒙为文委婉含蓄;罗隐集皮、陆之所长,题材全面,写法灵活,且多新鲜深刻之论。但这种区别只是相对的,作为一个流派,他们的共同点当然是主要的,也是特别应该引起注意的。

晚唐小品文最突出的特点是旗帜鲜明,逻辑性强,能在短小的篇幅里,把道理说透,从而获得很强的说服力,如皮日休《鹿门隐书》里有一段话讽劝统治者不要爱珠玉,而应爱人才:"金贝珠玑,非能言而利物者也。至夫有国者,宝之甚乎贤,惜之过乎圣。如失道而有乱,国且输人,况乎金贝珠玑哉!"这不是长篇大论,但却很有逻辑性,有三个层次:其一,给金贝珠玑定性,说它们是"非能言而利物者也";其二,虽然金贝珠玑对国家没有什么用处,但"有国者"却爱惜它,胜过爱惜人才;其三,若是没有贤才辅佐,国家就可能灭亡,生命且难保,更何况金贝珠玑?作者层层深入地加以剖析,把道理说得很透彻。晚唐小品文总是在最要害的地方揭示出事物的本质,虽然有时只是三言两语,但却揭示得颇为充分。如罗隐的《英雄之言》、《越妇言》,都是善于透过现象揭示本质的优秀之作。皮日休、陆龟蒙和其他作家也往往能一针见血,击中要害。生活中常常出现矛盾的现象,小品文作家总是能较为敏锐地将其捕捉住,加以点染,使这种矛盾格外引人注意,从而揭示出事物的本质,如来鹄的《俭不至说》、罗隐的《辩害》、陈黯的《御暴说》、皮日休的《读司马法》等都是这一类的作品。

晚唐小品文往往能将幽默辛辣的讽刺与对黑暗现象的无情揭露结合起来。一方面,词语辛辣,锋芒毕露,表现了小品文作家对那个时代的愤恨与不平;另一方面,丑恶事物的本质,往往在这种嬉笑怒骂之中,特别突出地显现出来。晚唐小品文作家很熟练地掌握和运用了讽刺这一技艺。辛文房《唐才子传》评罗隐云:"诗文凡以讥刺为主,虽荒祠木偶,莫能免者。"这个评论基本上是正确的,看他的《说天鸡》、《三闾大夫意》、《叙二狂生》、《梅先生碑》等确是嬉笑怒骂,涉笔成趣,显示出他对黑暗现实的愤怒和杰出的讽刺艺术。其实,讽刺这一技艺,几乎所有的晚唐小品文作者都经常使用,如陆龟蒙的《治家子言》《蚕赋》《野庙碑》,袁皓的《吴相客记》,来鹄的《猫虎说》,李甘的《窜利说》等都是用了"精练的或者简直有些夸张的笔墨",写出了当时社会的"或一群人的或一面的真实来"(鲁迅《什么是"讽刺"》)。

晚唐小品文多是议论说理之作,但大都写得不呆板,这是因为作者往往借助具体的具有概括性的形象使说理文显得活泼、有趣,从而成为有一定艺术性的散文小品。如罗隐《说天鸡》中的狙氏之子、《越妇言》中的朱买臣等都是如此。为了把道理说得亲切、清楚,晚唐小品文还往往采用比喻、夸张等形象化手法,如陈黯的《御暴说》用虎狼来比喻权倖,把权倖的危害生动而又准确地表述出来。罗隐的《辩害》用为除虎豹而焚山、为除蛟鼍而绝流来比喻全大而失小,使本来很抽象的道理,显得十分具体形象。李甘的《窜利说》以"人顾而遭蟛蜞则迁足而活之,过而伤蟛蜞则失声而痛之;顾而见麋鹿则援弓而逐之,幸而由麋鹿则失声而喜之"来说明为了私利,人们往往小不忍而大忍,从而得出了"利滋博者忍滋多"的结论。这个结论是从具体的形象中引申出来,因而显得自然贴切,耐人品味。

晚唐小品文还善于用历史故事来托古讽今,或用寓言故事来阐明道理。他们往往能就历史故事翻出新意,如罗隐的《越妇言》便是一个很好的例子。《汉书·朱买臣传》原意主要是不满于买臣妻不能安于贫困,故对买臣的富贵多所渲染。《越妇言》巧用买臣妻自杀一节,独出新意,经过想象、夸张,塑造了朱买臣这个封建官吏的形象,收到了以小见大、托古讽今的效果,使这篇短文成为揭露与批判封建官吏丑恶灵魂的佳作。程晏的《设毛延寿自解语》利用画师毛延寿为王昭君画像的历史材料而加以生发,一反传统说法,让毛延寿自我解释道:"臣以为宫中美者,可以乱人之国。臣欲宫中之美者,迁于胡庭,是臣使乱国之物,不逞于汉而移于胡也。"反映的虽然仍是传统的"女祸"思想,但作者真正的用意是讽劝皇帝去女宠。看似游戏之笔,实则极有深意。其他像罗隐的《英雄之言》《汉武山呼》《三叔碑》,沈颜的《象刑解》,袁皓的《齐处士言》,皮日休的《赵女传》《斥胡建》等都是运用历史事件、历史故事,或讽刺、或抨击、或说理,都很能引人深思。

运用寓言故事,也是晚唐小品文作家常用的手法,其中不乏优秀之作,如陆龟蒙的《蠹化》,此文把统治者比为害人害物的虫豸丑类——橘蠹。作者的寓意是:统治者常喜用虚伪的仁义道德来美化自己,正像"秀其外"的橘蠹,他们的结局也会同橘蠹一样,受到应得的惩处。陆龟蒙的《招野龙对》,根据《左传》记载的古代传说生发开去,把对统治阶级忠心耿耿的士人比为被豢养的龙,借野龙对它的答对,给予嘲讽,表现了作者对世俗的蔑视;同时,从侧面揭穿了统治阶级笼络手段的不可靠,在政治斗争中,随时都可能成为殉葬品。罗隐的《说天鸡》反映了对晚唐统治者以貌取人、有才难以施展的政治现实的强烈不满,在作者看来,那些自命不凡的达官贵人,只是一些"峨冠高步,饮啄而已"的碌碌之辈。在这一类小品文中,因为作者的政治观点和喜怒哀乐,总是通过特定的形象、特定的故事表现出来,因此,它们的文学色彩特别强,在风格上也常常表现得较为委婉含蓄。

晚唐小品文另一个突出特点是中心突出,文字简约,一般都比较短小,但仍有一个结构安排的问题,其中有些作品颇为注意运用衬托、对比等表现手法,使得文章一波三折,收到极好的艺术效果,如陆龟蒙的《野庙碑》便是文思曲折之作,它先描写瓯闽一带淫祀的陋俗,指出"无名之土木,不当与御灾捍患者比",文章若是到此为止,也可称得上是一篇议论大胆、思想深刻的作品了,但作者却把这以前的文字作为伏笔,后文又起了一个大的波折:土木偶像固然凶恶,但是现实中的贪官污吏比之却有过之而无不及。因此,"又何责其真土木耶"? 这样便使作者的本意得到了突出、鲜明、深刻的表现,把文章的思想推到了更高的境界。来鹄的《猫虎说》也是采用这种方法,层层深入,最后得出了"贪吏酷于一切禽兽"的结论。再如皮日休的《原谤》,先由天之利民与民之怨天相映衬,然后指出,古代圣贤亦难免受到毁谤,这样便造成了回旋的余地,使全文最后的主旨显得特别鲜明、突出。

晚唐小品文的语言受内容的制约,显得十分犀利、明快、泼辣、简约。同时,晚唐小品文作家还运用了夸张、联想、象征等多种艺术手法。这一切,使晚唐小品文达到了思想内容与艺术形式较为完美的统一,从而成为我国散文史上的奇葩。

(原载《齐鲁学刊》1990 年第 3 期)

从孟浩然的诗看山水诗和田园诗的合流

我国山水诗和田园诗的写作，是从东晋的陶渊明和南朝的谢灵运正式开始的。但是，仔细分析起来，陶谢二人的诗作，不仅在艺术风格上存在着差异，而且在题材上也是大不相同的，因而人们习惯上称陶诗为"田园诗"，而称谢诗为"山水诗"。当然，在陶渊明的诗歌中也有山水之作，但在他留下的一百二十多首诗中，田园诗毕竟是最富独创性和代表性的奇葩；谢灵运也有田园篇什，但他毕竟是我国第一个大量创作山水诗的诗人，他的诗对浙东一带的许多名胜佳景作了细致的描绘和热情的赞颂。田园诗与山水诗不仅在陶谢的时代没有合流，甚至到了初唐仍然像两股溪水，并肩流淌。

初唐的王绩是直接继承陶渊明的，他曾经躬耕于东皋，他的生活在某些方面颇似渊明，如他时与舟人渔子并钓，春秋酿酒，歌饮为欢。他的《野望》诗写得朴实自然，确有陶潜之风。在初唐那种华丽的诗风里，王绩确实可以称得上是一位独树一帜的田园诗人。

在王绩写作田园诗的前后，有一些诗人继续发展谢灵运式的山水诗，如杨炯的《巫峡》、王勃的《早春野望》、张说的《岳阳早霁南楼》等。

张说一度被迁谪到岳阳，在谪居期间，写下了不少山水佳篇，诸如《送梁六自洞庭山作》、《岳州晚景》等，正如沈德潜所说，他"晚谪岳阳，诗益凄婉，人谓得江山之助"。对盛唐王维、孟浩然等山水诗人有直接影响的当首推张九龄，他的风景小诗写得十分优美而动人。张九龄沿着前人的道路，把情与景很好地结合起来，做到了情景交融，诗语则平朴自然，如他的《湖口望庐山瀑布水》诗：

万丈红泉落，迢迢半紫氛。
奔流下杂树，洒落出重云。
日照红霞似，天晴风雨闻。
灵山多秀色，空水共氤氲。

　　沈德潜对此诗评价甚高，他说："任华爱太白瀑布诗，系'海风吹不断，江月照还空'，此诗正足匹敌。"张九龄的诗对王、孟的影响，早有人指了出来，胡应麟《诗薮·内编》卷二曰："唐初承袭梁隋，张子寿首创清澹一派，盛唐继起，孟浩然、王维、储光羲、常建、韦应物本曲江（九龄）之清澹而益以风神者也。"

　　这一段话把张九龄对盛唐山水田园诗人的影响说得颇为简洁明晰，值得参考。很明显，在盛唐诗人中，真正继承陶渊明的传统，着力写作田园与隐逸的题材，并把它与谢灵运所开创的山水题材有机结合起来的，正是上文提到的孟、王、储、常诸人，其中的代表诗人是孟浩然和王维。孟浩然的成就不如王维，但他比王维年长十余岁，因此完全可以说：山水诗与田园诗是在孟浩然的作品里正式合流的。

　　孟浩然生活的年代，正是封建社会表面迅速发展而骨子里却充满了矛盾和斗争的时代，这种矛盾和斗争的一个重要标志就是唐初实行的均田制遭到破坏，代之而起的是土地兼并的剧烈和庄园制的兴盛。兼并之风，在初唐就已兴起，太宗时泽州（今山西晋城）刺史"张长贵、赵士达，占郭中腴田数十顷"（《新唐书·长孙顺德传》）。武则天的女儿太平公主"田园遍于近甸膏腴"（《旧唐书·武嗣传》附《太平公主传》）。开元、天宝之际，兼并之风有增无减，因而《通典·食货典》说："……开元之季，天宝以来，法令弛坏，兼并之弊，有逾汉成、哀之间。"

　　均田制遭到破坏的必然结果，就是早已存在的庄园经济在盛唐时代得到迅速发展。"庄园"，在我国史书上或称"庄"、"别墅"、"庄田"，在唐代多称为"别业"。除了皇庄、官庄和寺院庄园以外，唐代普遍存在的是官僚地主的私家庄园。像孟浩然这样的中小地主自然也有自己的庄园，这种庄园虽然不能同李林甫、卢从愿的大庄园相比，但毕竟是一个相对独立的自给自足的经济单位。孟浩然的庄园在襄阳，他自己说："弊庐在郭外，素业惟田园。左右林野旷，不闻城市喧"（《涧南园即事贻皎上人》）；又说："予亦忘机者，田园在汉

阴。"(《都下送辛大之鄂》)

有了自己的庄园,生活有了保障,出入有了归所,这对孟浩然诗歌创作的意义是重大的。庄园使诗人获得了一种相对来说比较恬静、淡然的心境,可以安下心来极有兴致地描写自己的庄园和庄园生活;另一方面,孟浩然在其庄园里还能够参加一些农业劳动,而且能够看到农民春种秋收,增加一点儿作诗的雅兴,这与陶渊明的生活方式自然有其相似之处,他自己说:"予意在耕凿,因君问土宜"(《东陂遇雨率尔贻谢南池》)、"桑野就耕父,荷锄随牧童"(《田家元日》)。可见,孟浩然确实参加过一些农业劳动。

由于远离社会,孟浩然对政治缺乏陶渊明那样深刻的认识,思想境界自然不能与陶渊明相比,但他与陶渊明的情趣却毕竟有相似之处,请看孟浩然的《夜归鹿门》:

> 山寺鸣钟昼已昏,鱼梁渡头争渡喧。
> 人随沙岸向江村,余亦乘舟归鹿门。
> 鹿门月照开烟树,忽到庞公栖隐处。
> 岩扉松径长寂寥,惟有幽人自来去。

读这首诗很容易使我们想到陶渊明的诗句,如"采菊东篱下,悠然见南山",它们在情趣上确实十分相似,只是孟浩然的诗更有隐士气味罢了。再如人们所传诵的名篇《过故人庄》:

> 故人具鸡黍,邀我至田家。
> 绿树村边合,青山郭外斜。
> 开轩面场圃,把酒话桑麻。
> 待到重阳日,还来就菊花。

诗的语言质朴自然,表现了田园生活的乐趣,自然使人想起陶渊明的名作:"春秋多佳日,登高赋新诗。过门更相呼,有酒斟酌之。农务各自归,闲暇辄相思。相思则披衣,言笑无厌时。"在诗歌的题材与风格上,陶、孟二人是十分相似的,因此说孟浩然在许多方面继承了陶潜田园诗的特点,是并不过分的。只是由于时代与个人经历的不同,孟浩然的归隐不像陶渊明那样更多地带有对社会反抗的因素,因而他的思想境界并不能与陶渊明相提并论。但是,孟浩然对陶潜的人品和诗品是极为钦佩的,他在《仲夏归南园寄京邑旧游》里写道:"尝读《高士传》,最嘉陶征君。日耽田园趣,自谓羲皇人。"因此,他的诗歌直追陶渊明就是很自然的了。我们不妨再读他的一首有陶潜诗风的小诗《游精思观回王白云在后》:

> 出谷未停午,到家日已曛。
> 回瞻下山路,但见牛羊群。
> 樵子暗相失,草虫寒不闻。
> 衡门犹未掩,伫立待夫君。

乡村黄昏的景色,描写得多么真实,而语言风格又是多么平朴自然。

孟浩然不同于谢灵运,谢灵运主要活动在浙东一带,而孟浩然则不仅领略了家乡襄阳一带的优美风光、名胜古迹,而且他游历的范围远到吴越、四川,他大部分优秀的山水诗都是在四十岁以后周游各地时写下的。

谢灵运生活的时代,国家没有统一,交通业也并不发达,而孟浩然生活的唐代却大不相同,《新唐书》说玄宗开元时:"道路列肆,具酒食以待行人。店有驿驴,行千里不持尺兵。"诗人杜甫在《忆昔》诗里也感慨道:"九州道路无豺虎,远行不劳吉日出。"根据记载:唐代的交通,以京城长安为中心,东至宋汴,以达山东半岛;西至凤翔,以入西川;西北至凉州,以通西域;北至范阳、南至荆襄,直到广州。还有以运河为主的水路也十分便利,孟浩然"山水寻吴越"所走的就是水路。孟浩然去吴越,是专门游山玩水的,他说"为多山水乐,频作泛舟行"(《经七里滩》)。这一点既不同于陶渊明又不同于谢灵运,陶渊明固然没有这样的条件和机会,即使是谢灵运,他周游的范围不仅十分有限而且他的心境也不那么超脱,他往往借山水之景来抒发自己不得志的心怀。孟浩然虽然因入京不仕打击了积极性,但他毕竟没有十分在意,故云:"饮马非吾事,狎鸥实我心"(《秦中苦雨思归赠袁右丞贺侍郎》)。总的说,孟浩然出游时的心情是比较愉快的,加之他的隐士风度,就使他的山水诗写得既继承了谢灵运山水诗的优良又具有自己的特点,如:

东旭早光芒,渚禽已惊聒。
卧闻渔浦口,桡声暗相发。
日出气象分,始知江湖阔。
美人常晏起,照影弄流沫。
饮水畏惊猿,祭鱼时见獭。
舟行自无闷,况值晴景豁。
　　　　　　——《早发渔浦潭》

百里闻雷震,鸣弦暂辍弹。
府中连骑出,江上待潮观。
照日秋云迥,浮天渤澥宽。
惊涛来似雪,一坐凛生寒。
　　　　　——《与颜钱塘登障楼望潮作》

挂席几千里,名山都未逢。
泊舟浔阳郭,始见香炉峰。
常读远公传,永怀尘外踪。
东林精舍近,日暮空闻钟。
　　　　　——《晚泊浔阳望香炉峰》

　　这些诗写得确实清新自然,浸透了诗人对祖国山水的热爱,自然的山光水色在诗人的笔下,真是摇曳多姿、幽美动人。比起谢灵运来,无论是对自然的感情,还是描写的形象生动,都有着明显的进步。为了说明问题,我们不妨读一读谢灵运的代表之作《石壁精舍还湖中作》,其诗云:

昏旦变气候,山水含清辉。
清辉能娱人,游子憺忘归。
山谷日尚早,入舟阳已微。
林壑敛暝色,云霞收夕霏。
芰荷迭映蔚,蒲稗相因依。

披拂趋南径,愉悦掩东扉。
虑澹物自轻,意惬理无违。
寄言摄生客,试用此道推。

且不说谢诗在结尾往往以玄理之论作结,就是他对山水自然的描绘本身,也使人感到只像是一位工笔画家的作品,他用笔是那么细致,真是一丝不苟,但却不能从整体上给读者一种美的享受,这恐怕是受了他那个时代的文风的影响,又与他的"从者数百人"的贵族式邀游有关。

从比较中我们不难看出,孟浩然不仅继承而且发展了谢灵运的山水诗。究其原因,我觉得唐代初盛时期社会稳定、交通业发达是一个十分重要的条件。正是由此,使得像孟浩然这样"襄阳味"极浓的地方诗人走出了家乡,泛舟选游,周游途中所见到的美丽景物自然要激发诗人的诗情,美好的大自然自然要熏陶诗人的性灵。试想,如果孟浩然终身囿于襄阳,他能写出那么动人的山水佳作吗? 当然,还有文学本身发展、变化的原因,这里就暂不论述了。

孟浩然在题材上继承了陶渊明和谢灵运的传统,既写田园诗,又写山水诗。在田园生活中养成的悠闲静穆的心情,有利于诗人对自然山水细微之处的把握,有利于诗人对山光水色进行细致的观察,而对名山大川的游历和描绘又会促进诗人审美意识的变化,使他的田园诗充满生动的趣味。在孟浩然的作品里,我们看到田园与山水两种题材是互相影响的,在他的一些田园诗里对山水景物时有细致传神的描绘,而在他寻山访水的诗篇里,又时时表现出田园隐士的情趣。在孟浩然的诗里,我们可以看出,他努力把陶渊明和谢灵运诗歌的艺术特点结合起来,取长去短,以形成自己的艺术特色,从而体现出田园诗与山水诗的初步合流。

陶渊明田园诗的最明显的特点是平淡而又有深味,没有矫揉造作的痕迹,即所谓"外若枯槁,中实敷腴"(曾纮语)。他在诗的描写上追求朴实无华,极重神似,因而总是能给人一种浑成自然的感觉。谢灵运的山水诗则不同,他极重形似,因而描写过于工丽细腻,故而常有佳句而少佳篇,如他的《登池上楼》,其中"池塘生春草,园柳变鸣禽",确是优秀的诗句,宋人吴可赞道:"春草池塘一句子,惊天动地至今传"(《学诗诗》);金人元好问也赞之曰:"池塘春草谢家春,万古千秋五字新"(《论诗三十首》)。可见这两句诗确不寻常。但从整体来看,《登池上楼》并不是优秀的作品。另外,由于当时玄理诗残余的影响和谢灵运思想的矛盾,使得他在山水诗里往往生硬地拉扯上玄言哲理,给人一种情景相隔的感觉。孟浩然的山水田园之作,一方面继承了陶诗的平淡朴实、浑成自然的传统,注意整首诗的浑然一体,同时又学习了谢诗描写细致、用笔工丽的表现手法,许多诗达到了形神兼备、情景交融的境界,如他的《宿建德江》:

> 移舟泊烟渚,日暮客愁新。
> 野旷天低树,江清月近人。

又如《早寒江上有怀》:

> 木落雁南渡,北风江上寒。
> 我家襄水曲,遥隔楚云端。
> 乡泪客中尽,孤帆天际看。
> 迷津欲有问,平海夕漫漫。

这些诗确实既浑成又工细,达到了极高的艺术境界,历来为人们所传诵。正因为孟浩然把陶谢的艺术特点加以融合,故而形成了自己的艺术特色,即如殷璠在《河岳英灵集》里所作的评论:"浩然诗,文彩丰茸,经纬绵密,半遵雅调,全削凡体。"所以,他的田园山水诗便有了自己的面目,而这种"新面目",便是田园诗与山水诗初步合流的标志。严格地说:盛唐山水田园诗派的真正形成并在诗坛上占有重要地位,还有赖于王维等人的大量创作,孟浩然的功绩就在于:指出了山水诗、田园诗的发展方向,并使山水诗与田园诗在他的创作里初步完成了合流。

（原载《中国人民警官大学学报》1988年第1期）

高适:唐代诗人之达者

　　高适(702？—765 年),字达夫,渤海蓨县(今河北景县)人。他生长在一个并不显赫的官僚家庭,据今人考证,他的曾祖、祖父、伯父都曾为官,但官位都不高,其父只做过韶州(今广东曲江一带)长史一类地方官吏,故高适后来常称自己为"野人"。其实,这样的家庭对他的思想形成还是很有影响的,他日后所表现出来的强烈的功名观念便与他的家庭出身有着密切的联系。

　　高适早期生活已不能详知,从他的诗文推断,他在少年时期曾跟随其父到过闽越一带,故有诗曰:"谪去君无恨,闽中我旧过。"也许他还到过岭外,因为他有的诗对南方情况描写十分细致生动,当是亲临其地才能写出的,而他后来并没有去过那里。在高适二十岁之前,他就移住在梁宋一带,并一直以此为中心四处漫游。为了谋取仕进之路,高适在二十岁那年"西游长安城"。当时,他对自己充满信心,认为自己文武皆通,可以立取功名,在他后来写的诗文里,他这样描写此时自己的心情和期望:

　　　　二十解书剑,西游长安城。
　　　　举头望君门,屈指取公卿。

诗中不仅表现出高适豪放不羁的个性,同时也说明他初入世途,年轻气盛,对生活的坎坷没有深刻的认识。在长安,高适的生活面不断扩大,对社会的认识也不断深化,他知道"屈指取公卿"只能是美好的愿望,因为"白璧皆言赐近臣,布衣不得干明主"(《别韦参军》),最高统治者是不可能真正地任人唯贤的。一般认为《行路难二首》即作于长安,其中就突出表达了对社会种种不平

现象的愤慨,前一首用长安的富翁与读书的少年相对比,第二首以贵游少年与少年书生相对照,读之使人感慨万端:

> 君不见富家翁,旧时贫贱谁比数?
> 一朝金多结权贵,百事胜人健如虎。
> 子孙成行满眼前,妻能管弦妾歌舞。
> 自矜一身忽如此,却笑旁人独愁苦。
> 东邻少年安所如?席门穷巷出无车。
> 有才不肯学干谒,何用年年空读书。
> 长安少年不少钱,能骑骏马鸣金鞭。
> 五侯相逢大道边,美人弦管争流连。
> 黄金如斗不敢惜,片言如山莫弃捐。
> 安知憔悴读书者,暮宿灵台私自怜。

在初入长安期间,高适还写了诸如《古歌行》等诗作,此时他虽因仕途不通而心情不快,但毕竟他还年轻,因而对未来还是充满信心,如他在送别“数经甲科犹白身”的“桂阳孝廉”时,写下了“即今江海一归客,他日云霄万里人”这样充满乐观情绪的诗句。

入仕无望,高适只得离开长安,又回到梁宋一带,他在《别韦参军》一诗里回忆自己从长安回来后的境况和心情时说:“归来洛阳无负郭,东过梁宋非吾土。兔苑为农岁不登,雁池垂钓心长苦。”前二句借战国时苏秦的典故,写其家贫;后二句则写其以农渔为生的劳动生活。兔苑,在宋城(今河南商丘)东南十里,原是游乐之地,但在唐代已经变为废墟,故高适能在此“为农”耕耘。雁池,在兔苑内,高适在务农的同时可能曾于此“垂钓”。从长安归来后,高适确曾亲身参加过农业生产,这在他的另一首诗《酬庞十兵曹》中也有反映,此诗说:“忆昔游京华,自言生羽翼。怀书访知己,末路空相识。许国不成名,还家有惭色。托身从畎亩,浪迹初自得。雨泽感天时,耕耘忘帝力。”诗中写了他“许国”不成而羞愧还家的心情和托身农业生产的情形。当然,高适毕竟不是一个真正的农民,因而他的“为农”、“垂钓”也绝不会像一般农民那样认真和劳苦,作为一个读书人,他自然还有另一种生活,除了写诗作赋外,他还常纵酒狂歌、弹棋赌博，其《别韦参军》有句曰："弹棋击筑白日晚，纵酒高歌杨柳春。"《河岳英灵集》也说他"隐迹博徒，才名自远"。在这期间，高适曾多次短期出外漫游，他凭吊了梁宋地区的许多名胜古迹，怀古组诗《宋中十首》便是他此期漫游的成果。这十首诗格调相近，语言相类，大约是一次游历中所作。在这一组诗里，高适屡屡发出"前不见古人"的感叹，叹息时光的流逝，这是和他期望及早建功立业的思想一致的，因此他歌颂华元、宓子贱，也为孔子的不幸致慨，这便是这组诗的主旋律。总之，在宋中生活期间，高适一方面以躬耕为生，在"为农岁不登"的时候，难免有"求丐取给"（《旧唐书》本传）的行为；另一方面，他又隐迹博徒，周游梁宋，作诗为赋，颇有一点儿隐士的风格。但他骨子里入世的热情和对功名的渴望却并没有减弱，更没有消失，因而在开元十八年（730 年），他耐不住寂寞，踏上了去东北边塞的长途。

唐朝边塞战事频繁，那里的生活自然吸引了文人们的注意力，加之，自开国以来就有许多出将入相的人物，这无疑为当时的读书人指明了一条建功立业的道路。因而向往边塞，成为盛唐时期一般读书人普遍的心理状态。高适也像当时的许多文人一样，由于考试入仕的愿望无以实现，又没有隐居终南走"终南捷径"的条件，便自然把目光转向边塞，希望能在那里一展身手。开元十八年秋，高适由梁宋出发，前往蓟门（今北京北部一带），他在后来回忆此次北上时说："少时方浩荡，遇物犹尘埃。脱略身外事，交游天下才。单车入燕赵，独立心悠哉。"（《酬裴员外以诗代书》）高适先到了魏郡（今河北大名县东），在这里他参观了唐初大臣魏徵、郭元振的旧居，参观了曾经保卫了魏州的狄仁杰的祠堂，写下了《三君咏》，其自序曰："开元中，适游于魏，郡北有故太师郑公旧馆，里中有故尚书郭公遗业，邑外又有故太守狄公祠焉。睹物增怀，遂为《三君咏》。"这三首诗借古咏怀，抒写了诗人建功立业的愿望。高适沿途凭吊古迹、与友人欢会，且停且行，在秋冬之际来到了蓟门。在此他与一些低级官吏往还，有《酬李少府》诗，其中说："出塞魂犹惊，怀质意难说。……一登蓟丘上，四顾何惨烈。来雁无尽时，边风正骚屑。"诗中对边地风物的描写颇为生动形象。更为值得注意的是，在蓟门，高适写作了著名的《蓟门五首》，记录了他对边塞现实观察的所思所感。这五首诗并不写于同时，但因为都表现出高适忧国忧民、关心边事的现实主义特色，故历来编为一组。此组

诗作可以看作是高适早期边塞诗的代表作,与后来的边塞名作《燕歌行》可谓一脉相承。其诗如下:

> 蓟门逢古老,独立思氛氲。
> 一身既零丁,头鬓白纷纷。
> 勋庸今已矣,不识霍将军。
>
> 汉家能用武,开拓穷异域。
> 戍卒厌糟糠,降胡饱衣食。
> 关亭试一望,吾欲涕沾臆。
>
> 边城十一月,雨雪乱霏霏。
> 元戎号令严,人马亦轻肥。
> 羌胡无尽日,征战几时归?
>
> 幽州多骑射,结发重横行。
> 一朝事将军,出入有声名。
> 纷纷猎秋草,相向角弓鸣。
>
> 黯黯长城外,日没更烟尘。
> 胡骑虽凭凌,汉兵不顾身。
> 古树满空塞,黄云愁杀人。

第一首对边地军队有功不能受赏的现实表示了不满;第二首批评唐朝政府过分重视边功,因而一些边将往往用优厚的待遇诱降胡人来上报战绩以邀宠固位,而唐军士兵却受到非人的对待;第三首表达了对久戍难归的士兵们的同情;最后两首诗对边地士兵舍身卫国的精神作了热情的赞颂。这一组诗写得雄浑自然,内容丰富,涉及了边塞现实的许多重要问题。

　　高适至蓟门以后,曾东临碣石(今河北昌黎县东北),以观沧海,故其诗有"登高俯沧海"、"题诗碣石馆"之句。在这里他常与朋友们一道出游打猎,其

《同群公出猎海上》把打猎的场面写得极为壮观："偶与群公游，旷然出平芜。层阴涨溟海，杀气穷幽都。鹰隼何翩翩，驰骤相传呼。"高适还出过卢龙塞（唐代重要边防关塞之一，在今河北迁安县西），写下名作《塞下》诗：

> 东出卢龙塞，浩然客思孤。
> 亭堠列万里，汉兵犹备胡。
> 边尘涨北溟，虏骑正南驱。
> 转斗岂长策，和亲非远图。
> 惟昔李将军，按节出皇都。
> 总戎扫大漠，一战擒单于。
> 常怀感激心，愿效纵横谟。
> 倚剑欲谁语，关河空郁纡。

诗中描写了边地的形势和自己的安边之策，最后又抒发了怀才不遇的感慨，这种情绪在《酬裴员外以诗代书》里也有表现："北望沙漠陲，漫天雪皑皑。临边无策略，览古空徘徊！"高适此次还到营州（即今辽宁朝阳）去过，在这里他看到边地少年强悍尚武，写了《营州歌》，诗曰：

> 营州少年厌原野，皮裘蒙茸猎城下。
> 虏酒千钟不醉人，胡儿十岁能骑马。

此诗犹如一幅白描，描绘出少数民族豪迈勇健的风貌。

　　在边塞周游了一段时间，高适又回到蓟门，他听说老朋友王之涣、郭密之也到了此地，遂前去拜访，可惜二人均出外漫游去了。高适写了《蓟门不遇王之涣郭密之因以留赠》诗，诗中先写访友不遇，无人可共语心事："适远登蓟丘，兹晨独搔屑。贤交不可见，吾愿终难说。"继而写自己客游千里，很想与老友相会，因为心中特别敬仰他们的文学才能和建功立业的高节："迢递千里游，羁离十年别。才华仰清兴，功业嗟芳节。"在描写了相访不遇的景物以后，诗人抒发了失意和思友之情："逢时事多谬，失路心弥折。行矣勿复陈，怀君但愁绝。"在边塞时，高适曾多次试图从军，如在开元二十年（732年）他曾投书信安王李祎幕下诸人，希望得到援引，这就是被后人评为"典重整齐，精工赡色，特为高作"的长诗《信安王幕府诗》，诗前小序交代了写作时间和写作目的，是了解高适生平行事的重要材料。诗中着力颂扬了信安王的功业和幕中诸人的高才，最后颇为悲切地说：

> 直道常兼济，微才独弃捐。
> 曳裾诚已矣，投笔尚凄然。

由此可见高适当时落魂的情状和望人给予援引的急切心情，但不知什么原因，并没有人向他伸出援助之手，出于无奈，他不得不另寻出路。

开元二十年冬，高适决定离开蓟门南归梁宋。在动身之前，他徘徊于边塞，感到心情颇为惆怅，遂写下《自蓟北归》一诗，其诗曰：

> 驱马蓟门北，北风边马哀。
> 苍茫远山口，豁达胡天开。
> 五将已深入，前军止半回。
> 谁怜不得意，长剑独归来。

诗中描写了边地风景和唐军战事，更抒写了自己孤独而惆怅的心情，是一首内容丰富的边塞之作。

高适由蓟北南返，路过真定（今河北正定）而到达邯郸（今属河北），其《淇上酬薛三据兼寄郭少府微》诗中说到他南归的情况："拂衣去燕赵，驱马怅不乐。天长沧州路，日暮邯郸郭。"邯郸是古代赵国的首都，在唐时仍然是一座繁华的城市。高适在此与游侠少年相往还，颇为狂放，于是写下名作《邯郸少年行》：

> 邯郸城南游侠子，自矜生长邯郸里。
> 千场纵博家仍富，几度报仇身不死。
> 宅中歌笑日纷纷，门外车马常如云。
> 未知肝胆向谁是？令人却忆平原君。

君不见今人交态薄,黄金用尽还疏索。
以兹感叹辞旧游,更于时事无所求。
且与少年饮美酒,往来射猎西山头。

此诗感慨于交道之薄,联想到自己前往边塞却无人赏识、引荐,不由怀念起"喜宾客,宾客盖至者数千人"的战国四公子之一平原君赵胜,"未知"二句言简意深,历来为人们所称道,唐代《河岳英灵集》的编者殷璠便说这二句是他"所最爱者"。离开邯郸,经过漳水,途中屡次借宿于渔夫之家,一路颇为艰辛,故其诗有"酒肆或淹留,渔潭屡栖泊。独行备艰险,所见穷善恶"之句。不久,高适来到淇上,在这里住了一段时间以后,终于回到了梁宋家中。

在宋州期间,高适曾至长安参加朝廷举行的制举考试,但却榜上无名,遂滞留长安。在长安,他与张旭、颜真卿、任华均有交往,与王之涣、王昌龄等人"旗亭画壁"的故事也发生在这段时间。值得特别提到的是高适与王之涣的唱和。王之涣青年时到过玉门关一带,后来写下千古名作《凉州词》:"黄河远上白云间,一片孤城万仞山。羌笛何须怨杨柳,春风不度玉门关。"此次高适读到这首诗,颇多感慨,遂提笔写下《和王七玉门关听吹笛》,诗曰:

胡人吹笛戍楼间,楼上萧条海月闲。
借问《落梅》凡几曲?从风一夜满关山。

不久,高适从长安回到宋州,此后一个时期的生活,因为写作了两首颇负盛名的杰作而显得特别有意义。这两首诗就是《睢阳酬别畅大判官》和《燕歌行》。睢阳即唐代的宋州,畅大即畅璀,当时他由边塞幕府回到内地出差,与高适相会于宋州,关心边塞事务的高适认真听取了他有关边塞形势的介绍,故在与畅璀分手之时,写下了《睢阳酬别畅大判官》。此诗可分为三个部分,而重点在中间一段:

言及沙漠事,益令胡马骄。
大夫拔东蕃,声冠霍嫖姚。

> 兜鍪冲矢石，铁甲生风飙。
> 诸将出井陉，连营济石桥。
> 酋豪尽俘馘，子弟输征徭。
> 边庭绝刁斗，战地成渔樵。
> 榆关夜不扃，塞口长萧萧。
> 降胡满蓟门，一一能射雕。
> 军中多燕乐，马上何轻矫。

前十句写边将击败东蕃（指契丹）的史实，后八句写唐军胜利后边塞的一片和平景象。此诗的最后一段说明了诗人自己的安边思想，提出应效仿古代李牧守边之策，以防守为主，对方如侵扰不已，则猛力反击。这种见解还是较为可取的，也一定是有所感而阐发的。

客居宋州时的另一首杰作是《燕歌行》，关于此诗的写作时间和缘起，高适在此诗的序中说得很清楚，序曰："开元二十六年，客有从元戎出塞而还者，作《燕歌行》以示适，感征戍之事，因而和焉。"有人认为这里说的"客"就是畅璀，而"元戎"指边将张守珪，大体是不错的。此诗内容十分丰富，涉及到边塞生活的许多方面，是唐代边塞诗的代表作之一，其诗如下：

> 汉家烟尘在东北，汉将辞家破残贼。
> 男儿本自重横行，天子非常赐颜色。
> 摐金伐鼓下榆关，旌旗逶迤碣石间。
> 校尉羽书飞瀚海，单于猎火照狼山。
> 山川萧条极边土，胡骑凭凌杂风雨。
> 战士军前半死生，美人帐下犹歌舞！
> 大漠穷秋塞草腓，孤城落日斗兵稀。
> 身当恩遇常轻敌，力尽关山未解围。
> 铁衣远戍辛勤久，玉箸应啼别离后。
> 少妇城南欲断肠，征人蓟北空回首。
> 边庭飘飘那可度，绝域苍茫无所有。
> 杀气三时作阵云，寒声一夜传刁斗。

相看白刃血纷纷，死节从来岂顾勋？
君不见沙场征战苦，至今犹忆李将军。

首十二句写战斗之激烈和敌我双方之表现，唐汝询在《唐诗归》里解释说："……言烟尘在东北，原非犯我内地，汉将所破余寇耳。盖此辈本重横行，天子乃厚加礼貌，能不生边衅乎？于是鸣金鼓，建旌旆，以临瀚海，适值单于之猎，凭凌我军，我军死者过半，主将方且拥美姬歌舞帐下，其不惜士卒乃而。"其中"战士"二句，最为警策，历来为人们所赞赏。"大漠"八句写战斗之艰难和士兵复杂的心理，将主题衬托得更为丰富和深刻。最后，诗人不仅赞颂了唐军士兵的大无畏精神，更表达了他们的愿望，即由体恤士卒、能征善战的将军来作主帅，对当时边将的讽刺与抨击自在言外。此诗大气磅礴，笔力劲拔，风格雄厚而悲壮。诗人用浓墨重笔具体描写了战争的激烈场面，写出了敌人来势的凶猛和唐军将士的昂扬斗志，也深入刻画了战士们细致的心理状态。诗人还用有力的笔触，揭示了士兵与将军两种迥然不同的战地生活，充分显示出他观察的敏锐和思想的深刻。全诗虽然涉笔于种种矛盾，但总的风格仍然是积极和豪壮的。

天宝三载（744年）秋天，李白和杜甫先后来到梁宋并与高适相逢，三位诗人开始了同游梁宋的快意生活。他们一道饮酒赋诗、凭吊古迹，《新唐书·杜甫传》概叙三人之游曰："（甫）尝从白及高适过汴州，酒酣，登吹台，慷慨怀古，人莫测也。"杜甫晚年寓居夔州时曾写诗回忆此次漫游，其《遣怀》诗说："忆与高李辈，论交入酒垆。两公壮藻思，得我色敷腴。气酣登吹台，怀古视平芜。芒砀云一去，雁鹜空相呼。"吹台在今开封东南，俗称"繁台"。从杜诗中可以看出，三位诗人意气相投，饮酒论交，十分惬意；登台怀古，令人遐想；谈论现实，感慨亦多。杜诗中还记录了他们对玄宗用兵异域的评论："先帝正好武，寰海未凋枯。猛将收西域，长戟破林胡。百万攻一城，献捷不云输。组练弃如泥，尺土负百夫。拓境功未已，元和辞大炉。"三位诗人关心边事，担心边将势力渐大，对朝廷将形成威胁。至于边将掩败报捷，高适早有感觉，此时三人聚谈，难免感慨系之！三人还同登单父台，杜甫《昔游》诗说："昔者与高李，晚登单父台。寒芜际碣石，万里风云来。桑柘叶如雨，飞藿共徘徊。清霜大泽冻，禽兽有余哀。"在单父台上，三人远望平芜，直到碣石，万里风云，争来入目,他们不由又议论起朝廷的开边政策。杜诗这样写道:"是时仓廪实,洞达寰区开。猛士思灭胡,将帅望三台。君王无所惜,驾驭英雄才。幽燕盛用武,供给亦劳哉。"单父台又叫琴台,据载,古代能吏宓子贱在此为官,他采取无为而治的方法,"弹鸣琴,身不下堂而单父治"。高适对宓子贱是相当钦佩的,琴台是他寓居梁宋时常来之地,以前写的《宋中十首》其九即是登琴台之作。此次与李杜等人旧地重游,难免又有所感慨,于是写了《同群公秋登琴台》诗。刘开扬先生说此诗:"谓琴台古迹,使人感怀,千载之事,犹如昨朝也。群公久相邀登,今始得登眺,思宓公之德高,见天地之遥远,四时转换,今又立秋矣,何时得有凉风飒然而至乎?檐前燕雀之自适,亦如鸿鹄之高飞,我亦各适其性,志在隐处,以饮酒为乐也。"(《高适诗文编年笺注》)高适还写了《登子贱琴堂赋诗三首》,其序曰:"甲申岁(即天宝三载),适登子贱琴堂,赋诗三首,首章怀宓公之德,千祀不朽;次章美太守李公能嗣子贱之政,再造琴台;末章多邑宰崔公能思子贱之理。"诗中表达了对古代贤者的怀念和对当时良吏的赞赏。高适的名作《古大梁行》大约也是写于此时,其诗曰:

> 古城莽苍饶荆榛,驱马荒城愁杀人。
> 魏王宫观尽禾黍,信陵宾客随灰尘。
> 忆昨雄都旧朝市,轩车照耀歌钟起。
> 军容带甲三十万,国步连营一千里。
> 全盛须臾那可论,高台曲池无复存。
> 遗墟但见狐狸迹,古地空余草木根。
> 暮天摇落伤怀抱,倚剑悲歌对秋草。
> 侠客犹传朱亥名,行人尚识夷门道。
> 白璧黄金万户侯,宝刀骏马填山丘。
> 年代凄凉不可问,往来唯有水东流。

大梁即今开封,是战国时魏国的国都,诗人驱马于古大梁城旧址之上,昔日繁华的都城,如今只留下一片荒土,昔日显赫一时的人物,如今俱已化成尘灰,只有朱亥、侯嬴等侠客,英名犹在,使后人无限景仰。此诗内容丰富,表达的思想较为复杂,其中既有江山易改之叹,又有时光如水之悲,而诗人建功立业的愿望自在言外。这首诗在艺术上也颇有特色,方东树评此诗曰:"起二句伉爽,魏王二句衍,忆昨四句推开,全盛句折入,暮天句入己,以下重复感叹,自有浅深,而气益厚,韵益长,反复吟咏,久之自见。"(《昭昧詹言》续录)此诗气势雄浑,"壁垒森严",在总的风格上与《燕歌行》很接近。

　　与李杜分手以后,高适曾"东征"至楚州淮阴一带,其《东征赋》不仅说明了他东游的原因,还详细记录了他此次漫游的路线及一路上的所思所感,因而是研究和了解高适生平与思想的一篇重要作品。高适东行至涟水县,在那里滞留了一段时间,便又前往齐鲁一带漫游。他此次到过临沂、费县、曲阜、东平、济南等地,并与李邕等当代文豪往还,写了许多诗篇。其中最著名的是《东平路中遇大水》,因为这首诗对受灾百姓表达了深切的同情,同时抒发了强烈的济世救民的愿望,故历来为人们所推重。诗中先写了水灾后的景象,继而写道:"农夫无依着,野老生殷忧。圣主当深仁,庙堂运良筹。仓廪终尔给,田租应罢收。我心胡郁陶,征旅亦悲愁。纵怀济时策,谁肯论吾谋!"后高适转道淇上(今河南淇县),遂买田建庐,隐居于此,其《淇上别业》便表现了他此时的隐居生活:

　　　　依依西山下,别业桑林边。
　　　　庭鸭喜多雨,邻鸡知暮天。
　　　　野人种秋菜,古老开原田。
　　　　且向世情远,吾今聊自然。

此诗描写出田园生活的乐趣,颇有王维孟浩然诗的韵味。

　　在淇上大约过了一年多,高适在天宝六载(747年)夏秋之际从卫州渡黄河回到梁宋,途中写了著名的组诗《自淇涉黄河途中作十三首》。这一组诗并不作于一时一地,但在思想和艺术上有共同点,故历来以组诗视之。大体说来,这一组诗可以分成三类。其一,借旅途所见之景致,抒自己怀才不遇之心情。其二,借写怀古之情,表达希望国家安定的愿望。其三,反映现实生活,表达诗人忧国忧民的感情。第三类诗作虽不很多,但很值得重视,如其七曰:

　　　　朝从北岸来,泊船南河浒。

> 试共野人言,深觉农夫苦。
>
> 去秋虽薄熟,今夏犹未雨。
>
> 耕耘日勤劳,租税兼焉卤。
>
> 园蔬空寥落,产业不足数。
>
> 尚有献芹心,无因见明主。

诗中表现出高适对农民的关心和同情,对执政者的不满自在言外见之。

回到梁宋以后,高适出仕的愿望更加强烈,如他在《宋中遇陈兼》中说:"伊昔望霄汉,于今倦蒿莱。男儿命未达,且进手中杯。"其中固然有对友人怀才不遇的同情,但也难免包含着个人不幸遭遇的一份辛酸。这一点,其《酬裴秀才》说得更明白:"飘荡与物永,蹉跎觉年老。长卿无产业,季子惭妻嫂。"诗人以未显达时的司马相如和苏秦自比,感情颇为沉重,故最后不无感伤地说:"此事难重陈,未为众人道。"在《秋日作》中,他这样写道:"闭门生白发,回首忆青春。岁月不相待,交游随众人。云霄何处托,愚直有谁亲?"功名未就,岁月如水,诗人此时的心情当然是愁苦和寂寥的。

天宝八载(749 年),生活终于出现了转机。这一年八月,高适得到睢阳太守张九皋的赏识,被其推荐参加有道科考试,并一举中第。这在《旧唐书》本传里有较详细的记载:"天宝中,海内事干进者注意文词。适年过五十,始留意诗什,数年之间,体格渐变。以气质自高,每吟一篇,已为好事者称诵。宋州刺史(此沿用旧称,其时宋州已更名为睢阳郡)张九皋深奇之,荐举有道科。时右相李林甫擅权,薄于文雅,唯以举子待之。解褐汴州封丘尉,非其好也。"高适也有诗写到他冒着炎热酷暑前往京城应试的情况,其《答侯少府》说:"常日好读书,晚年学垂纶。漆园多乔木,睢水清粼粼。诏书下柴门,天命敢逡巡?赫赫三伏时,十日到咸秦。褐衣不得见,黄绶翻在身。"高适虽对封丘尉的任命不很满意,但经过慎重考虑,他还是接受了这个职务,他在离京赴任前写下了《谢封丘县尉表》,表示"捧日无阶,戴天何报?臣已于正衙辞讫,即以今日赴官"。赴任途中经过洛阳,在与友人分别时,高适写了《留别郑三韦九兼洛下诸公》,诗曰:

忆昨相逢论久要，顾君哂我轻常调。
羁旅虽同白社游，诗书已作青云料。
蹇质蹉跎竟不成，年过四十尚躬耕。
常歌达者杯中物，大笑前人身后名。
幸逢明盛多招隐，高山大泽征求尽。
此时亦得辞渔樵，青袍裹身荷圣朝。
犁牛钓竿不复见，县人邑吏来相邀。
远路鸣蝉秋兴发，华堂美酒离忧销。
不知何日更携手，应念兹晨去折腰。

诗中表达了高适当时颇为复杂的感情，虽然其中也有对隐居生活的依恋和对将来"折腰"（用陶渊明的典故）生活的忧虑，但是特别突出的还是"荷圣朝"的喜悦和兴奋。在这"洛阳诸公"当中，有一位著名诗人叫李颀，他在送别高适时写了《赠别高三十五》诗，此诗对高适生活和性格的描写十分细致，是了解高适生平的重要材料，其诗曰："五十无产业，心轻百万资。屠酤亦与群，不问君是谁。饮酒或垂钓，狂歌兼咏诗。焉知汉高士，莫识越鸥夷。寄迹栖霞山，蓬头睡水湄。忽然辟命下，众谓趋丹墀。沐浴赐著衣，西来马行迟。能令相府重，且有函关期。倦俛从寸禄，旧游梁宋时。皤皤邑中叟，相侯鬓如丝。官舍柳林静，河梁杏叶滋。摘芳云景晏，把手秋蝉悲。小县情未惬，折腰君莫辞。吾观主人意，不久召京师。"诗中充满对友人的热情祝愿，可谓语重心长。

　　封丘县，在汴州，今属河南。高适虽由制举出身，却仅得一个县尉之职，心中难免不快，加之此时又远离家人，因而常有孤独之感，这在他上任不久写的《初至封丘作》里说得很明白：

可怜薄暮宦游子，独卧虚斋思无已。
去家百里不得归，到官数日秋风起。

他在后来写的一些诗里，也常常表示对任县尉小职的不满，如"州县徒劳那可度，后时连骑莫相违"（《同陈留崔司户早春宴蓬池》）、"州县才难适，云山道欲穷"（《封丘作》）等都是此类诗作。但毕竟已任此职，便不能推脱县尉的职责,特别值得一提的是高适在任封丘县尉的第二年冬天,受上级的委派往蓟北青夷军送新征的士兵。其《送兵到蓟北》诗说:"积雪与天迥,屯军连塞愁。谁知此行迈,不为觅封侯。"高适由封丘出发,途经河间、博陵而至青夷。青夷是个军名,"唐初兵之戍边者大曰军,小曰守捉,曰城,曰镇"(《新唐书·兵志》),其地在今河北怀来县。高适将兵送至青夷后即还入居庸关(在今北京昌平西北),途中写下组诗《使青夷军入居庸关三首》。第一首"由行役而写到边塞,复由边塞而转入行役,意绪环生,如见当日匹马过关之状"(王文濡《唐诗评注》),其诗曰:

> 匹马行将久,征途去转难。
> 不知边地别,只讶客衣单。
> 溪冷泉声苦,山空木叶干。
> 莫言关塞极,云雪尚漫漫。

其二和其三主要写出入关的艰难和入关后的感想,表达了弃官归隐的愿望。此时高适情绪抑郁,寓居蓟门时正好是除夕之夜,于是写下了《除夜作》一诗:

> 旅馆寒灯独不眠,客心何事转凄然?
> 故乡今夜思千里,霜鬓明朝又一年。

此诗朴素自然,感情真挚,语言不多却生动地勾勒出千里之外独伴寒灯而不眠的诗人形象。在边地,高适还写下一些诗作,较为著名的有《蓟中作》(又作《送兵还作》),诗曰:

> 策马自沙漠,长驱登塞垣。
> 边城何萧条,白日黄云昏。
> 一到征战处,每愁胡虏翻。
> 岂无安边书,诸将已承恩。
> 惆怅孙吴事,归来独闭门。

诗中表达了对边事的关心和忧虑，沈德潜说此诗"言诸将不知防边，虽有策无可陈也。乃不云天子僭赏，而云主将承恩，令人言外思之"（《唐诗别裁集》）。因为"安边书"难上，高适遂于春初从蓟北出发还归封丘。途经燕赵，在与友人酬唱往还时，他总是忘不了边塞事务，如《答侯少府》写到边塞战斗的艰苦、士兵生活的艰难："北使经大寒，关山饶苦辛。边兵若刍狗，战骨成埃尘。行矣勿复言，归软伤我神。"

回到封丘后，高适去职的念头更强烈了，在《奉酬睢阳路太守见赠作》里，他这样写道："风尘吏道迫，行迈旅心悲。拙疾徒为尔，穷愁欲问谁？秋庭一片叶，朝镜数茎丝。州县甘无取，丘园悔莫追。"此诗表达出高适在去留之间徘徊的心境，颇耐人寻味。在不久后所作的《同颜少府旅宦秋中》里他更说："迹留黄绶人多叹，心在青云世莫知。不是鬼神无正直，从来州县有瑕疵。"可见他对县尉之职越来越反感，但一则由于生活所迫，一则或许他还抱有"不久招京师"的幻想，所以他并没有立刻辞职，从其《陈留郡上源新驿记》所书写作时间和自称"末吏"来看，高适在天宝十一载（752年）的秋天才辞去县尉之职。在他辞职前写作了历来为人们传诵的名篇《封丘尉》：

> 我本渔樵孟诸野，一生自是悠悠者。
> 乍可狂歌草泽中，宁堪作吏风尘下？
> 只言小邑无所为，公门百事皆有期。
> 拜迎官长心欲碎，鞭挞黎庶令人悲！
> 归来向家问妻子，举家尽笑今如此。
> 生事应须南亩田，世情付与东流水。
> 梦想旧山安在哉，为衔君命且迟回。
> 乃知梅福徒为尔，转忆陶潜归去来。

从此诗看来，当时高适仍然处于思想的矛盾之中，虽想解职归田，但因"衔君命"而有所犹豫。好在他去意强烈，故不久还是毅然辞职了。杜甫对高适的选择很赞赏，在后来写的《送高三十五书记十五韵》中，他说高之去职是"脱身薄尉中，始与捶楚辞"。

高适辞去县尉职务后，又前往长安。在长安，高适与诗人崔颢、綦毋潜、岑参等都有交往,他们常一道饮酒欢宴,赋诗唱和,颇为快意。其《同崔员外綦毋拾遗九日宴京兆府李士曹》诗说:"今日好相见,群贤仍废曹。晚晴催翰墨,秋兴引风骚。绛叶拥虚砌,黄花随浊醪。闭门无不可,何事更登高?"在此期间,高适曾与岑参、储光羲、薛据、杜甫等同登大雁塔。他们登高赋诗,各有所作,而首唱者就是高适,其诗即《同诸公登慈恩寺塔》,后人评为"出之简净,品格亦自清坚"。登慈恩寺塔不久,高适又与薛据等人前往曲江游览,他们眺望终南山,有感而赋诗,高适写下了《同薛司直诸公秋霁曲江俯见南山作》,表现出他此时闲放的心情。其实,高适的内心仍然企盼着边塞立功的机会,这在他送友赴边的一些诗作中表现得很明显,如《送蹇秀才赴临洮》:"怅望日千里,如何今二毛。犹思阳谷去,莫厌陇山高。倚马见雄笔,随身唯宝刀。料君终自致,勋业在临洮。"在对赴边从军友人的期望中,自然寓有高适对边塞的向往之情。再如《送侍御赴安西》:"行子对飞蓬,金鞭指铁骢。功名万里外,心事一杯中。虏障燕支北,秦城太白东。离魂莫惆怅,看取宝刀雄。"此仍以立功边塞期望于友人,而"功名"二句典型地描写出高适对友人的羡慕和自己无奈借酒浇愁之情状,胡震亨将其与李白名句"人分千里外,兴在一杯中"相比,认为"较厚",是颇有见地的。这二句确实含义深沉,耐人寻味,把此时高适的心境表现得含蓄而又明白,评之为"厚",不是过誉。《送董判官》也是作于此时:"逢君说行迈,倚剑别交亲。近关多雨雪,出塞有风尘。长策须当用,男儿莫顾身。"诗中充满激励慰勉之情,同时表达了诗人献身边塞的愿望。

　　在长安滞留的这一段时间,一方面平息了高适任"风尘小吏"带来的痛苦,使其心情渐渐归于平静;另一方面,在人来人往的京城,许多朋友赴边从军,难免又打破了高适此时心境的平衡,使他再一次把目光投向边塞。经过友人田梁丘的推荐和高适自己的积极联络,西北边将哥舒翰于天宝十二载(753年)夏召高适为掌书记。高适此时心情颇为兴奋,虽是酷暑之时仍昂然赴召,离开京城前杜甫为其送行,写下名作《送高三十五书记十五韵》,诗中表达了对高适的忠告和希望:"借问今何官,触热向武威?答云一书记,所愧国士知。人实不易知,更须慎其仪。十年出幕府,自可持军麾。此行既特达,足以慰所思。男儿功名遂,亦在老大时。"武威是河西节度使驻节处,是高适此行的目的地;国士指哥舒翰;当时高适已经五十二岁,故有"男儿"二句表达宽慰之意。最后,杜甫表达了对于诗人高适的期望:"边城有余力,早寄从军诗。"

　　告别繁华的都城和朋友,带着希望与热情,高适在这年六月出发,"触热向武威"。

　　高适由长安出发向西,不久来到了陇头。陇头又称陇首,在今陕西省陇县。由于这里地荒路遥,人们过此往往心情忧郁,所以古代俗歌说:"陇头流水,鸣声幽咽。遥想秦川,肝肠欲断。"但此时高适的情绪却不消沉,他的《登陇》诗说:

> 陇头远行客,陇上分流水。
> 流水无尽期,行人未云已。
> 浅才登一命,孤剑通万里。
> 岂不思故乡,从来感知己。

诗中表达了诗人有感于知己的信任,希望在边塞建功立业的志向,使人想到李白"人生贵相知,何必金与钱"的名句。在陇山,高适遇到向临洮送兵的白少府,看到浩浩荡荡的新兵队伍,不禁问道:"谁断单于臂,今年太白(将星名)高?"(《送白少府送兵之陇右》)这里自然表现出高适此时的一腔豪情,而"为问关山事,何如州县劳"二句,又表现了诗人心中隐隐的一种得意。的确,此时"孤剑通万里"的高适,与当年送兵边塞时相比,真是今非昔比了。高适越过陇山,经过艰难跋涉到达了金城(即今兰州市),他登上金城北楼,为眼前景色所陶醉,遂赋诗说:"北楼西望满晴空,积水连山胜画中。湍上急流声若箭,城头残月势如弓。"又在诗中表达了此时复杂的感情:"垂竿已谢磻溪老,体道犹思塞上翁。为问边庭更何事?至今羌笛怨无穷。"

　　来到边塞,高适先奔向河西节度使驻地武威,但是不巧,哥舒翰并不在此地,高适以为哥舒翰会在临洮,便又奔向临洮,可在那里又没见到哥舒翰,他的《自武威赴临洮谒大夫不及因书即事寄河西陇右幕下诸公》较为详细地记录了当时的经历和感触。这首长诗是高适的一篇重要作品,它对于了解高适当时的思想和他赴河西陇右的行事都是十分宝贵的材料,在一定程度上弥补了新旧《唐书》关于高适此次出塞记录甚少的缺憾。但可惜历来失传,现在所读到的是由敦煌唐诗选残卷里整理出来的。此诗先写风尘仆仆离乡远行，但却未与主将相遇："浩荡去乡县，飘飘瞻节旄。扬鞭发武威，落日至临洮。主人未相识，客子心切切。"继而写日暮时分在临洮看到的战斗胜利的场面："顾见征战归，始知士马豪。戈铤耀崖谷，声气如风涛。隐轸戎旅间，功业竟相褒。献状陈首级，飨军烹太牢。浮囚驱面缚，长幼随颠毛。毡裘何蒙茸，血食本膻臊。汉将乃儿戏，秦人空自劳。立马眺洪河，惊风吹白蒿。云屯寒色苦，雪合群山高。远戍际天末，边烽连贼壕。"最后自叙志向："我本江海游，逝将心利逃。一朝感推荐，万里从英髦。飞鸣盖殊伦，俯仰忝诸曹。燕颔知有待，龙泉惟所操。相士惭入幕，怀贤愿同袍。清论挥麈尾，乘酣持蟹螯。此行岂易酬，深意方郁陶。微效傥不遂，终然辞佩刀。"从此诗看来，高适因在临洮也没有见到哥舒翰，于是写了这首诗寄给哥舒幕下诸人，叙述自己的所见以及所思所感。高适由临洮出发，又奔赴陇右节度使驻地鄯州西平郡，在那里才与哥舒翰相见，哥舒"见而异之"，遂"表为左骁兵曹，充翰府掌书记"（《旧唐书》本传）。

高适此次入塞很受主将的赏识，"掌书记"之职使他成为哥舒幕府中的骨干人物，这种境遇与前两次出塞完全不同了，"浅才登一命，孤剑通万里"、"一朝感推荐，万里从英髦"，一种自得之意可谓已溢出字里行间。境遇的改变必然要影响高适的思想，也会反映在他的作品之中。总的看，高适此期诗作对主将和边事，歌颂赞扬的多，批判揭露的少，虽然他仍在作品里歌颂战斗的胜利和士兵的勇敢精神，但已很少触笔于战士生活的痛苦和军中阴暗丑恶的现象。现在可以确认是高适此期所作的诗文有十余篇，按其内容，大体可以分为三类。第一类是对哥舒翰的赞颂。在来西北之前，高适在长安听到哥舒大军收复九曲（在今青海贵德县东河曲一带）的消息，就写了《同李员外贺哥舒大夫破九曲之作》，来到边塞后，高适看到因九曲的收复，边塞出现了和平的局面，于是又写作了《九曲词三首》：

> 许国从来彻庙堂，连年不为在坛场。
> 将军天上封侯印，御史台中异姓王。
>
> 万骑争歌《杨柳春》，千场对舞绣麒麟。

到处尽逢欢洽事，相看总是太平人。

铁骑横行铁岭头，西看逻逤取封侯。
青海只今将饮马，黄河不用更防秋。

诗中赞美了哥舒翰的功绩，描绘了边地战事减少、百姓生活安定的景象，虽有溢美之词，但大体还是符合实际情况的。在边塞，高适更真切地看到武将因边功而封王（"异姓王"）的现实，其功名之念自然又强烈起来，因而他在歌颂边将武功之时，常常同时抒发自己建功立业的愿望，如《塞下曲》即是此类作品：

结束浮云骏，翩翩出从戎。
且凭天子怒，复倚将军雄。
万鼓雷殷地，千旗火生风。
日轮驻霜戈，月魄悬琱弓。
青海阵云匝，黑山兵气冲。
战酣太白高，战罢旄头空。
万里不惜死，一朝得成功。
画图麒麟阁，入朝明光宫。
大笑向文士，一经何足穷。
古人昧此道，往往成老翁。

此诗前十二句描写战斗场面，颇为生动；后八句表达诗人对功名的追求和对白首穷经的文士的蔑视，使人想起唐代王维的名句："忘身辞凤阙，报国取龙庭。岂学书生辈，窗间老一经。"（《送赵都督赴代州》）第二类作品表现了高适在幕府中的生活情况和往来应酬。有些诗作表现了他在幕府中的闲适生活，如《武威同诸公过杨山人》云："幕府日多暇，田家岁复登。相知恨不早，乘兴乃无恒。穷巷有乔木，深斋垂古藤。边城唯有醉，此外更何能？"天宝十三载（754 年）七月，有一位姓窦的侍御使到武威军府经办经济事务，高适奉命接待他。窦某在河西滞留了两个月左右，高适一直陪伴他，并写了三首诗和一篇序文,这些作品对了解高适此时的情况很有价值,其中最为人们注意的是《陪窦侍御泛灵云池》:"白露时先降,清川思不穷。江湖仍塞上,舟楫在军中。舞换临津树,歌饶向晚风。夕阳连积水,边色满秋空。乘兴宜投辖,邀欢莫避骢。谁怜持弱羽,犹欲伴鹓鸿。"首八句写塞上泛舟的乐趣,后四句写欢宴之乐和望人汲引之意。高适诗中不仅对边塞景色多有描写,而且在一些诗里还较细致地描绘出少数民族的风俗和习惯,如其《部落曲》说:

> 蕃军傍塞游,代马喷风秋。
> 老将垂金甲,阏氏着锦裘。
> 琱戈蒙豹尾,红斾插狼头。
> 日暮天山下,鸣笳汉使愁。

此诗与其《营州歌》有异曲同工之妙,二诗对读颇为有趣。

　　幕府生活中少不了要起草朝觐、聘问之文,有时又要为了军务而在外奔波,《入昌松东界山行》就记录了他在边塞山道上奔波的情况:"鸟道几登顿,马蹄无暂闲。崎岖出长坂,合沓犹前山。石激水流处,天寒松色间。王程应未尽,且莫顾刀环。"昌松县在凉州武威郡,故城在今甘肃古浪县西一带。诗写作者为完成公事,不顾道路的难行而日夜兼程,最后二句说公事未完,暂且不能归去(环与还谐音,古代往往用以代指),描绘出他小心谨慎,尽职尽责的情状。

　　高适此期作品的第三类内容是边地送别与遥寄友人。河西送别诗不多,而较值得注意的是送别浑惟明时写的《送浑将军出塞》,其诗曰:

> 将军族贵兵且强,汉家已是浑邪王。
> 子孙相承在朝野,至今部曲燕支下。
> 控弦尽用阴山儿,登阵常骑大宛马。
> 银鞍玉勒绣蝥弧,每逐嫖姚破骨都。
> 李广从来先将士,卫青不肯学孙吴。
> 传有沙场千万骑,昨夜边庭羽书至。
> 城头画角三四声,匣里宝刀昼夜鸣。

> 意气能甘万里去,辛勤动作一年行。
> 黄云白草无前后,朝建旌旄夕刁斗。
> 塞上应多侠少年,关西不见春杨柳。
> 从军借问所从谁? 击剑酣歌当此时。
> 远别无轻绕朝策,平戎早寄仲宣诗。

诗中写出浑将军值得夸耀的家族史和他本人的赫赫战功,继而描写战事突起及出征的艰苦,同时描写了边地荒凉的景象,最后表示了对浑将军的期望。全诗写得气势磅礴,格调高昂,内容丰富,清人赵熙批此诗说:“浑将军得此一诗,胜于史篇一传。”在边塞,高适难免常常怀念内地的友人,天宝十四载(755年)夏秋之际,他给时任平原郡太守的颜真卿寄去一首诗,即《奉寄平原颜太守》,其中有一段较详细地叙述了他的幕府生活,因而显得很有价值,诗是这样写的:

> 金石谁不仰,波澜殊未穷。
> 微躯枉多价,朽木惭良工。
> 上将拓边西,薄才忝从戎。
> 岂论济代心,愿效匹夫雄。
> 骅骝满长皂,弱翮依雕笼。
> 行军动若飞,旋旆信严终。
> 屡陪投醪醉,窃贺铭山功。
> 虽无汗马劳,且喜沙塞空。
> 去去勿复道,所思积深衷。
> 一为天涯客,三见南飞鸿。
> 应念萧关外,飘飖随转蓬。

诗中写出高适此时的所思所感,也表达了对老友的思念之情。其实,长安的友人们也记挂着远在边地的高适,如杜甫在天宝十三载写了《寄高三十五书记适》,诗曰:“叹息高生老,新诗日又多。美名人不及,佳句法如何。主将收才子,崆峒足凯歌。闻君已朱绂,且得慰蹉跎。”从诗中看高适当时写了不少诗作,可惜留传下来的太少了。第二年二月,哥舒翰入朝,因故令都尉蔡希鲁先归陇右,杜甫在为其送别时请他向高适代致问候,其《送蔡希鲁都尉还陇右因寄高三十五书记》诗说:"汉使黄河远,凉州白麦枯。因君问消息,好在阮元瑜?"诗中表达了深切的怀念之情。

天宝十四载(755 年)十一月,安禄山领兵十五万号称二十万在范阳誓师反唐,从而打破了太平盛世的迷梦,使天下为之震惊。叛军很快攻陷东京,前锋西至陕郡,唐玄宗忙命正病居长安家中的哥舒翰"为副元帅,领河、陇诸蕃部落奴剌……等十三部落,督蕃、汉兵二十一万八千人,镇于潼关"(《安禄山事迹》)。高适此时由河西投奔哥舒翰,被朝廷任命为左拾遗,转监察御史,佐助哥舒翰防守潼关。杨国忠担心此时"主天下兵权"的哥舒翰有害于己,遂反复向玄宗进谗言,玄宗因而多次派使者催促哥舒翰主动出击,哥舒翰只得引兵出关,结果在灵宝(今属河南)西原大败,哥舒翰被部将绑在马上,投降了安禄山,后来被安禄山杀害。可惜一代名将,最后竟这样落下了人生的帷幕。

潼关失陷,天下大乱,人心惶惶。高适由潼关奔入长安,向朝廷献策,表示要坚决抗击叛军。《册府元龟》说:"唐高适为左拾遗。天宝末,天下兵起,潼关失守。适上策曰:竭库藏召募以御贼,犹未失计。事虽不行,闻者壮之。"玄宗没有采取有效措施以夺回潼关,反而在潼关失守的第三天离京西逃,朝中官员房琯、李煜、高适等人横越秦岭,由骆谷路西南行,在河池郡(今陕西凤县东一带)赶上了朝廷西逃的队伍。高适谒见玄宗,分析了潼关失败时的形势,并报告了朝廷军政腐败的情况。玄宗认真听取了高适的报告,对他的才能也有了一定的了解,故先迁升他为侍御史,高适随驾到了成都,又被任命为谏议大夫。任命他的制文说:"侍御史高适,立节真峻,植躬高朗,感激怀经济之略,纷纶赡文雅之才。长策远图,可云大体;谠言义色,实谓忠臣。"制文虽是官样文章,但评价还是较为恰当的,因为制文的作者是了解高适的友人贾至。当时贾至任中书舍人,知制诰。高适性格本来就慷慨激昂,现在受命于危难之时,因而更加尽心尽责,史书说他"负气敢言,权幸惮之",当是可信的。他切谏不可实行诸王分镇即是一例。当时宰相房琯向玄宗建议,把天下分割给太子李亨、永王李璘、盛王李琦、丰王李珙诸子。当时的形势很复杂,永王占据江淮富庶之地,与占据北方的太子李亨有对峙的可能,而李亨处于尊长之位,岂容李璘与己相争？所以分镇之议一行,必致内乱。高适认真研究了当时的形势,能在诸王矛盾中预见到政局发展的方向,因而"帝以诸王分镇,适盛言不可"(《新唐书》本传)。高适的"盛言"想来会引起当权大臣房琯等人的不满,而他"负气敢言"的性格于此可以见出。但是"上皇命诸子分总天下节制,谏议大夫高适谏,以为不可,上皇不听"(《资治通鉴》)。李璘领四道节度使,镇江陵,他召募勇士数万人,日费巨万,想以金陵为首都,形成南北分治的局面。时已为肃宗的李亨很不放心,命他前往蜀地去拜见玄宗,实际是想把永王调离江陵,李璘不从。至德元载(756年)十二月,永王引兵自江陵东下金陵,引起朝野震惊。肃宗召集亲信商议对策,准备采取武力行动。肃宗早知高适曾切谏不可实行分制,认为他"论谏有素",遂"召而谋之,适因陈江东利害,永王必败",因而很受肃宗赞赏。这年十二月,"置淮南节度使,领广陵等十二郡,以适为之;置淮南西道节度使,领汝南等五郡,以来瑱为之;使与江东节度使韦陟共图璘"(《资治通鉴》)。淮南节度使治所在扬州广陵郡(今扬州市),高适此时官阶为从三品,已经是朝廷高官了。

至德二载(757年)二月,高适、来瑱、韦陟会于安陆(今属湖北),结盟誓师准备讨伐永王。三人辞旨慷慨,血泪俱下,以至于"三军感激,莫不陨泣。其后江表树碑以记忠烈"。高适在渡淮之前,做了一些策反工作,他"移檄将校,绝永王,俾各自白,君子以为义而知度"(《新唐书》本传)。当时永王部将多不同意与肃宗对抗,在逐渐明白李璘以平安史之乱为名而行割据之实后,纷纷脱离永王,因此高适还没有渡淮,永王就已兵败被杀了。此时高适官位渐高,像李白那样"心雄万夫"的诗人也来向他求援。当时李白因入永王幕府而得罪,正关押在寻阳狱中,恰好他的朋友张孟雄要到高适的部队从军,李白便写了《送张秀才谒高中丞》,诗中赞美高适在平乱中的功绩:"高公镇淮海,谈笑却妖氛。"又表达了求助的希望:"我无燕霜威,玉石俱烧焚。但洒一行泪,临歧竟何云!"诗写自己悲愤无告,请求援救之意甚明。可惜没有材料说明高适的态度及其是否曾给老友以帮助。还有一件事值得一提:睢阳告急,张镐集中兵力往救,时谯郡太守闾丘晓最后到达指定地点,张镐要杀他,他说:"有亲,乞贷余命。"张镐回问他:"王昌龄之亲欲与谁养?"还是杀了他。原来,此前不久,诗人王昌龄"以世乱还乡,为刺史闾丘晓所杀"。当时高适正在张镐属下,而他又与王昌龄是老朋友,所以有人认为是他怂恿张镐杀掉闾丘晓的,如《云溪友议》即说:"高适侍御与王江宁昌龄伸冤。"此事事出有因,但查无实据,惜无材料详加说明。

高适自从担任淮南节度使后更加"敢言",因而得罪了当朝的一些重要人物,李辅国即是其中之一。当时李辅国依附淑妃张良娣,大权在握,势倾朝野,故对敢于上言的高适颇存忌心。《旧唐书》本传说:"李辅国恶适敢言,短于上前,乃左授太子少詹事。"高适对李辅国当然十分不满,在他后来所作的《酬裴员外以诗代书》里,他说:"拥旆出淮甸,入幕征楚材。誓当剪鲸鲵,永以竭驽骀。小人胡不仁,谗我成死灰。"诗人直呼李辅国为"小人",是颇为大胆的。太子少詹事是个闲散的官职,任职于东京洛阳。高适于乾元元年(758年)四月离开扬州,经宋州、汴州而至洛阳。分司东都的生活十分散淡,责任也并不重大,"留司洛阳宫,詹府唯蒿莱",可见他所办公的地方只是一处长满野草的废宫罢了。闲居于此,难免送往迎来的应酬,因而写下一些送别名作,如《送李少府贬峡中王少府贬长沙》:

> 嗟君此别意如何,驻马衔杯问谪居。
> 巫峡啼猿数行泪,衡阳归燕几封书。
> 青枫江上秋天远,白帝城边古木疏。
> 圣代即今多雨露,暂时分手莫踌躇。

此诗感情真挚,寓意丰富,在写作上也很有特色,故历来为人们所传诵。盛傅敏《碛砂唐诗纂释》评曰:"中联以二人谪地分说,恰好切潭峡事极工确,且就中便含别思,末复收拾以应首句,然首句便已含蓄。"最后二句作"颂圣"语,反映出当时高适的思想状态,因为他此时毕竟已经是朝廷高官了,只能如此措辞。

乾元二年(758年),史思明占据魏州(今河北大名县),与此时败退邺城(今河南安阳市)的安庆绪遥为声援,唐将九节度之师围邺,与安庆绪战于相州城下,忽有大风,"官军大奔,弃甲杖器械,委积道路"(《册府元龟》)。相州九节度失败,洛阳城里一片惊慌,百姓纷纷出逃,高适与留守崔园、河南尹苏震、汝州刺史贾至等百馀人南奔今湖北襄阳和邓县,一路所见无非是城池毁坏、尸骨遍野的战乱景象,其仓皇南奔的情况,在他后来写的《酬裴员外以诗代书》里有较为详细的回忆："登顿宛叶下，栖惶襄邓隈。城池何萧条，邑室更崩摧。纵横荆棘丛，但见瓦砾堆。行人无血色，战骨多青苔。"

来到襄邓不久，高适又被朝廷想了起来，他因此被任命为蜀中彭州（今四川彭县）刺史。高适接到任命后先去长安拜见了肃宗，然后就踏上了入蜀之路，其《赴彭州山行之作》写道："峭壁连崆峒，攒峰叠翠微。鸟声堪驻马，林色可忘机。怪石时侵径，轻萝乍拂衣。路长愁作客，年老更思归。且悦岩峦胜，宁嗟意绪违。山行应未尽，谁与玩芳菲？"诗里描写了途中景色，而美景自赏，孤独寂寞之情自在言外。经过艰苦跋涉，高适在六月初抵达彭州任所，随后写了《谢上彭州刺史表》，此文概述了自己一生的主要经历，史料价值弥足珍贵。这年十月，唐将李光弼破史思明获得大捷。消息传来，朝野欢腾。当时高适正与前河南少尹李岘宴于毕员外宅院，听到这个消息，情绪激昂，即席赋《同河南李少尹毕员外宅夜饮时洛阳告捷遂作春酒歌》，诗中写到"洛阳告捷倾前后"的喜悦，也写到自己近几年的经历和此时的心情："前年持节将楚兵，去年留司在东京。今年复拜二千石，盛夏五月西南行。彭门剑门蜀山里，昨逢军人劫夺我，到家但见妻与子。赖得饮君春酒数十杯，不然令我愁欲死。"在彭州任上，高适从朝廷和百姓的立场出发，上了论述"西山三城罢戍"的奏文，他建议合东西川为一道，罢西山三城之戍，以减轻当地百姓的赋税负担。当时朝廷虽没有接受他的意见，但几年后还是把东西川合为一道了，高适的奏章也许起了些作用。

上元元年（760年）九月，高适又被任命为蜀州（即今四川崇州市）刺史。高适赴新任后，有两件事值得特别加以介绍。其一，高适迁蜀的第二年四月，梓州刺史段子璋反，自称梁王，西川节度使崔光远整兵讨伐，高适率兵参与平定叛乱。其二，宝应元年（762年）严武应召归京，剑南兵马使徐知道乘严武离职之机，联合羌人占领西川，以兵据剑阁，严武不能出蜀。八月，高适率兵击败徐知道，剑南悉平。不久，高适由蜀州至成都，就任剑南西川节度使，摄东川节度使。当时边防紧急，吐蕃时刻准备入侵，高适虽加紧练兵，但"师出无功，而松、维等州寻为蕃兵所陷"（《旧唐书》本传）。高适因此"为大臣所轻"，代宗便用严武将其代还，"用为刑部侍郎，转散骑常侍，加银青光禄大夫，进封渤海县侯，食邑七百户"。回到长安的第二年正月，高适离开了人世，他死后"赠礼部尚书，谥曰忠"。

《旧唐书》本传说："有唐以来,诗人之达者,唯适而已。"这话是符合实际的。在唐代诗人中,高适的确十分显达。但是,高适首先是一位诗人,他在诗歌发展史上的地位和影响,是其他诗人所不能替代的。他的诗作在当代就受到了人们的注意和高度评价,《新唐书》本传说他"年五十始为诗即工,以气质自高,每一篇已,好事者辄传布"。杜甫更说他"独步诗名在"(《闻高常侍亡》),又说:"当代论才子,如公复几人?"(《奉简高三十五使君》)。在这里有个问题需要解释一下,即高适"五十始为诗"的说法是否可靠?关于高适五十岁才开始或留意作诗的记载,见于新旧《唐书》、《唐诗纪事》、《唐才子传》等书,似乎是人们一致的看法。其实,只要认真研究高适的生平和作品,就会看出这种记载是明显不准确的,因为《燕歌行》、《蓟门五首》、《邯郸少年行》、《别韦参军》等许多名作都是他三十岁以前所作,这是没有疑问的。之所以会产生高适"五十始为诗"的说法,是因为五十岁左右是高适一生中的重要转折时期,前此落魄蹭蹬,虽有诗名却并不突出,后此由于步入仕途,更多地接触了官吏和文人,诗名日盛,甚至以前写的一些诗作也借其地位的变化而广为流传,故给人留下了"五十始为诗"的印象。《旧唐书》本传未加辩正而取此说,其他各书均沿用《旧唐书》成说,遂使此说在相当长的时期内似乎成了定论。其实,这种说法是没有根据的,要全面研究高适的生平和诗歌,就必须推翻这种所谓的"定论"。

高适的诗歌有丰富的内容,其中成就最大的是边塞诗,他也因此与岑参一起成为盛唐边塞诗派的代表诗人。高适的边塞诗不仅描写了边地风光和少数民族人物形象,更写到边塞战斗的激烈和紧张;不仅用热情的笔触歌颂了唐军将士的勇敢和战斗的胜利,更表达了自己的安边之策;不仅抒发了建功立业的愿望,更对边塞军中黑暗现实作了有力的抨击。边塞诗之外,高适的怀古诗、政治诗和赠友送别诗都有不少佳作名篇,如《别董大二首》之二就是千古传诵的诗作:

> 十里黄云白日曛,北风吹雁雪纷纷。
> 莫愁前路无知己,天下谁人不识君?

此诗虽写送别,却不作伤心语,而充满乐观精神,与高适豪放的性格有着密切的联系。

　　高适是一位不同寻常的诗人,他"喜言王霸大略,务功名,尚节义,逢时多难,以安危为己任"。对理想和功名的追求,对社会和国家的关心,胸有大志而长期沉沦下僚,加之豪放不羁的个性,这一切凝聚在诗文中,就形成了他诗歌风格的主要特色——豪放悲壮,而《燕歌行》就是其风格的最有代表性的作品。在诗歌的语言方面,高诗"多胸臆语",即大多流露了他的真情实感,因而具有朴素自然的特点。这大概是因为高适长期浪迹四方,接触了下层百姓的生活,民间的语言对他当有很大的影响;同时,高适素来胸有大志,并不以舞文弄墨为满足,所以他的诗往往重在达意言志,并不以文辞华丽取胜。如他的咏物诗《咏马鞭》:

> 龙竹养根凡几年,工人截之为长鞭。
> 一节一目皆天然。珠重重,星连连;
> 绕指柔,纯金坚。绳不直,规不圆。
> 把向空中捎一声,良马有心日驰千。

此诗对马鞭的描写具体生动,颇为传神,其中亦寄寓了作者希望能为世用的心情,而语言却很质朴。由此说来,高诗朴素自然的语言特点,是他豪放性格和其美学追求相结合的必然结果。

(原载《中国文学小丛书·高适与岑参》,
春风文艺出版社 1999 年 1 月版)

论李白政治思想的主导因素及其发展历程

　　唐代著名诗人李白的政治思想，因其内容庞杂，兼收并蓄，因而对其评价历来聚讼纷纭。大多数人把李白看成诗酒飘逸、仙风道骨一类人物，说他"于社稷苍生，曾不系其心膂"①；或者认为他的政治思想有儒道因素，但都环绕"任侠"而相互推进；或者说他"于三纲五常之道，数致意焉"②。在众多的说法中，我们能不能真正寻绎出李白政治思想的真实面目来呢？笔者认为，要解决这一难题，首先要看到李白政治思想的复杂性，其次要善于透过现象看本质，抓住其政治思想中的主导因素，并将它置于发展的过程中来考察。

一

　　李白政治思想的复杂性，与唐代特定的社会环境有关。隋唐大一统帝国结束了魏晋南北朝长期纷乱动荡的局面，革除了统治几百年的门阀士族制度，通过科举考试和其他途径，为士子的进身打开了新的通道；在思想领域内，儒道佛诸家互相依存，兼收并容。士子在相对安定和开放的时代环境中，骋展志向，抒发怀抱，以自己的宦途沉浮为轴心，来看待人生，吸取多种政治思想和人生哲学。这就必不可免地使当时人的思想打上多种学说的烙印。李白自然也不例外。出蜀前，李白以其年轻的心吸取着各种知识，对未来虽有朦胧的理想，但对整个世界的看法并未形成，因而他此时的思想表现为"杂"与"稚"。儒、道、纵横、任侠都对他产生了影响，还没有以某种思想因素作为自己的主导思想。这一时期对"百家之言"的学习，培养了李白对社会的

---

①　罗大经《鹤林玉露》。
②　葛立方《韵语阳秋》。

关心和积极入世的进取心。开元十三年(725 年),李白出蜀远游,正式开始了他的人生历程,两年后来到安陆,当时李白已经二十七岁了。我们知道,三十岁前后是一个人世界观形成的关键几年。经过蜀中时期广泛的学习及出峡几年的游历与观察,此时李白的思想渐趋成熟,其标志则是确立了儒家的政治思想,它集中表现在《代寿山答孟少府移文书》一文中:

> ……李公仰天长吁,谓其友人曰:吾未可去也。吾与尔达则兼济天下,穷则独善一身,安能餐君紫霞,映君青松,乘君鸾鹤,驾君虬龙,一朝飞腾,为方丈蓬莱之人耳。此则未可也。乃相与卷其丹书,匣其瑶瑟,申管晏之谈,谋帝王之术,奋其智能,愿为辅弼,使寰区大定,海县清一,事君之道成,荣亲之义毕,然后与陶朱、留侯,浮五湖,戏沧洲,不足为难矣。

在这里,我们可以看到纵横家和道家思想的影响,但中心则是儒家的政治思想:"达则兼济天下,穷则独善一身"。这自然使我们想到了儒家"圣人"孔子的政治态度,孔子一生积极从事社会活动,被隐者讥为"知其不可为而为之者"。他主张:"用之则行,舍之则藏"、"天下有道则见,无道则隐"。[①] 孟子的主张更加明确:"得志泽加于民,不得志修身见于志。穷则独善其身,达则兼济天下。"[②]可见李白的政治理想渊源于孔孟的处世哲学;他所申明的"事君之道"、"荣亲之义"更是儒家人物所追求的人格境界。另一方面,这种理想也受了道家的影响,这就是李白为自己设计了一条"功成身退"的道路。但若把他的"功成身退"看成是道家"功成名遂身退"的直接沿袭又是片面的。老子虽然说过"功成名遂身退",但老庄所宣扬的重点在身退,"为善无近名,为恶无近刑",两者皆非保身全性之道。不如游心物外,淡泊自守。《史记》载庄子拒楚威王之聘的故事,便反映了道家的处世哲学。李白却与此不同,他的"功成身退",虽以栖隐为人生之归宿,但必期之于功业成就之后。这种思想一经树立,终其一生也没有动摇过:青年时期之"功成谢人间,从此一投钓"、"愿一佐明主,功成还旧林";晚年时期之"终与安社稷,功成去五湖"、"齐心戴朝恩,不惜微躯捐。所冀旄头灭,功成追鲁连",都贯穿了这条主线。在李

---

① 《论语·述而》、《论语·泰伯》。
② 《孟子·尽心》。

白的人生观里,儒家建功立业的观念是主要的,而道家的栖隐观念则是从属的。在正式提出"兼济天下"的志愿之前,李白的求仙访道只是时俗所染,但在确立了儒家政治理想之后,他的"浮五湖,戏沧洲"却有一个新的重要前提,那便是建功立业。李白的一生都在努力实践自己的这项设计,因其一生也没有功成业就,故而其一生也没有真正地"浮五湖,戏沧洲"。更进一步地说,李白的"功成身退"有深刻的内容:其一,李白自幼好学,"轩辕以来颇得闻矣",他看到历史上的功臣往往不得善终,故而想走陶朱、留侯"功成身退"的道路,这与以后的"功成身不退,自古多愆尤"、"吾观自古贤达人,功成不退皆殒身"的想法是完全一致的。其二,唐代社会相对开明,士子文人大多希望能成就一番事业,但许多人所追求的仅是个人的荣华富贵,志趣并不高尚。李白大约很瞧不起他们,故借"功成身退"以标明自己的建功立业是为了"海县清一",绝不贪图个人富贵,从而表现出自己理想的纯洁与高尚,这实际也是为自己建功立业提供理论根据。由此我们认为李白的"功成身退"重心在功成,其主要倾向是儒家的政治理想。

李白不仅提出了自己的政治理想,而且为此努力实践,具体行为就是向当地长官如李某、裴某多次上书,但却受到了冷遇。于是李白"西入秦海",但仍失意而归。这可以说是社会对李白的第一次打击,使他初步认识了社会的复杂和人生道路的艰难。在离开长安来到宋城所作的《梁园吟》里,诗人高亢地唱道:

歌且谣,意方远。东山高卧时起来,欲济苍生未应晚。

谢安高卧东山且为时而起,自己欲济苍生更不应蹉跎,"未应晚"三个字显示出了诗人热衷济世的一腔热情!离京后,李白仍不断寻找入世的途径,如干谒擢拔后进的韩朝宗,希望经韩的品题推荐,使自己"扬眉吐气,激昂青云"。由此亦可看出,一入长安的失败并未使李白感到绝望,重要原因就是他有比较坚定的儒家思想因素——兼济天下、事君荣亲——作为精神上的支柱。但另一方面,因为理想总是碰壁,李白也难免流露出苦闷和归隐的念头,因此移家东鲁后与韩准等隐于徂徕山,酣歌纵酒,时号"竹溪六逸"。应该指出的是:李白自提出"达则兼济,穷则独善"及"事君荣亲"的理想后,经过近十年社会生活的磨炼，到移家东鲁时，与十年前提出的"海县清一"的政治理想相比，更趋于具体化，这反映在《任城县厅壁记》里，他憧憬的是这样的一种社会：

> 行者让于道路，任者并于轻重。扶老携幼，尊尊亲亲，千载百年，再复鲁道。

这"鲁道"即是孔子所言"老者安之，朋友信之，少者怀之"以及孟子"老吾老，以及人之老；幼吾幼，以及人之幼"的理想社会，由此便可以看出李白思想之渊源了。

天宝元年（742年），李白由玄宗亲诏至京师。"承恩初入银台门，著书独在金銮殿"。玄宗看中了他的文才，如果李白贪图个人荣华富贵，应该以此为满足了，但李白青年时树立的"兼济天下"的志向，促使他利用这次接近皇帝的机会，积极参预政事，以实现他向往的"鲁道"社会。玄宗最初在表面上也没有把李白仅仅看做是一位诗人，他将李白"置于金銮殿，出入翰林中，问以国政，潜草诏诰，人无知者"①。魏颢的记载更具体："上皇豫游召白，白时为贵门邀饮，比至半醉，令制《出师诏》，不草而成。"②范传正则说李白"论当世务，草答蕃书，辩如悬河，笔不停辍……遂直翰林，专掌密命。将处司言之任，多陪侍从之游"③。可见李白对当时的一些重大事件有比较成熟的看法，故而制《出师诏》，才能"不草而成"，论当世务，才能"辩如悬河"。因此，那种认为李白在供奉翰林的一年半里完全是一个御用文人的看法是不妥当的，李白认为自己终于获得了"申管晏之谈，谋帝王之术"的机会，故而把自己的一些政治主张伺机向玄宗进言，即所谓："遭逢圣明主，敢进兴亡言。"这"兴亡言"大约就是他"口若悬河"的具体内容，也即是"匡君怀长策"的"长策"吧！但此时唐玄宗认为天下太平，哪里还有"兴亡"可言？加上李白性格狂傲，敢于直言，得罪了权贵，因此他不仅没有得到玄宗进一步的重用，反而被赐金还山了。李白此次政治活动，因没有实现自己的理想而告失败，但仔细分析，他此

---

① 李阳冰《草堂集序》。
② 魏颢《李翰林集序》。
③ 范传正《李白新墓碑》。

次入京又有成功之处,由一个山野之人一跃成为玄宗的座上客,并在一定程度上参预了朝政,进了兴亡之言,这难道不是一种成功吗? 通过这番磨炼,李白加深了对社会和当政者的认识,这也是不应忽略的收获。同时,也不能因为李白被赐金还山,便得出李白根本没有政治才能的结论。因为李白此次入京之时,已是李林甫大权独揽、玄宗荒于政事之时,即使像颇有政绩才干的张九龄、李适之等且不能各尽其才,更别说像李白那样来自山野、敢于直言而又不"摧眉折腰事权贵"的人物了,他的政治才能哪能得到施展呢?! 在玄宗看来,只有李林甫、王珙之类才是国家的栋梁,而李白自然不是"廊庙器"了。这不是李白的耻辱,倒是他的光荣。只是今天有人仍把玄宗为李白所作的"非廊庙器"的鉴定看成是恰当的评论,这实在是不应该。

二

　　李白的思想是相当复杂的,而其突出的特点则是儒与道的矛盾,具体地说是入世与出世的矛盾。由于政治活动的失败,他的思想中的道家因素在天宝初离开长安后表现得更为明显,有人就是据此而说李白"晚好黄老"的。因此需要对李白此期思想进行客观的、实事求是的评价。

　　初离京师,李白的思想极为矛盾,如说:"西出苍龙道,南登白鹿原。欲寻商山皓,犹恋汉皇恩。"①"欲寻"句即是有意于归隐深山;"犹恋"句则是仍然眷恋朝廷。因为生活的打击太沉重了,李白从政的热情受到了极大的挫伤。从少年起即有的对仙道的兴趣又强烈地表现出来。当年冬天他受了道箓,自称:"抑予是何者? 身在方士格……不向金阙游,思为玉皇客。"②几年以后李白又表示了这样的愿望:"拙妻好乘鸾,娇女爱飞鹤,提携访神仙,从此炼金药。"③天宝十二载(753 年),李白自幽州归来,深知危机暗伏,只得避祸江南,当时他完全是一副道士装束:"闭剑琉璃匣,炼丹紫翠房。身佩豁落图,腰垂虎鞶囊。仙人驾彩凤,志在穷遐荒。"④由此可见,自去朝后,李白确实特别热衷于道教迷信,事实俱在,是不能随意否定的。但是如果我们联系李白此时

---

①　《别韦少府》。
②　《草创大还赠柳官迪》。
③　《题嵩山逸人元丹丘山居》。
④　《留别曹南群官之江南》。

的处境及思想状况,便会看出:李白本有济世之心,但却失去了一次大好机会,反而受到统治阶级人物的诬蔑与陷害,心中的郁愤该是多么沉重,他平息愁绪的法宝,便是暂时忘掉那严酷的现实。他说:

　　每思欲退登蓬莱,极目四海,手弄白日,顶摩青穹,挥斥幽愤……①

"挥斥幽愤",已说明了一切,从这里我们就寻找到了李白入"方士格"的真正原因。从本质上说,这正是希望走儒家兼济天下道路而不成所造成的精神悲剧,"岂得已哉"! 正因为李白好神仙只是为了"挥斥幽愤",因此,他对道教的热衷就常常为对社会的关心、为济苍生的理想所代替,这便是他思想矛盾的主要方面。

　　因为玄宗亲自下诏,李白才能二入京师,虽然他没有受到重用,但对玄宗却是感激的,故而此期李白流露了比较浓厚的忠君情绪。一些研究者为了突出李白的反抗性和作品的思想性,不承认或者有意缩小李白的忠君思想。其实,只要正视历史事实,就可以看出李白的忠君感情是很深沉的。在那个时代,李白要实现自己的理想,除了依靠当朝君主,他不可能有其他的想法。虽然,在思想发展中,李白越来越认识到玄宗的腐朽和不足辅弼,但时代与阶级的局限仍使他把希望寄托在玄宗的清醒上面。有时他也对皇帝进行批判与讽刺,但这也往往是由他的忠君思想激发的。不承认李白有较强的忠君思想,是不符合历史事实的。离朝不久,李白便写下了这样感情深沉的诗句:

　　　遥望长安日,不见长安人。
　　　长安宫阙九天上,此地曾经为近臣。
　　　一朝复一朝,发白心不改。
　　　屈平憔悴滞江潭,亭伯流离放辽海。②

　　诗中表达了诗人对君主与朝廷强烈的眷恋之情,他的心时时向往着长安,正所谓"狂风吹我心,西挂咸阳树"。在他看来,自己被逐与玄宗无关,玄

---

① 《暮春江夏送张祖监丞之东都序》。
② 《单父东楼秋夜送族兄沈之秦》。

宗是"英主"、"明主",是太阳,是被佞臣欺骗了:"而我竟何幸,远身金殿旁。浮云蔽紫闼,白日难回光";"谬挥紫泥诏,献纳青云际。终惑英主心,恩疏佞臣计";"浮云蔽日去不返,总为秋风摧紫兰"。李白对玄宗的怀念是很强烈的,离朝后多次称臣自伤:"霜惊壮士发,泪满逐臣衣";"鲁客向西笑,君门若梦中。霜凋逐臣发,日忆明光宫";"余亦谢明主,今称倚塞臣"。李白认为,君主失臣失权,就成了任人宰割的普通人,奸臣得势后会为所欲为,直至杀掉君主,这必然造成国家的混乱和人民的遭殃,由此亦可看出李白之忠君与爱国的密切联系。但他虽有"济时策",却"我欲言之欲何补"? 这种忠君爱国的感情与欲言无处的苦衷在《梁甫吟》里有较具体的描写:"白日不照吾精诚,杞国无事忧天倾",真可与屈原"荃不察余之忠诚"的呼声共鸣。基于此,当玄宗的行为对国家不利时,李白才能进行讽刺与批判。由李白的忠君情绪,我们可以体会出他与道家思想相反的对人生的热恋和对理想的执著。从这点出发,我们才能进一步了解李白此期儒与道的矛盾,才能更好地理解这样一些诗句:"欲寻商山皓,犹恋汉主恩"、"予欲罗浮隐,犹怀明主恩。踌躇紫宫恋,孤负沧洲言"、"仙宫两无从,人间久摧藏"以及"其本旨总是怀君"(清奚禄诒批语)的《同友人舟行》"楚臣伤江枫,谢客拾海月,怀沙去萧湘,挂席泛冥渤……空持钓鳌心,从此辞魏阙"。李白此期的思想矛盾是深刻的,也是由来已久的,但起主要作用的仍是他要求兼济天下的儒家思想因素,但是在生活中,他不仅没有找到仕进之路,反而察觉安禄山大有反叛的兆头,虽想向朝廷报告,但"心知不得语",故而"却欲栖蓬瀛"。所谓"我本不弃世,世人自弃我",典型地写出了此时李白的心境与处境。这一点《艺概》说得好:"太白与少陵,同一志在经世,而太白诗中,多出世语者,有为言之也。屈子《远游》曰:'悲时俗之迫阨兮,愿轻举而远游。'使疑太白诚欲出世,亦将疑屈子诚欲轻举耶?"李白虽数次自言要远离人世、采药蓬丘,其实他的心一刻也没有真正离开社会。安史乱起,国内哗然,李白对安史叛乱的情况有许多细致的描绘,反映了他对国家社会的关心,同时,他内心还想找一条献身于国的道路:"张良未逐赤松去,桥边黄石知我心"。但却没有效力之处,这种苦闷只有用"浮云四塞道路赊"来形容了。他希望玄宗能起到一个君主的作用,尽快平定叛乱,为此,他的忠君情绪又自然地流露出来,如《赠溧阳宋少府陟》云:

早怀经济策,特受龙颜顾。

白玉栖青蝇,君臣忽失路,

人生感分义,贵欲呈丹素。

何日清中原,相期廓天步。

　　从这里可以清楚地看出李白忠君爱国的一致,他虽仍以"感分义"、"呈丹素"的心情怀念着放逐了自己的唐玄宗,但其最终愿望则是"清中原"、"廓天步",因此,李白的从璘便是他思想发展的必然结果。当然,最初他也曾犹豫,但那颗济世报国之心是抑制不住的,终以"中原横溃,将何以救之"为念,下山入了永王幕。在《致贾少公书》里,李白不仅把自己的出山看作有关国家兴亡之举,而且也讽刺了那些沽名钓誉的"高士",这既可看出李白一贯的人品与性格,也可看出他内心对隐士及归隐的实际态度。虽然后来李白因从璘而受到不白之冤,但他的报国之心仍是坚定的,他仍多次希望别人能推荐自己,使自己为国家再做一些事,特别是李白六十一岁时仍想参加讨乱军队,虽因病半道而归,但那"愿雪会稽耻,将期报恩荣"的声音却足以感人千古!不幸的是,李白晚年的所思所为却受到某些论者的误解,如罗大经说:"李太白当王室多难,海宇横溃之日,作为歌诗,不过豪侠使气,狂醉于花月之间耳。社稷苍生曾不系其心膂。"[1]事实上,李白怀抱儒家济世理想,面对安史之乱,写下了大量忧国忧民的作品,而且还多次从军,希望能为国所用,这怎么是"社稷苍生曾不系其心膂"呢?或说李白"晚好黄老",也实在是不了解李白而"妄立此论耳"!李白有两句诗:"我有吴越曲,无人知此音。"如果将其移来说明李白身后的处境恐怕也是适合的。李白的"吴越曲"不是什么道家人物离世远去的轻吟,而是儒家人物要求建功立业的心声。由青年时的"兼济天下"、"事君荣亲"到晚年的"一生欲报主,百代期荣亲",李白用其行为与诗文塑造了一个完整和统一的自我形象。

(原载《中国人民大学学报》1987 年第 6 期)

---

①　罗大经《鹤林玉露》。

李白生活的时代及初盛唐诗坛

一

李白字太白,自号青莲居士,生于唐武后长安元年(701年),卒于代宗宝应元年(762年),一生活动主要在玄宗、肃宗时代。这正是唐朝由兴盛走向衰亡的转折时期。李白便是这一时期许多重大历史事件的见证人。

李白出生的时候,唐朝建国已经八十余年了。唐朝的建立者目睹了隋朝的覆亡,取得了重要的经验教训,特别是唐太宗,更认识到"君,舟也;人,水也;水能载舟,亦能覆舟"(《贞观政要》卷一《论政体》)的道理。因此,他特别注意纳谏,从而集中了臣下的意见,避免了许多失误。他特别赞赏魏徵"兼听则明,偏信则暗"的见解,并说:"夫以铜为镜,可以正衣冠;以古为镜,可以知兴替;以人为镜,可以明得失;朕尝宝此三镜,以防己过。"(《贞观政要》卷二《论任贤》)太宗还推行科举制,极力收罗人才,使中央掌握了用人权,寒门、商人也有了入仕的途径。《唐摭言》卷一云:

> (太宗)尝私幸端门,见新进士缀行而出,喜曰:天下英雄,入吾彀中矣!

唐初统治者的这些政治措施维护了社会的安定,为生产的发展提供了比较有利的环境。同时,唐初统治者认识到缓和阶级矛盾的重要意义。太宗曾对侍臣说:

> 国以民为本，人以食为命，若禾黍不登，则兆庶非国家所有……今省徭赋，不夺其时，使比屋之人，恣其耕稼，此则富矣。(《唐摭言》卷一)

正是基于这样的认识，唐初实行了均田制与租庸调法，前者使隋末无地少地的农民获得了一部分土地，后者使赋税较前朝轻，也较合理，因而农民有了一定的积极性，生产得到了较快的发展，出现了中国历史上著名的"贞观之治"，《通典》卷七云：

> 自贞观以后，太宗励精为理。至八年九年，频至丰稔，米斗四五钱，马牛布野，外户动则数月不闭。至十五年，米每斗值两钱。

太宗以后，虽然宫中几易其主，但太宗的一些政策措施基本上沿续下来。经过近一个世纪的长期积累，至开元年间，唐朝历史进入了另一个高峰——"开元之治"。这一时期长达二十余年。史书常将开元与天宝并称，誉为"盛唐"。

李隆基十分羡慕曹操的政治才能，为太子时常自称阿瞒。长期的权力之争使他具备一定的社会经验，开元初所任用的大臣都比较适当，姚崇、宋璟都是一代名相。姚崇曾向玄宗上奏十事，如行法必自亲近者始、废除苛捐杂税、不幸边功等，玄宗表示"朕能行之"。宋璟也精于吏治，守法不阿，却谀尚实，不事虚文，敢于犯颜直谏，深得玄宗信任。君臣协力，励精图治，继续推行均田制，开展检田括户运动，与豪强大族争夺土地与劳动力；同时在全国兴修农田水利，如著名的蔡州新息县玉梁渠，灌田三十余万亩，这对农业发展有很大作用；手工业与商业在开元年间进一步发展，出现了许多商业都市如长安、洛阳、扬州、成都等；也出现了许多大商人，如"常以金银垒为屋"的"都中巨豪"王元宝等。(见《开元天宝遗事》)与唐朝的政治经济相适应，交通业也日益发达。当时以长安为中心，道路四通八达，东至宋汴，以达山东半岛；西至凤翔，以入西川；西北至凉州，以通西域；北至太原、范阳；南至荆、襄，直到广州。沿路共建驿站一千六百余处，为过往官员和旅客提供了方便。同时，还有以运河为主的水路，也十分便利。总之，开元初我国封建经济进入了特别繁荣的时期，如时人沈既济说当时"家给户足，人无苦窳，四夷来同，海内晏然"

(《通典》卷一五《选举典》);唐人元结也说:"开元天宝之中,耕者益力,四海之内,高山绝壑,耒耜亦满,人家粮储,皆及数岁,太仓委积,陈腐不可较量。"(《全唐文》卷三百零八《问进》第三)《通典·食货典》所言更为详细:

> 至(开元)十三年,封泰山,米斗十三文,青齐谷斗至五文,两京米斗不至二十文,绢一匹二百一十文。东至宋、汴,西至岐州,夹路列店肆,待客酒馔丰溢。每店皆有驴,赁客乘,倏忽数十里,谓之驿驴。南诣荆襄,北至太原、范阳,西至蜀州凉府,皆有店肆,以供商旅。远适数千里,不持寸刃。

《新唐书·食货志》也常被引用:

> 是时,海内富实,米斗之价钱十三,青齐间斗才三钱。绢一匹,钱二百。道路列肆,具酒食以待行人。店有驿驴,行千里不持尺兵。天下岁入之物,租钱二百余万缗,粟千九百八十余万斛,庸调绢七百四十万匹,绵百八十余万屯,布千三十五万余端。

这些记载难免有所夸张与溢美,但当时社会比较安定,生产发展较快,人民的生活也比较好过一些,应是无疑的。因而整个社会出现了一种蓬勃向上的气象,人们自然会为国家的强大感到骄傲与自豪,对民族的前途充满自信。李白的《长歌行》生动地表现了那个时代赋予人们的进取精神:

> 桃李得开日,荣华照当年。
> 东风动百物,草木尽欲言。
> 枯枝无丑叶,涸水吐清泉。
> 大力运天地,羲和无停鞭。
> 功名不早著,竹帛将何宣?

但是,在繁荣的表面下,唐朝社会又有着深刻的矛盾,突出的便是土地兼并:"王公百官及豪富之家,比置庄田,恣行吞并,莫惧章程。"(《册府元龟·

田制》)《通典·食货典》也说：

> 开元之季，天宝以来，法令弛坏，兼并之弊，有逾汉成、哀之间。

宦官高力士、牛仙童、边令诚都广占"京师甲第池园、良田美产"。官僚如卢从愿占良田"至有百余顷"。至于李林甫、杨国忠诸人或是侵占，或受赏赐，更成为全国性的大地主。土地兼并使阶级矛盾日趋尖锐。作为地主阶级总代表的唐玄宗也发生了变化，开元初还较用心于政治，生活不敢过于放纵，但随着社会财富的不断积累，开元中期以后便带头奢侈起来。中唐陈鸿《长恨歌传》说：

> 玄宗在位岁久，倦于旰食宵衣，政无大小，始委于右丞相（李林甫），稍深居游宴，以声色自娱。

张九龄等人遭贬，李林甫入相，标志着唐朝政治走向黑暗。李林甫妒贤嫉能，打击异己，"凡才望功业出己右及为上所厚、势位将逼己者，必百计去之；尤忌文学之士，或阳与之善，啗以甘言而阴陷之。"（《资治通鉴》唐纪三十一）李林甫之后，杨国忠借裙带关系登上相位。他"本性疏燥，强力有口辩。既以便佞得宰相，剖决几务，属之不疑。立朝之际，或攘袂扼腕，自公卿以下，皆颐指气使，无不詟惮"（《旧唐书·杨国忠传》）。特别是天宝末他发动对南诏的战争，更给人民带来了灾难。唐玄宗将权柄交给李林甫、杨国忠，自己过起"从此君王不早朝"的生活。他对外戚、宦官、权臣动辄赏赐巨万，《资治通鉴》云：

> 上以国用丰衍，故视金帛如粪壤，赏赐贵宠之家，无有极限。

《新唐书·食货志》云：

> 天子骄于佚乐而不知节，大抵用物之数，常过其所入。于是钱谷之臣，始事朘刻。

眼见玄宗年老昏庸，恣情享乐，权奸当道，朝纲紊乱，一直受玄宗宠信的边将安禄山趁机叛乱，所谓"盛唐"至此结束。"安史之乱"将唐王朝从顶峰推向了深渊。这场叛乱还没有平息，李白便离开了人间。

李白就生活在这样一个时代：一方面，经过百余年来的积累，社会出现了过去任何时代都未曾有过的繁荣；另一方面，腐败也以出人意料的速度发展着，终于毁灭了繁荣。这的确是一个给人强烈印象的时代。因此，李白既具有盛唐人所特有的自信，唱出了"天生我才必有用"的豪言，又亲眼目睹了繁荣掩盖着的触目惊心的阴暗面，亲身经历了由盛而衰的巨大转折，发出了"珠玉买歌笑，糟糠养贤才"的控诉；既礼赞了"一百四十年，国容何赫然"的盛唐气象，又发出了"圆光过满缺，太阳移中昃"的警告！李白对他所生活的时代的认识是逐渐深入的，他的诗文内容也逐渐丰富与深刻，几乎触及了当时所有重大的政治问题和各种社会现象。虽然，由于政治的黑暗，李白未能实现"兼济天下"的大志，在落魄中度过了自己的一生，但是也正是坎坷的命运造就了伟大诗人李白。

二

李白是踏着前辈诗人的足迹，艰难地攀上盛唐诗坛高峰的。

唐承隋制，仍以科举取士，而科举考试的项目之一即是诗赋。于是苦攻诗赋，便成为唐代一般庶族地主知识分子进入仕途的重要手段，从而形成了重视诗赋的社会风气。同时，各门艺术的发展，对诗歌的发展也起了重要作用，如音乐、舞蹈的发展使唐诗扩大了题材范围，并获得了新的节奏感，出现了许多描绘歌舞的佳作。统治者对儒、道、佛的兼收并蓄，又大大活跃了思想界，促进了文学、艺术各个流派的形成。诗歌终于获得了空前的大发展，迎来了自己的黄金时代。当然这有一个过程。

唐太宗统一全国以后，文物典章基本上继承陈、隋旧制，一些隋朝遗老也被收罗进宫，陪着太宗题诗作赋。他们的文风自然不会因为朝代的更换而有所改变，因此初唐诗坛仍然弥漫着陈、隋宫体诗的余风。所谓宫体诗，是指那些专门歌颂宫廷生活和描写妇女病态美的辞采华丽的诗篇。它盛行于梁、陈和隋，是专为宫廷与贵族阶级服务的。太宗虽是一代英主，却非常喜好齐梁之风，自己还带头写作淫靡浮艳的宫体诗。这一时期最有代表性的诗人是虞世南。虞世南（558—638 年），字伯施，余姚（今浙江余姚）人，陈、隋时便以应诏诗著名，被评为"文章婉缛"，入唐后的作品几乎全是奉和、应诏、侍宴之类，充满了齐梁之风，如《中妇织流黄》：

> 寒闺织素锦，含怨敛双蛾。
> 综新交缕涩，经脆断丝多。
> 衣香逐举袖，钏动应鸣梭。
> 还恐裁缝罢，无信达交河。

此期李百药、孔绍安诸人的作品也大体如此。齐梁诗风继续蔓延，使许多后起的诗人也难摆脱其影响，其中最著名的是上官仪。上官仪（608？—664 年），字游韶，原籍陕州（今河南陕县），生于江都（今江苏仪征）长于五言诗，其词"绮错婉媚"，为时人所效，称为"上官体"。所谓"绮错婉媚"，即堆砌绮丽的辞藻，讲究柔婉的媚态，故而仍是齐梁之风，如：

> 步辇出披香，清歌临太液。
> 晓树流莺满，春堤芳草积。
> 风光翻露文，雪华上空碧。
> 花蝶来未已，山光暖将夕。

的确词采华丽，诗风婉媚，但思想感情却是苍白无力的。值得注意的是，上官仪的诗内容虽然空洞，但他对诗歌却有独到的研究，创立了"六对"、"八对"之说，《诗人玉屑》卷七引《诗苑类格》云：

> 唐上官仪曰：诗有六对。一曰正名对，天地日月是也；二曰同类对，花叶草芽是也；三曰连珠对，萧萧赫赫是也；四曰双声对，黄槐绿柳是也；五曰叠韵对，彷徨放旷是也；六曰对拟对，春树秋池是也。又曰：诗有八对。一曰的名对，送酒东南去，迎琴西北来是也；二曰异类对，风织池间树，虫穿草上文是也；三曰双声对，秋露香佳菊，春风馥丽兰是也；四曰叠韵对，放荡千般意，迁延一介心是也；五曰联绵对，残河若带，初月如眉是

也；六曰双拟对，议月眉欺月，论花颊胜花是也；七曰回文对，情新因意得，意得逐情新是也；八曰隔句对，相思复相忆，夜夜泪沾衣，空叹复空泣，朝朝君未归是也。

虽然所谓"六对"、"八对"有形式主义的倾向，目的也是写宫廷诗，但上官仪将六朝时已具雏形的对法系统化、程式化，对于唐代律诗的形成，具有一定的作用。

武后时代出现了号称"文章四友"的宫廷诗人：李峤、苏味道、崔融、杜审言，其中以杜审言的成就最高。杜审言（646？—708 年），字必简，襄州襄阳（今湖北襄阳）人，杜甫的祖父，写过许多应制诗，其中不乏浮靡之作，但因在朝时间不长，大半生都在游宦中度过，所谓"十年俱薄宦，万里各他方"（杜审言《赠崔融二十韵》），因而创作了一些抒发宦游情怀的诗篇，有一定的生活气息，如：

> 独有宦游人，偏惊物候新。
> 云霞出海曙，梅柳渡江春。
> 淑气催黄鸟，晴光转绿蘋。
> 忽闻歌古调，归思欲沾巾。
> ——《和晋陵陆丞早春游望》

> 旅客三秋至，层城四望开。
> 楚山横地出，汉水接天回。
> 冠盖非新里，章华即旧台。
> 习池风景异，归路满尘埃。
> ——《登襄阳城》

这一类诗虽无深刻的内容，但比较自然，不甚雕琢，所以能给人清新的感觉，尤其第二首较为雄浑，"楚山"一联笔力尤劲，在当时是难能可贵的。审言不仅写五律，对七律也颇用心。他的七绝也有特色，如《赠苏绾书记》便常为人提起。另外，审言发展了五言排律。上官仪等人虽也写过排律，但多为六韵八韵的短篇,而审言却有二十韵和四十韵的长篇,前者如《赠崔融二十韵》,后者如《和李大夫嗣真奉使存抚河东》,这对后人如杜甫、白居易都有较大影响。

　　武后时还出现了沈佺期、宋之问。沈佺期(656? —713 年?),字云卿,相州内黄(今河南内黄)人;宋之问(656? —712 年),字延清,虢州弘农(今河南灵宝南)人,都任过朝廷近侍。二人人品都较低下,曾媚附张易之、太平公主等权贵。作品多是奉和应制之作,同虞世南、上官仪一脉相承,当时号称"沈宋"。二人常陪侍武后,以诗博其欢心。《唐诗纪事》载:武后游龙门,命群官赋诗,先成者赐锦袍。宋之问诗后成,但因"文理兼美"便获得了锦袍。其诗即《龙门应制》,对龙门景色有较细致的描绘,但那些颂圣的句子实在令人生厌。沈佺期的《龙池篇》也是典型的应制诗,虽有佳句,内容却空洞无聊。但沈宋二人都曾贬谪远地,生活的变动必然引起思想感情的变化,使他们创作了一些具有一定生活内容的诗篇,尽管这些诗篇还有齐梁诗风的影响,如:

> 独游千里外,高卧七盘西。
> 晓月临窗近,天河入户低。
> 芳春平仲绿,清夜子规啼。
> 浮客空留听,襄城闻曙鸡。
> 　　——沈佺期《夜宿七盘岭》

> 五岭恓惶客,三湘憔悴颜。
> 况复秋雨霁,表里见衡山。
> 路逐鹏南转,心依雁北还。
> 唯余望乡泪,更染竹成斑。
> 　　——宋之问《晚泊湘江》

　　沈宋二人对诗歌的主要贡献是总结了齐梁以来格律诗创作的经验,并亲自实践,创作了许多完整的五、七言律诗。它们成了律诗的定型。《新唐书·宋之问传》云:

魏建安后迄江左，诗律屡变，至沈约、庾信以音韵相婉附，属对精密。及之问、沈佺期又加靡丽，回忌声病，约句准篇，如锦绣成文，学者宗之，号为沈、宋。

其他评论很多，皆肯定了沈、宋对律诗的贡献。如元稹说："唐兴，学官大振，历世之文，能者互出。而又沈宋之流，研练精切，稳顺声势，谓之为律诗。"（《唐故检校工部员外郎杜君墓系铭并序》）严羽《沧浪诗话》将沈宋诗列为中国诗歌发展的一个阶段，说："风雅颂既亡，一变而为离骚，再变而为西汉五言，三变而为歌行杂体，四变而为沈宋律诗。"明王世贞《艺苑卮言》亦云：

五言至沈、宋，始可称律。

因为律诗绝句格律严密，诗句整齐匀称，声调抑扬起伏，富于形式美，同时也可以适当变通，因此写作近体诗成为当时的一种风尚，几乎每位诗人都尝试过这种形式。这对于锻炼诗人的写作技巧，促进诗歌的繁荣起了很大的作用。

和当时弥漫着的齐梁余风相反，初唐诗坛也出现了一股力图突破宫廷诗影响的潮流，突出的代表是唐初的王绩和高宗武后时期的"四杰"。

王绩（585—644年），字无功，自号东皋子，绛州龙门（今山西河津）人，因仕途失意，归田隐居，过着陶渊明似的生活。他自抒胸臆道："此日长昏饮，非关养性灵。眼看人尽醉，何忍独为醒？"（《过酒家》）由于生活在农村，学习陶渊明的诗风，他的诗比较清新、自然，洗去了宫体诗的脂粉气息，如：

东皋薄暮望，徙倚欲何依。
树树皆秋色，山山唯落晖。
牧人驱犊返，猎马带禽归。
相顾无相识，长歌怀采薇。
——《野望》

北场芸藿罢，东皋刈黍归。

相逢秋月满，更值夜萤飞。
　　　——《秋夜喜遇王处士》

　　前一首完全是唐律的格调，与前人相比有很大发展，后一首五绝也很有特色。这两首诗生动地描绘了田园生活，内容很新颖，风格也不像唐初宫体诗那样浮艳堆砌。因此，无论从思想上还是从艺术上，都可以说王绩是盛唐山水田园诗派的先驱人物。

　　"四杰"指高宗与武后初年"以文章齐名天下"的王勃、杨炯、卢照邻、骆宾王。王勃(649—676年)，字子安，绛州龙门人，卢照邻(637？—689年？)，字升之，号幽忧子，河北范阳人。骆宾王(640？—684年)，婺州义乌(今浙江义乌)人。杨炯(650—693年？)，陕西华阴人。他们才华横溢，但在仕途上屡受挫折，因此能较广泛地接触社会现实。他们借诗歌表现胸中的郁愤之气，这便决定了他们不愿受齐梁文风的束缚。王勃首先奋起，力图改革诗风，其他三子纷纷响应。杨炯《王子安集序》说：

　　(勃)尝以龙朔初载，文场变体，争构纤微，竞为雕刻，糅之金玉龙凤，乱之朱紫青黄，影带以徇其功，假对以称其美，骨气都尽，刚健不闻。(勃)思革其弊，用光志业。薛令公朝右文宗，托末契而推一变，卢照邻人间才杰，览清规而辍九攻……

卢照邻在《驸马都尉乔君集序》里也自表心意道：

　　凡所著述，多以适意为宗，雅爱清灵，不以敏辞为贵。

　　"四杰"不可能完全摆脱齐梁文风的影响，但他们的诗题材广泛，思家怀友、边塞战争、个人的怀才不遇等都是常见的主题，文风上也比较活泼刚健。他们在形式上只反对"上官体"的过分雕琢，并不排斥律诗，相反，他们的诗作中，律诗并不少，他们的努力促进了律诗的最终形成。他们的一些律诗在思想与艺术上都可以说是这一形式的佳作，如：

城阙辅三秦,风烟望五津。
与君离别意,同是宦游人。
海内存知己,天涯若比邻。
无为在歧路,儿女共沾巾。
　　　　——王勃《送杜少府之任蜀川》

烽火照西京,心中自不平。
牙璋辞凤阙,铁骑绕龙城。
雪暗凋旗画,风多杂鼓声。
宁为百夫长,胜作一书生。
　　　　——杨炯《从军行》

西陆蝉声唱,南冠客思侵。
那堪玄鬓影,来对白头吟。
露重飞难进,风多响易沉。
无人信高洁,谁为表予心?
　　　　——骆宾王《在狱咏蝉》

　　"四杰"的七言歌行也很有特色,特别是卢照邻的《长安古意》,诗人用铺陈纵横之笔渲染了当时长安的繁华景象,大胆揭露了长安上层社会生活的奢侈与统治集团的横暴。虽然没有完全摆脱齐梁藻绘的余习,基调却是豪放热烈的,格调较高而不流于浮艳,称得上初唐长篇歌行的代表作,对盛唐时期李白、岑参等人的歌行乐府有直接的影响。"四杰""以文词称名,海内称焉",影响及于陈子昂、李白、杜甫和其他许多诗人。有人过分强调他们诗中残留的齐梁风气,引起了杜甫的不满,其《戏为六绝句》有句云:"王杨卢骆当时体,轻薄为文哂未休。尔曹身与名俱灭,不废江河万古流。"
　　"四杰"以后,出现了更加坚决反对齐梁诗风统治的诗人陈子昂。陈子昂(661—702 年),字伯玉,梓州射洪(今四川射洪)人。他树立起文学革新的旗帜,在理论上与实践上都表现了鲜明的创新精神。他的《与东方左史虬修竹篇序》正面提出了诗歌革新的主张,肯定了风骚、汉魏诗歌的进步传统,指出了晋宋以来形式主义的弊病;认为文学要有"兴寄",即"托物起兴"、"因物喻志",实质是要求文学发扬批判现实的传统;还认为文学要有"风骨",即要将健康的内容与生动有力的诗句结合起来,使诗歌有高尚充沛的思想感情,刚健的语言和充实的内容。陈子昂表面上倡导复古,其实是力倡创新。

陈子昂的《感遇》三十八首是实践他革新理论的代表作品,是诗歌由初唐到盛唐的里程碑。《感遇》诗或者批判黑暗的现实,或者抒发自己的理想和怀才不遇的感叹。沈德潜说《感遇》是"感于心,困于遇,犹庄子之寓言也,与感知遇之意自别"(《唐诗别裁集》卷一),可见《感遇》皆非无病呻吟。这里选读两首:

> 兰若生春夏,芊蔚何青青。
> 幽独空林色,朱蕤冒紫茎。
> 迟迟白日晚,袅袅秋风生。
> 岁华尽摇落,芳意竟何成?
> 　　　　——其二

> 苍苍丁零塞,今古缅荒途。
> 亭堠何摧兀,暴骨全无驱。
> 黄沙幕南起,白日隐西隅。
> 汉甲三十万,曾以事匈奴。
> 但见沙场死,谁怜塞上孤?
> 　　　　——其三

前一首是比兴之作,借楚辞草木零落、美人迟暮的意境,表达了自己空有美好理想的苦闷心情。后一首用率直的语言谴责了不义的边塞之战。两首都是内容充实、笔力劲健之作。还有《登幽州台歌》,更是千古绝唱:

> 前不见古人,后不见来者。
> 念天地之悠悠,独怆然而涕下。

　　陈子昂的诗作一洗齐梁余习,语言雄浑有力、感受自然真实,正如他所主张的"骨气端翔、音情顿挫"。陈子昂是初唐与盛唐之间一位承上启下的重要诗人,他对诗歌发展的重大贡献受到后人的赞扬。杜甫评他:"有才继骚雅,哲匠不比肩。公生扬马后,名与日月悬……千古立忠义,《感遇》有遗篇。"(《荐士》)元好问《论诗绝句》也说:"论功若准平吴例,合著黄金铸子昂。"当然,陈子昂的主张不可能在他自己的时代完全实现。李白继承了他的理论,提出:"梁陈以来,艳薄斯极,将复古道,非我而谁?"(《本事诗》)实际是借复古行革新,继续扫荡齐梁余风。李白和其他盛唐诗人一起,完成了唐诗革新的历史任务。

　　总之,盛唐诗歌全盛局面的形成,是唐初百余年来诗歌革新与发展的结果。由此才能理解:为什么李白、杜甫及王维、孟浩然、高适、岑参等诗人,能在开元、天宝年间先后出现,他们的成就又能如此之高。

三

　　李白《古风》其一这样形容盛唐诗坛的繁荣局面:

　　　　群才属休明,乘运共跃鳞。
　　　　文质相炳焕,众星罗秋旻。

　　李白的交游极广,当时的许多著名文人如贺知章、李邕、李阳冰、孟浩然、高适、杜甫、贾至、王昌龄等都与李白有交往。他们既会受李白的影响,也不能不对李白的思想、艺术产生影响。因此,要了解李白,就必须对当时诗坛上的主要代表诗人有所了解。

　　后人从题材与风格两个方面将李白、杜甫以外的盛唐诗人分为山水田园诗派与边塞诗派,前者的主要代表是王维、孟浩然、储光羲等;后者的主要代表是高适、岑参、王昌龄等。所谓流派,就是在一定历史条件下,思想倾向基本相近,对现实和社会有比较一致的认识和态度,而且也有比较相近的创作倾向和创作风格的作家或诗人,自觉或不自觉的形成的文学派别。盛唐的山水田园诗派与边塞诗派就是在题材与风格上存在着较大差异的两个文学流派。由于社会安定,经济繁荣,均田制的瓦解,当时许多中小地主有了自己的庄园,这便为诗人们提供了幽美的隐居环境,一些仕途失意的知识分子也热衷于山林隐逸,从而出现了以王孟为代表的山水田园诗派。他们的诗歌主要以山水风光和田园生活为对象,风格一般都是恬静淡雅的。同时,由于唐朝对外用兵频繁、边塞生活吸引了文士们的注意,过去认为荒凉的不毛之地,这时也有了特殊的魅力,许多文士投笔从戎,希望走立功边塞的道路。他们用诗篇反映民族战争、民族友好、边塞景致、少数民族的习俗爱好,他们以乐府歌行与雄放风格著称,形成了盛唐诗坛的边塞诗派。当然,流派的划分是相对的,一个诗人的作品题材往往是多方面的,风格也会有变化发展。如高适、岑参不仅有雄浑悲壮、慷慨激昂的边塞之作,也有清淡闲远、优雅如画的山水佳品,后者如高适《淇上别业》、岑参《山房春事》,都是典型的例子。同样,王、孟不单有描写山水田园的"清雅精致"之作,也有不少描写边塞的雄浑篇什,如王维的《出塞作》、《使至塞上》,孟浩然的《送陈七赴西军》等便是。因此,边塞诗派的诗不全是边塞诗,也不是只有他们才有边塞诗;山水田园诗派作品也并非全是山水田园诗,也不是只有他们才有山水田园诗。把某位诗人归入某个流派,一般根据其最有代表性的作品。

下面分别介绍盛唐边塞诗派和山水田园诗派的主要诗人及他们的主要作品。

盛唐时代,写边塞诗是一种风尚,一般诗人都有几首《出塞》、《入塞》,但真正具有代表性、能称为边塞诗派主要成员的,是高适、岑参、王昌龄、王之涣等人,其中尤以高、岑成就为高。

高适(704—765年),字达夫,渤海蓨(今河北景县)人,《旧唐书》本传说他"少落拓,不事生业,家贫客于梁宋"。为入仕,两次前往长安,皆失意而归。后长期躬耕于梁园,其间又去过蓟北(今河北省北部),写下了不少边塞诗,尤以《蓟门五首》最为人称道。天宝三载(744年),高适与李白、杜甫相会于梁宋。三人寻访古迹,纵论时事,品评诗文,建立了真挚的友谊。正是在长期的浪迹生活中,高适较多地接触了下层人民,写出了一些具有现实主义内容的诗篇,如《自淇涉黄河途中作》其九:

> 朝从北岸来,泊船南河浒。
> 试共野人言,深觉农夫苦。

　　去秋虽薄熟,今夏犹未雨。
　　耕耘日勤劳,租税兼鸟卤。
　　园蔬空寥落,产业不足数。
　　尚有献芹心,无因见明主。

　　天宝八载(749 年),张九皋荐高适有道科,授封丘(今河南封丘)尉。封丘任期,他送兵又一次到边塞,有《送兵到蓟北》诗。高适对官吏生活十分不满,任职一年便辞职了。他的《封丘作》是很著名的,其诗云:

　　我本渔樵孟诸野,一生自是悠悠者。
　　乍可狂歌草泽中,宁堪作吏风尘下?
　　只言小邑无所为,公门百事皆有期。
　　拜迎长官心欲碎,鞭挞黎庶令人悲。
　　归来向家问妻子,举家尽笑今如此。
　　生事应须南亩田,世情尽付东流水。
　　梦想旧山安在哉? 为衔君命且迟回。
　　乃知梅福徒为尔,转忆陶潜归去来。

　　离封丘,高适"客游河右",为河西节度使哥舒翰看中,任掌书记。安史乱起,高适一步步登上高位,任过侍御史、谏议大夫、淮南节度使、彭蜀二州刺史,代宗时还朝为刑部侍郎转散骑常侍加银青光禄大夫,进封渤海县侯,食邑七百。

　　高适的思想与创作,可以入哥舒翰幕府分为前后期:前期浪迹天下,作官也是小吏,所以较接近社会下层,两次出塞又使他熟悉边塞生活,因而思想比较进步,诗也较有社会内容;后期因地位的变化,思想也起了变化,所以反映社会现实,揭露社会阴暗的诗篇明显地减少了。高适有代表性的边塞诗皆创作于前期,如《蓟门五首》便是第一次出塞的作品。诗人在诗里谴责了军队中有功不赏的现象:"勋庸今已矣,不识霍将军";抨击了统治者开边的欲望:"汉家能用武,开拓穷异域";歌颂了唐朝将士英勇卫国的精神:"胡骑虽凭陵,汉兵不顾身";还表现了战士思归的情绪:"羌胡无尽日,征战几时归?"《蓟门五首》表现了诗人观察的细致、认识的深刻,涉及了边塞的重大现实,风格雄浑、自然,内容丰富多彩,非亲到边塞者不能言之。高适最优秀的作品是开元二十六年(738年)的《燕歌行》:

> 汉家烟尘在东北,汉将辞家破残贼。
> 男儿本自重横行,天子非常赐颜色。
> 摐金伐鼓下榆关,旌旆逶迤碣石间。
> 校尉羽书飞瀚海,单于猎火照狼山。
> 山川萧条极边土,胡骑凭陵杂风雨。
> 战士军前半死生,美人帐下犹歌舞!
> 大漠穷秋塞草腓,孤城落日斗兵稀,
> 身当恩遇常轻敌,力尽关山未解围。
> 铁衣远戍辛勤久,玉箸应啼别离后。
> 少妇城南欲断肠,征人蓟北空回首。
> 边庭飘摇那可度,绝域苍茫无所有。
> 杀气三时作阵云,寒声一夜传刁斗。
> 相看白刃血纷纷,死节从来岂顾勋?
> 君不见沙场征战苦,至今犹忆李将军。

　　殷璠《河岳英灵集》评高诗"多胸臆语,兼有气骨",《唐才子传》称"读之令人慷慨感怀",只看《燕歌行》也会同意此类意见。这首诗用浓墨重笔描绘了战争的激烈场面,写出了敌人的凶猛和唐军将士的昂扬斗志;也细致入微地刻画了战士们的心理状态,表现了他们思念家乡而不得归的痛苦,以及思妇对他们的怀念之情;并且用有力的笔触,揭示了士兵和将军两种迥然不同的战地生活,充分显示了诗人观察的敏锐和思想的深刻。虽然诗句涉及种种矛盾,但整首诗的情绪是积极豪壮的。全诗具有极强的音乐性,声调与诗的内容情绪十分谐调,读来如金戈铁马交相鸣击。在语言上,此诗充分体现了高诗朴素、自然、不加雕饰的特色。这一切使《燕歌行》成为高适也是盛唐边塞诗的代表作品。

　　岑参(716—770年),祖籍南阳,后徙荆州江陵(今湖北省江陵县),出生于一个封建官僚家庭,曾祖父、伯祖父和伯父都做过宰相,祖父、父亲和两个哥哥也做过刺史、令丞一类的官。岑参早有大志,但天宝三载(744年)才进士及第,做了右内率府兵曹参军、右武卫录事参军,被派到今新疆库车的安西节度使幕中作幕僚,中间回过长安一次,又被任命为大理评事,摄监察御史,赴北庭(今新疆吉木萨尔),充安西、北庭节度判官,后升任伊西、北庭度支边使。两次出塞使岑参在边陲度过了六年左右的时间,这对他的思想与创作影响很大。他写作了大量的边塞诗,成为盛唐边塞诗派的代表人物。岑参四十岁时回到陕北凤翔,在裴荐、杜甫等人的推荐下,作了右补阙,他认为"未能匡吾君,虚作一丈夫"(《从军二首》),利用自己的职务大胆"指述权佞",得罪了不少名臣重宦,不久便改任起居舍人,更被外调为虢州(今河南三门峡)长史,但仍云"明主虽然弃,丹心亦未休"(《题虢州西楼》),后几经周折,又回到长安,时有迁调,但并不显达,对社会的认识也日益深刻,写出了这样的诗句:"何处路最难?最难在长安!"(《送张秘书充刘相公通汴河判官便赴江左觐省》)五十多岁时又被任命为嘉州刺史。时值蜀中大乱,更增强了他的出世之意,自云:"愿割区中缘,永从尘外游。"(《登嘉州凌云寺作》)后解职来到成都,写下了充满惆怅与心酸的《客舍悲秋有怀两省旧游呈幕中诸公》:

> 三度为郎便白头,一从出守五经秋。
> 莫言主上长不用,其那苍生应未休!
> 人间岁月如流水,客舍秋风今又起。
> 不知心事向谁论,江上蝉鸣空满耳。

怀着这样的心情,不久便病死于成都旅舍。

岑参的边塞诗数量较多,也较有特色。诗人凭借切身体会,对边塞战争、边塞风光和边塞生活作了生动的描绘,《走马川行奉送出师西征》便是其中优秀的一篇:

> 君不见走马川行雪海边,平沙莽莽黄入天。
> 轮台九月风夜吼,一川碎石大如斗,随风满地石乱走。
> 匈奴草黄马正肥,金山西见烟尘飞,汉家大将西出师。

将军金甲夜不脱,半夜军行戈相拨,风头如刀面如割。
马毛带雪汗气蒸,五花连钱旋作冰,幕中草檄砚水凝。
虏骑闻之应胆慑,料知短兵不敢接,车师西门伫献捷。

诗人用形象的语言描写了边塞的艰苦环境,歌颂了唐朝将士英勇战斗的精神,读之使人振奋。《白雪歌送武判官归京》也是一篇很有特色的作品:

北风卷地白草折,胡天八月即飞雪。
忽如一夜春风来,千树万树梨花开。
散入珠帘湿罗幕,狐裘不暖锦衾薄。
将军角弓不得控,都护铁衣冷难着。
瀚海阑干百丈冰,愁云惨淡万里凝。
中军置酒饮归客,胡琴琵琶与羌笛。
纷纷暮雪下辕门,风掣红旗冻不翻。
轮台东门送君去,去时雪满天山路。
山回路转不见君,雪上空留马行处。

这首诗写了边塞的严寒,更写了送别的友情,却充满了乐观豪迈的色彩,表现了岑参浪漫主义的特色。对于边塞的风光生活,岑参是怀着好奇与热爱的心情落笔的,如:

醉后未能别,醒时方送君。
看君走马去,直上天山云。
　　——《醉里送裴子赴镇西》

他笔下的热海与火山更吸引人。诗人运用丰富的想象、大胆的夸张、鲜明的色彩,大力渲染和描绘,使诗中的形象远比现实集中、突出,给人一种浪漫、乐观的感觉,如:

侧闻阴山胡儿语,西头热海水如煮。

> 海上众鸟不敢飞,中有鲤鱼长且肥。
> 岸旁青草常不歇,空中白雪遥旋灭。
> 蒸沙砾石燃虏云,沸浪炎波煎汉月。

岑参火山诗有好几首,比较突出的是《火山云歌送别》。全篇从云着眼,描写细致,尤其是开头四句:

> 火山突兀赤亭口,火山五月火云厚,
> 火云满山凝未开,飞鸟千里不敢来。

火山奇景表现得简明而形象,使人一读难忘。

岑参的诗歌,气势雄伟,想象丰富,富有浪漫主义的特色;各种体裁皆有佳篇,尤以七言歌行最为擅长。他的诗在当时便影响很大,以至"每一篇绝笔,则人人传写,虽闾里士庶,戎夷蛮貊,莫不讽诵吟习焉"(杜确《岑嘉州诗集序》)。

王昌龄(698—757 年),字少伯,太原人。年轻时曾漫游至泾州(今甘肃泾川北)和萧关(今宁夏固原东南)、临洮等边塞之地,开元十五年(727 年)进士及第,授汜水尉,"又中宏辞,迁校书郎"(《唐才子传》),复为江宁(今南京西北)丞,后因"不护细行"而"屡见贬斥",晚年为龙标(今湖南黔阳县)尉,李白有《闻王昌龄左迁龙标遥有此寄》,表达了对王昌龄的深厚感情。约在至德元、二载间,"以世乱还乡,为刺史闾丘晓所杀"(《新唐书》本传)。因曾亲到边塞,他的边塞诗真切动人,数量也较多,而且能在高、岑之外另辟蹊径,以七言绝句见长,如《出塞》:

> 秦时明月汉时关,万里长征人未还。
> 但使龙城飞将在,不教胡马度阴山。

此诗表达了士兵们希望将帅任用得人,巩固边防的愿望,意境高远,发人深思。他的《从军行》组诗历来也被认为是边塞诗里的杰作,如:

青海长云暗雪山,孤城遥望玉门关。
黄沙百战穿金甲,不破楼兰终不还。

烽火城西百尺楼,黄昏独坐海风秋。
更吹羌笛关山月,无那金闺万里愁。

前一首写出了唐朝将士高昂的爱国热情;后一首则细微地刻画出战士们长期戍边所产生的"乡愁"。两首诗都有情有景,情景交融,意境开阔雄浑,读后令人感怀。

王昌龄还擅长描写各类妇女形象,如:

闺中少妇不知愁,春日凝妆上翠楼。
忽见陌头杨柳色,悔教夫婿觅封侯。
　　　——《闺怨》

奉帚平明金殿开,暂将团扇共徘徊。
玉颜不及寒鸦色,犹带昭阳日影来。
　　　——《长信秋词五首》其三

荷叶罗裙一色裁,芙蓉向脸两边开,
乱入池中看不见,闻歌始觉有人来。
　　　——《采莲曲》二首之一

春闺少妇的细微感触,失宠宫女的痛苦心情,以及采莲姑娘的开朗活泼,都在简洁的诗行里得到了生动细腻的表现,给人留下了深刻的印象。王昌龄的《芙蓉楼送辛渐二首》其一,也是千古传唱的名篇:

寒雨连天夜入吴,平明送客楚山孤。
洛阳亲友如相问,一片冰心在玉壶。

王昌龄的诗还存一百七十余首,内容较丰富,艺术成就也较高,故有"诗家夫子王江宁"之美称;又因七绝写得好,有人称他为"七绝圣手"。他的诗意境开阔,语言凝练,想象丰富,使读者感到内容深厚,意味深长。

边塞诗派的代表人物还有李颀(690—751 年),其《古意》、《塞下曲》都很著名,《古从军行》也很有代表性,其诗云:

> 白日登山望烽火,黄昏饮马傍交河。
> 行人刁斗风沙暗,公主琵琶幽怨多。
> 野云万里无城郭,雨雪纷纷连大漠。
> 胡雁哀鸣夜夜飞,胡儿眼泪双双落。
> 闻道玉门犹被遮,应将性命逐轻车。
> 年年战骨埋荒外,空见蒲桃入汉家。

此诗通过对边塞军士艰苦生活的叙述和悲凉气氛的渲染,表现了作者反对不义战争的思想,最后两句的认识有一定的深度。全诗形象生动,风格悲壮,感情沉痛,确是杰出的作品。

李颀诗题材广泛,送别诗与听乐诗也写得很好。前者如《送章甫》、《赠别高三十五》,后者如《听安万善吹觱篥歌》、《听董大弹胡笳弄兼寄语房给事》,都是名篇。

王之涣(688—742 年),"歌从军,吟出塞……传乎乐章,布在人口"(靳能《墓志铭》)。他的《登鹳雀楼》可谓家喻户晓,《凉州词》也是边塞诗中的佳品:

> 黄河远上白云间,一片孤城万仞山。
> 羌笛何须怨杨柳,春风不度玉门关。

王瀚(687—735 年)的《凉州词》也很有名:

> 葡萄美酒夜光杯,欲饮琵琶马上催。
> 醉卧沙场君莫笑,古来征战几人回?

　　两首《凉州词》都通过简略的语言表现了丰富的内容,前一首流露出对戍卒深切的同情,后一首写出了出征前将士们的复杂心理。其他如崔颢、崔国辅也有一些佳作,限于篇幅,不一一介绍了。

　　盛唐山水田园诗派的主要代表是王维、孟浩然以及储光羲、常建、祖咏,尤以王、孟成就最高。

　　王维(701—761 年),字摩诘,太原祁(今山西祁县)人,"七岁知属词",十几岁便写出了《洛阳女儿行》、《桃源行》等相当成熟的诗篇,据说《九月九日忆山东兄弟》是十九岁时所作:

> 独在异乡为异客,每逢佳节倍思亲。
> 遥知兄弟登高处,遍插茱萸少一人。

　　王维多才多艺,精通书画与音乐。开元九年(721 年)进士及第,因为通音律,不久调至太乐丞,又因事贬为济州(今山东茌平西南)司库参军,有"微官易得罪,谪去济川阴"(《被去济州》)的怨语。开元二十二年(734 年),张九龄任相,王维有《上张令公》:"贾生非不遇,汲黯自堪疏。学易思求我,言诗或起予。尝从大夫后,何惜隶人余。"可见仕进之心甚切。九龄提拔他作了右拾遗,后至给事中。九龄罢相后,政治趋于黑暗,王维逐渐萌生了隐逸思想,"方将与农圃,艺植老丘园"(《寄荆州张丞相》),但没有真正归隐,又被派赴西北劳军,写下了几首著名的边塞诗,以《使至塞上》最脍炙人口:

> 单车欲问边,属国过居延。
> 征蓬出汉塞,归雁入胡天。
> 大漠孤烟直,长河落日圆。
> 萧关逢候骑,都护在燕然。

　　真是气象宏大,意境雄浑。边塞归来不久,王维的父亲去世,又是一次很大的打击。紧接着便是"安史之乱",他为叛军所获,被迫受伪职,因曾作诗怀念朝廷,乱平后只受到贬官处分,最后死于尚书右丞职上,故世称王右丞。

　　王维有代表性的山水田园诗大都写于后期。因为对政治失望,过着"与道友裴迪,浮舟往来,弹琴赋诗"和"退朝之后,焚香独坐,以禅诵为事"(并见《旧唐书》本传)的生活,故而他的心情是那样平静与孤独:"晚年惟好静,万事不关心","中年颇好道,晚家南山陲","一生几许伤心事,不向空门何处销"。他远离了人世纷争,用山光水色来自我陶醉,在对大自然的细致观察中,创作了许多山水田园诗,如:

> 空山不见人,但闻人语响。
> 返景入深林,复照青苔上。
> ——《鹿柴》

> 独坐幽篁里,弹琴复长啸。
> 深林人不知,明月来相照。
> ——《竹里馆》

> 人闲桂花落,夜静春山空。
> 月出惊山鸟,时鸣春涧中。
> ——《鸟鸣涧》

这些五言小诗,只有二十字,但却是一幅幅画出了山水神韵的小品。其中表现的孤寂、消极的思想情绪应该注意,但艺术上的特点和长处也是很值得称道的。王维还有一些描写田园隐居生活的诗篇,充满了生活的情趣,如:

> 屋上春鸠鸣,村边杏花白。
> 持斧伐远扬,荷锄觇泉脉。
> 归燕识故巢,旧人看新历。
> 临觞忽不御,惆怅远行客。
> ——《春日田园作》

> 空山新雨后,天气晚来秋。

明月松间照,清泉石上流。

竹喧归浣女,莲动下渔舟。

随意春芳歇,王孙自可留。

——《山居秋暝》

前一首表现了农民们怀着欣喜的情绪迎接又一个春天的景象,语言简练而富有韵味,后一首表现了空山雨后、明月清泉的动人景色和浣纱归来的村女们的欢声笑语。动静结合,“诗中有画”,称得上是王维的、也是整个山水田园诗派的优秀之作。

孟浩然(689—740 年),字浩然,襄阳(今湖北襄阳)人,生平比较简单,“隐鹿门山,以诗自适。年四十,来游京师。应进士,不第,还襄阳。张九龄镇荆州,署为从事,与之唱和,不达而卒”(《旧唐书》本传)。《夜归鹿门山歌》便是他隐居生活的写照:

山寺鸣钟昼已昏,渔梁渡头争渡喧。

人随沙岸向江村,余亦乘舟归鹿门。

鹿门月照开烟树,忽至庞公栖隐处。

岩扉松径长寂寥,惟有幽人自来去。

孟浩然虽然长期隐居,内心仍有矛盾,他说:“三十既成立,嗟吁命不通”(《书怀贻京邑同好》),因此四十岁仍游京师,应进士,却未能如愿,故曰:“壮志竟未立,斑白恨吾衰”(《家园卧疾毕太守相寻》),于是更以襄阳为中心,开始了长期的漫游,所谓“为多山水乐,频作泛舟行”(《经七里滩》),写下了许多优秀的山水诗,如:

木落雁南渡,北风江上寒。

我家襄水曲,遥隔楚云端。

乡泪客中尽,孤帆天际看。

迷津欲有问,平海夕漫漫。

——《江上思归》

> 挂席几千里,名山都未逢。
> 泊舟浔阳郭,始见香炉峰。
> 常读远公传,永怀尘外踪。
> 东林精舍近,日暮空闻钟。
> ——《晚泊浔阳望香炉峰》

> 移舟泊烟渚,日暮客愁新,
> 野旷天低树,江清月近人。
> ——《宿建德江》

这些诗写得自然流畅,意境高远,语言简练,像一幅幅优美的山水画。孟浩然还有一些描写农村田园的诗,也很有特色,如:

> 故人具鸡黍,邀我至田家。
> 绿树村边合,青山郭外斜。
> 开轩面场圃,把酒话桑麻。
> 待到重阳日,还来就菊花。
> ——《过故人庄》

> 春眠不觉晓,处处闻啼鸟。
> 夜来风雨声,花落知多少?
> ——《春晓》

前者描写与故人的友情,言简意厚,很是动人,后者更如口语一般,意境却很新鲜。孟浩然的佳作还有不少,如《秋登兰山寄张五》、《与颜钱塘登障楼望潮作》、《望洞庭赠张丞相》等均为名篇。

由于孟浩然一生经历比较简单,而且一直生活在开元时期,因此他的诗在内容上显得单薄一些,但从艺术上看,他是山水田园诗派的突出代表。他擅长五古和五律,追求艺术的完整和精美,虽然写诗不是很多,但影响很大。杜甫有这样的赞语:"赋诗何必多,往往凌鲍谢。"李白与孟浩然友谊甚笃,有

《送孟浩然之广陵》、《赠孟浩然》等诗。

山水田园诗人还有储光羲（707—759年）、常建（708—765年）。殷璠说储诗"格高调逸,趣远情深,削尽常言"（《河岳英灵集》）。储光羲有不少诗描写农村生活,如《同王十三维偶然作十首》、《田家杂兴八首》、《田家即事》等。他还以樵父、渔父、牧童为主角,写了一些较有生活气息的诗。他的《蓝上茅茨期王维补阙》较著名:

> 山中人不见,云去夕阳过。
> 浅濑寒雨少,丛兰秋蝶多。
> 老年疏世事,幽性乐天和。
> 酒熟思才子,鬖头望玉珂。

有情有景,语言自然,比较质朴。

常建以《题破山寺后禅院》著名:

> 清晨入古寺,初日照高林。
> 曲径通幽处,禅房花木深。
> 山光悦鸟性,潭影空人心。
> 万籁此都寂,但余钟磬音。

还有祖咏、裴迪、綦毋潜、丘为也是这一派的重要诗人。他们的诗在内容与艺术上皆差王、孟甚远,但他们的创作对山水田园诗派的发展还是起了一些作用。

从上面的介绍可以看出,盛唐诗坛确是百花齐放,群星灿烂。离开了与李白、杜甫共同开创唐诗兴盛局面的其他诗人,就不能真正读懂李白那些不朽的诗篇,也就不能真正理解李白。

（原载《李白新论》,山西人民出版社1987年10月版）

李白及其诗歌

李白是中国文学史上最伟大的诗人之一,他的不朽诗作,千百年来在我国人民心灵间流传,成为中华古代文学宝库中一份十分珍贵的遗产。

李白(701—762 年),字太白,号青莲居士。其出生地尚无定论,主要有生于蜀和生于西域碎叶(在今中央亚细亚巴尔喀什湖之南)二说,目前较为流行的是后一说。家世不详,根据李白自言及有关材料看,李白祖先为凉武昭王之后,后其先世窜居西域,至李白之父时才"逃归于蜀",李白亦随家迁居蜀中绵州彰明(今四川江油县),其时李白才五岁。李白的青少年时代是在蜀中度过的,因而他常在诗中把蜀中称作故乡。

李白在人生道路上探索和进取了六十二年,他各个时期的生活内容,就是他诗文创作的素材,因此不难从李白的作品中看出他在不同时期的精神风貌和创作特色。大体说来,李白的生活和创作有以下五个阶段。

一、蜀中时期

李白的父亲真正名字不详,据今人研究他可能是个商人,这样的家庭条件为李白提供了很好的学习环境,李白自言"五岁诵六甲"、"十岁观百家,轩辕以来颇得闻矣",其父还"令诵《子虚赋》"。可见他发蒙读书颇早,因而十五岁时即能写诗作赋,故云:"十五观奇书,作赋凌相如。"其自负之情可见。在蜀中时期,李白曾隐居戴天山(即匡山)读书数年,时与道士交往,其《访戴天山道士不遇》诗就反映了他这方面的生活内容;同时,李白还与纵横家建立了密切的联系,据载,他曾从著有《长短经》的赵蕤求学,这形成了他"申管晏之谈,谋帝王之术"的政治主张和"以侠自任"的性格。二十岁左右,李白离开匡山,开始周游蜀中。游历成都,他写下《登锦城散花楼》;登览峨眉山,他写下《登峨眉山》。此期李白还有其他一些作品，如《白头吟》等，都在一定程度上反映了他这个时期的思想和生活。总之，蜀中时期的学习和游历，对形成李白豪放不羁的性格以及后来取得杰出的文学成就，奠定了坚实的基础。

二、第一次漫游时期

开元十三年(725年)秋，李白"仗剑去国，辞亲远游"，开始了第一次漫游时期的生活。李白出峡后游历了江陵、武昌、长沙、岳阳，然后又东游南京、扬州、绍兴等地，途中李白与各式各样的人物建立联系，以培养自己的社会声望，如在江陵会晤司马承祯，并写了《大鹏遇希有鸟赋》(后改名为《大鹏赋》)，赋中以大鹏自比，以希有鸟比司马承祯，充满了豪迈之气。据载，这个时期，李白还有两件任侠行为颇引人注意：其一是丐贷营葬友人吴指南；其二是在扬州接济落魄公子，不到一年即"散金三十万"。李白在以后写的《赠襄阳少府皓》中，说自己这一时期"结发未识事，所交尽豪雄"，其狂放不羁的性格和豪性侠气在此期表现得相当突出。

经过一段时间的周游，李白在二十七岁左右来到安陆，与故相许圉师孙女结婚，此后便以安陆为中心漫游各地。在安陆时期，李白的生活虽然比较悠闲，但他建功立业的愿望仍很强烈，在《代寿山答孟少府移文书》中，提出要"申管晏之谈，谋帝王之术，奋其智能，愿为辅弼，使寰区大定，海县清一"的政治理想，并开始向地方长官干谒，但却受到李长史、裴长史的轻蔑，遂"西入秦海，一观国风"，于开元十八年(730年)经南阳入长安，谋求出仕之机。李白初入长安，首先结识玄宗的女婿张垍，但张垍只把李白安排在终南山玉真公主别馆暂住，并未为他奔走。李白蛰居于此，穷愁潦倒，彷徨苦闷，心情极为压抑，其《玉真公主别馆苦雨，赠卫尉张卿二首》，充分表现了他当时渴望遇合而不得的苦闷心情。其间，李白曾前往邠州(今陕西彬县)、坊州(今陕西黄陵)等地游历，希望能寻觅知己，但结果令他颇为失望。约在开元二十一年春，李白感到彻底绝望，遂离开长安，在游历梁园等地之后，回到安陆。不久，又出外漫游，因忧愁郁结于心，故生活颇为放纵，《襄阳歌》《江上吟》等诗很能表现他当时的精神状态。开元二十七年，李白移家东鲁，寓居兖州一带，后与孔巢父等隐于徂徕山，时号"竹溪六逸"。

三、供奉翰林时期

天宝元年(742年)，唐玄宗诏征李白入京。李白认为报国的机会终于来了,在告别家人时写下了《南陵别儿童入京》,诗的最后两句"仰天大笑出门去,我辈岂是蓬蒿人",形象地表现出李白豪放的性格和当时的喜悦与欢欣。李白此次入京,所受待遇的确"前无比俦",但玄宗只是想借其文才,写些颂扬"德政"和歌颂升平的诗歌而已,并不想委以重任,加之张垍等人从中破坏,李白除了写作像《清平乐》这样一些诗作外,根本没有机会去实现"尽节报明主"的愿望,反而不断受奸宦佞臣的谗毁,偌大的宫廷已无其容身之处。在这种情况下,李白请求还山,去过一种自由快意的生活。玄宗轻信谗言,借口李白"非廊庙器"而将其"赐金放还"。在供奉翰林的这段时期,李白亲眼目睹了唐王朝内部种种腐败现象,因而写出许多揭露与批判现实的优秀诗篇,诗人豪放不羁、嫉恶如仇的个性,得到更加鲜明的表现。

四、第二次漫游时期

李白离开长安后,在洛阳与唐代大诗人杜甫相遇,他们一见如故,情逾兄弟。在同游梁宋时,又与另一位诗人高适相遇。三位诗人饮酒论文,登高怀古,十分快意。第二年,李、杜再次相遇于兖州,在分别时,李白写下名篇《鲁郡东石门送杜二甫》。此一时期,李白以东鲁与梁园为中心,又游历了今山东、山西、河南、河北、湖南、湖北、江苏、浙江等许多地方。特别值得注意的是,天宝十一载(752年)诗人有幽州之行,这使他对唐朝社会存在的危机有了更为深入真切的了解。在漫游的过程中,李白的认识日益深刻,创作才能得到进一步提高,从而写作了大量抨击黑暗现实、具有广泛社会意义的优秀作品。这一时期是李白创作精力最旺盛的阶段,艺术技巧也进入了炉火纯青的境界。

五、晚年的生活与创作

天宝十四载(755年),安史之乱爆发。作为一个流浪诗人,李白"有策不敢犯龙鳞,窜身南国避胡尘"。他时刻关心着局势的发展,希望能为平定叛乱作出贡献,但却无处效力,故只好暂隐庐山屏风叠。此时两京失陷,玄宗奔蜀途中令永王李璘领四道节度使,镇江陵,经略南方军事。永王水军东下到达浔阳,征召李白入幕。李白因政治上一再受挫,开始曾有顾虑,但永王三次下书相邀,李白终以"誓欲清幽燕"为念,下庐山入了永王幕府。他在《永王东巡歌》、《在水军宴赠幕府诸侍御》等诗里,殷切期望永王能完成平乱大任,并勉励同僚忠心报国;自己则以谢安自比,以鲁仲连自勉,忠君爱国之情,跃然纸上。但此时李亨已即位为肃宗,他令李璘速回蜀中,李璘不从,肃宗遂派兵前来讨伐。两军一交战,永王军队即成鸟兽散,李白也因"从璘"而被囚狱中,虽经宋若思等人营救,最终还是被判长流夜郎。经过十五个月的长途跋涉,李白才重获自由,其《早发白帝城》充分表现出诗人此时异常兴奋和喜悦的心情。李白遇赦后,经江陵至江夏,又前往岳阳。此时他仍希望朝廷能重用自己,但却一无所获,遂前往豫章(今江西南昌市)与宗氏夫人团聚。后又重游宣城等地,其报国热情并未消退,上元二年(761年),李光弼领兵讨伐史朝义叛军,李白不顾衰老之躯,毅然请缨从军,"冀申一割之用",但因病中途折回。这年冬天,漂泊无依的李白来到当涂,投靠其族叔李阳冰。宝应元年(762年)十一月,李白病逝于当涂,时年六十二岁。临终前,李白写下绝笔诗《临路歌》。

李白一生多次以大鹏自喻,《大鹏赋》表示要"一鸣惊人,一飞冲天";《上李邕》高唱"大鹏一日同飞起,扶摇直上九万里,假令风歇时下来,犹能簸却沧溟水",表现出虽有挫折,仍要进取的精神;《临路歌》仍以大鹏自比,抒发了壮志未酬的感慨:"大鹏飞兮振八裔,中天摧兮力不济。"这三篇作品写于不同的时期,将其结合起来,正好反映出李白这位一生积极进取的伟大诗人的真实形象。

李白的诗歌流传下来的有九百余首,这只是他全部创作的一部分,据李阳冰《草堂集序》说,李白死后不久,他的诗便"十丧其九",对后人来说,这无疑是一个无法弥补的巨大损失。就现存的李诗看来,其内容是十分丰富和深刻的,几乎触及了所有重大的政治问题和各种社会现象。

首先,李白的诗歌表现了盛唐蓬勃向上的时代风貌和整个社会由全盛转向衰落的深刻的内在矛盾。经过百余年的积累,盛唐时代出现了过去任何朝代都未曾有过的繁荣,整个社会充满了一种积极向上的精神,科举考试和从军边塞为知识分子走入仕途提供了很好的条件,因而一般读书人都有一种建功立业的热情。李白的诗中便典型地表现了这样一种时代精神,他高歌:"功名不早著,竹帛将何宣?"(《长歌行》)他自信:"天生我材必有用!"(《将进酒》)综观李白的一生,他总是认为自己的才能终有一天会有机会施展,遇到挫折,他会鼓励自己:"长风破浪会有时,直挂云帆济沧海!"(《行路难》)李白不仅总是以展翅九万里的大鹏自比,还经常以历史上建立奇功的英雄人物自喻,如管仲、鲁仲连、诸葛亮、谢安等,都是他敬仰和希望效仿的人物。正是因为具有这样一种积极进取的精神,李白的诗中才总是充满了豪迈的气概和感人的力量。但是,在表面的繁荣下,社会的腐败和阴暗也以出人意料的速度发展,种种社会矛盾不断激化,尤其是唐玄宗晚期不理朝政,纵容权贵,宠信宦官,造成了是非颠倒、善恶不分的现实,有才之士根本没有机会来施展自己的抱负。李白在其诗歌里,对此作了无情的揭露和抨击:"骅骝拳跼不能食,蹇驴得志鸣春风。"(《答王十二寒夜独酌有怀》)"群沙秽明珠,众草凌孤芳。"(《古风》其三十七)"梧桐巢燕雀,枳棘栖鸳鸯。"(《古风》其三十九);"鸡聚族以争食,凤孤飞而无邻;蝘蜓嘲龙,鱼目混珍。嫫母衣锦,西施负薪。"(《鸣皋歌送岑征君》)……这是怎样的一个黑暗的时代呵! 李白不仅特别强烈地抒发了自己怀才不遇的苦闷,更表达了对黑暗社会现实的绝望和痛恨,从而使其诗歌具有深刻的认识价值。

其次,李白诗歌中表现出强烈的对个性自由的追求和对权贵的蔑视。李白是一位个性鲜明、性格豪放的诗人,他希望建功立业,但又不为功名所局限:"功名富贵若长在,汉水亦应西北流!"(《江上吟》)"钟鼓馔玉不足贵,但愿长醉不用醒。"(《将进酒》)他需要有人赏识,但不能以降低人格为代价:"安能摧眉折腰事权贵,使我不得开心颜!"(《梦游天姥吟留别》)"黄金白璧买歌笑,一醉累月轻王侯。"(《忆旧游寄谯郡元参军》)李白作品的叛逆精神,还表现在歌颂游侠、嘲讽腐儒这一方面。李白追求自由、重视义气,这与"三杯吐然诺,五岳倒为轻"的游侠有相似之处。他鄙视那些只知读书而不识时务的儒生,并将他们与侠士对比而加以贬抑:"儒生不及游侠人,白首下帷复何益。"(《行行且游猎篇》)在李白看来,"白发死章句"、"问以经济策,茫如坠烟雾"的儒生,连"平生不读一字书"、"猛气英风振沙碛"的边城儿都不如。对旧有秩序的轻视,对社会现实的叛逆,在这些诗篇中得到了充分的表现。

第三,李白诗歌中表现出强烈的爱国主义思想。李白对国家的安危十分关心,他很赞赏自管仲以来众多的抵制外族入侵的人物和他们的事迹及主张,其《塞上曲》借古咏今,歌颂唐太宗抗击侵扰的显赫武功;《塞下曲》更赞扬了抵御入侵的正义战争。同时,他对给人民带来灾难的非正义战争总是持批判和揭露的态度,如《书怀赠南陵常赞府》、《古风》其三十四等都是如此。安史之乱,给唐朝社会带来巨大的破坏和灾难,在这种时候,李白对国家命运的担忧和对人民的同情,表现得更为强烈:"中夜四五叹,常为大国忧。""白骨成丘山,苍生竟何罪?"(《经乱离后天恩流夜郎忆旧游书怀赠江夏韦太守良宰》)他一再表示"誓欲清幽燕"、"志在清中原",要为平定叛乱作出一份贡献。由此看来,他参加永王幕府及以后力图参加李光弼的军队,都绝不是心血来潮时的行为,而是李白爱国主义思想的必然表现。

第四,李白诗歌中特别突出地表现了对祖国壮丽山河的热爱。李白曾自言"一生好入名山游",伴着他的足迹,诗人留下了许多令人赞叹的山水名篇。无论是"咆哮万里"的黄河,还是"白浪如山"的长江;无论是"连峰去天不盈尺"的蜀道,还是"屏风九叠云锦张"的庐山;无论是"飞流直下三千尺"的瀑布,还是"影入平羌江水流"的峨眉山月,在李白笔下,都得到了形象生动的描绘。李白的人生观是积极的和乐观的,因此他往往用雄健粗放的线条和明朗的色彩来勾勒壮丽开阔的自然景色,从中亦表现出诗人宽阔的胸襟和乐观浪漫的情怀,如《望天门山》便是这样一首诗作。读这首诗,眼前似乎出现这样一幅图画:奇峻的天门山像是被神工鬼斧从中劈开,长江由上游奔腾而下,突遇奇峰,江水在此打一回旋又继续向东流去;两岸的群山,一片青绿,互相对峙,像是从地下猛然冒出来似的;一只帆船正从太阳升起的地方驶来……诗人把山与江交织起来描写,"山因江水的奔腾而奇峻,江因山峰的对峙而越发壮美"。李白的山水诗,很注意动态与静态的结合,他笔下很少有孤立地描写静态景物的作品,这是与他的性格和审美趣味密切相关的。当然,这并不是说李白没有那种表现大自然的明媚秀丽的诗篇,相反,他这一类诗篇并不少见,而且不乏佳作,只是这些作品不如那些色彩鲜明、动感强烈、充满豪情的山水名篇更能打动我们的心灵,往往被今天的读者所忽略。要全面欣赏李白的作品,这一类诗篇当然是不能不读的。

第五,在李白的诗歌里,还有一部分描写了下层人物,表现出李白对下层劳动人民的深厚感情,如有反映纤夫艰苦生活的《丁都护歌》,有描写农家淳朴感情和贫困生活的《宿五松山下荀媪家》,有描写冶炼工人劳动的《秋浦歌》其十四等,这一类作品虽然数量不多,但它们所表达的思想和感情却弥足珍贵。另外,李白在其诗作中对妇女的不幸遭遇表示了深切的同情,《白头吟》写被遗弃女子的悲愤心情,《北风行》写北方妇女对出征战死的丈夫的怀念,《长干行》写思妇的刻骨相思之情……这些作品不仅表现出李白诗歌题材的多样性,更说明李白感情的真挚、淳厚美好以及其思想的进步性,是了解李白其人其诗的重要资料。

当然,我们说李白诗歌的主流是进步的,但却并不否认其中也有一些消极的、落后的内容。因为世路的艰难,李白总幻想有一个仙人世界供他自由来往,这一方面固然表现出他对现实的失望,同时也说明他有消极避世的倾向,表现在作品里,便出现了许多感叹人生如梦、追求及时行乐的诗篇。作为今天的读者,一方面我们应该充分理解李白在特定时代条件下产生的这些消极思想;同时应该站在今天的高度,对李白诗歌里落后和庸俗的内容,加以认真的分析和辨别。

李白诗歌不仅有进步和丰富的思想内容,而且有鲜明和突出的艺术特色,从而使他成为中外诗歌史上最杰出的诗人之一。

其一,李白的诗歌具有强烈的抒情性。李白具有充沛和不可羁勒的感情,无论写什么主题,他总能融注自己真实的感情,从而写出别人所不能模拟和替代的作品。李白不像杜甫、白居易那样长于细致的描写,他往往更擅长直接抒发自己的感情,使全诗有一种奔腾的气势,犹如山洪冲出山谷,一泻千里。如《答王十二寒夜独酌有怀》、《行路难》、《将进酒》等,都是这样的作品。因此,李白笔下的黄河、蜀道、北风、雨雪,都明显地染上了诗人浓重的感情色彩。读者正可以从"黄河之水天上来,奔流到海不复还"、"蜀道之难,难于上青天"、"燕山雪花大如席,片片吹落轩辕台"等诗句里,感受到诗人李白的性格与豪情。

其二,李白的诗歌善于塑造鲜明的形象,尤其善于塑造自我形象。如《江上吟》、《襄阳歌》、《月下独酌》等诗作,把诗人狂放不羁的形象和性格描写得淋漓尽致。其他一些不大为人注意的小诗,也突出表现了诗人的个性和生活态度,塑造了诗人的自我形象。如《友人会宿》,写诗人借"百壶饮"来"涤荡千古愁",突出地表现了诗人旷达的胸怀,使诗人傲岸性格和随意自适的形象跃然纸上。又如《自遣》,虽只有短短的四句,却描绘出诗人独酌凝神、落花满衣、醉后步月的形象,十分生动传神。李白的诗作中还描绘了各阶层正反人物形象。对反面人物,李白总是带着憎恶的感情,用锐利的笔触,勾勒出他们丑恶面目和污浊的灵魂;而对下层人物,尤其是没有独立地位的广大妇女,诗人总是用饱和着同情的笔触,描绘她们美丽的外表、高尚的品德,以及她们内心的痛苦和欢乐。李白还很注意细节的描写,从而使人物形象更为生动,更为典型,收到了很好的艺术效果。

其三,李白的诗歌具有自然、生动、个性鲜明的语言。李白诗的语言带有强烈的个人色彩,例如,蜀道之艰险,历代诗人感叹可谓多矣,但李白却这样来写蜀道之难:"蜀道之难,难于上青天!"又如他写黄河:"西岳云台何壮哉,黄河如丝天上来。黄河万里触山动,盘涡毂转秦地雷。"(《西岳云台歌送丹丘子》)写自己的豪情:"俱怀逸兴壮思飞,欲上青天览明月。"(《宣州谢脁楼饯别校书叔云》)这些诗句充分表现了李白的个性、李白的感情,翻开李白的诗集,这样个性鲜明的诗句几乎比比皆是。朴实自然、生动形象,是李白诗歌语言的另一特色。他的一些赠别、怀友之作,往往托物寄意,语言明白流畅、清新自然,似是脱口而出,却是诗人真挚感情的结晶,如《金乡送韦八之两京》、《闻王昌龄左迁龙标遥有此寄》等,都是这样的名篇。

其四,李白诗歌具有奇特的想象与大胆的夸张。艺术是生活的反映,但是诗人在反映生活时,却往往要借助超现实的艺术手法,因为有时只有这样才能更真实地反映生活,而且能更准确地把握生活的本质。这是浪漫主义文学的基本原理。李白是运用超现实艺术手法的杰出代表。李白具有丰富的想象力,当他十分痛恨黑暗的现实社会、热烈追求理想境界时,往往虚构出仙境与幻境;当现实生活本身不足以表达他的一腔豪情与激愤时,他也常借助于想象与夸张。如要表现怀才不遇的愤慨,李白便说:"吟诗作赋北窗里,万言不值一杯水。世人闻此皆掉头,有如东风射马耳。"(《答王十二寒夜独酌有怀》)诗人用"不值一杯水"来形容万言诗章的价值;用"东风射马耳"来夸张人们的反应,生动形象地表现了诗人当时的愤慨和痛苦,收到了极好的效果。再如诗人描写自己的愁绪,便说:"白发三千丈,缘愁似个长。不知明镜里,何处得秋霜?"(《秋浦歌》其十五)诗人把夸张的对象与具体的事物联系起来,借"三千丈"的白发来极写自己的愁绪,使无形的"愁"通过有形而夸张的"发",表现得更加夸张,更加鲜明,给读者以具体生动的感受。"君不见高堂明镜悲白发,朝如青丝暮成雪"(《将进酒》)也是用夸张的手法感叹光阴之速和人生易老。李白抒发自己的胸怀,也常常采用夸张的手法,从而突出自己无拘无束的风度和一腔豪情,如《襄阳歌》便是这样的作品。诗人往往将动人的想象与大胆的夸张结合在一起,使自己狂放不羁的形象更加鲜明,诗人的性格与精神也因此得到更真实的表现。李白成功运用想象与夸张的诗句极多，如写侠客的豪情，有"三杯吐然诺，五岳倒为轻"；写望月时的奇想，有"持取月中桂，能为寒者薪"；写醉流后的狂态，有"划却君山好，平铺湘水流"；写自己对京城的忆念，有"狂风吹我心，西挂咸阳树"；写长江的风急浪高，有"一风三日吹倒山，白浪高于瓦官阁"……这些想象与夸张真可谓新、奇、怪、绝，但由于它们的基础是生活本身，所以虽常常出人意外，却毫不做作和牵强，反而十分自然和准确地表现了诗人的情感和愿望，从而形成了李白诗歌独具的艺术魅力。

在中国文学史上，李白及其作品对后代的影响十分深远，他的爱国主义思想和对人民疾苦深切的同情，他的对个人才能的高度自信和对社会阴暗面的抨击和揭露，他的蔑视权贵的豪迈气概和"不屈己，不干人"的傲岸性格，他的"发想超旷，落笔天纵"的浪漫主义精神和艺术特色，千百年来受到后人普遍的敬仰和赞赏。吴伟业在《与宋尚木论诗书》中说："诗之尊李、杜……此犹山之有泰、华，水之有江、河，无不仰止而取益焉。"吴伟业的这一番话，是十分中肯的。

李白在其生前就产生了广泛的影响，故而李阳冰《草堂集序》说："自三代以来，风骚之后，驰驱屈、宋，鞭挞扬、马，千载独步，唯公一人。故王公趋风，列侯结轨，群贤翕习，如鸟归凤。"由此可见李白在当时诗坛的地位。与李白同时的文人如杜甫、殷璠、魏颢、贾至、任华等都给李白以极高的评价。中唐韩愈、孟郊努力向李白学习，创造出自己横放的艺术风格；李贺更从李白的作品里吸取了丰富的营养，他的富于奇特幻想的诗篇，显然可以看出李白的影响，因而后人有"李贺诗，乃从太白乐府中来"（《岁寒堂诗话》）的评语。其他诗人，如唐代的李益、杜牧、顾况、张籍、王建等，或在古体，或在绝句，或在乐府，或在歌行，都显然受到李白诗风的熏陶。至唐以后则苏轼被评为"东坡似太白"；陆游青年时即有"小李白"之称。其他如宋代的苏舜饮、欧阳修、辛弃疾，元代的吴莱、杨维桢，明代的宋濂、高启、杨慎，清代的黄景仁、龚自珍……这些诗人无不从李白诗篇中获取思想和艺术的营养，进而形成自己独特的风格。

总之，从后代许多诗人的作品里，我们或者可以感受到李白那种狂放不羁的性格和浪漫主义的气概；或者可以看到李白式的想象、夸张和那使人回肠荡气的旋律……若是中国文学史上没有李白这样一位伟大的诗人，那会使人感到多么遗憾！在民间，李白的影响也很广泛，他的名字几乎人人皆知，他的形象出现在小说、戏剧、电影等艺术形式之中，他那明白如话而又感情真挚的诗篇被人们广泛传诵着；李白的诗歌早就流传到国外，在日本、俄罗斯、英国、美国、加拿大等不少国家，有许多专家在研究和介绍李白的诗作，他们的努力，使李白的不朽诗篇逐渐成为全人类共同的精神财富。

李白的诗文在他生时便很有影响，他曾自言："剑非万人敌，文窃四海声。"任华有《杂言寄李白》，其中说："见说往年在翰林，胸中矛戟何森森。新诗传在宫人口，佳句不离明主心。"魏颢也说，李白的《大鹏赋》"家藏一本"。李白晚年已感到自己政治上恐难建功立业，故愈来愈倾心于文学事业，其《大雅久不作》（《古风》其一）便表示了他的愿望："我志在删述，垂辉映千春。希圣如有立，绝笔于获麟。"因此，李白晚年至少三次将编集之事托付于至亲好友，可见他对自己诗文的重视。天宝十三载（754 年），李白与王屋山人魏万相遇于扬州，二人相携至金陵同游，分手时，李白尽出己之诗文，嘱托魏万整理编集，魏万（后改名颢）在《李翰林集序》里说：

> 颢平生自负，人或为狂，白相见泯合，有赠之作，谓余尔后必著大名于天下，无忘老夫与明月奴。因尽出其文，命颢为集。

但不幸的是，第二便发生了"安史之乱"，李白所付诗文全部被魏万丢失。"经乱离，白章句荡尽"（魏颢《李翰林集序》），一直到上元末，魏万于绛偶得李白旧稿，一年以后，他便编成《李翰林集》共二卷，当时李白还在世，故魏《序》云："白未绝笔，吾其再刊。"此本排列为：

> 首以赠颢作，颢酬白诗，不忘故人也。次以《大鹏赋》、古乐府诸篇积薪而录，文有差互者两举之。

乾元（758—760 年）间，李白流放夜郎遇赦归至江夏，遇到倩公，感到"神冥契合"，因此，李白在《江夏送倩公归汉东序》里说：

仆平生述作,罄其草而授之。

但不知倩公是否将这些文稿编成集子。

宝应元年(762 年),李白将终,又将编集之事拜托族叔李阳冰,阳冰《草堂集序》云:

阳冰试弦歌于当涂,心非所好,公(指李白)遐不弃我,乘扁舟而相顾。临当挂冠,公又疾亟,草稿万卷,手集未修,枕上授简,俾予为序。

李阳冰编辑并为之作序的即是《草堂集》十卷,其中诗文并非全是李白手稿,《草堂集序》云:

中原有事,公避地八年,当时著述,十丧其九,今所存者,皆得之他人焉。

《草堂集》编成后并未成为定本,故二十八年后(790 年),刘全白《翰林学士李君碣记》说:"诗文亦无定卷,家家有之。"又过了二十七年(807 年),范传正"于人间得公遗篇遗句,吟咏在口"(《唐左拾遗翰林学士李公新墓碑并序》)然后编成文集二十卷,范《序》说:

(李白)文集二十卷,或得之于时之文士,或得之于宗族。编辑断简,以行于代。

范本即是在阳冰本的基础上扩大而成的,虽收集仍不全面,但却是唐代最完备的一个本子。《旧唐书·李白传》"有文集二十卷,行于时"、《新唐书·艺文志》"李太白草堂集二十卷(李阳冰录)"大约就是指范传正以李阳冰《草堂集》为底本增扩的那个本子,但魏颢、李阳冰、范传正的三个本子皆不传。

如果说唐人由魏颢至范传正对李白诗文还只是一般的收集,那么到宋代则对李白集开始了增订、分类和考次。

咸平元年(998年),乐史以《草堂集》(十卷本)为底本,开始了第一次较大规模的增订,其《李翰林别集序》说:

> 李翰林歌诗,李阳冰纂为《草堂集》十卷,史又别收歌诗十卷,与《草堂集》互有得失,因校勘排为二十卷,号曰《李翰林集》。今于三馆中得李白赋、序、表、赞、书、颂等,亦排为十卷,号曰《李翰林别集》。

过了七十年,常山宋敏求在熙宁元年(1068年)重新进行了编辑整理,其《李太白文集后序》说:

> 唐李阳冰序李白《草堂集》十卷云:当时著述,十丧其九。咸平中,乐史别得白歌诗十卷,合为《李翰林集》二十卷,凡七百七十六篇,史又纂杂著为别集十卷。治平元年,得王文献公溥家藏白诗集上、中二帙,凡广一百四篇,惜遗其下帙。熙宁元年,得唐魏万所纂白诗集二卷,凡广四十四篇,因裒唐类诗诸编,泊刻石所传,别集所载者,又得七十七篇,无虑千篇。沿旧目而厘正其汇次,使各相从,以别集附于后。凡赋、表、书、序、碑、颂、记、铭、赞、文六十五篇,合为三十卷。同舍吕缙叔出《汉东紫阳先生碑》,而残缺间莫能辨,不复收云。

宋敏求的增订使乐史本更为丰富,故特别受到后人重视,但此本仍是一般的汇集,后来曾巩又前进一步,他就宋敏求这个三十卷本,于每类之中,考其先后而编年排次,其《李太白文集后序》说:

> 《李白集》三十卷,旧歌诗七百七十六篇,今千有一篇,杂著六十五篇,知制诰常山宋敏求字次道之所广也。次道既以类广白诗,自为序,而未考次其作之先后。余得其书,乃考其先后而次第之。

至此,李白文集大体成为定本,不仅收集诗文较丰富,且有编排考次,但其体例仍不十分恰当,故而胡震亨云:"至其体例,先古风,次乐府,又仍次古风,尤所不解。"(《唐音癸签》卷三十二)宋元丰三年(1080年)临川晏处善守苏州，以宋、曾所编李白文集付信安毛渐校正刊行，这便是李白集的第一个刻本，此本第一卷为序、碑，下二十三卷为歌诗，最后六卷为杂著。以后据此翻刻者有蜀本。同时沿乐史本系统下来的有咸淳己巳（1269 年）本，题为《李翰林集》三十卷，这个本子伪作颇多，但也有一定的参考价值。

宋末李白诗文的集注本才出现，南宋杨齐贤（宋宁宗庆元五年进士），有集注《李白诗》二十五卷，元人萧士赟认为此本"博而不能约，至取唐广德以后事及宋儒记录诗词为祖，甚而并杜诗内伪作苏东坡笺事、已经益守郭知达删去者亦引用焉"（《补注李太白集序例》）。元世祖至元辛卯（1291 年），萧士赟删补杨齐贤注本而成《分类补注李太白集》二十五卷，其《序例》说：

> 仆自弱冠知诵太白诗。时习举子业，虽好之未暇究也。厥后乃得专意于此，间趋庭以求闻所未闻，或从师以蕲解所未解。冥思退想，章究其意之所寓，旁搜远引，句考其字之所原。若夫义之显者，概不赘演。或疑其赝作，则移置卷末，以俟巨眼者自择焉。此其例也。一日得巴陵李梓甫家藏左绵所刊舂陵杨君齐贤子见注本读之，……因取其本类此者（博而不约、误引）为之节文，择其善者存之。注未尽者，以予所知附于后，混为一注。全集有赋八篇，子见本元注，此则并注之，标其目，曰《分类补注李太白集》。

萧氏于辨别李诗之真伪确实下了功夫，故时有发明，但其注却很繁琐，至使胡震亨批评说：

> 萧之解李，无一字为本诗发明，却于诗外旁引传记，累牍不休，注白乐府引郑夹说尤谬。郑于乐府之不可考者，概分门类为遗声。李乐府从古题本辞本义妙用夺换而出，离合变化，显有源流，不溯之为注，乃引郑勉强不通之说塞白耶！（《唐音癸签》卷三十二《录三》）

这个批评虽然过苛，但也说明了萧本的弱点。《四库全书总目提要》的评论比较适当：

注中多征引故实,兼及意义,卷帙浩博,不能无失。然其大致详赡,足资检阅……其于白集固不为无功焉。

萧氏本元代即有至大辛亥勤有堂刊本,明嘉靖癸卯(1543年)吴会郭云鹏又有校刻本,但改动很大,已非杨、萧本本来的面目了。

明代对李白集的整理与校注又有发展,首先值得注意的是朱谏的《李诗选注》十二卷和《辨疑》二卷,合之即是一部李诗全集,其长短之处,《温州经籍志》卷二十六说得比较明白:

案荡南李诗选注,笺释文义,大抵以杨齐贤、萧士赟分类补注为蓝本,而删其词意浅俗,不类白作,及虽系白作,而出于不经意者。以其不全录原本,故名选注。其注征引故事,兼及意旨,详简得中,颇便省览。惟每篇必傅以六义,则未脱宋以来讲学家说诗窠臼。其考释亦间有疏漏。……然其纠正旧注者亦复不少,……固足与杨、萧注同行也。辩疑二卷,录选注所删诗二百十六篇,以为多他人作羼入李集。每篇皆略摘其疵累,以明其删削之旨……其鉴别亦尚精审。……然篇数既多,评议不必尽当,且好断某诗为李益作,某诗为李赤作,专辄之弊,亦不能免。

朱氏此本虽时有武断之处和其他失误,但材料丰富,条理清楚,有分段串讲,间有总评,其对李诗的辨疑,还是能启发后人的。朱谏之后,胡震亨驳正旧注,作《李诗通》二十一卷,詹锳先生在《李太白集版本叙录》自序中谈到胡氏本云:

其书首列朱茂时、朱大启并胡夏客题识。自卷一以下则为作者所改编的李白传、李白年谱及本诗。胡氏以宋敏求所收间杂伪作,曾巩所次体例亦多错综,乃重为编订。以乐府居前,余古律各以类从,为二十卷。其李赤《姑孰十咏》、李益《长干行》、顾况《去妇词》混入者,并改正。而伪作经前人甄辨者别为一卷附集后。

胡氏认为杨、萧之注繁琐,故《李诗通》大量删去旧注,常常在诗题下用短语说明题意,对旧注也有许多纠正,只是过分追求简洁,有些注解因过略而不能说清问题。明代还有林兆珂撰的《李诗钞述注》十六卷,十分简陋,错误甚多;又有刘世教刊行的《合刻李杜分体全集李诗四十二卷杜诗六十六卷》,此本删去了所有旧注,而以古近诸体分类,其间本着编年而定先后。还有杨慎题辞、张愈光选的《李诗选》,仅收诗一百六十余首。

清代王琦的《李太白全集》三十六卷,是历来李白诗文合注最完备的本子。此本一出,便特别受到研究者与爱好者的重视。《四库全书总目提要》说:

> 琦字琢崖,钱塘人。注李诗者,自杨齐贤、萧士赟后,明林兆珂有《李诗钞述注》十六卷,简陋殊甚。胡震亨驳正旧注,作《李诗通》二十一卷,琦以其尚多漏略,乃重为编次笺释,定为此本。其诗参合诸本,兼以逸篇,厘为三十卷,以合曾巩序所言之数,别以序、志、碑、传、赠答、题咏、诗文、评语、年谱、外记为附录六卷,而缪氏所谓《考异》一卷,散入文句之下,不另列焉。其注欲补三家(杨、萧、胡)之遗阙,故采撷颇富,不免微伤于芜杂,然捃拾残胜,时亦寸有所长。自宋以来,注杜者林立,而注李者,仅寥寥二三本,录而存之,亦足以资考证,是固物少见珍之义也。

王本材料丰富,考证也力求准确,确有集大成之功绩,其对典故和地理方面的诠释考订提出了一些独到的见解,在版本校勘上也时有创新。当然也有不足之处,如“采撷颇富,不免微伤于芜杂”;在笺释和人事考证上也屡有失误,加之王本删去了萧本诗题下原来宋本所注的李白游踪,也给研究者带来了麻烦。清代还有李调元、邓在珩合编的《李太白全集》十六卷,其内容基本上取自王琦注本而尽删其注,所附年谱亦是王琦所作,价值不高。清代还有康熙年间应泗源所编《李诗纬》,其书选了李白部分诗文加以评论,有些观点还能启发人。

今人对李白集的整理与研究自然较古人进步,除出现了十馀种李白诗文选注本外,当代值得特别注意的是三部李白作品全集,一是瞿蜕园、朱金城先生的《李白集校注》,二是安旗先生主编的《李白全集编年注释》,三是詹锳先生主编的《李白全集校注汇释集评》。这三部李白作品全注本各有特色,亦各有不足,但在李白作品的整理和研究上都有重要贡献,均是当代李白作品研究的重要成果。

关于李白诗歌作品全集,还有一部书不能不提,那就是由陈贻焮先生任主编的《增订注释全唐诗》,其中李白的诗歌作品编为二十五卷,可视作是李白诗歌作品的全注本。这个注本是由我来完成的。为了符合《增订注释全唐诗》的体例,在李白作品注释中增删了不少内容,因此我一直有将其独自出版的想法,此次,终于有这样一个机会,实在是"天遂人愿",其乐何极!

这次独自成书,除作了文字方面的少量删改工作外,主要是对《增订注释全唐诗》全书采用"互见"方法省略的典故、人名及注文较长的词语等恢复注释文字。其中甚至有些重复,但为了读者的便利,只得如此。其他没有大的变化。有些体例上的问题需要特别加以说明——

一、因为是《增订注释全唐诗》中的一部分,"李白卷"也必须遵守全书统一的注释、校勘、逸诗的增补等原则,这次独自成书,仍然体现了这些原则,这些原则在《〈增订注释全唐诗〉编注说明》中有详细罗列,如:"注释难字、难词一般不列举书证。解诗一般不加串讲,也不罗列异说"、"习见的地名、官名,如长安、洛阳、宰相、县令之类,一律不加注。注释不很偏僻的地名、官名,一般不说明注释的依据;注释偏僻的地名、官名,则说明注释的依据,但一般不征引原文"、"注释诗中涉及的史实、典章制度等,大都说明史料来源,但一般不征引原文,只撮述其大意"、"诗中典故及脱意前人的语句,皆注明出处,并征引原文(一般只征引关键性的几句话,其余则撮述大意)"。

二、同样因为是《增订注释全唐诗》的一部分,"李白卷"在校勘方面亦遵循统一原则,主要是:"以上海古籍出版社影印扬州局本为底本",一般不取他本与底本作全面比勘,"但在注释过程中,如发现文义难通、疑有误字之处,亦参校他本有关文字,借以改正底本错误","本书不轻易改动底本文字。底本之注语、题解、作诗本事等,一般皆予保留。凡改动底本文字,皆作校记。校记一般只说校改的出处依据(据某本改),而不申述理由。明显的错字,径行改正,不复出校。校记和注释放在一起"。"底本随文注出的异文,一般仍予保留(如确系误字,或确无参考价值,则不保留),但不作小字夹注的形式,而移入注文中,并冠以'全诗校'三字,以同编注者的自校区别。"

三、清代编辑的《全唐诗》,收诗虽较全备,但也仍有不少漏收之作,但限于条件,只能"利用部分已有的辑逸成果增补逸诗","根据他人辑逸成果录入者,除注明原出处并检核原书外,还注明采自某人某某辑逸成果,以示对他人劳动成果的尊重。逸诗缺题者,以该诗首句或以'阙题'为题。逸句即以'句'为题。"原有"补遗"之外的新补逸诗,直接将其编在全集之末,前面冠以"新补"二字。

　　总之,要整理一个李白诗歌全集是一项很有意义的工作,难度也很大,我在《增订注释全唐诗》"李白卷"的基础上,又作了增删修订,自以为注释水平有所提高,希望能得到读者的认可和指教。需要特别说明的是,我为《增订注释全唐诗》"李白卷"所撰原稿经过陈铁民、彭庆生二位先生审改,质量有很大提高,为现在独自成书打下了很好的基础,在此再致谢意!

(此文为即将出版的《李白诗歌全集》的"前言",

作于 2010 年 5 月 4 日)

浅论李白李贺浪漫主义特色之异同

　　李白与李贺在中国文学史上的地位和影响是不一样的,当然不能简单地相提并论,但是,作为浪漫主义代表诗人,他们又有许多相通或相似的地方。因此,就他们的某些方面进行比较和分析,也许有利于加深对这两位诗人的认识及探索诗歌创作上的一些共同规律。

一

　　李白和李贺虽然都生活在唐代,但他们所处的具体历史时代是不同的。李白生活在盛唐,由于国家的统一,生产的发展,整个社会出现了一种蓬勃向上的气象,生活在这个社会的人们,必然对国家的强大感到骄傲和自豪,对民族的前途充满了信心。李白《长歌行》生动地表现了那个时代所赋予人们的进取精神:"桃李得开日,荣华照当年。东风动百物,草木尽欲言。枯枝无丑叶,涸水吐清泉。大力运天地,羲和无停鞭。功名不早著,竹帛将何宣。"在这个时代的知识分子,可以通过科举获得功名,施展自己的抱负,许多人正是这样做的。李白对自己的才能有高度的自负,自诩"怀经济之才,抗巢由之节,文可以变风俗,学可以究天人"①。因此他"慷慨自负,不拘常调"②,不愿通过通常的进士考试,按部就班地登上仕途,他要自布衣而一举取得卿相之位,以实现自己的政治理想,即:"申管晏之谈,谋帝王之术,奋其智能,愿为辅弼,使寰区大定,海县清一……"③。其理想是何等的高远,基于此,李白对阻碍他实

---

① 《为宋中丞自荐表》
② 范传正《李公新墓碑》。
③ 李白《代寿山答孟少府移文书》。

现理想的腐朽势力进行了愤怒的揭露和抨击。在他的诗篇里，充满了不可驯服的叛逆精神，充满了蔑视封建秩序的高傲狂态，充满了敢于和一切权贵显宦斗争的无畏气魄，所谓"黄金白璧买歌笑，一醉累月轻王侯"、"乍向草中耿介死，不求黄金笼下生"，都典型地表现了他的气质和精神。他儒、道、侠集于一身，为自己选了一条"功成身退"的道路："功成谢人间，从此一投钓"、"愿一佐明主，功成还旧林"。在他的心目中，"功成"其实是更重要的。这样，他的诗歌就为我们塑造了一位力图在政治上有所建树，力图兼济天下的进取者的形象。即使在"赐金还山"以后，他的豪迈乐观的精神仍始终没有消失，他说："长风破浪会有时，直挂云帆济沧海"、"俱怀逸兴壮思飞，欲上青天览明月"！可见他始终对自己的才能有高度的自信，对未来充满着希望与信心，他以炽热的感情和语言、幻想的方式和大胆的夸张来表现自己对于幸福和理想生活的渴慕和追求，这一切就形成了李白诗歌中那充满热情的浪漫主义特色。王国维认为李白纯以气象胜，是有一定的道理的。这种"气象"就是盛唐所独有的积极向上的精神，它的基调乐观、健康而且明朗。从这里，我们就可以清晰地看到李白的浪漫主义与盛唐时代精神的密切关系。

李贺却生活在一个多灾多难的时代，"安史之乱"是唐帝国发展过程的转折点：之前，唐代社会政治、经济的总趋势是向上发展的；之后，就走上了下坡路。随之，知识分子的出路也更加渺茫。这时的读书人已经没有了那种"但用东山谢安石，为君谈笑净胡沙"的气概，也失去了那种一匡天下、拯救乾坤的雄心，在他们的歌赋里，更多地表现了对自己命运的悲叹和哀诉，表现了他们自己的愁怨和苦闷。在这种倾向的诗人中间，李贺无疑是有特色又有代表性的一个。当然，李贺有一些作品是有一定的现实意义的，表现了诗人的进步理想，有一些也确含有"哀幽孤愤之思"，但他的大部分作品却主要是忧己身之不遇、感叹生不逢时。请看他的《开愁歌》：

秋风吹地百草干，华容碧影生晚寒。
我当二十不得意，一心愁谢如枯兰。
衣如飞鹑马如狗，临岐击剑生铜吼。
旗亭下马解秋衣，请贳宜阳一壶酒。
壶中唤天云不开，白昼万里闲凄迷。

主人劝我养心骨,莫受俗物相填豗。

　　无论是诗中所表达的抱负,还是全诗所呈现的气势,都明显地不同于李白的诗,使我们很清楚地看到盛唐和中唐不同的"气象",这种时代的影响是不以人的意志为转移的。当然,造成两位诗人差异的原因是复杂的、多方面的。诗人,首先是社会一分子,不同的生活经历、不同的人生遭际,必然影响诗人个性而通过作品表现出来,从而形成诗人之间的差别。姚文燮说:"白与贺俱不遇,而一时英贤蔚起,泥者出其中,爱者出其中,卒至废弃寝灭,而以贺视白,则白之处天宝也,不较愈于贺之处元和哉? 白于至尊之前,尚能睥睨骄横,微指隐击,一时宫禁钦仰,亦足倾倒一世,其挤之也不过一阉人妇子耳。乃贺以年少,一出即撄尘网,姓字不容人间,其挤之也,则皆当世人家焉,贺之孤愤,恨不即焚笔砚,何心更事雕缋以自喜乎?"①这话虽然有些偏激和片面,但还是说明了李白与李贺的不同际遇:李白的雄心大志最终虽然没有得到施展,在离开人世时他不禁感慨万端地唱道:"大鹏飞兮振八裔,中天摧兮力不济。"但是,李白毕竟有一段挤身宫廷的经历,"此地曾经为近臣",而且他入宫之初还颇受玄宗的宠遇,以至"降辇步迎,如见绮皓,以七宝床赐食,御手调羹以饭之"②,"遂直翰林,专掌密命,将赴司言之任,多陪侍从之游"③。他自己也说:"早怀经济策,特受龙颜顾"、"谬挥紫泥诏,献纳青云际"、"布衣侍丹墀,密勿草丝纶"。同时,他的"飘然不群"的诗歌才能也使他名播海内,为世人所钦羡,贺知章读了他的诗就惊呼他是"谪仙人",杜甫说他"笔落惊风雨,诗成泣鬼神"。用他自己的话说即是:"剑非万人敌,文窃四海声"。他被召入宫廷,就有因他诗名很大的原因。李贺的遭遇却更不幸,他有一定的理想和抱负,有言曰:"有眼何时开,古剑庸一吼!""少年心事当挐云,谁念幽寒坐鸣呃。"但他又因才遭忌,以至有人出来毁谤他,说他父名晋肃,考进士就犯父讳,他只得放弃了进士的考试。于是,他这个早已丧失了贵族特权的王孙,作为士子,在当时唯一有可能获得官爵的政治道路就这样平白地给堵塞了,这怎么能不使他感到悲愤和苦闷呢? 这样两种基本不同的生活经历和个人遭

---

①　《昌谷诗集注序》。
②　李阳冰《草堂集序》。
③　范传正《李公新墓碑》。

际必然影响到李白与李贺的诗歌创作,从而使他们的作品具有了不同的特色。

二

我们知道,浪漫主义的一个基本特征是重在主观感情的抒发,法国文学史家朗松说得好:"浪漫主义是一种以抒情为主导的文学。"①但是,不同的作家,由于生活的时代、个人的经历以及作家个性的不同,这种主观感情的抒发在程度和方式上都会存在着差异。如果说李白诗给人的印象是"黄河之水天上来"、"咆哮万里触龙门"那样激情澎湃、热烈奔放的话,那么李贺诗给人的印象则是"雾锁寒江愁点点",充满了忧思孤愤、感情深沉。作为浪漫主义诗人,他们往往采取以此物比彼物,寓物于情,寓景于情,让自己的感情或直抒而泻或借物得以尽情的抒发,但由于我们所早已提到的两位诗人在许多方面的差异,造成了这种感情抒发的不同。

先读李白的《答王十二寒夜独酌有怀》中的诗句:

> 吟诗作赋北窗里,万言不值一杯水。
> 世人闻此皆掉头,有如东风射马耳。
> 鱼目亦笑我,谓与明月同。
> 骅骝拳跼不能食,蹇驴得志鸣春风。……

再看李贺《马诗》其十一:

> 内马赐官人,银鞯刺麒麟。
> 午时盐坂上,蹭蹬溢风尘。

这两首诗都尖锐地抨击了统治者不能任用贤才,致使鱼目混珠、小人得势,有志气、有才能的人们受到摧残,不受重用,从而揭露了那个社会的黑暗。这两首诗同样抒发了怀才不遇的思想感情,但不同的是:前者怒不可遏,激情

---

① 《法国文学史》。

澎湃,像骤发的山洪挟着奔腾之势冲出山谷,一泻千里;后者则给人一种激愤而又压抑的感觉,他的感情像一股强烈的潜流,在平静的海面下奔突。在李白诗里,处处都可以明晰地感受到他那炽热的感情、强烈的个性;他的诗里处处留下了自我表现的主观色彩:"大道如青天,我独不得出"、"仰天大笑出门去,我辈岂是蓬蒿人"! 这简直是狂呼怒吼,激愤热烈之情毫不掩饰。李贺也有抱负,也有不平,但他却说:"男儿何不带吴钩,收取关山五十州。请君暂上凌烟阁,若个书生万户侯?"又说:"不见年年辽海上,文章何处哭秋风?"真是怨愤的低泣,愤慨的哀鸣,含蓄而又沉郁。

　　李白的《行路难》写道:"行路难,行路难,多歧路,今安在? 长风破浪会有时,直挂云帆济沧海!"而李贺的《浩歌》却感喟:"不须浪饮丁都护,世上英雄本无主。买丝绣作平原君,有酒唯浇赵州土。漏催水咽玉蟾蜍,卫娘发薄不胜梳。羞见秋眉换新绿,二十男儿那刺促。"很明显,前者感情热烈,兴奋而激越;后者感情冷静,悲愤而压抑。前者飘逸,后者沉郁;前者是愤怒中有豪放不羁之气,后者则是哀怨里透抑郁不乐之情。李白形容自己:"大鹏一日同风起,抟摇直上九万里。假令风歇时下来,犹能簸却沧溟水。"即使在安史之乱时,还写出了这样有气魄的壮语:"抚剑夜啸吟,雄心日千里。誓欲斩鲸鲵,澄清洛阳水。"李贺写自己却是:"一心愁谢如枯兰"、"衣如飞鹑马如狗",又曰:"长安有男儿,二十心已朽。"可见,两位诗人的对比多么强烈。如果我们考虑到李白、李贺在时代、遭遇、个性上的差异,就能理解二人作品中所反映的这种区别。这区别不仅反映在两位诗人直接抒发个人感情的诗篇里,即使在反映现实生活的作品中也同样可以看出这种感情表达的显与隐的区别。李白在《丁都护歌》里满怀深情地叙述了船夫们的痛苦:"吴牛喘月时,拖船一何苦。水浊不可饮,壶浆半成土。"进而诗人站了出来,发出了"一唱都护歌,心摧泪如雨"的低沉的叹喟和"君看石芒砀,掩泪悲千古"的无奈的感慨。在字里行间,我们不是可以清晰地感受到诗人的同情和关切吗? 李贺的《老夫采玉歌》则着重加强气氛的渲染,特别是最后四句:绳子系在悬崖泉水发源的地方,绳索下挂着采玉的老人,在深山绝涧中,只看到一点点青色。被统治者所驱遣的奴隶,就是这样冒着生命危险,从事一种非人的劳役啊! 只是想到还没有长成的娇儿,才使他产生了活下去的勇气。诗人巧妙地把感情寓于具体的形象和描写之中,而他对"老夫"和周围环境的描写又不像现实主义诗人那样注意和追求细节、人物的客观和真实,而是借助浪漫主义的想象和夸张,创造那样一种气氛,用以感染读者。他的激愤之情是曲折和隐蔽的,如:"夜雨冈头食蓁子,杜鹃口血老夫泪。蓝溪之水厌生人,身死千年恨溪水。"王琦注道:"杜鹃口血老夫泪者……谓老夫之泪如杜鹃口中之血耳;厌生人者,因采玉而溺死者甚众,故溪水亦若厌之;身死千年恨溪水,谓身死之后,虽千祀之久,其怨魄犹抱恨不释,夫不恨官吏,而恨溪水,微词也。"①诗人这种深沉而又隐于字里行间的感情,千百年来打动过多少读者的心!李贺自称其诗,"无情有恨",这是并不确当的,作为对生活有理想和追求的浪漫主义诗人,怎么会是无情者呢?只是他的"情"表现得较为压抑,较为隐蔽,不像李白那样豪情奔放、一泻千里罢了。

三

　　积极浪漫主义同现实主义一样,它的基础是真实地反映社会生活。浪漫主义诗人,总是借助特殊的方式,真实地反映人们的愿望、感情和理想,从而真实地反映他那个时代的生活,不仅具有较高的审美价值,而且还具有较高的认识价值。当我们读了李白和李贺的作品以后,不能不惊叹他们在某些问题上认识的深刻性和对时代脉搏把握的准确性,如李白《古风》四十六对唐代社会的观察和李贺《官街鼓》对帝王求仙的讽刺都是很深刻的。二李的大量诗作都是受现实生活的感发,对社会生活进行了一定的概括才产生的,且不说那些直接反映现实的作品,就是那些抒发自己怀才不遇情绪的诗歌,同样是那个时代真实的反映,正是"梧桐巢燕雀,枳棘栖鸳鸾"的残酷现实才使得二人有志难展。他们这一类作品相当集中地概括了封建社会大多数知识分子不幸的遭遇和复杂的内心世界,有着很高的典型意义。他们的这些作品今天读来仍不失其感染力,原因就在于它们暴露了当时社会里的重大矛盾,能激起我们对不合理的政治制度的憎恨以及对那些遭受摧残和压抑的英才异士的同情。

　　当然,由于种种原因,李白与李贺在反映生活的深度和广度上仍存在着明显的差异。我们知道,李白出川以后,足迹遍布大江南北,作过隐士,上过

---

　　①　王琦《李长吉歌诗汇解序》。

宫廷,晚年又因从璘而遭到流放,他的生活经历是复杂的,这就使他能较为深入地观察社会,因而他的眼光就更为敏锐,视域就更为开阔:他揭露了统治阶级终年累月沉迷女色的图画(《阳春歌》);他把玄宗比作殷纣王、楚怀王,抨击他深信奸人、远离忠直(《古风》五十一);他对权贵和奸邪之徒表示了最大的愤怒,揭露了他们对正直有才之士的排挤和打击(《古风》五十四);他还对统治阶级的穷兵黩武进行了指斥,提出了"如何舞干戚,一使有苗平"地和平解决民族争端的主张(《古风》三十四);他还表现了对人民的同情和关怀(《宿五松山下》)……当时社会现实中的一系列重大事件都在李白的诗篇里得到了深刻的反映,有些还是相当大胆和深刻的。李贺也写下了一些反映现实的诗篇,其中不仅有直接描写人民疾苦的《老夫采玉歌》、《感讽》一等,而且还有讽刺边防官军的《黄家洞》,抨击帝王求仙企望长生的《官街鼓》、《苦昼短》,特别值得一提的是他的《宫娃歌》,它超出了一般描写宫怨诗歌的水平,已经不仅仅是要求君主体谅"妾"的脉脉此情而眷恋之,而是要"骑鱼撒波",冲出深宫,获得人身和精神的自由。但若是细细品评,不能不承认李贺诗歌的思想范围比较狭窄,他的诗绝不是没有思想,只是这种思想的基础比较薄弱,它还没有经过充分理性的磨炼和熔铸,以通过诗的艺术来表达一种明彻的社会识见与坚守一种生活真理,因而他如上所引的优秀诗篇是较少的。当然我们不应忽略一个基本的事实,即:李白生活了六十二岁,给后人留下了近千首诗作;而李贺则仅仅度过了二十七个春秋,留下的作品仅二百四十余首,这种年龄和作品数量对比的悬殊,也必然使他们的作品在反映生活的深度与广度上形成差异。有人把李贺的诗看作"骚之苗裔",它的想象和文采以及有些诗篇所表现的呼天抢地、危苦悲愤之情,确和《离骚》有相似之处,若认真从内容性质比较,李贺无论如何都不能和屈原相比,尽管有人为之辩解,如姚文燮说李贺的时代政治黑暗,因而他的诗"寓今托古,比物徵事,无一不为世道人心虑……其命辞命意命题,皆深刺当世之弊,切中当世之隐"①。这就对李贺诗歌思想内容作了不适当的抬高,是不符合事实的。张戒认为李贺是"以词为主",虽然有片面性,却也不无道理。

我以为李白与李贺在反映生活的广度和深度上存在着很大差异,除了其

---

① 《昌谷诗集注序》。

他原因,很重要的因素就在于他们对生活有着不尽相同的态度。李白是一位对生活充满热情,对理想执著追求的诗人,他总是不能忘怀那虽然丑恶却又有着美好成分的现实社会。虽然他也曾热衷过求仙访道,但他最终也没有离世高蹈,即使到了花甲之年,他抱病仍要参加李光弼的军队,希求为国能有一割之用,这说明他的爱国之心、济世之志至老不衰。虽然对生活的追求和热爱是李贺思想的主要方面,但由于他处于动乱不宁的社会,加以体质清赢多病,又有才华过人的优越感和政治上的不得意,因而他生活情调忧郁感伤,性格冷僻孤独,对空虚和幻灭感觉特别敏锐,表现在诗歌里确有一股阴森森的气息,王思任说李贺"喜用'鬼'字、'泣'字、'死'字、'血'字,如此之类,幽冷黢刻……"①。当然,李白诗里也有消极思想情绪,如《将进酒》就表现了要及时行乐的思想,但由于对生活的热爱,诗人感情发生了很大的跳跃,唱出了"天生我材必有用"这样有志于世的豪言;而在李贺的许多诗篇里,我们却看到了比较浓厚的沮丧颓唐的情绪和对生活的冷淡,如"黄尘清水三山下,更变千年如走马"、"东指羲和能走马,海尘新生石山下"。每当读李贺这一类诗歌,常使人想起《古诗十九首》,如"生年不满百,常怀千岁忧",也常想起李商隐"夕阳无限好,只是近黄昏"的名句。可见汉末和安史乱后的唐朝有不少相似的时代特征,因此李贺写出这一类思想情绪的诗篇就不足为奇了。

浪漫主义诗人同现实主义诗人的区别之一即:他们不是为了表现对现实的不满而对社会作细致、真实的描写,从而揭示出这个社会的不合理。浪漫主义作家对社会的抨击,不仅要通过自我感情的抒发直接地、大胆地表现出来,而且当平常的语言不足以表达其激情时就用大胆的夸张;当现实生活中的事物不足以形容、比喻、象征其思想愿望时就借助非现实的神话和幻想。这样,他们借助想象的力量,用夸张和虚构的方法,把理想和现实融在一起,把神话和历史融在一起。有时又借助梦境来创造一个理想世界与丑恶现实相对照,一方面表现自己美好的愿望,一方面对社会现实进行批判。李白与李贺都有这样的作品,只要细心一些,我们就可以看出在描写梦境的题材上,两位诗人对待生活和现实的态度仍然有差别。李白的《梦游天姥吟留别》和李贺的《梦天》都表现了诗人对理想的追求和对现实的抨击,他们上天入地,

----

① 《昌谷诗解序》。

在梦境里似乎得到了真正的解放。前者描绘了诗人"全心渴望的国度",诗人展开理想的翅膀,在这个国度里自由翱翔;后者不同于一般虚无缥缈的游仙诗,它俨然如真地描写了月宫情景:"老兔寒蟾泣天色,云楼半开壁斜白。玉轮轧露湿团光,鸾佩相逢桂香陌。"李贺的《天上谣》也大力描写了琼花瑶草、老兔寒蟾,在这美好的境界里,有青春的良辰美景,有秋夜的冷露寒光,这一切光明与美好的象征,都是生活在愁苦动乱社会里的人们所深切向往而又无法得到的东西。但是比之《梦天》、《天上谣》,《梦游天姥吟留别》对生活表现了更大的热情,对现实表现了更为大胆的批判:"安能摧眉折腰事权贵,使我不得开心颜"!而《梦天》等则仅给人们描绘了一幅幅仙境图画,似乎没有充分地、更强烈地表现诗人对现实生活的眷恋和挂牵。李白不仅在幻境里表现他的理想,而且还在幻境里反映他与统治集团的冲突,这就好像把现实生活放在放大镜下加以显示一样,更加清晰、明朗而富有典型意义,如《梁甫吟》说:"我欲攀龙见明主,雷公砰訇震天鼓,帝旁投壶多玉女。三时大笑开电光,倏烁晦冥起风雨。阊阖九门不可通,以额叩关阍者怒。"这完全是幻化的现实生活。李白的《古风》十九也是很有代表性的作品:在一个月白风清的夜晚,诗人驾浮雾云,得着仙女的导引,登上了云台仙境,谒见了仙人卫叔卿。诗人似乎已超脱风尘,逃避到现实世界之外去了,但是诗人对人世毕竟充满了强烈的热爱,他怎么会忘怀现实和人民呢? 因此当他远引之时又深情地回视人世,不禁沉痛地吟道:"俯视洛阳川,茫茫走胡兵。流血涂野草,豺狼尽冠缨。"由此可以看出李白对祖国,对人民,对生活的深情。正是这种感情,使李白成为伟大的诗人,使他的诗篇放射出夺目的异彩。

四

艺术是生活的反映,但是诗人在反映生活本质时,却往往借助于超现实的手法,如夸张、想象。这些方法的运用,不仅能真实地反映社会生活,而且在某种意义上能更准确地把握生活,这是浪漫主义的一个重要特征。李白和李贺的诗作里都大量使用了比喻、想象和夸张,如:"峨眉高出西极天,罗浮直与南溟连"(白);"筠竹千年老不死,长伴秦娥盖湘水"(贺);"黄河捧土尚可塞,北风雨雪恨难裁!"(白);"愿君光明如大阳,放妾骑鱼撇波去"(贺)……他们有时较单纯地使用想象或夸张,更多的时候却是把二者结合起来,在夸

张中充满了浪漫主义的想象,先看李白《秋浦歌》十五:

> 白发三千丈,缘愁似个长。
> 不知明镜里,何处得秋霜?

在这里,无形的"愁"通过有形的"发"表现得更为夸张,更为鲜明,深长的忧愁从抽象的感情变成了具有色彩和形体的东西。再来读李贺的名作《李凭箜篌引》:

> 吴丝蜀桐张高秋,空山凝云颓不流。
> 江娥啼竹素女愁,李凭中国弹箜篌。
> 昆山玉碎凤凰叫,芙蓉泣露香兰笑。
> 十二门前融冷光,二十三丝动紫皇。
> 女娲炼石补天处,石破天惊逗秋雨。
> 梦入神山教神妪,老鱼跳波瘦蛟舞。
> 吴质不眠倚桂树,露脚斜飞湿寒兔。

这里的描写多么令人神往:李凭的技艺多么高妙,白云也听得呆住,水也为之不流,水神和霜神都被感动了。箜篌的声音十分动听:清脆如昆仑玉碎,嘹亮如凤鸣九天,凄切如芙蓉泣露,欢悦如香兰含笑。这声音传到水里,"老鱼跳波瘦蛟舞";传到天上,吴刚听得入了迷,懂音乐的神仙夫人表示要向李凭学习,连玉皇都被感动,天穹也被震破,补天的碎石化成了纷纷秋雨……这是多么大胆的夸张,又是多么优美、丰富的想象呵!

但是,作为有种种差异的两位浪漫主义诗人,他们即使使用的手法基本一致,也难免在某些方面略有不同。李白在使用想象和夸张时,着重于自然、平凡的事物,他往往用人们常见或常说的事物来作比喻和夸张,在此基础上驰骋想象;李贺则着重于奇崛、难见的事物,他往往用生活中根本不存在或很少出现的事物作比喻和夸张,在此基础上让想象飞腾。王琦注意了李白与李贺这方面的不同:"长吉下笔,务为奇拔,不屑作经人道过语,然其源出自《离骚》,步趋于汉魏古乐府。朱子论诗,谓长吉较怪得些子,不如太白自在。夫太白之诗,世以为飘逸;长吉之诗,世以为奇险……"①。我想"飘逸"和"奇险"风格的形成与二人使用想象、夸张手法不同有很大关系。正是李白这样的诗人才能写出这样自然、流畅的诗句:"黄河之水天上来,奔流到海不复回"、"抽刀断水水更流,举杯消愁愁更愁"、"狂风吹我心,西挂咸阳树";也只有李贺这样的诗人才能写出:"衰兰送客咸阳道,天若有情天亦老"、"昆山玉碎凤凰叫,芙蓉泣露香兰笑"、"向前敲瘦骨,犹自带铜声",这真是奇险、突兀,想象和比喻飘忽不定,来去无踪,出入意表,想落天外,不愧是令人叹服的丽句。同样是写愁,李白用"白发三千丈"来夸张,平易而形象;李贺则用"忆君清泪如铅水"来写金铜仙人的愁思,把根本没有生命的铜人,写得有情有义,成为能感伤落泪的精灵,这里的比喻和夸张比之李白无疑更奇特,更突兀。正是借助这样奇特的想象,浓重的色彩和富于象征性的语言,李贺形成一种奇崛幽峭、秾丽凄清的浪漫主义风格。李白追求自然清新,故而他的想象和夸张虽然有时也很大胆,但一般都比较自然、贴切,有如信笔而书,却又恰到好处,清赵翼说他"不屑屑于雕章琢句,亦不劳劳于镂心刻骨"②,是中肯的评语;而李贺却追求奇崛惊人,故而他的想象和夸张便难免有较明显的雕凿痕迹。李商隐记李贺出游时"背一古破锦囊,遇有所得,即书投囊中"③,回家后才连缀成篇。这便造成一些佳句与全篇有游离的情状,形成了他的一些作品过分追求"奇"而忽略了全篇思想内容的统一和表达,即使一些名作,如《金铜仙人辞汉歌》也有这种缺陷。《怀麓堂诗话》云:"李长吉诗,字字句句欲传世,故过于戏钵,无天真自然之趣,通篇读之,有山节藻棁,无梁栋,知非大厦也"。这个评价基本上还是合适的。李杜之后,诗歌已发展到一个高峰,要想超过他们,就必须另辟蹊径。为此,李贺作了很大努力,但由于时代、环境的种种限制以及他短暂的生命,都使他不能让自己的这种追求日益走上成熟,这实在是一件憾事。但并不能说李贺对诗歌艺术毫无贡献,比之李白,李贺更注意了形象思维,他的诗,一般说绝少议论,如《老夫采玉歌》等可以为证。另外李贺比李白更注意了通感的运用,如"杨花扑帐春云热,龟甲屏风醉眼

---

① 王琦《李长吉歌诗汇解序》。
② 《瓯北诗话》。
③ 《李长吉小传》。

缬"、"天河夜转漂回星,银浦流云学水声",都是很典型的例句①。"昆山玉碎凤凰叫,芙蓉泣露香兰笑",也不是简单地以一种声音比喻另一种声音,而是以诗的意境描绘美妙的音乐意境,诗人巧妙地用想象中美丽的视觉感受来表现听觉感受。这种通感手法的运用,使形象更加鲜明、生动,诗篇的想象和夸张更为丰富和奇特,运用得好,可以大大加强诗歌的浪漫主义色彩,给人留下深刻的印象。李白与李贺还有许多差异,如语言的平易、清新和色彩斑斓,意境的壮大开阔和奇崛幽峭等等,限于篇幅,这里就不赘述了。

(原载《浅草集》,中国书店出版社 2007 年 1 月版)

---

① 参阅钱锺书《通感》。

岑参:边塞诗写作的"圣手"

　　岑参,唐玄宗开元三年(715 年)生于荆州江陵(今湖北省江陵县),而其先世本居南阳,梁时才徙居江陵,故而一些史料说他是"南阳人"。其实,南阳是他的郡望,江陵才是他的籍贯。

　　岑参出生在一个封建地主官僚家庭里,他的曾祖父、伯祖父、堂伯祖父都做过宰相,他自言"国家六叶,吾门三相矣"(《感旧赋》)。其曾祖父文本相太宗,伯祖父长倩相武后,堂伯父羲相中宗、睿宗,但他的伯祖父和堂伯父均因得罪了朝廷而被杀,家族成员有的被放逐边远地区,有的甚至被处死。他的祖父景倩和父亲植都做过朝廷高官或州刺史一类的地方长官。岑参兄弟五人,为渭、况、参、秉、亚,渭官至澄城丞,况曾任单父县令、湖州别驾,秉为太子赞善大夫,亚曾做过长葛丞。生活在这样一个家庭里,岑参看到了自己家族由堂伯父被杀后家道中衰的境况,加之,家庭的正常教育,使他自幼便有一种重振家业、建功立业的愿望,因而他而立之年表示"嗟予生之不造,常恐堕其嘉猷"(《感旧赋》)就是完全自然的了。

　　岑参在童年时曾随任晋州刺史的父亲在晋州生活了八九年,并于此开始发蒙读书,其《感旧赋》便说他"五岁读书,九岁属文"。但不幸岑植在参尚未成年便去世了,岑参在十五岁时移居嵩阳少室一带,依靠其长兄生活和读书。在此期间,岑参刻苦攻读,希望能重振家业,因为他涉世不深,其心境往往是很恬静的,有时难免以深山隐士自居,他此期的诗作便常常带有一种超然的意味,如:"田中开白屋,林下闭玄关。卷迹人方处,无心云自闲。竹深喧暮鸟,花缺露春山。胜事那能说,王孙去未还。"(《丘中春卧寄王子》)再如:"结宇依青嶂,开轩对翠畴。树交花两色,溪合水重流。竹径春来扫,兰樽夜不收。逍遥自得意,鼓腹醉中游。"(《南溪别业》)这些诗作生动地描绘出恬淡静谧的环境和无拘无束的生活。同当时许多读书人一样,岑参此时还常与道士往还,并阅读了不少有关道士炼丹的书,这对他的思想无疑产生了重要的影响。

　　随着年龄的增长,岑参重振家业的欲望更加强烈,在他二十岁的时候,他认为自己可以离山求仕了,于是来到洛阳向玄宗献书,希望得到皇帝的赏识。献书虽然没有取得期望的效果,却锻炼了青年岑参的才干,他奔波于东都洛阳与西都长安之间,拜访了不少达官显贵,希望能找到施展抱负的机会。这段时间竟然有十年之久,即《感旧赋》所说:"出入二郡,蹉跎十秋。"此期岑参的思想是比较复杂的,一方面他急切地寻找着出仕之路,故深以不仕为耻,其《戏题关门》说:"来亦一布衣,去亦一布衣,羞见关城吏,还从旧道归。"另一方面,因为出仕的愿望长期不能实现,使他对嵩山隐居的生活产生了更强烈的怀念之情,并时常回到旧隐之处短住。

　　也许是感到二郡求仕的艰难,岑参开始到其他地方周游。此次,他由长安出发,游览了古邺城(故址在今河北临漳县一带)、邯郸城(今属河北)、冀州(今河北冀县),还到了井陉、黎阳等地,两年以后才回到长安。在长安,他仍然不能忘怀于仕进,故在送别友人时写道:"功名须早著,岁月莫虚掷。"(《送郭乂杂言》)这一年冬天,诗人王昌龄被贬为江宁丞,岑参写了《送王大昌龄赴江宁》诗送行。此期岑参的心情很不愉快,在《至大梁却寄匡城主人》一诗中,他感叹道:"一从弃鱼钓,十载干明主。无由谒天阶,却欲归沧浪。"在《感旧赋》里,他更为沉痛地说:"参年三十,未及一命,昔一何荣矣,今一何悴矣!"为了尽早入仕,他决定走当时一般读书人大都选择的道路——应举。天宝三载(744年),岑参一举中第,被任命为"右内率府兵曹参军"。右内率府是唐十率府之一,为太子居官,掌东宫兵杖、仪卫、门禁等职事。府置兵曹参军,从八品下,"掌武官簿书",其职位不高,工作也颇为琐碎,但因为生活困难,岑参虽然对这个官职不满,却还是接受下来,并在这个职位上度过了几年。其实,他一直在寻找着新的机会,希望能离开这卑微而又刻板的职位。他终于找到了他期望中的新的路径,那就是从军入塞,在边塞建立自己的功业。

　　魏晋以来的几百年里，汉族一直受着落后的异族的侵凌与威胁，唐朝建立之初，由于国力不强，仍向东突厥统治者称臣。随着唐统一局面的形成，国家势力的加强，唐朝对一些少数民族统治者的入侵和虏掠展开了抗击，并取得了骄人的成果。频繁的战争、火热的生活，自然吸引了诗人们的注意力。文士们经常看到浩浩荡荡的大军开赴边陲，不时地获悉边地传来的消息，过去人们印象中的不毛之地，这时也具有了丰富的色彩。于是，投笔从戎，立功边塞，就成了许多读书人的愿望和理想。岑参像同时代的文士一样，他也向往着边塞生活，希望能在那里开阔自己的视野，寻求报效国家和建功立业的机会。天宝八载（749 年）的秋冬之际，岑参终于如愿以偿，他带着对一个新天地的好奇与向往，奔向了去安西的道路，他的目的地是安西四镇节度使高仙芝的幕府。杜确《岑嘉州诗集序》说岑参"转右威卫录事参军"，这也许便是他在安西幕府里担任的职务。

　　岑参在秋冬之际的一个早晨告别长安，踏上长途，走过了一个又一个驿站，终于在日暮时分到达了陇山头（在今陕西陇县西北）。这里是赴河西、陇右的必经之地，《三秦记》说："小陇山，其坂九回，上者七日乃越，上有清水四注。俗歌曰：'陇头流水，鸣声幽咽，遥想秦川，肝肠断绝。'"面对陇头的荒凉景象，岑参不由低吟道："陇水何年有，潺潺逼路旁？东西流不歇，曾断几人肠？"（《经陇头分水》）在陇山岑参正巧与高仙芝属下宇文判官相遇，宇文氏此时与高仙芝由安西入朝，他先期到达了陇山。岑参写了《初过陇山途中呈宇文判官》诗赠给宇文氏，诗中先写自己早发长安暮至陇山的行程和初至陇山所引发的愁绪："一驿过一驿，驿骑如星流，平明发咸阳，暮到陇山头。陇水不可听，鸣咽令人愁。"接着写宇文判官风尘仆仆由安西四镇陪伴都护（指高仙芝）前去长安，一路上马不停蹄，甚是辛苦："沙尘扑马汗，雾露凝貂裘，西来谁家子，自道新封侯。前月发安西，路上无停留，都护犹未到，来时在西州。十日过沙碛，终朝风不休，马走碎石中，四蹄皆血流。"继而表达了自己入塞的志愿和报国的决心："万里奉王事，一身无所求，也知塞垣苦，岂为妻子谋！"最后描写了当时的环境和心情："山口月欲出，光照关城楼，溪流与松风，静夜相飕飕。别家赖归梦，山塞多离忧，与子且携手，不愁前路修。"此时岑参的心情是复杂的，一方面，他决心立功边塞，"万里奉王事"，"岂为妻子谋"；另一方面，初次远行，且是去那遥远而神秘的边陲，因而思乡之情就特别浓重，所以在西去的路途中,他写下了好几首思乡念友诗,如行至渭州(今甘肃陇西县西南),有《西过渭州见渭水思秦川》:"渭水东流去,何时到雍州(指长安)?凭添两行泪,寄向故园流。"行至燕支山(今甘肃山丹县东),有《过燕支寄杜位》:"燕支山西酒泉道,北风吹沙卷白草;长安遥在日光边,忆君不见令人老。"行过酒泉(即肃州,治所在今甘肃酒泉县),有《过酒泉忆杜陵别业》:"昨夜宿祁连,今朝过酒泉。黄沙西际海,白草北连天。愁里难消日,归期尚隔年。阳关万里梦,知处杜陵边。"而西行途中的思乡之作,以《逢入京使》最为著名,其诗云:

> 故园东望路漫漫,双袖龙钟泪不干。
> 马上相逢无纸笔,凭君传语报平安。

此诗音韵自然,语言质朴,却表达出了真挚而细腻的感情。

　　岑参一路奔波,经敦煌出阳关。阳关是一座古关,在今甘肃敦煌县西南百余里,是古代通往西域的交通要道。岑参的目的地是安西节度使治所龟兹镇(在今新疆库车县),因而他过了阳关还有不短的路程,还须加紧赶路。岑参出阳关后经蒲昌海(今罗布泊一带)向北到了西州(今吐鲁番)。在路途上他看到了火焰山,感到特别惊奇。火焰山又叫火山,山由红砂岩构成,远看像火在燃烧,且其地气候十分干燥炎热,更给人一种满山火焰的感觉。此山由新疆吐鲁番向东一直伸展向鄯县以南地区。带着兴奋和激动,岑参记录下自己初见火山时的惊奇和感受:

> 火山今始见,突兀蒲昌东。
> 赤焰烧虏云,炎气蒸塞空。
> 不知阴阳炭,何独燃此中?
> 我来严冬时,山下多炎风,
> 人马尽流汗,孰知造化功!

继续西行,十天后诗人来到银山碛(在今新疆吐鲁番西南的库木什附近),《银山碛西馆》即作于此时,其诗曰:"银山峡口风似箭,铁门关西月如练。双双愁泪沾马毛,飒飒胡沙进人面。丈夫三十不富贵,安能终日守笔砚!"诗中表达了思乡之情和立功之愿,情绪颇为复杂。而此时最使他神牵梦绕的还是家乡亲友,所以他的诗作便较集中地抒发了这一类感情,如《宿铁关西馆》:"马汗踏成泥,朝驰几万蹄。雪中行地角,火处宿天倪。塞迥心常怯,乡遥梦亦迷。那知故乡月,也到铁关西。"再如《碛中作》:"走马西来欲到天,辞家见月两回圆。今夜不知何处宿,平沙万里绝人烟!"在这一年岁末,岑参终于来到了安西,开始了他的幕府生活。

岑参在安西幕府担当的职务已不可详知,从有关材料推测可能是专管后勤事务的散官,职位虽然不高,却颇为忙碌。通过他的诗作,我们可以知道他经常奔走于安西四镇之间。他曾去过安西以西的地区,其《过碛》说:"黄沙碛里客行迷,四望云天直下低。为言地尽天还尽,行到安西更向西。"他也去过焉耆(唐军镇名,安西四镇之一,其地在今新疆焉耆西南),其《早发焉耆怀终南别业》说:"一身虏云外,万里胡天西。终日见征战,连年闻鼓鼙。"从此诗后二句看,岑参也参加过一些战斗,或者是负责战场上紧缺物资的供应。他还到过胡芦河一带,出安西柘厥关行五百余里至小石城,再行二十五里才至胡芦河,在当时这里是很偏远的地方。其《题苜蓿烽寄家人》说:"苜蓿烽边逢立春,胡芦河上泪沾巾。闺中只是空思想,不见沙场愁杀人!"身处遥远的边陲,诗人思念亲人的心情自然更加强烈了。他还两次出入阳关,在敦煌等地办理公事,其《寄宇文判官》诗说:"终日风与雪,连天沙复山。二年领公事,两度过阳关。"岑参还到了西州(即交河郡,其地辖今新疆吐鲁番盆地一带),在那里他领教了边地的狂风和沙石,参观了使人感怀的古战场,他有诗记叙道:"曾到交河郡,风土断人肠。塞驿远如点,边烽互相望。赤亭多飘风,鼓怒不可当。有时无行人,沙石乱飘扬。夜静天萧条,鬼哭夹道旁。地上多骷髅,皆是古战场。"(《武威送刘单判官赴安西行营便呈高开府》)置身于萧瑟的古战场,岑参的感受该是多么深沉!岑参在边塞谨奉王事,四处奔波,恰如风中的飘蓬,但却未受到重用,其《安西馆中思长安》诗中有句说:"弥年但走马,终日随飘蓬。寂寞不得意,辛勤方存公。"仕途的失意,使诗人的心情很不愉快,而又无可奈何。

天宝十载正月,高仙芝被任命为武威太守、河西节度使,他的一些幕僚先期到达河西节度府驻地凉州(唐郡名,治所在今甘肃武威县),根据岑参"胡地三月半,梨花今始开"、"凉州三月半,犹未脱寒衣"等诗句,岑参、刘单、李副使等人是在这年的三月来到凉州的。但因为大食兵来攻安西四镇,高仙芝领军抗之,故不能来河西任职,他的幕府僚属只得纷纷回去,岑参却受命留在凉州。五月,岑参送别了刘单判官,写下了《武威送刘单判官赴安西行营便呈高开府》一诗。此诗内容颇为丰富,是岑参此期的一篇重要作品。诗的前一半说:"热海亘铁门,火山赫金方。白草磨天涯,胡沙莽茫茫。夫子佐戎幕,其锋利如霜。中岁学兵符,不能守文章。功业须及早,立身有行藏。男儿感忠义,万里忘越乡。孟夏边候迟,胡国草木长。马疾过飞鸟,天穷超夕阳。都护新出师,五月发新装。甲兵二百万,错落黄金光。扬旗拂昆仑,伐鼓震蒲昌。太白引官军,天威临大荒。西望云似蛇,戎夷如丧亡。浑驱大宛马,系取楼兰王。"诗人先描绘了边塞风光,进而对刘单投笔从戎表示赞赏,最后渲染了唐军出征时的气势和必胜的信念。六月,李副使也要奔向高仙芝的部队,岑参又有《送李副使赴碛石官军》,其诗云:

> 火山六月应更热,赤亭道口行人绝。
> 知君惯度祁连城,岂能愁见轮台月?
> 脱鞯暂入酒家垆,送君万里西击胡。
> 功名只应马上取,真是英雄一丈夫!

最后两句突出地表现了诗人马上立功的志愿和对李副使奔赴战场的羡慕,但他却不能前往安西,而是带着边将交付的任务和"无事向边州"的惆怅,由武威出发,经临洮,在这年初秋时节回到长安。

长安与边地有天壤之别,这里没有征战的鼓鼙,没有无边无际的沙漠,这里只有安定和平的气氛,似乎与遥远的边地是两个世界。长安是大唐帝国的首都,是人文荟萃之所。岑参免不了要与文士们唱酬往来,高适、杜甫等著名诗人都是他此期经常交往的朋友,他也因此写下不少送别应和之作。此期他与杜甫过从甚密,他们曾一道去渼陂游玩。渼陂,在户县西五里,集终南山诸谷之水,合胡公泉为陂,方广十余里,陂上为紫阁峰,峰下陂水清澈,是当时人们游乐、赏玩的重要场所。杜甫有《渼陂行》,开首两句即是:"岑参兄弟皆好奇,携我远来游渼陂。"在游玩中,岑、杜有同赋之作,岑参又有《与鄠县群官泛渼陂》,也是与杜甫同游时所作,其诗云:"万顷浸天色,千寻穷地根。舟移城入树,岸阔水浮村。闲鹭惊箫管,潜虬傍酒樽。暝来呼小吏,列火俨归轩。"诗中描写了渼陂优美的景色以及游玩之乐。这年秋天长安多雨,杜甫不能去拜访岑参,便写了一首《九日寄岑参》诗,诗中说:"出门复入门,雨脚但仍旧。所向泥活活,思君令人瘦。……岑生多新语,性亦嗜醇酎。"当时岑参住在曲江一带,故杜诗又有"寸步曲江头,难为一相就"之句。尤为值得一提的是天宝十二载秋天的登塔之游。这一天,岑参与杜甫、高适、薛据、储光羲相邀同登慈恩寺塔,高、薛先写了《同诸公登慈恩寺塔》诗,杜、储、岑都有酬和之作。慈恩寺在今西安市南,寺内有塔,即大雁塔。慈恩寺是唐高宗为其母追荐冥福而建。唐永徽三年(652年),玄奘为保护由印度带回的经籍,由高宗资助,在寺内西院修建该塔。塔有七层,高五十多米。秋高气爽,相携登塔,极目远眺,和而赋诗,这是多么令人向往的盛事!难怪清代王士禛说:"每思高、岑、杜辈同登慈恩塔,李杜辈同登吹台,一时大敌旗鼓相当,恨不能厕身其间,为执鞭弭之役。"(《唐贤三昧集笺注》引)可见其羡慕之至。诸作之中,后人一般公推杜诗最为突出,其他各篇也自有其所长。仇兆鳌说得较为公允:"岑、储两作,风秀熨贴,不愧名家;高达夫出之简净,品格亦自清坚;少陵仰高深之景,盱衡今古之识,感怀身世之怀,莫不曲尽篇中,真是压倒群贤,雄视千古矣。"(《杜少陵集详注》)岑参的诗作确有特色,不妨一读:

> 塔势如涌出,孤高耸天宫。
> 登临出世界,磴道盘虚空。
> 突兀压神州,峥嵘如鬼工。
> 四角碍白日,七层摩苍穹。
> 下窥指高鸟,俯听闻惊风。
> 连山若波涛,奔凑似朝东。
> 青槐夹驰道,宫馆何玲珑。
> 秋色从西来,苍然满关中。
> 五陵北原上,万古青蒙蒙。
> 净理了可悟,胜因夙所宗。

> 誓将挂冠去,觉道资无穷。

此诗先写塔之高峻,再写塔上眺望所见之景色,最后表示要学习和实践佛教清净之理、挂冠而去,反映出诗人当时的思想情绪。当然这并不是说岑参求建功立业的愿望已经完全消失了,其实他一刻也没有忘记自己报国的理想,在一些送别之作中,他仍然表达了对边塞生活的向往,如《送人赴安西》说:"上马带吴钩,翩翩度陇头。小来思报国,不是爱封侯。万里乡为梦,三边月作愁。早须清黠虏,无事莫经秋。"正是因为岑参没有忘怀"报国"的宿愿,他才能在不久后第二次踏上入塞之路。

　　天宝十三载(754 年)夏,岑参接到了安西、北庭节度使封常清的召辟,颇为兴奋,他后来说:"何幸一书生,忽蒙国士知!"所谓"国士",即指封常清。封常清曾与岑参一道在高仙芝幕府供职,如今升作节度使,故驰书诚请老友入幕,岑参认为建功立业的机会终于来了,遂带着对未来的憧憬离开长安。岑参此次出塞仍是秋冬之际由长安首途,目的地是北庭(今新疆吉木萨尔北破城子)。由长安出发,经过陇头,不久岑参到达了临洮(唐郡名,在今甘肃临潭县西),在此正巧与从北庭罢使还京的友人赵仙舟相遇,二人一道泛舟游玩,赵之东归,自然引发了岑参思乡之情,因而写下"醉眠乡梦里,东望羡归程"(《临洮泛舟赵仙舟自北庭罢使还京》)的诗句。在离开临洮时,岑参写下了《发临洮将赴北庭留别》,诗曰:

> 闻说轮台路,连年见雪飞。
> 春风不曾到,汉使亦应稀。
> 白草通疏勒,青山过武威。
> 勤王敢道远,私向梦中归!

在作者笔下,边塞是多么荒凉,而结尾二句又使情绪一转,使人想到"也知塞垣苦,岂为妻子谋"的诗句,可见他两次出塞的动机是一致的。怀抱勤王之念,岑参继续前行,经过金城(今兰州市)到达了河西节度使治所凉州,在此与一些老友重逢,难免游宴斗酒、倾诉别情,《凉州馆中与诸判官夜集》便写于

此时:

> 弯弯月出挂城头,城头月出照凉州。
> 凉州七里十万家,胡人半解弹琵琶。
> 琵琶一曲肠堪断,风萧萧兮夜漫漫。
> 河西幕中多故人,故人别来三五春。
> 花门楼前见秋草,岂能贫贱相看老。
> 人生大笑能几回,斗酒相逢须醉倒。

在凉州与老友相逢,斗酒欢宴,岑参的心情是很愉快的,故而他有时也与客舍的酒家翁开个玩笑,如其《戏问花门酒家翁》就颇风趣:"老人七十仍沽酒,千壶百瓮花门口。道旁榆荚仍似钱,摘来沽酒君肯否?"在凉州略作停留,岑参又由此出发,经过玉门关,不久,来到了北庭。

在封常清节度使幕府里,岑参的情绪是比较开朗和昂扬的,《北庭西郊候封大夫受降回军献上》诗的最后几句便是他此期的自画像:"何幸一书生,忽蒙国士知。侧身佐戎幕,敛衽事边陲。自逐定远侯,亦著短后衣。近来能走马,不弱并州儿。"(敛衽,整敛衣襟,表示肃敬;定远侯,即班超,此指封常清;短后衣,一种便于骑马的前长后短的服装;并州儿,指今山西省一带的少年,他们自古以善骑射而著名。)虽然只有短短的几句诗,却把诗人终遇知己的兴奋和侧身戎幕的喜悦以及走马边塞的英姿都生动地表现出来了。

岑参在北庭期间,边塞战争时有发生,他虽然是文职官员,不能随主将和大军杀向战场,但他是诗人,因而便用诗篇来表现唐军将士卫边爱国的精神和不畏艰难的气概,其《轮台歌奉送封大夫出师西征》、《走马川行奉送出师西征》等都是这一类作品。这些诗作往往写得很有气势,字里行间洋溢着爱国主义情绪和必胜的信念,如《轮台歌奉送封大夫出师西征》:

> 轮台城头夜吹角,轮台城北旄头落。
> 羽书昨夜过渠黎,单于已到金山西。
> 戍楼西望烟尘黑,汉兵屯在轮台北。
> 上将拥旄西出师,平明吹笛大军行。

> 四边伐鼓雪海涌，三军大呼阴山动。
> 虏塞兵气连云屯，战场白骨缠草根。
> 剑河风急雪片阔，沙口石冻马蹄脱。
> 亚相勤王甘苦辛，誓将报主静边尘。
> 古来青史谁不见，今见功名胜古人。

此诗集中描写了唐军将士为静边尘而不畏风雪严寒的精神，充满了豪迈感人的力量。

岑参不仅在大军出征时往往赋诗壮行，而且在唐军凯旋之时，他也常常用诗歌来表达自己的喜悦之情，因而写下了《献封大夫破播仙凯歌六章》、《北庭西郊候封大夫受降回军献上》等诗作。这一类诗篇往往充满轻松与愉快的情绪，如《北庭西郊候封大夫受降回军献上》有句云："胡地苜蓿美，轮台征马肥。大夫讨匈奴，前月西出师。甲兵未得战，降虏来如归。橐驼何连连，穿帐亦累累！"再如《灭胡曲》："都护新灭胡，士马气亦粗。萧条虏尘净，突兀天山孤。"战斗的胜利，使唐朝将士斗志更加旺盛；肃清了战争的尘雾，天山显得更加崔巍。

岑参在封常清的幕府里仍然负责后勤工作，初至北庭，他的职务可能是支度判官，这是协助支度使掌管军资粮杖的后勤官员，因此他要经常在北庭及其属县奔波，而轮台是他去的次数最多的地方之一，于是便写下了许多有关轮台的诗作，如《轮台即事》记录了轮台的风物和自己的心情："轮台风物异，地是古单于。三月无青草，千家尽白榆。蕃书文字别，胡俗语音殊。愁见流沙北，天西海一隅。"他还到过西州（天宝元年更名交河郡，辖今新疆吐鲁番一带，治所在高昌），有《使交河郡郡在火山脚其地苦热无雨雪献封大夫》诗，其中说："奉使按胡俗，平明发轮台。暮投交河郡，火山亦崔巍。"可见他的任务之一就是考察当地少数民族的风俗习惯，为上级提供安定边地的建议。在交河郡，他曾送别友人，其《送崔子还京》诗说："匹马西从天外来，扬鞭只共鸟争飞。送君九月交河北，雪里题诗泪满衣。"他还到过热海边上（热海即今伊塞克湖，在吉尔吉斯斯坦境内），写有《热海行送崔侍御还京》诗，其中有"侧闻阴山胡儿语，西头热海水如煮"之句。为了公事，岑参多次出入玉门关，有一次他受命考察边地军队的储备（即"我来塞外按边储"），守卫玉门关的将军盖某热情地款待了他,他们在一起"醉争酒盏相喧呼",致使岑参兴奋异常,竟然"忽忆咸阳旧酒徒"(《玉门关盖将军歌》)!

当然,岑参此次出塞主要生活在北庭,其生活总的讲还是颇为清闲的,故而他在诗中说:"公府日无事,吾徒只是闲。"(《敬酬李判官使院即事见呈》)作为封常清的僚属和旧友,岑参免不了要陪封常清或重阳登高,或夏日纳凉,或月夜游宴,也免不了要写一些应酬之作,但其中有些诗句还是很有史料价值的,如:"西边虏尽平,何处更专征。幕下人无事,军中政已成。座参殊俗语,乐杂异方声。醉里东楼月,偏能照列卿。"(《奉陪封大夫宴》)诗中描写了边地安定、各族官员和睦相处的情景,这可与"军中置酒夜挝鼓,锦筵红烛月未午。花门将军善胡歌,叶河蕃王能汉语"(《与独孤及渐道别长句兼呈严八侍御》)的诗句对照阅读,从而使我们感受到唐代边塞生活丰富多彩的一面。在北庭岑参送别了许多朋友,写下不少赠别之作,其中固然有一些纯粹出于应酬,但大部分诗作还是表达了他的真情实感,如《北庭贻宗学士道别》便对宗某有功不见赏的遭遇表示了深切的同情:"万事不可料,叹君在军中。读书破万卷,何事来从戎?曾逐李轻车,西征出太蒙。荷戈月窟外,擐甲昆仑东。两度皆破胡,朝廷轻战功。十年只一命,万里如飘蓬。容鬓老胡尘,衣裘脆边风。"由"何事来从戎",似乎也透露出岑参此时的思想动态,他已不像初至边塞时那么情绪高昂了,宗某的遭遇自然使他体会到边塞立功的艰难。作为岑参来说,他虽然被封常清引为知己,经常相伴出游、欢宴,但却并没有被委以重任,马上建功仍然是一种空想,难怪他要感叹:"可知年四十,犹自未封侯!"(《北庭作》)而《登北庭北楼呈幕中诸公》更突出表现了他此次出塞后期的思想情绪,诗中说:

> 上将新破胡,西郊绝尘埃。
> 边城寂无事,抚剑空徘徊。
> 幸得趋幕府,托身厕群才。
> 早知安边计,未尽平生怀。

从此诗里可以看出岑参深深感到志向不得伸展,内心是很痛苦的,以至于他竟发出这样的感叹:"轮台万里地,无事历三年!"(《首秋轮台》)正在这个时候,"安史之乱"爆发了,岑参遂决定东归,希望能寻找一条建功立业的新途径。

天宝十四载(755年)十一月,安禄山发动了叛乱。朝廷慌忙命令高仙芝、封常清相继东讨,又命哥舒翰防守潼关,但因叛军来势凶猛,加之唐朝军备弛坏、内部矛盾尖锐,故而三位大将都打了败仗。不久叛军攻克潼关,唐玄宗逃往蜀中,太子李亨即位于灵武,此即肃宗。至德二年(757年)肃宗来到凤翔(今属陕西),大将如郭子仪,文人如杜甫等都由全国各地纷纷来到临时首都凤翔。这年六月岑参由北庭来到凤翔,由正任左拾遗的杜甫和裴荐共同向朝廷举荐,肃宗任命岑参为右补阙。这个职位虽然品秩不高,但却是皇帝的近侍,可以直接进谏和上封事,其地位颇为清要。岑参深知自己责任重大,因此"入为右补阙,频上封事,指述权佞"(杜确《岑嘉州诗集序》),没有辜负老友们的期望。

在凤翔,岑参最重要的作品是《行军二首》。至德元载十月,宰相房琯率兵收复京师,但他不懂军事,结果在咸阳县东之陈陶斜大败,为叛军"所杀者四万余人"。岑参刚至凤翔就听人讲起陈陶斜之败,感到十分悲哀,在《行军二首》其一里写道:"昨闻咸阳败,杀戮尽如扫。积尸若丘山,流血涨丰镐。干戈碍乡国,豺虎满城堡。村落皆无人,萧条空桑枣。"字里行间似乎滴着血和泪,读之令人感慨万千。面对这种现实,诗人在《行军二首》其二里发出深长的感叹:

> 早知逢世乱,少小谩读书。
> 悔不学弯弓,向东射狂胡!
> 偶从谏官列,谬向丹墀趋。
> 未能匡吾君,虚作一丈夫。
> 抚剑伤世路,哀歌泣良图。
> 功业今已迟,览镜悲白发。
> 平生抱忠义,不敢私微躯。

首四句"悲其所遇非时也"(《对床夜话》),正表现出诗人恨不能在前线平定叛乱的心情；"偶从"四句言自己身为谏官，当尽职尽责，匡正君主；最后六句表达了功业未成的感伤和为国捐躯的愿望。诗中的感情颇为沉痛。

　　凤翔距长安不算很远，但却为叛军所占，这自然引发了岑参心中无限感慨，九月九日重阳节，他写了《行军九日思长安故园》，题下注"时未收长安"，其诗云：

> 强欲登高去，无人送酒来。
> 遥怜故园菊，应傍战场开！

诗中表现了作者对长安故园的忆念之情和早日平定叛乱的殷切愿望。

　　这一年九月，元帅广平王椒、副元帅郭子仪将朔方等军及回纥、西域之众十五万从凤翔出发，在长安西摆开阵势，经过一场激战，斩敌六万人，叛军弃城而逃，唐军又向洛阳进攻，安庆绪败走河北，唐军收复东京洛阳。十月肃宗便带着文武百官回到长安，岑参也扈从而归。他先任右补阙，不久又改为起居舍人，其《西掖省即事》便描写了他此时的生活和思想："西掖（指中书省）重云开曙辉，北山疏雨点朝衣。千门柳色连青琐，三殿花香入紫微（指宫殿）。平明端笏（上朝用的手板）陪鹓列（朝官的行列），薄暮垂鞭信马归。官拙自悲头白尽，不如岩下偃荆扉。"这时诗人王维、杜甫、贾至等都在朝中为官，他们一道上朝，一道出宫，彼此的来往是很密切的。一天早晨，中书舍人贾至去大明宫（旧址在今西安龙首山上）上朝，途中所见均春日景色，联想到两京收复，天下太平有望，于是诗兴大发，写下了七律《早朝大明宫呈两省僚友》，王维、杜甫、岑参都有奉和之作，王诗有"九天阊阖开宫殿，万国衣冠拜冕旒"之句，杜诗有"五夜漏声催晓箭，九重春色醉仙桃"之句，贾诗有"剑佩声随玉墀步，衣冠身惹御炉香"之句，都是常为人们提到的名句。在这四首诗里，岑参之作历来最为后人推重，邢昉《唐风定》评岑参诗为"早朝诗第一"，在王、杜等人之上。其诗如下：

> 鸡鸣紫陌曙光寒，莺啭皇州春色阑。
> 金阙晓钟开万户，玉阶仙杖拥千官。
> 花迎剑佩星初落，柳拂旌旗露未干。

　　　　独有凤凰池上客,阳春一曲和皆难。

　　方东树《昭昧詹言》说此诗"起二句'早'字。三四句大明宫早朝。五六正写朝时。收和诗,匀称。唱及摩诘、子美,无以过之"。这几首早朝诗在艺术上确实各有特色,但内容颇为肤浅,由此也可看出肃宗眼光短浅,天下尚未安定,其早朝竟如此排场,而诗人们却沉浸在天下太平的气氛里,为处于风雨中的朝廷歌功颂德,难怪生活在京师里的岑参产生了错觉,故而在《寄左省杜拾遗》里竟说"圣朝无阙事,自觉谏书稀",后代有人认为这是讽刺的反语,其实只要采取求实的态度,就会明白这是正面颂圣之作,不必为岑参讳,终日生活在表面升平的京城里,难免生出盲目乐观的情绪,其实"至德初,安史之乱方剧,朝野骚然,果无缺事耶"? 因此孙涛《全唐诗话续编》感叹道:"以是知凡造意立言,不可不豫为天下来世虑。"细细品味,这话是很有启发性的。

　　乾元二年(759 年)四月,岑参被外放为虢州(即今陕西宝鸡市)长史。唐朝重内轻外,在朝里任补阙、舍人之职,官品虽然不高,地位却很重要,因此外放州之佐吏,自然有被贬的意味,故而岑参赴任出潼关时要说:"谪宦忽东走,王程苦相仍。"(《出关经华岳寺访法华云公》)初至虢州又有这样的牢骚话:"黜官自西掖,待罪临下阳。空积犬马恋,岂思鹓鹭行。"(《初至西虢官舍南池呈左右省及南宫诸故人》)岑参四月出长安,当月就到任上了,但因为仕途不很得意,他归隐的念头日益浓厚,在初至虢州时,他给朝中的朋友写诗说:"早岁迷进退,晚节悟行藏。他日能相访,嵩南旧草堂。"有时岑参与其他属吏一道参谒官长,汇报事务,听候指示,心情常常很不愉快,在《衙郡守还》一诗里,他不禁感叹道:"世事何翻覆,一身难可料。头白反折腰,归家还自笑。所嗟无产业,妻子嫌不调。五斗米留人,东溪忆垂钓。"世事难料,头白反为小吏;叹无产业,只能空忆东溪,其心情是很矛盾的。他常常回忆在朝中任职的荣耀,感叹外放州郡的失意,如《佐郡思旧游》说:

　　　　幸得趋紫殿,却忆侍丹墀。
　　　　史笔众推直,谏书人莫窥。
　　　　平生恒自负,垂老此安卑。
　　　　同类皆先达,非才独后时。

庭槐宿鸟乱,阶草夜虫悲。
白发今无数,青云未有期!

前四句写昔日之荣耀,后八句写今日之难堪,《郡斋闲坐》诗意与此相似:"幸曾趋丹墀,数得侍金屋。故人尽荣达,谁念此幽独?"由这类诗作可以看出,岑参的功名之念十分强烈,而他的悲叹全是在自认青云无望时产生的,这当然是与他思想局限和家庭教育分不开的。其《题虢州西楼》也较为集中地反映了他此时矛盾的心情:

错料一生事,蹉跎今白头。
纵横皆失计,妻子也堪羞。
明主虽然弃,丹心亦未休。
愁来无去处,只上郡西楼。

明主虽弃,丹心未改,诗人只能借山水风光来娱悦性情和排遣愁绪了。虢州多山,岑参常常去山上游玩,其《题山寺僧房》说:"窗影摇群木,墙阴戴一峰。"西山的亭子,他更是常来:"亭高出鸟外,客到与云齐。树点千家小,天围万岭低。"(《早秋与诸子登虢州西亭观眺》)郡斋附近有南池,池边有水亭,岑参与朋友们也常来此畅饮:"郡僻人事少,云山遮眼前。偶从池上醉,便向舟中眠。"(《郡斋南池招杨辚》)

　　岑参虽然任职于"僻郡",但老朋友们并没有忘记他,在他赴虢州任不久,当时在秦州(今甘肃天水)的杜甫就写了长诗《寄彭州高三十五使君虢州岑二十七长史参三十韵》,诗中对高适、岑参表示了深切的怀念,而且第一次将高岑二人并称而加以赞扬,所评极为精当,非知己不能道出。诗的最后,表达了殷切的期望:"会待妖氛静,论文暂裹粮。"还值得一提的是岑参与严武的交往。严武仕途通达,后来曾任剑南节度使和礼部尚书。岑参早与严武相识,在边塞时即曾寄诗给他,其中有句云:"台中严公于我厚,别后新诗满人口。自怜弃置天西头,因君为问相思否?"(《与独孤渐道别长句兼呈严八侍御》)岑参到虢州时,严武任河南尹兼御使中丞,当时河南府治在长水(故城在今河南洛宁县西四十里),严武由长安往长水需经虢州。上元元年(760年)春,岑参听说严武要赴任,便计日在南池等待这位友人,但严武因事耽搁,岑参颇为失望,《虢州南池候严中丞不至》诗说:"池上日相待,知君殊未回⋯⋯相思不解说,辜负舟中杯。"不久,有人报告严武已到了虢州西边的稠桑驿,岑参匆匆赶到那里,与严武见了一面,写下了《稠桑驿喜逢严河南中丞便别》诗:

> 驷马映花枝,人人夹路窥。
> 离心且莫问,春草自应知。
> 不谓青云客,犹思紫禁时。
> 别君能几日,看取鬓成丝!

岑参在中书省任职时,严武在门下省任给事中,现在他虽然显达了,但却不忘旧日友情,这使岑参很感动,"不谓"二句即写此种感情。

在虢州度过三年,代宗宝应元年(762 年)的春天,朝廷任命岑参为太子中允,兼殿中侍御史,充关西节度判官。关西节度治华州,因此时叛军仍盘踞在洛阳,所以关西节度兼掌潼关的防御。赴任之初,岑参心情是很兴奋的,他认为报国平叛的机会终于来到了,但他所看到的现实却使他很失望:虽然大敌当前,武将们却无功自傲,终日燕乐而不思报国;自己虽有防敌之策,因惧于主帅的骄横而不敢轻易提出,这令他多么难堪,多么痛苦! 正巧,由虢州来了一位旧友,岑参便把自己的苦恼统统告诉了他,还嫌话未说透,在这位友人归去以后,又写一首诗寄给他,即《潼关镇国军句覆使院早春寄王同州》,诗的前半部分写到了当时的形势和自己的心情:

> 胡寇尚未灭,大军镇关西。
> 旗旌遍草木,兵马如云屯。
> 圣朝正用武,诸将皆承恩。
> 不见征战功,但闻歌吹喧。
> 儒生有长策,闭口不敢言。

对叛乱未平的忧虑,对诸将自傲的不满,对有策难献的苦闷,诗中都有所表现。这年十月,以雍王李适为大下兵马元帅,令诸道节度使及回纥兵于陕州,进讨史朝义，李适任命岑参为掌书记，负责"书奏之任"。第二年史朝义败死，诸道军皆还，岑参也于七月下旬回到长安，被任为祠部员外郎。年近五十，才为郎官，岑参心中自有无限感慨，其《秋夕读书幽兴献兵部李侍郎》说：

> 年纪蹉跎四十强，自怜头白始为郎。
> 雨滋苔藓侵阶绿，秋飒梧桐覆井黄。
> 惊蝉也解求高树，旅雁还应厌后行。
> 览镜试穿邻舍壁，明灯何惜借馀光。

光阴荏苒，功业无成，诗人希望李侍郎能给予提携与帮助。此时严武为京兆尹，地位非常重要，岑参常去拜访这位老友，当然寓有希望得到引荐的含义。这次岑参在长安虽然仅生活了两年，却调换了几次职务，可叹的是并没有大的升迁，老朋友们似乎也并没帮上忙。长安是唐朝政治和经济中心，在此为官的两年，使岑参对社会的认识更加深刻，他在一首送别诗中写下了这样的诗句：何处路最难，最难在长安。长安多权贵，珂佩声珊珊。儒生直如弦，权贵不须干。斗酒取一醉，孤琴为君弹。"（《送张秘书充刘相公通汴河判官便赴江外觐省》）这是诗人长期观察的结果，虽然比起李白、杜甫等人来还显得不够深刻，但对岑参说来，已经是难能可贵了。

生活总是那么不稳定，永泰元年（765年）十一月，岑参被任命为嘉州（治所在今四川乐山市）刺史，因为朝廷规定的期限很紧，岑参接受任命后便匆匆上路了，幸好少尹成某也要到四川去，故而能"携手出华省，连镳赴长途"，他们由长安出发，经骆谷到了梁州，希望早一些到达成都，可是天违人愿，此时四川境内发生了军阀混战，岑参与成某只得返回长安。不久，朝廷任命杜鸿渐为山南西道、剑南东西川副元帅，剑南西川节度使，以平蜀乱。杜鸿渐推荐岑参为"职方郎中兼侍御史，列于幕府"，一同前往蜀中。在离京之时，杜鸿渐写了《初发京师》诗，岑参有奉和之作，诗曰：

> 按节辞黄阁，登坛恋赤墀。
> 衔恩期报主，授律远行师。

> 野鹊迎金印,郊云拂画旗。
> 叨陪幕中客,敢和《出车》诗。

诗中表达了对杜鸿渐的期望,同时也有自励之意。杜鸿渐一行二月出发,三月到达梁州,因故在这里耽搁了两个月,一直到五月才离开梁州,开始入蜀的行程。几天后他们来到在今四川广元县东北约二百里的五盘岭,此处自古就是秦、蜀的分界之地,岭上石磴曲折,颇为难行,但岑参有感于杜鸿渐的举荐,可谓意气风发,其《早上五盘岭》诗说:"平旦驱驷马,旷然出五盘。江回两岸斗,日隐群峰攒。苍翠烟景曙,森沉云树寒。松疏露孤峰,花密藏回滩。栈道溪雨滑,畲田原草干。此行为知己,不觉行路难。"虽然不怕行路的艰难,但所行之路毕竟是"难于上青天"的蜀道,一路上峰回路转,径窄桥危,又恰逢夏季,不时遇到倾盆的暴雨,行路之难可想而知,这又难免使岑参生出思乡念亲之情,好在他总是以尽心王事来自勉。在经过龙门阁时,他写了《赴犍为经龙阁道》,诗云:

> 侧径转青壁,危桥透沧波。
> 汗流出鸟道,胆碎窥龙涡。
> 骤雨暗溪谷,归云网松罗。
> 屡闻羌儿笛,厌听巴童歌。
> 江路险复永,梦魂愁更多。
> 圣朝幸典郡,不敢嫌岷峨。

龙门阁石壁陡立,十分险要,难怪诗人要"汗流"和"胆碎"了。由"典郡"二字可以看出,岑参此时虽为杜鸿渐的幕僚,但朝廷仍未撤消他嘉州刺史的任命。道路虽然十分难行,但同行的人颇为投契,也自有一种乐趣,岑参写道:"数公各游宦,千里皆辞家。言笑忘羁旅,还如在京华。"从诗中可以感觉到,他们的心情还是很轻松、很愉快的。经过利州,这一行人不久就到达了剑门。剑门又称剑阁,是四川北向的门户,素有"剑阁天下雄"的美誉。几乎所有经过剑阁的文人墨客都为它的雄奇所震惊,因而留下许多优秀诗篇,如"剑阁峥嵘而崔嵬,一夫当关,万夫莫开"(李白)、"剑门天设险,北向控函秦"(陆游)等都是千古传诵的名句。岑参亦为雄奇的剑阁所吸引，他思绪万千，写下了长诗《入剑门作寄杜杨二郎中时二公并为杜元帅判官》。此诗先赞叹剑门之奇险雄壮："不知造化初，此山谁开坼。双崖倚天立，万仞从地劈。云飞不到顶，鸟去难过壁。速驾畏岩倾，单行愁路窄。平明地仍黑，停午日暂赤。凛凛三伏寒，巉巉五丁迹。与时忽开闭，作固或顺逆。磅礴跨岷峨，巍蟠限蛮貊。星当觜参分，地处西南僻。斗觉烟景殊，杳将华夏隔。"诗人详细地描绘了经过剑门时的感受，给人一种具体生动的印象，较之一般诗作，特别是那些未经过剑门的诗人的作品，就显得内容丰富得多。继而诗人对"一夫当关，万夫莫开"的传统说法表示了相反的看法，"四海今一家，徒然剑门石"，诗中洋溢着对国家统一安定的热切期望。

　　到成都后，杜鸿渐采取安抚的方法，很快使蜀中形势稳定下来，岑参也暂时留在成都，做些辅助性的工作，同时等待情况进一步好转后去嘉州赴任。这次入蜀，岑参的情绪还是很兴奋的，到成都不久，他便邀约同僚狄员外一道去成都府西的张仪楼游览，他们在楼上眺望西山，俯瞰成都，岑参有感而作《陪狄员外早秋登府西楼因呈院中诸公》诗，诗中先描写眺望所见之景象："千峰带积雪，百里临城墙。烟氛扫晴空，草树相映光。车马隘石井，里闾盘二江。"接着写杜鸿渐率师来此，使蜀中得以安定："亚相自登坛，时危安此方。"最后，抒发了登临时的感慨，表示要珍惜朝廷的信任，回报杜鸿渐的知遇之恩：

> 今我忽登临，顾恩不望乡。
> 知己犹未报，鬓毛飒已苍。
> 时命难自知，功业岂暂忘。
> 蝉鸣秋城夕，鸟去江天长。
> 兵马休战争，风尘尚苍茫。
> 谁当共携手，赖有冬官郎。

诗中表现的情绪是乐观的，要求建功立业的志愿，并未因年老头白而放弃，相反却更加强烈了。诗人还意识到虽然战争平息，但世事的变迁是难以预料的，这表明经过安史之乱，岑参对社会的认识日趋深刻和冷静了。他十分关心边塞事务,并常借题发挥,表述在送别友人的诗作中。如这年冬狄员外受命去西山考察,岑参写了《送狄员外巡按西山军》一诗,诗曰:

> 兵马守西山,中国非得计。
> 不知何代策,空使蜀人弊。
> 八州崖谷深,千里云雪闭。
> 泉浇阁道滑,水冻绳桥脆。
> 战士常苦饥,糗粮不相继。
> 胡兵犹未归,空山积年岁。
> 儒生识损益,言事皆审谛。
> 狄子幕府郎,有谋必康济。
> 胸中悬明镜,照耀无巨细。
> 莫辞冒险坚,可以裨节制。
> 相思江楼夕,愁见月澄霁!

西山即剑南西山,一名雪山,又称雪岭,属岷山山脉,绵延于四川中部岷江以西地区,唐时在这里置防秋三戍以备吐蕃,有众军守卫,这给唐朝中央和蜀地百姓带来沉重负担,当时不少诗人如高适等都对此表示了不满,岑参此诗开篇也对唐置西山之戍提出怀疑,继而描写西山一带的守兵生活艰苦,而又必须长年累月戍守在那里,最后希望狄某能不畏艰险,提供有益的考察结果,以利于主将节制军队。诗人忧国忧民之情溢于言表。

因为杜鸿渐采取了息事宁人的态度,蜀中军阀暂时休战,从而使成都出现了安定与和平的局面,作为杜鸿渐的僚属,岑参的生活颇为悠闲和清静,这对首次入川的岑参来说是一个难得的机会,他便利用这段空暇游览了成都几乎所有的名胜古迹,其中有武侯庙、扬雄草玄台、李冰石犀、司马相如升迁桥和琴台、文公讲堂、严君平卜肆、张仪楼、万里桥,以及成都附近的青城山,并都有诗记其所思所感。在成都盘桓了几个月,岑参在大历二年(767 年)五月前往嘉州去任刺史。他一到嘉州便写了《初至犍为作》,诗曰:"山色轩槛内,滩声枕席间。草生公府静,花落讼庭闲。云雨连三峡,风尘接百蛮。到来能几日,不觉鬓毛斑。"身处偏远之地,公事颇为清闲,诗人对京城长安的思念便日益浓烈,在郡斋眺望远处山水,他感叹:"梦魂知忆处,无夜不京华。"(《郡斋望江山》)看到郡斋墙壁上的云图,他又忽发奇想:"丹青忽借便,移向帝京飞。"(《咏郡斋壁画片云》)惆怅寂寞之情自在言外。

　　好在嘉州山水极佳,王渔洋在《蜀道驿程记》中说:"天下之山水在蜀,蜀之山水在嘉州。"岑参经常到峨眉山、凌云寺、青衣山等地游览,借美好的山光水色来暂时排遣心中的愁绪,他的《登嘉州凌云寺作》描写了壮丽优美的山水风光,同时也表现出他此时的思想倾向,是一篇值得注意的作品:

> 寺出飞鸟外,青峰戴朱楼。
> 搏壁跻半空,喜得登上头。
> 殆知宇宙阔,下看三江流。
> 天晴见峨眉,如向波上浮。
> 迥旷烟景豁,阴森棕楠稠。
> 愿割区中缘,永从尘外游。
> 回风吹虎穴,片雨当龙湫。
> 僧房云蒙蒙,夏月寒飕飕。
> 回合俯近郭,寥落见远舟。
> 胜概无断倪,天宫可淹留。
> 一官诇足道,欲去令人愁。

凌云寺在嘉州东,"寺之殿阁磴道,依山盘曲,前望峨眉三峰,下俯眉雅诸水,真江山辐辏处也"(《益部谈资》)。此诗形象地描绘了寺上眺望和俯瞰所见之景象,生动细致,使人有身临其境之感。同时,诗人的归隐之思,也在"愿割"、"一官"等句中得到突出的表现,这种倾向在此时其他作品中亦常常表现出来,如"君子满天朝,老夫忆沧浪"、"且欲寻方士,无心恋使君"、"西掖诚可恋,南山思早归"等诗句,都反映了他在嘉州期间的思想状态。在欲去不能的痛苦中度过了整整一年,岑参终于任满解职,他的生活又出现了一次转折。

　　大历三年(768 年)七月,岑参由嘉州解职东归,《东归发犍为至泥溪舟中作》说:"前日解侯印,泛舟归山东(指崤山函谷关以东地区)。平旦发犍为,逍遥信回风。七月江水大,沧波涨秋空。"此时他真是归心似箭,因而有诗说:

"梦魂知忆处,无夜不先归。"(《巴南舟中思陆浑别业》)按岑参的本意,是想由嘉州起行,乘舟东下,直出夔门,但在路途上遇到泸州刺史杨子琳起兵叛乱,沿江东下,声言入朝。岑参行至戎州(今四川宜宾市)、泸州地区,受到杨子琳乱兵阻碍,便留住在戎州,其《阻戎泸间群盗》下注曰:"戊申岁(即大历三年),余罢官东归,属断江路,时淹泊戎州作。"诗中描绘了白骨遍地、血流成河的凄惨景象:"南州林莽深,亡命聚其间。杀人无昏晓,尸积填江湾。饿虎衔骸髅,饥乌啄心肝。腥臊滩草死,血流江水殷。夜雨风萧萧,鬼哭连楚山。三江行人绝,万里无征船。唯有白鸟飞,空见秋月圆。"乱兵的罪行令人发指。诗人接着对盗寇提出警告并指出他们的必然下场,充满了对叛军的痛恨之情:

> 明主每忧人,节使恒在边。
> 兵革方御寇,尔恶胡不悛?
> 吾窃悲尔徒,此生安得全!

在戎州的一段日子里,岑参的心情很不愉快,已近九月,仍然不能成行,只能终日借酒浇愁。他在《青山峡口泊舟怀狄侍御》中写道:

> 九月芦花新,弥令客心焦。
> 谁念在江岛,胡人满天朝。
> 无处豁心胸,忧来醉能销。

时已入秋,不能东归,诗人是多么焦急!想到故人皆在朝中为官,谁还能想到自己被遗忘在这偏远的地方呢?字里行间浸透了心酸与悲哀。此时他的归意更浓,在《下外江舟中怀终南山》里他这样说:"岩壑归去来,公卿是何物!"但是,出于无奈,岑参还是不得不来到成都,这时已经是大历四年的春天了。此时诗人心情十分压抑,在独处之时,他常常想念朝中友人,愈加增强了悲哀之情,他的《西蜀旅舍春叹寄朝中故人狄评事》就写得很沉痛:"春与人相乖,柳青头转白。生平未得意,览镜心自惜。四海犹未安,一身无所适。自从兵戈动,遂觉天地窄。功业悲后时,光阴叹虚掷。"春来而人老,且功业未成,像岑参这样的诗人又该有多少感慨？军阀割据混战，天下如何能安？归宿又在哪里？"自从"二句典型地反映出安史之乱以后广大读书人的心境，其中蕴含的愁苦与无奈之情颇为感人。他盼望能早日东归，其《送绵州李司马秩满归京因呈李兵部》诗中说："久客厌江月，罢官思早归。眼看春色老，羞见梨花飞。"可是他却总不能如愿，一直滞留到秋天，他的《客舍悲秋有怀两省旧游呈幕中诸公》历来以其深沉和悲壮为后人所称道，其诗如下：

> 三度为郎便白头，一从出守五经秋。
> 莫言圣主长不用，其那苍生应未休！
> 人间岁月如流水，客舍秋风今又起。
> 不知心事向谁论，江上蝉鸣空满耳。

此诗首联概括了自己的仕宦生涯，无限感慨自在言外；三四两句立意高远，表达了"先天下之忧而忧"的情怀；五六两句感叹光阴荏苒，暗含功业未成的感伤；最后两句情景交融，写出作者孤独寂寞的心情。细细品味此诗，会使人想到杜甫为诸葛亮致慨的名句："出师未捷身先死，长使英雄泪沾巾！"当然，我们不应将岑参与诸葛亮简单地相提并论，但那种悲怆之气确有相似之处。正是在这种心境里，岑参于大历四年（769 年）岁末卒于成都客舍，时年五十五岁。

岑参是盛唐诗坛上的一位重要诗人，他的诗作在当代就受到人们的赞扬，时人殷璠《河岳英灵集》便选录了岑参的作品，并评论说："岑参诗语奇体峻，意亦造奇。"杜甫将他与前人谢朓并提，说他的诗"每篇堪讽诵"（《寄岑嘉州》）。岑参死后三十年，杜确收集其诗并在序中说，开元之际，许多诗人"颇能以雅参丽，以古杂今，彬彬然，粲粲然，近建安之遗范矣。南阳岑公，声称尤著。……遍览史籍，尤工缀文。属辞尚清，用意尚切，其有所得，多入佳境。迥拔孤秀，出于常情。每一篇绝笔，则人人传写，虽闾里士庶，戎夷蛮貊，莫不讽诵吟习焉"（《岑嘉州集序》）。至于后代的赞扬与肯定，更是多见，如陆游说："予自少时，绝好岑嘉州诗，尝以为太白、子美之后，一人而已。"（《跋岑嘉州诗集》）明代边贡亦曰："称其近于李杜，斯可谓知言者矣。夫俊也、逸也，是太白之长也;若奇焉而又悲且壮焉,非子美孰其当之!……夫俊也、逸也、奇也、悲也、壮也五者,李杜弗能兼也,而岑诗近之。"(《刻岑诗成题其后》)虽然陆、边二人所论似有过誉之处,但还是很有参考价值的,从而亦可大体看出岑参在文学史上的地位和影响。

岑参最著名的是边塞诗,他先后两次出塞,在边塞度过了六年时间,边塞的生活深深地感染了他,也磨炼了他,《唐才子传》说:"岑累佐戎幕,往来鞍马烽尘间十余载,极征行离别之情,城障塞堡,无不经行。"艺术是生活的反映,岑参的边塞诗就是他边塞生活的结晶,是他整个文学创作的精华,其内容是相当丰富和广泛的。首先,他的边塞之作热情歌颂了唐朝将士不畏艰苦、英勇卫国的精神,描写了唐军士气的雄壮和战斗的胜利,《轮台歌奉送封大夫出师西征》、《武威送刘单判官赴安西行营便呈高开府》等就是这一类诗作;其次,他的边塞诗生动地描写了边塞的山水风光,其中融入了诗人对祖国边疆的满腔热爱之情,即使今天读来仍使人赞叹,如诗人描写边地的火山:"火山突兀赤亭口,火山五月火云厚。火云满山凝未开,飞鸟千里不敢来。"(《火山云歌送别》)诗人描写迷人的热海:"侧闻阴山胡儿语,西头热海水如煮。海上众鸟不敢飞,中有鲤鱼长且肥。岸旁青草常不歇,空中白雪遥旋灭。蒸沙烁石燃虏云,沸浪炎波煎汉月。"(《热海行送崔侍御还京》)诗人描写天山:"天山雪云常不开,千峰万岭雪崔嵬。"(《天山雪歌送萧治归京》)正如杜甫所说,岑参是一位"好奇"的诗人,因而他还在诗中广泛地描写了边地奇异的风物与气候,如:"终日见雪飞,连天沙复山";"秋雪春仍下,朝风夜不休";"凉州三月半,犹未脱寒衣"。这些描写颇为生动具体,的确是非亲到边塞者不能写出的。岑参的边塞诗还表现了各民族间的友好交往,此类作品虽然不多,但很有代表性,其中最为著名的是《赵将军歌》"九月天山风似刀,城南猎马缩寒毛。将军纵博场场胜,赌得单于貂鼠袍。"边境无事,各族和洽,少数民族首领和汉将便可以在博弈场中决一胜负了。岑参对边塞少数民族的音乐和舞蹈有很浓厚的兴趣,《凉州馆中与诸判官夜集》描写了"胡人"弹奏琵琶的艺术魅力:"凉州七里十万家,胡人半解弹琵琶。琵琶一曲堪肠断,风萧萧兮夜漫漫。"《酒泉太守席上醉后作》不仅写了胡笳的动人,更写了其他乐器和歌唱:"胡笳一曲断人肠,座上相看泪如雨。琵琶长笛曲相和,羌儿胡雏齐唱歌。"而《田使君美人舞如莲花北旋歌》对少数民族的音乐舞蹈作了生动的描绘:

如莲花,舞北旋,世人有眼应未见。
高堂满地红氍毹,试舞一曲天下无。
此曲胡人传入汉,诸客见之惊且叹。
曼脸娇娥纤复秾,轻罗金缕花葱茏。
回裙转袖若飞雪,左旋右旋生旋风。
琵琶横笛和未匝,花门山头黄云合。
忽作出塞入塞声,白草胡沙寒飒飒。
翻身入破如有神,前见后见回回新。
始知诸曲不可比,《采莲》、《落梅》徒聒耳。
世人学舞只是舞,姿态岂能得如此!

作者的描写细致而形象,使胡女的舞姿和神态栩栩如生地展现在读者面前。

岑参的边塞诗往往能选取那些最具特色的事物加以描写,从而扩大了唐诗的题材范围,正如《许彦周诗话》所说:"岑参诗意自成一家,盖尝从封常清军,其记西域异事甚多,如《优钵罗歌》、《热海行》,古今传记所不载也。"这些作品来自生活,故而"奇而入理"、"奇而实确",是"耳闻目见得之,非妄语也"(《北江诗话》)。岑参诗歌的突出特点是一个"奇"字,而这在边塞诗上表现更加明显,翁方纲《石州诗话》说:"嘉州之奇峭,入唐以来所未有,又加以边塞之作,奇气益出,风云所感,豪杰挺出,遂不得不变出杜公矣。"因为有切身的体验,岑诗之奇有深厚的生活基础和真实的感情。当然,要想达到"奇"的境界,还离不开乐观主义精神和丰富的想象力,在这方面,《白雪歌送武判官归京》常常被人们提起,其诗曰:

北风卷地白草折,胡天八月即飞雪。
忽如一夜春风来,千树万树梨花开。
散入珠帘湿罗幕,狐裘不暖锦衾薄。
将军角弓不得控,都护铁衣冷难着。
瀚海阑干百丈冰,愁云惨淡万里凝。
中军置酒饮归客,胡琴琵琶与羌笛。
纷纷暮雪下辕门,风掣红旗冻不翻。

> 轮台东门送君去,去时雪满天山路。
> 山回路转不见君,雪上空留马行处。

此诗借助丰富的想象和生动的比喻,描绘出边塞特有的风光,抒发了深长的惜别之情。岑参的边塞诗不仅有"奇"的一面,还有"壮"的一面,形成了"奇壮"的特色。这是因为在岑参入塞之时,唐朝的国力相当强大,将士们自然有一种豪迈雄壮的气概,这对诗人当然会有深刻的影响,因而写出了许多风格奇壮的佳作,《武威送刘单判官赴安西行营便呈高开府》、《轮台歌奉送封大夫出师西征》等都是此类作品,其中最有代表性的是《走马川行奉送封大夫出师西征》:

> 君不见走马川行雪海边,平沙莽莽黄入天!
> 轮台九月风夜吼,一川碎石大如斗,随风满地石乱走。
> 匈奴草黄马正肥,金山西见烟尘飞,汉家大将西出师。
> 将军金甲夜不脱,半夜军行戈相拨,风头如刀面如割。
> 马毛带雪汗气蒸,五花连钱旋作冰,幕中草檄砚水凝。
> 虏骑闻之应胆慑,料知短兵不敢接,车师西门伫献捷。

诗人立足于现实生活,借助于奇特的现象,极力描写出黄沙连天,风吹滚石的特定环境,以衬托一场大战即将展开时的紧张气氛,其形容与夸张自有"奇"的一面。但诗人写自然景象,是为了突出特定的人物,诗人渲染条件的艰苦和敌人的强大,是为了更好地表现唐军将士必胜的信心,从而表现了唐军所向无敌的气势,自然达到了"壮"的效果。

　　总之,岑参的边塞诗内容丰富、艺术成就甚高,被人们视为盛唐边塞诗派的代表人物之一。

（原载《中国文学小丛书·高适与岑参》,
春风文艺出版社 1999 年 1 月版）

卷三　编辑出版浅论

守正出新:资源整合与选题创新

出版业的竞争日益激烈,要想在竞争中立于不败之地就必须具备创新能力,特别是作为出版源泉的选题是否能够不断创新,更是出版社是否能够持续发展的关键环节。人民文学出版社在实践中形成了策划选题的基本思路,概括起来主要有两条:一是"挺拔主业,丰富品种,调整结构,追求两个效益的统一";二是"资源整合与开发新项目并举"。在我们看来,开发新选题是创新,有效地整合旧有资源同样是创新,提倡两个方面的统一和并举,正是符合人民文学出版社传统和实际的选择。

人文社自成立以来,共出版图书 9 千多种,8 亿多册,这是非常丰饶的一座宝库。其中《鲁迅全集》、《莎士比亚全集》、"中国古典文学读本丛书"以及《林海雪原》、《青春之歌》、《白鹿原》、《尘埃落定》等长篇小说已经成为出版社的核心产品,成为人文社区别于其他出版社的具有个性化和标志性的产品,这些图书在人文社的发展中以不同的形式发挥着重要的作用。资源竞争理论认为,企业是以自己的资源与其竞争对手争夺顾客,资源是最关键的战略因素。然而,新的竞争条件下,一个企业的竞争优势并不是与其对资源的占有量成正比的,而取决于其优势资源的拥有量。优势资源决定新赢家。而有效率地调动和运用优势资源不仅是一种创新,而且也是保持竞争优势的关键。优势资源,在我看来就是有不断整合和开发价值的资源。而对这些资源进行合理而有效的重新开发和整合,是选题创新的一个重要方面。

拥有丰富且品质高的图书资源对一个企业创新能力的提高和全面发展有非常重要的意义。图书资源之所以经过整合可以取得创新的效果,是因为图书不像一些工业产品那样需要经常更新。文化积累是它的突出特性。真正的好书,应该在一定的时空内,产生也许是缓慢的但却是长久的影响。人民文学出版社 56 年的图书积累,为资源整合和开发准备了必要的条件和基础。没有相应的资源准备,又怎么能在整合和开发上做出新的文章呢?正因为积累了宝贵的资源,才使出版社的发展可以借助资源整合,也才具有了可持续发展的特点。整合是一个外来词汇,有合并、巩固、加强之意,它的本义是指在原来的基础上加以综合建设,虽然不是推倒重来或完全更新,但却是创新的一种形式。

在出版资源整合和开发的时候,我们在理念上也作了澄清和确立,因为有了资源,没有正确的思想指导,资源也会浪费。理念也就是价值观。企业核心能力的重要体现是价值观,即企业的经营价值观和企业文化。企业各个流程的正常运转,自然会逐步赋予其各项决策以最优、次优、可行与不可行的选择排序,这种清晰的选择排序就逐步凝结成为一种企业的价值观。同样,人文社在长期的发展过程中也形成了有深刻内涵的价值观。我们这样概括人文社的优良传统:"坚持以国家文化建设为己任的出版宗旨,坚持以主流文化为主导兼容并包的文化态度,坚持精益求精、开拓创新的工作精神,坚持以高素质的人才队伍作为事业之本。"这个传统,其实就是人文社的"价值观"的基础和前提。在此基础上,才逐渐形成了人文社较为成熟的经营理念和企业文化观念。

这种价值观具体体现在资源整合类选题的创新上,主要有两个方面:

一是整体化经营的理念。像人文社这样有较丰富的资源储备和较稳定传统的出版社,在面对激烈的市场竞争的时候,必然会提出既符合自身条件又符合市场需要的经营理念,概括起来就是"整体化经营"的战略思路。

众所周知,"效率"和"公平"是经济学和管理学不断探讨的一组矛盾,人文社在处理这组矛盾时的思路是用"整体经营"的理念将这矛盾的双方统一起来。在人文社看来,"效率"是"整体化经营"条件下的效率;"公平"是"整体化经营"后的结果。并不是所有的出版社都能具有整体化经营的条件,也不是所有的大社、名社、老社都适合实行整体化经营,而人文社的资源、传统及其所具有的特殊的企业文化,使之可以自然地实行整体化经营的战略。单打独斗、各自为战的方法不符合人文社发展的总体思路。有了整体化经营的理念,人文社就可以举全社之力做一些编辑室不能或不愿承担的大型积累型项目，也可以投资开发一些短期内不会有明显经济效益的图书，就可以通盘考量，按照轻重缓急的次序陆续推出各类读者喜爱的产品，同时对原有的出版资源也就可以从全社的高度进行整合和开发。在这里，各个编辑室的利益、每个编辑的利益已经统一在全社利益的平台上，由社里统一安排，统一整合和开发。当然，整体化经营并不是忽略分类指导和分类管理，并不是忽视员工的个人努力。事实上，不注意发挥不同类别板块的积极性，没有每一个员工的努力，也就不会有整体化经营的基础。整体化经营并不是不要每个员工个人的努力，相反，是要在整体化经营的前提下更突出地强调分类指导和管理，强调发挥个人的主观能动性。因此，才有了许多资源整合较成功的例子，如"红色经典丛书"、"中学生课外文学名著必读丛书"、"名著名译插图本丛书"、"茅盾文学奖获奖书系"——在人文社，同样有项目负责人，有部门和个人要对具体的选题和图书负责，但是总负责人是社领导，是社务会，因此从选题的确定到作者的选择，以及到图书的印制、发行和营销策划，都有相关部门统一配合和协作，同时这些部门也共同为每一个项目负责。项目成功了，具体的项目负责人及其部门功不可没，相关员工和部门也会享受成功带来的利益和快乐，而最受益的，还是出版社，还是全体员工。

二是坚持创新的理念。我们强调面向市场、面向读者时要坚持多方面创新。

对于怎样与时俱进、不断满足读者和市场的需要，人文社形成了必须不断创新的价值观。创新是出版社发展的核心动力。创新体现在方方面面，有流程的重整和机制的创新，有产品和项目的创新，有出版方式和印刷工艺的创新，有封面设计的创新，还有市场和营销的创新，也有观念的转变——只有创新，才能推动出版社不断向前发展，才能使出版社的方方面面充满活力。有了这样的创新意识，才能有新的成功的可能；有了一次次创新的实现，才能实现一次次新的飞跃，才能真正实现持续发展。面对严峻的竞争形势，人文社已初步形成了没有创新就没有发展的企业价值观。这种价值观和企业文化支持创新，使创新具有动力和活力，从而使创新成了人文社核心竞争力的重要组成部分。创新是社会进步的动力，是一个企业的本质，更是出版业的晶核。在一个出版社，要建立以"创新精神"为核心的企业文化，要使员工保持着对创新精神和创新才能的高度尊重。社会的发展就是在创新—模仿—

创新的循环中得到不断发展的。一个出版社失去了创新能力，便失去了核心竞争力。创新主要体现在两个方面：一个是制度创新，比如改制即是；一个是技术创新，这主要包括产品、生产方法以及原材料的新来源。作为出版社来说，就必须把一种新知识、新构思变成有形的出版物，即实现"从无到有"，这是一种显而易见的创新，它的表现形式就是出现一种新的图书，积累了一种新的版权资源。有了这种创新，出版社才有活力，它的发展才有动力，两个效益才能不断提高。同时，也应该用创新的意识指导资源整合和开发，用创新的思维来提高企业资源配置水平。一方面，要完善"资源意识"。有了丰富的资源，才能"厚积薄发"。策划新选题、组织新书稿无疑是一种创新。"问渠哪得清如许，为有源头活水来"，对出版业来说，人类的知识创新是一种客观存在，将刚刚创新出来的知识形成出版物，这就是策划，就是出版人的作用；作家写一部新作是创新，出版者将其形成为一本出版物当然也是创新。有了这种创新，二次开发和资源整合才成为可能。出于这种考虑，我们才用大力气抓原创，没有今天的原创，没有今天的积累，就没有明天的资源整合和再度开发。另一方面要确立整合、开发的观念，有效运用既有资源进行整合和进一步开发，同样也是一种创新。在发明学上，也提倡二次开发、多次开发、深度开发和综合开发。发明学认为，对产品的继续开发可以使产品在深度、广度上以及性能上会有突破性变化和进展，在图书上当然也是如此。第一次开发给出版物以生命。二次开发可以延长出版物产品的生命周期，甚至给一些产品以第二次生命。原创和资源整合之间虽然有极大的差异，但在根本目的和效果上又是一致的，有着相互依存的关系。新选题新品种的策划和开发是优化资源配置的基础和前提，缺少这种创新，寻求最佳资源配置方式就成了一句空话；而资源的有效整合和开发，又是新选题新品种策划开发的继续，没有这个环节，最初形成的出版资源的潜质也许不会得到充分开发，出现所谓"资源陷阱"。所谓"资源陷阱"是经济学上的一个专用名词，指的是因为资源丰富而忽视了"深加工"，失去获得更大经济效益的情况，这样反而会给模仿者和跟风者让出丰厚的效益空间，而设计和策划新产品的前期较大投入得不到应有的回报。

　　资源整合之所以需要创新意识，是因为这种整合不是把两种或多种资源机械地组合在一起，而是经过整合产生化学反应，赋予新意和亮点，收到意想不到的效果。资源整合有其内在要求，不只是形式的改变。当然，如果没有创新意识，不从资源整合的本质出发，只是在形式上用心思，效果也许就会不太理想。在图书方面，如不考虑内容需要的插图，也称作"图文本"或所谓"新版全本"重新推出，被媒体称为一些名家陈年旧作"重新定位"、"缝制新衣"，使出版界一些有识之士十分忧虑，担心这种情况反映了出版界原创力的衰弱和出版资源的匮乏，并认为这是一种急功近利的表现。是否如此，读者自然会有公论。

首先是长期的积累，形成了丰富的资源库，这为资源整合准备了必要的条件；进而提倡整体化经营，使全社编辑的眼光不仅仅停留在自己的部门和自己编辑的图书上，这为全社充分开发既有资源提供了保证；提倡创新意识，强调开发新品种利用旧资源都是创新，都应重奖，从而理清了编辑的思路，调动了编辑的积极性，从而使人文社在一定程度上形成了开发新品种和充分整合既有资源比翼齐飞的局面。

能否在资源整合中体现创新意识，是决定资源是"拼凑"还是"整合"的关键。在实践中，人民文学出版社既有成功的经验，也有不太成功的教训。大体说来有以下几个方面：

1. 出版资源是基础，读者需求是归宿，要努力寻找二者的最佳结合点。整合既有资源，具有成本低、见效快的特点，对一个出版社来说，能够较多地利用旧有资源无疑是一件令人愉快的事。旧有资源因为已经经过市场检验，在质量上也相对会有保障。但是，时代在变，读者的阅读需求也在变，大浪淘沙，历史和读者自然会有选择。如果只考虑自己的资源，为了整合而整合，可能会忽略读者的需求。借助名家和名作，希望充分利用品牌效应，这是相对安全的做法，是一种减少风险的办法，但如果只注意所谓"通则"，而过多依赖于此，可能会陷入陈式的泥沼而不能自拔。没有资源，固然谈不上整合资源；只着眼于自己的资源，不更多地从读者的要求考虑，资源的整合和开发也许就成为无效劳动。读者的需求代表了市场的要求，建立依靠市场需求配置出版资源的出版社创新机制已是大势所趋，出版的决策，包括既有资源的整合和再度开发的决策，必须建立在对出版物市场需求、市场变化、市场竞争信息的及时、准确了解和分析把握的基础之上。正是在这个意义上，我们说，资源整合是又一次选择，并不是所有资源都有整合的价值，或者具有现实的价值，而选择的着眼点当然应该是读者的需求。对企业资源的价值进行评估，要从战略角度出发，以优于竞争对手和市场需要为标准，确定优势资源，分清哪些资源最有价值，哪些资源能持久发挥作用，哪种资源是独家拥有，哪些资源可以整合和进一步开发，这一切不能离开市场和读者。在资源整合时，一定要与读者建立密切联系，既有资源是出发点，而满足读者的需求是最终落脚点。企业讲"用户是资源"，"企业无边界"等，都是强调不能忽略顾客这种资源，在出版资源整合时，更不能忽略顾客的注意力这种资源。我们的一些自认为成功的例子，如"红色经典"、"新课标"等都是因为找到了旧有资源与读者需求的结合点，才取得了令我们感到满意的效果。

"红色经典"是指五六十年代极具影响力的一批长篇小说，这些作品数十年来魅力不减。尽管人们对"红色经典"这种命名、这种概括存有异议，但是一个不容忽略的事实是，人们发自内心地将上世纪五十年代出现的一批革命历史题材的作品称为"红色经典"，而这个命名就是由我社的一套长篇小说丛书起始的。事实上，不管有什么不同想法，特别是近期改编"红色经典"引起许多议论，但作为长篇小说"红色经典"，在许多人的心灵里留下了不可磨灭的印迹。中国许多读者在其世界观、价值观的形成过程中，就不乏"红色经典"血液的滋养，因此，说"红色经典"影响、感动了几代人，也许并不为过。"红色经典"中包含着太多历史的记忆，也包含着一个民族视为至宝的精神财富。这些作品虽然大多产生于五六十年代，表现的是已经过去了的、昨天的革命斗争历史，但对今天的读者仍然产生着深刻的影响，读者中存在着强烈的阅读需求。阅读"红色经典"，不仅有助于后人认识过去的革命历史，而且更能激发读者的爱国主义与革命英雄主义，这是民族精神的凝聚与闪光，是新一代成长不可缺少的精神养料，因此，"红色经典"具有常读常新、历久弥新的品质。基于这样的认识，我们在 1998 年初推出了"红色经典"丛书，包括《林海雪原》等十种。这些书籍均是人文社 50 年代后独家出版的，不仅在当时影响了一代人，在今天仍然拥有一批读者，已经渐渐成为一个时代的标志，其地位日益凸显。但以往这些书只是单本出版，不能形成气候，而且封面、开本、装帧均显得较为陈旧，不太符合今天读书人的口味和图书销售理念。鉴于此，我社用"红色经典"这个名称从内容上统一这些图书，经过精心策划将这些图书重新组合，再度设计包装，一次整体推出，以形成规模效应，产生单本出版所达不到的效果。从1998年初出版以来,效果甚好。到目前为止,这套丛书已经成为同类图书中的代表品牌,已经成为许多家庭的必备书。从提出"红色经典"的概念,并依此编辑一套丛书,到今天"红色经典"已经成为一个话题,最初设计之功是不可磨灭的。在出版资源整合中,创新意识发挥了重要作用,而在这种创新中,读者的阅读需求是其出发点。

当然,作为出版者,面对读者需求时,也并不总是被动的,有时读者自己也未意识到自己的需求,这种潜在的市场要靠出版者制造和激发,如果这种需求是客观存在的话,它迟早要表现出来。一些朋友评价我们的一些丛书是"用新卖点激活了老资源",还是准确的。如我们的"茅盾文学奖获奖书系",在最初读者的需求并没有提出来,我们把过去不同年代出版的长篇小说整合出版,悄然走红,就说明市场是实实在在存在着的。

2. 共同性和差异化的结合,是资源整合类选题创新的一个原则。产品在产生之初,往往更强调其个性,强调差异化,只有与众不同的产品才可能获得更高的收益。对别的出版社的竞争,差异化战略是应该特别注意的,但在整合资源时就要寻找内部的共同性,减少自身品牌之间的竞争和内耗,而作为整体要放大这种差异性,以与别人的产品明显区别开来。如茅盾文学奖获奖书系,虽然也是长篇小说的整合,但在性质上体现出差异性,这些作品内部在获奖这一点上有共同性,这又与别的长篇丛书形成差异性,自己的特点就体现出来了。

茅盾文学奖是根据茅盾先生遗愿,为鼓励优秀长篇小说的创作,推动文学发展而设立的,由中国作家协会主办,每四年评选一次,是我国具有最高荣誉的文学奖项之一。这个奖项的评选,坚持思想性与艺术性完美统一的原则,重视作品的艺术品位,鼓励在继承我国优秀传统文化和借鉴外国优秀文化基础上的探索和创新,鼓励那些具有中国作风和中国气派,为人民大众所喜闻乐见,具有艺术感染力的佳作。从这里可以看出,"茅盾文学奖"本身已经具有了品牌的潜在素质。在1998年,我们意识到这个奖项的潜力,策划了"茅盾文学奖获奖书系"。当时已评出四届,其中有一半以上作品为人民文学出版社出版。人民文学出版社历来重视长篇小说的创作,因此取得如此成绩是很正常的,也是应该的。把这些作品集中起来,使资源再一次开发利用是可行的。当时有报纸提出,"人民文学出版社将本社十四年来获茅盾文学奖的九本书,重新包装组合推出,销售极好"。书系最初由九种书组成,书系的出版正是借当时媒体对第四届茅盾文学奖评选特别关注的东风,因此"书系"一经推出,就受到广大读者的喜爱,当年即销售 15000 套,不久又加印 10000套,以后便形成了品牌,年年加印。到目前为止,《尘埃落定》、《白鹿原》都印了几十万册,就是知名度不高的《骚动之秋》也印了近八万册。书业与其他行业的发展有其共同之处,品牌化是一个大趋势,实施品牌战略,借助品牌的力量整合资源,使其达到最佳配置方式是出版者必须思考的问题。现在每年全国出版图书品种数量年增长率达 12%,而长篇小说也早已到了日出一书的地步,读者常常不知该选哪本书,他们有时需要被大众接受的、被文学界认定的样本,而茅盾文学奖是国内长篇小说创作的最高奖项,有读者认可的品质,就读者购买与阅读心理来说很易接受。一方面抓原创作品,另一方面借品牌整合既有资源,就是同样重要的两个方面。茅盾文学奖当时已评出四届,其间对作品多有不同的争论,比如《白鹿原》的入选资格等,这些争论使这个奖获知率提高,人们不仅是对这个奖项和这几本入选的书产生兴趣,而且对当代的中国文学产生了更深刻的思考。各种争论不断见诸报章,对公众来说自然想知道哪些书获过奖。满足老一代读者的怀旧情绪,迎合新一代读者要读经典的需求,这套书的热销说明好书是会有市场的。作为一个尚无与之匹敌的、已获定评的"品牌",其开发价值是明显的,普通读者可以像相信国优、部优的家电产品那样,对茅盾文学奖获奖作品寄予高度信任,而人民文学出版社更是在对这一金字招牌的开发上,拥有无可替代的优势。这套书的推出还可以利用规模效应树立起人文社的另一个品牌,这是另一种收获。这个品牌在 1998 年确立以后,随着发展,又不断扩充,目前更是借助品牌的力量,把其他出版社的图书也尽量吸纳进来,形成了一个与其他社合作,共同打造中国长篇小说第一品牌的好形势,而在这个过程中,一些出版资源得到了合理的整合和新的开发,共同性和差异性的结合使这个品牌具有长久的生命力。

在这里还要提到,整合资源不是把一些图书物理性地"捆绑"在一起,而是要注意其内在的和谐,这也是"创新"的一种内在要求。在这方面,我社出版的"赵延年木刻插图本鲁迅作品"系列比较典型。因为我们在社内提倡编辑用创新意识进行出版资源整合和开发,逐渐形成一种风气。现代文学编辑室一位老编辑业务比较强,对社里的图书资源也比较熟悉,因为时时留心,在一次会议间隙,他与一位既是鲁迅研究专家,又是中国版画史专家的老先生闲谈,触发了他的灵感,想到赵延年先生刻有鲁迅小说插图上百幅,是否可以出版赵延年木刻插图本鲁迅作品。选题一提出,便得到了编辑室的认可,大家认为这个思路有新意,应该尽快落实。赵延年先生从 1939 年即从事木刻创作,他为鲁迅作品创作插图的鼎盛时期是上世纪 70—80 年代。1974 年为鲁迅《祝福》创作插图,接着为《孔乙己》、《野草》、《药》、《伤逝》等作品创作插图。1980—1985 年集中精力为《阿 Q 正传》与《狂人日记》创作插图,他的插图突出人物的个性,重在表现人物内心世界,如在《阿 Q 正传》插图中,突出表现了阿 Q 的"精神胜利法";在《狂人日记》中突出表现了"狂人"那看透封建社会吃人本质的惊觉的眼神。这些插图与作品相配,起到了画龙点睛的作用。另外,我国版画与鲁迅有着密不可分的联系,正是在鲁迅的介绍和倡导下,才有了新兴版画在中国的出版和推广。1931 年,鲁迅便请人在上海开办了一期木刻训练班,讲授了木刻的制作方法,以后专家便以此作为中国现代版画开始的年代。后来鲁迅又组织了数次木刻画展,出版了《近代木刻选集》,介绍国外版画家,大力推进中国版画发展。就鲁迅与中国现代版画的关系来说,用木刻与鲁迅作品相配也是十分合适的。这套丛书一经推出,就受到读者的欢迎,成为一个新的品牌。这种方法,把鲁迅的经典作品,包装成符合当代读者审美心理的新书,同时在内容与形式上又达到高度一致,具有突出的共同性。用我们编辑的话说,是对人文社原有出版资源的一次较为成功的再策划、再组合、再利用,为我们更好地整合和开发既有资源提供了积极的经验。

当然,资源整合要注意图书内在品质和谐,因此也就不是一般意义上的"集中出版",更不是被业界讥讽的是旧作拼成的"冷菜拼盘"。有时为了读者的需要和整合资源的需要,还要组织一些新的书稿,这些书稿更多地利用的还是出版社的作者和编辑资源的整合,正因为有了这些"新书",最初整合资源的构想才能彻底落实,如在《语文新课标必读丛书》中,我们编辑出版了《高中生必背古诗文 40 篇》、《初中生必背古诗文 50 篇》和《小学生必背古诗 70 篇》,使这套丛书内容更完整。可见,在对旧有资源的整合中,有时也需要补充新的资源,其要点是内容的和谐,其目的是满足读者的需要,只有这样,所谓"创新"才能落到实处。

3. 资源再利用的筛选标准是把握好品牌书和精品书的结合,只有入选精品图书才能保证品牌效应。这实际也是一个整合、开发品牌资源的问题。人文社是品牌,某一丛书也应力争成为品牌,而其基本要求是每一本图书都要力争是精品。应该珍惜多年积累的品牌,将其进一步开发并物尽其用,在发挥既有品牌优势的同时,创造新的品牌。

从"世界名著文库"到"名著名译插图本"可以说是我社图书资源最大的一次整合。这是分两个阶段完成的。1993 年开始,我社对已有资源进行清理,开始了浩大的"世界文学名著文库"的编辑出版工程。此次本着求大求全的原则,凡是有保留价值的译本和作品均在进一步完善的前提下保留;凡是必须有替换作品的图书,统一确立译者、编者。工作全面铺开,历时近十载,在 2002 年才正式完成,共 200 种图书 250 卷,可以说把我社的重要出版物几乎一网打尽,特别突出的是外国文学部分。"世界文库"的出版过程经历了计划经济向市场经济转轨的过程,读者也从以前的热情购买型转为理性购买型。"世界文库"的质量是可以保证的,但是出版时间过长,读者的热情减退,作为一个文库,它的历史使命已完成。我们认为,这是一个宝库,是一个大工程,由此可以产生一些小工程。"文库"资源丰富,它带来了更大的品牌效益,对其他图书也会有影响。我们深知:出版企业尤其要追求积累,包括文化、版权和书目的积累。只有更多地积累,才能进行再利用和再创造。世界文库本身是一次资源整合,也是进一步整合的来源,由此出版了"世界文库普及本"、"世界文库少年版",而最大的一个工程是"名著名译插图本"。世界文库虽然以收书多著称,但出版时间过长,以及定价、装帧不适应市场。如果做完这个大工程就不管了,岂不是巨大浪费?因此,我们又在此基础上,侧重于我社外国文学出版的优势,策划出版了一套"名著名译插图本"丛书,第一批推出 60 种,第二批推出 40 种。丛书名称应该概括了这套书的特点,不仅是名著而且要名译。这些作品经过长期流传,成为经典,可以让我们体味到经典名著隽永的魅力,同时翻译者是杨绛、草婴这样一批老翻译家,他们的译本也已成为经典,他们对翻译的精心打磨,字斟句酌,是现在出版市场激烈竞争的条件下,年轻翻译家不易做到的。因此有人说,"名著在名译之后诞生",是很有道理的。成功的译著把世界名著转换成我们民族的精神财富,于是融入我们的文化进程,世代流传下去。这就是名译的力量。另外,我们考虑到读者的需要,为每一本书配上适量的插图,在装帧印制方面也认真改进。这套丛书的出版，固然借助了人文社的品牌，同时又增强了出版社品牌，加之宣传策划的大力推动，使之甫一出版，即受到读者和业内人士的关注。有人认为是"世界文库"的再生，在市场上的反应还是令人满意的，使我们外国文学图书占有市场的份额有所回升，目前已经成为一个常销品牌。这套丛书的成功，使我们进一步打开了思路。我们不断在思考：在出版更多更好的名著的基础上，如何更好地经营译者资源、品牌资源、书目资源？如何处理好入选精品图书和形成新品牌的关系？

　　旧有资源的开发往往需要借助于"集聚效应"才能获得成功。"集聚效应"是我借用的一个经济学名词。集聚效应是一种世界性的经济现象，其实质是由一个大企业、大集团所形成的企业群体效应，或者由一个规模产业所形成的产业链条效应。因地理或项目集中而带来的集聚经济效益，这是集群创造和保持优势的重要源泉之一。集聚效应，现在已成为企业或地方增强竞争力的经济发展模式。资源整合和开发往往也应发挥这种经济现象的优势。事实上，如果选择得当，确实会很有效果。经济学上称为"波及效应"，这是资源整合和开发的一种理想效果，如我社"中学生"和"新课标"中的《论语通译》一种，本来是古典部的一本一般图书，开始只印了几千册，还有一部分销不出去，但是当把它放入"中学生"和"新课标"以后，情况就出现了令人意外的变化。到目前为止，这本书。共销售了74.6万册。其他还有多种图书，因为入选丛书而销量大增，如《繁星·春水》共印刷约195.6万册，《朝花夕拾》约209万册，即使像《匹克威克外传》这样知道的人并不多的图书，总销售也超过12.5万套，资源整合的价值于此可见一斑。

　　虽有所谓"波及效应"，但并不是任何品质的图书都会受到这种效应的照顾，因此在考虑整合资源时也并不是多多益善。在这方面，我们有经验也有教训。我们有一套《中国现代名剧丛书》，收戏剧作品11部，就是严格按照精品标准选择作品，绝不盲目扩大范围，从而使丛书本身显现出精品和品牌特点，效果甚好，平均销售60000余套；而另一套"中华散文珍藏本"，是我们整合我社散文作品的一个项目，虽然策划有一定新意，但因为把关不严，一些平庸之作也因为种种原因收纳其中，破坏了丛书的品牌形象，不仅没有发生"波及效应"，相反却互相影响，使一些精品图书受到拖累。目前我们正着手进行清理，按照品牌书和精品书结合的原则作一次新的整合和开发，希望得到预期的效果。

4. 资源整合和开发要靠活动和宣传推动。一个出版社一年出版多少种书就是多少个品种,这与工厂不同,比如电视机厂,它的产品就是那些品种,不同品种的总数是有限的,而出版社则不同,我社一般一年新书450个品种,重印书550多个品种,差不多有1000个品种。因此,就每一个品种来说,不可能投入太大的宣传推广力量。但资源整合往往会形成几十种书为一个大的品种,这样,投入适当的人力物力就是很必然的了。不论在整合前是哪些图书,当你把它们按一定的内容或特殊的主题把一批图书资源作了整合和进一步开发,你就有义务把你的思路告诉广大读者,让他们理解你整合资源的依据和出发点,从而成为你的目标读者。谈到这个问题,我自然要提到我们的"中学生课外文学名著必读丛书"和"语文新课标必读丛书"。

1999年下半年,我们的编辑得知教育部要颁布《语文教学大纲》,其中特别表明要鼓励中学生广泛阅读,在推荐的书目中,我社有明显的资源优势,其中既有受到读书界普遍认同的优秀版本,又有我社具有独家专有版权的现当代作品。于是,经过一番努力,我社在2000年6月推出"中学生课外名著必读丛书"。该丛书收录了28种中外世界文学名著,其中有8种具有专有出版权,其他各种均是出版社旧有出版物。经过长期经营,这套书经多次再版,差错率极低,在读者中已有好的口碑。这一举措目的明确,完全从读者需要出发,发挥了我社长期出版古今中外文学作品的特点,借我社50余年积累的优势,对原有出版资源作了有机整合。这套丛书一出版即受到广泛欢迎,当年码洋即达到8000万元。2003年,教育部对《语文教学大纲》进行了修订和调整,颁布了《全日制义务教育语文课程标准》和《普通高中语文课程标准》(我们俗称"新课标"),它是我国中小学语文教学、评估与考试命题的依据,是我国管理和评价语文课程的标准。教育部"语文课程标准"参考了美国、法国、日本等许多国家的标准,对我国中小学阅读量提出了具体要求。我们的编辑密切关注课程改革,从2002年即开始遴选书稿,因此"新课标"一公布,我们即依据"新课标"推荐的书目,充分调动、整合我社各种出版资源,在第一时间推出"语文新课标必读丛书"49种,于2003年5月18日在全国同时上市,成为2003年"非典"之后一个人们关注的亮点。这49种图书,充分利用了我社旧有资源,其中既有"中学生"已使用的旧有资源,也有"中学生"未用上的既有资源,使这套书不仅出版及时,而且版本、质量早已在读者中享有很高声誉,赢得读者信任。为了帮助读者阅读,我们还组织撰写了"导读","导读"又结集出版,也受到读者欢迎。今年我们又重新进行了调整,增加了当代的一些作品,同时增加了"知识链接"等新内容,又掀起一个新的销售热潮。

因为适应了读者的需求,加之有较高的品质,这为丛书的销售准备了有利条件。但是大力的宣传和推广也是不能忽略的,对"中学生课外文学名著必读丛书",我们做了大量宣传营销工作,告诉读者我们为什么选这些书成为丛书,出发点是什么,依据是什么,这套书的特点是什么,整合资源前后有什么不同。同时,开始了各种形式的推广活动,组织暑期课堂,请各地特级教师讲解中学生阅读名著的必要性,帮助他们开展阅读活动,先后在十几个中心城市开展了免费讲座。在"新课标"推出之后,我们又总结经验继续推进这项活动,在 18 个城市举办了讲座和推广活动,效果很好。再如,1999 年我们组织了"百年百种优秀文学评选"活动,请专家对一个世纪的文学作品进行认真评选,选出一百种图书,然后我们与作家出版社、中国青年出版社、解放军文艺出版社联合推出了"百年百种优秀中国文学图书",在更广泛的范围内对出版资源作了新的整合,读者反映很好。说到扩大范围进行资源整合,我们希望充分利用人民文学出版社的地位和影响力,为中国文学的整体发展作出我们的贡献,借助文学出版社的品牌并在保证双赢的前提下,与有关出版社合作,把资源整合这件事做得更大。出版资源是有形的,有时又是无形的;有地域的差别,也可以超出地域的限制;有边界制约。原则上说,资源整合的前提是具有版权,但是如果能使各个方面均得到利益,资源整合扩大范围还是可能的。人民文学出版社在某些方面有自己的优势,也有自己的传统,如 50 年代就编辑各种作品选本。现在情况发生很大变化,照搬过去那一套肯定不行了,但基本思路也并不是一定要抛弃,在这方面我们也力图做一点事儿,如把我社长篇小说资源的整合再推进一步,出版一套"当代名家长篇代表作"。我们的思路是"集中全国长篇小说精华,展现当代作家强大阵容"。目前已一次推出 25 种 37 册,其中吸纳了其他出版社的一些优秀作品,但愿成为一个新的品牌。同时,我们要扩大"茅盾文学奖获奖书系"的品种,寻求更多出版社的图书加入,使这个品牌更具权威性和代表性。

5. 整合资源,深度开发。在这方面我们做了一些工作,也遇到一些问题,比较突出的是《哈利·波特》。

　　《哈利·波特》是一部名副其实的"超级畅销书",能把这位戴眼镜的小魔法师介绍给中国广大读者,我们感到十分荣幸。路透社2003年11月17日电说:"世界上最著名的男孩巫师今天创造了一项新的世界纪录——哈利·波特丛书的销售量达到2.5亿册。……这套书已在200多个国家和地区发行销售,被译成60种文字,从印度的古吉拉特语到古希腊语。"而《哈利·波特》自2000年10月6日来到中国大陆后,到目前为止,其简体字中文版共出版和销售已达700多万册,成为一个非常值得关注的出版现象。

　　购买到《哈利·波特》的版权对人文社来说是一个重要收获。但是,能不能在此基础上进行深度开发,是我们思考的另一个问题,在出版社和编辑室的思路上,形成一定要充分利用已有资源的共识。相关产品主要有两类,一类是与《哈利·波特》有关的辅助读物,如"哈利"在魔法学校读的图书《神奇的动物在哪里》《神奇的魁地奇球》以及《我和哈利·波特真实的故事》等。前两种装帧力求古朴,封面分别印有魔法学校图书馆的图章和哈利·波特的签名,书中也处处可见哈利评注的痕迹,这些严格切合原作故事内容的设计使读者兴趣大增;后一种是关于罗琳的访谈录,对了解《哈利·波特》的写作及罗琳很有帮助,一经出版,销路就很好。目前,又进一步深度开发,推出了"J.K.罗琳读书单"丛书,收入8种世界文学经典,突出其"滋养J.K.罗琳,催生哈利·波特"的特点,希望喜欢罗琳和哈利·波特的读者能选读。第二类是衍生产品,在《哈利·波特》顺利出版后,我社积极与具有形象版权的华纳公司接触并获得"哈利·波特"形象版权,不久即推出三套《哈利·波特》明信片,三册黑白和彩色对照的填色书,可挂可贴的大开本海报。以后又推出了笔记本、贴画书等产品,其中《哈利·波特与魔法石》贴画本共四册,分情景贴画和标贴画,既有书中的场景,又有书中的形象,十分精美,是"哈利·波特"外延产品中的精品。对这一类产品的开发,坦率地说,开始我们有些犹豫,主要是因为制作任务比较繁重,担心费力不讨好,后来我们认识到:多元品种的开发造成了与主打品种的互动,对主打品种是一个有力的宣传,形成更大面积的影响和效益。现在看,这一类产品开发的效果尚可,当然还有很多事情要进一步做细做好,相信会得到预期的回报。

(原载《香山论坛2006·图书选题创新讲演录》,
中国大百科出版社2007年3月版)

从人文社的经营理念谈出版社的核心竞争力

中国加入世贸组织以后,出版社要在激烈的竞争中立于不败之地,就必须具备核心能力,即核心竞争力。核心竞争力是一种综合实力,同时是一个动态概念。范黎波、李自杰在其《企业理论与公司治理》一书中指出:"企业能力是由资源、流程和价值观所决定的,提高企业能力,必须实现资源转化为流程、流程提升为一种正确反映市场特征和市场变化的价值观。企业的核心能力主要由企业的核心流程和经营价值观与企业文化所构成。"只有实现了这些转化和提升,企业的某种能力才能上升为核心能力。

企业能力的决定因素很多,对出版社来说也是如此。当面对你们出版社能出版什么书"的问题时,我们首先会想列出版社的资源情况。核心竞争力重要的一个方面就是对资源的占有和有效运用的能力。说到"资源",当然首先要提到人的资源。一个出叛社要发展,第一要有一支专业性强、素质高的编辑队伍;第二就是要形成有效的人才引进、使用和培养机制,为人尽其才创造条件;同时,还要加强对人才的培训,从而改变人才结构,发挥人才潜能,以适应形势和现实的需要。谈到人才资源,还必须谈到企业的管理团队。出版社的领导和中层骨干是企业核心竞争力的集中体现,忽略了这一点,"人才资源"的概念就不全面。除了企业内部的人才资源,出版社还要有丰富的社外人才资源,优秀的作者队伍是出版社不应忽视的重要的社外资源。此外,版权也是出版社的一种重要资源,出版社其实经营的就是版权。出版社也只有生产出了区别于其他出版社的具有个性化和标志性的产品,才能真正树立起自己的品牌。"书出精品,社创品牌"是出版社发展的必然要求,也是形成其核心竞争力的必然途径。

决定一个企业能力的另一个重要因素是流程,也就是企业特定的运营和经营模式。当员工经常性完成某项工作时,流程就逐步被定义下来。当流程逐步成型以后,企业的各种具体经营活动就被纳入了流程。一个成功的出版社同样会有自己一套行之有效的运营机制,出版社"要通过流程,而不仅仅是通过资源和产品来显示自己的竞争优势和创造价值的能力。"因此,"同资源水平相比,流程和流程的重整对企业的竞争力具有更大的影响。"人民文学出版社在长期发展中形成了特有的经营运作的模式,比如年度选题规划和长远选题规划的体系化,选题申报的多层次讨论制,书稿审读的严格规范,这无论是在多么激烈的市场竞争中都不能忽略的,反而应该得到加强。但是面对市场竞争的现实,有些以往的"流程"也必须作出相应的调整,如人文社宣传策划和图书营销模式就在原有模式基础上作了适当修改,发生了一些重要变化,在细分市场、认真研究目标顾客等方面作了许多努力,《张之洞》《哈利·波特》等图书的成功就是明证。一个企业对市场机遇的价值判断是不是准确、是不是及时,有时决定着企业的成与败。现在不只是大鱼吃小鱼,更是快鱼吃慢鱼,如果反应迟钝就会失去竞争的机会,比如对版权的购买,过去层层审批,审批之前又不厌其烦地研究,有些机会就在这个过程中失去了。人文社现在有关编辑室和版权部在相当的范围内可以迅速确定是否购买版权,经简捷的程序认可就可以进入实质性的操作阶段。这样运作可以避免时间的浪费,抓住每一次机会,从而总是处于领先一步的地位。当然,有的事情要急,有的事情要缓,有的事情不管多忙也不能省略。比如,为了保证图书的质量,出版社的事前把关和事后检查的制度是必须严格遵守,绝不能有一刻放松的。

企业核心能力的重要体现是价值观,即企业的经营价值观和企业文化。企业各个流程的正常运转,自然会逐步赋予其各项决策以最优、次优、可行与不可行的选择排序,这种清晰的选择排序就逐步凝结成为一种企业的价值观。人文社在长期的发展过程中也形成了有深刻内涵的价值观,社长聂震宁这样概括人文社的优良传统:"坚持以国家文化建设为己任的出版宗旨,坚持以主流文化为主导兼容并包的文化态度,坚持精益求精、开拓创新的工作精神,坚持以高素质的人才队伍作为事业之本。"这个传统,其实就是人文社的"价值观"的基础和前提。在此基础上,才逐渐形成了人文社较为成熟的经营

理念和企业文化观念。具体说来,人文社的价值观大约有以下几个方面:

一、在坚持两个效益并重、社会效益第一的原则下,强调挺拔主业、优化结构、丰富品种

作为国家级专业出版社,全社员工深知自己的社会责任,作为"自收自支的事业单位",经济效益当然十分重要,但作为党的出版工作者,必须把社会效益放在首位,在计划经济时期是这样,在市场经济时期更应该如此。无论何时,都不能忘记以国家文化建设为己任的宗旨。有这样一种价值观,就能保证多出书,出好书。迄今为止,人文社已获得国家图书奖 15 项,"五个一工程"好书奖 4 项,茅盾文学奖 11 项,以及其他重要奖项 150 余项。应该说在社会效益方面,人文社是可以自慰的。当然,社会效益与经济效益不是截然分离的,人文社大量社会效益好的图书都有很好的经济效益,如,"蓝星诗库"、"百年百种优秀中国文学图书"、《人间正道》、《突出重围》、《将军吟》以及近年的《当关》、《东藏记》、《永不放弃》、《绝顶》等等都有很好的两个效益。在两个效益并重的原则下,人文社还特别提出要突出文学出版的主业,重点出版古今中外的文学作品和有关著作,做到主业挺拔、重点突出,这不仅有利于发挥人文社人才的优势,也符合广大读者对人文社的要求。在强调保持传统的同时,人文社又提出适当调整结构,更多地增加图书品种。在向广大读者奉献高质量中外经典著作和文学新作的同时,着力调整出版结构,建立了"少儿读物编辑室"和"教材出版中心",陆续推出了"中学生课外文学名著必读丛书"、"小学生课外精读丛书"和《哈利·波特》等图书,其他如"猫头鹰学术文丛"、《网络鲁迅》、《网络张爱玲》、《李嘉诚如是说》、《天文博物馆》及双语类读物的推出,使人文社的图书结构发生了微妙的变化,做到心里装着读者、眼睛盯着市场,使人文社图书的品种得到了明显的丰富,从而适应了读者的需要,也就适应了市场的需要,表现出一种新的追求和新的面貌。

二、在面向市场、面向读者的同时,坚持多方面的创新

面向读者,除了图书的内容以外,还有许多其他问题需要考虑。比如,如何在服务于读者的同时获得适当的利益,也就是在成本和定价上采取何种正确的策略。人文社是一个老社、大社,管理费用无疑偏高,这是事实,但人文社在长期的发展中形成了较为丰富的资源,这就使得一些投入可以降低成本,从而降低对毛利率的过分追求,其结果是在让利于读者的同时扩大了人

文版图书的影响,出版社也当然就获得了应该获得的利益。这一点,人文社是有教训的。在1996年前后,当时有关人员片面强调了成本的负担,因而采取了脱离市场的高定价策略,结果事与愿违,图书发行量大幅度萎缩,严重影响了出版社的整体发展。经过总结经验教训,人文社逐渐形成了不过分追求毛利率而又注意分类把握、适度调整的定价策略。再如,怎样与时俱进、不断满足读者和市场的需要,人文社形成了必须不断创新的价值观。创新是出版社发展的核动力。创新体现在方方面面,有流程的重整和机制的创新,有产品和项目的创新(开发新选题是创新,利用旧有资源进行重组也是创新),有出版方式和印刷工艺的创新,有封面设计的创新,还有市场和营销的创新,也有观念的转变(比如,面向市场,必须进行一些机构的调整,一些编辑和行政人员要走上营销第一线)——只有创新,才能推动出版社不断向前发展,才能使出版社的方方面面充满活力。有了这样的创新意识,才能有新的成功的可能,有了一次次创新的实现,才能实现一次次新的飞跃,才能真正实现持续发展。面对严峻的竞争形势,人文社已初步形成了没有创新就没有发展的企业价值观,这种价值观和企业文化支持创新,使创新具有动力和活力,从而使创新成为了人文社核心竞争力的重要组成部分。

三、在整体化经营的理念指导下,坚持"效率优先、兼顾公平"的原则

人文社是一家有较丰富的资源储备和较稳定传统的出版社,在面对激烈的市场竞争的时候,提出了既适合自身条件又符合市场需要的经营理念,概括起来就是"整体化经营"的战略思路。一个出版机构面向市场,自然要坚持"效率优先",这是竞争的需要;同时,又要注意"兼顾公平",这是由现阶段出版社的性质决定的,也是出版社生存和发展的需要。众所周知,"效率"和"公平"是经济学和管理学不断探讨的一组矛盾,人文社在处理这组矛盾时的思路是用"整体经营"的理念将这矛盾的双方统一起来。在人文社看来,"效率"是"整体化经营"条件下的效率;"公平"是"整体化经营"后的结果。单打独斗、各自为战的方法不符合人文社发展的总体思路。有了整体化经营的理念,人文社就可以举全社之力做一些编辑室不能或不愿承担的大型积累型项目,也可以投资开发一些短期内不会有明显经济效益的图书,就可以通盘考量,按照轻重缓急的次序陆续推出各类读者喜爱的产品。当然,整体化经营并不是忽略分类指导和分类管理,并不是忽视员工的个人努力。事实上,不

注意发挥不同类别板块的积极性,没有每一个员工的努力,也就不会有整体化经营的基础;整体化经营并不是不要每个员工个人的努力,相反是要在整体化经营的前提下更突出地强调分类指导和管理,强调发挥个人的主观能动性。因此,才有了"大学生必读丛书"、"中学生课外文学名著必读丛书"、"插图本世界文学经典丛书"、"二十世纪外国文学丛书"——在人文社同样有项目负责人,有部门和个人要对具体的选题和图书负责,但是总负责人是社领导,是社务会。因此,从选题的确定到作者的选择,以及到图书的印制、发行和营销策划,都有相关部门统一配合和协作,同时这些部门也共同为每一个项目负责。项目成功了,具体的项目负责人及其部门功不可没,相关员工和部门也会享受成功带来的利益和快乐,而最受益的,还是出版社,还是全体员工。

四、在强化品牌的前提下,注意图书产品的多层次开发

在强化品牌的同时,还有不断开发和利用原有资源的问题。原有资源的充分利用和开发,是难点,也是机会。经过实践,人文社形成了多层次开发的理念。比如,《保卫延安》、《野火春风斗古城》、《暴风骤雨》等都是革命历史题材的名作、曾经产生过重要影响。为了让今天的读者重新认识这些书籍的价值,人文社推出了"红色经典丛书",效果很好。同样"茅盾文学奖获奖书系"也是这样形成的新的品牌。再如,"世界文学名著文库"是一个大工程,共收入图书200种、250卷,全面反映了包括我国在内的世界文学的最高成就。此套丛书出版后,在读书界、出版界产生了很大影响。基于多层次开发的思路,人文社又出版了"世界文库精选本丛书,进而又开发出"世界文库儿童版"。总之,是让原有资源尽量充分地发挥作用。更典型的多层次开发表现在有关《哈利·波特》的产品上,人文社不仅推出了原作,还推出了相关图书,进而推出了相关产品,如明信片、挂历、填图册等等,受到小读者的欢迎。

企业能力是在企业的发展中逐级提升、不断完善的,随着时间的推移,企业能力逐级提升到流程和价值观上,这样某种能力才上升为核心能力。人文社的核心竞争力只是初步形成,还有待于进一步强化。按现代企业理论,应该是流程优于资源、价值观优于流程,从人文社的实际看来,还是资源本身发挥着更大的作用,而流程和价值观还有更大的提升空间。已成型了的价值观要进一步提升和完善,未成型的价值观还要尽快定型,如内涵式发展,多元化

发展以及学习型组织的建立等理念都是有关企业发展的根本价值观,绝不能忽略。即使是资源,也还有如何更加充分利用和开发的问题。不能充分利用和开发原有资源,资源不仅不是财富,反而可能成为负担。而要用好已有资源、积累新的资源,关键还在流程重整和建立新的价值观和相关的理念。在现实的经营实践中,许多企业的成功基于资源,而他们对这种资源优势深信不疑,忽视了开发创造价值的一系列流程和价值观。《企业理论与公司治理》指出:"北大方正的董事局主席王选在总结北大方正十几年发展经历的时候说过:正因为过去方正的技术优势太大,仅凭此就为方正换来了高额利润,导致了方正多年来对管理的忽略。而没有好的管理,再大的技术优势也会消耗殆尽。可见,资源优势(如技术本身)不是为企业带来利润的灵丹妙药,只有良好的管理才能达到技术资源最充分有效的利用。"这话是颇有启发性的,出版社要想持续发展,管理者不仅要能正确对待和配置资源,而且要在"整体上建立和认知企业的核心能力,包括核心流程和价值观"。

(原载《中国出版》2002 年第 9 期)

发挥优势　繁荣出版

——关于在市场经济条件下做好文学出版工作的思考

当前,我国正处在建立社会主义市场经济体制和社会主义现代化建设的关键时期。《中共中央关于制定国民经济和社会发展"九五"计划和 2010 年远景目标的建议》提出,在"九五"期间,要初步建立社会主义市场经济体制,在 2010 年要建立起比较完善的社会主义市场经济体制。改革开放和现代化建设的新形势,为出版事业的繁荣和发展创造了更有利的条件,同时也对出版工作提出了更高的要求。图书,作为一种特殊商品,必须走向市场,出版工作的管理体制和运行机制也必须适应市场经济的要求,否则,出版事业就不会得到真正的繁荣和发展,就不能真正有效地为社会主义物质文明和精神文明建设服务。

一、图书的属性及我国图书市场的特点

所谓市场经济,就是在市场中运行的经济。社会主义市场经济,也是市场经济,同样是由市场供应,即价值规律调节的经济。图书,虽然是一种特殊商品,但它首先是商品,因此它当然具有一般商品的属性,也就具备了走向市场的先决条件。就我国的具体情况来看,图书市场目前还是一个不完全竞争的市场,国家为了全局的利益,对图书出版事业采取了多种保护和限制措施,如对出版社的成立,具有严格的审批制度,不允许个人成立出版社;对各个出版社出书的范围,有大体明确的分工;对出版社在税收方面给予优惠,等等。这些措施的实行,使得国家允许成立的出版单位受到了保护,从而形成了不完全竞争的大格局。这是问题的一个方面。另一个方面,作为不同的出版社,相对于其他出版社来说,又都处在大体公平的竞争地位,尤其是在专业分工不那么严格的情况下,公平竞争表现得更为明显。这是因为,图书市场也遵循一般市场的规律,离开了竞争,所谓市场也就成了一句空话,而只有经过激烈的竞争,出版社才可能不断地激发出内在的活力和生机,也才可能更多地向社会提供丰富的、高品位的、高质量的优秀出版物,以满足广大读者日益增长的文化需求。在这种竞争中,国家通过行政手段进行管理,虽然是必要的,但却也是有限的,并不能用之代替市场本身运行的规律。对于各个出版社来说,必须牢固树立竞争意识,单纯依靠国家的优惠政策,是肯定不行的。譬如像我社这样一个"老牌"出版社,从前是全国唯一一家专门出版文学作品及研究著作的出版社,在计划经济的体制下,它的日子当然是很好过的。但随着改革开放的不断深化和发展,出版社如雨后春笋,目前已有 500 余家,而其中有几乎 1/3 的出版社可以出版文学类图书,我们出版社为在图书市场中占有更大的份额,就必须与其他有条件与我社竞争的出版社进行激烈的"你争我夺",不如此,出版社必然会逐渐丧失生机,最后被淘汰出局。也正是因为有了这种竞争,我国的图书市场才可能出现百花齐放、万紫千红的壮丽景象;而对一个出版社来说,也正是因为参与了竞争,它内在的活力才能真正焕发出来。竞争的魅力、竞争的价值,在这里得到充分的体现。当然,这种竞争,对我们这样过去处于某种"垄断"地位的出版社来说,压力是大大地增加了,形势也显得严峻多了。如果不清醒地认识这种态势,如果还妄自尊大,其结果肯定是不会令人愉快的。

就我国图书市场来说,一方面竞争的对手增多了,呈现出激烈竞争的情况;另一方面,相对说来,图书市场却又不断缩小,电视、电影、报纸、杂志都各自拥有了自己的观众和读者,上扬的书价又使许多读者在书店里犹豫徘徊,这种状况便形成了图书的买方市场,读者在选择上站在主动的地位。作为出版单位,不管你的产品多有价值,也只有在读者选中它并把它带回书房去以后,图书的价值才可能真正实现。说到图书的价值,当然包括其社会效益和经济效益。出版社在根本上说来是一个企业,同时它又是一个生产精神产品的部门,当然不能像一般产业部门那样完全以市场为导向,市场需要什么就生产什么,因为作为商品的图书具有特殊性,目前还不能完全推向市场。因此,无论什么时候,图书的社会效益都是第一位的,单纯强调经济效益而忽略社会效益,是不符合社会主义出版原则的。这并不是说,图书的经济效益是不重要的。相反,既然图书走向市场,它的经济价值就是一个不容轻视的问题。

没有经济效益,出版社就没有资金投入再生产,所谓的社会效益也就不可能真正实现。既要强调图书的社会效益,又要重视图书的经济效益,尽量争取二者的统一,这就是目前我国独特的市场经济体制对图书出版工作提出的独特的难题。要正确地解答这个难题,就必须坚持邓小平同志建设有中国特色社会主义的理论,坚持解放思想、实事求是的思想路线,正确地分析我们所面对的图书市场所具有的特点,积极勇敢地投身于市场经济的浪潮之中,除此以外是没有其他出路的。还应该补充一点的是,我国目前的图书市场还远远不够健全和成熟,保障其正常运行的法制建设还急需加强,非法出版活动还没有得到根本治理,这都是我们投入市场经济大潮时必须清醒认识的问题。

二、发挥优势,多出精品,才能在市场经济中立于不败之地

面对"群雄逐鹿"的图书市场,一个出版社如果无动于衷,不积极参与竞争,就难免被挤出竞争者的行列,最后被广大读者所遗忘;同样,如果面对繁荣的图书市场,妄自菲薄,失去参与竞争的勇气,其结果定然也是可悲的。参与市场竞争是大势所趋,但仅仅具有勇气还是远远不够的,对市场的正确认识,对本出版社优势和劣势的准确把握,这是在市场竞争中取胜的必备条件。人民文学出版社作为一个成立时间较长的大出版社,多年来专门出版古今中外文学类图书,当然具有许多先天的优势,这是我们参与竞争的有利条件。在过去的40余年中,我社逐渐形成了一支思想水平、业务水平都很高的编辑队伍;经过几代人的共同努力,我社积累了一大批优秀图书和丛书系列;通过实践的检验,我社逐渐形成了一套卓有成效的工作程序和严格的制度。这一切聚集在一起,便在读者中自然形成了一种"名牌"意识,成为我社发展的一笔不容忽视的无形资产,其影响远远超过一定数量的资金。比如,同样是"四部古典名著",现在的版本有几十种,但人文版还是读者的首选版本。出版社的"金字招牌",犹如企业的名牌产品,其价值往往是难以估量的。我们应当十分珍惜前辈出版工作者留下的这块"金字招牌",进而用好这块牌子,去创造新的辉煌。

如前所说,珍惜牌子固然是重要的,用好牌子则更为难能可贵。不能满足于前人留下的牌子,更不能自我束缚,而是应该百尺竿头,更进一步,把出版社的优势落在实处,那就是适应市场经济的要求和精神文明建设的要求多出好书、精品,坚持"以质取胜"的战略。要出精品,首先要不断地开拓新的选题,其次要保证图书质量(不仅包括图书的思想内容、艺术特色,还包括装帧

设计、出版印制的质量),只有多出精品,才能使出版社牌子不倒,消极地保是保不住的。精品是思想内容充实、正确,艺术品位高,"是那些能够武装人、引导人、鼓舞人、塑造人的杰作佳作,是那些能够积累人类文明成果,给社会发展与进步提供精神食粮的优秀读物"。它不仅包括那些具有高深内容的图书,也包括那些读者面广、普及性的书籍。读者是有层次的,但不管哪个层次的读者都有权利得到精品读物。基于这种认识,我社近年来陆续推出了《文体丛书》《古诗类选》等系列丛书,受到广大读者的欢迎,为探讨提高与普及相结合的出版道路做了有益的尝试。

精品的产生,不是任何人想当然的结果,而是要经过多方面的努力才能出现。选题的提出和确定,要建立在对图书市场深刻了解的基础之上;质量的保证,要经过编辑、校对、设计人员的共同努力;图书走向市场,还要经过宣传和发行人员的辛勤劳动。只有各个部门的通力合作,才能保证精品图书不断涌现。为了有更多的精品面世,我认为出版社还应该进一步适应市场经济的需要,加大改革的力度,除了社里积累资金专门用来补贴精品图书出版以外,还应该鼓励自费出书,规范协作出书,动员和利用社会力量来出版那些学术价值较高而读者面较窄的图书。只有探索学术著作出版的多种途径,才能保证更多的精品走向读者。而能生产大量精品的出版社,在市场经济的大潮中,就会立于不败之地。在这方面,我们出版社和编辑室也做了一些尝试,如去年出版的《宋代词学审美理想》便采取了补贴出版的办法,在社会效益和经济效益两个方面都收到很好的效果。但从实际情况看来,我们的思想还应该再解放一点,步子还应该再大一点,路子还应该再多一点,真正使自费出书和协作出书成为正常出版的补充。如此,出版繁荣局面的形成和精品图书的大量出现,便是情理之中的事情了。

三、调整结构,强化管理,以适应市场竞争的需要

由计划经济向市场经济体制的转变,是一场深刻的革命,它必然给出版社带来多方面、多层次的影响。要想在市场竞争中占上风,作为一个企业,出版社就必须按照市场经济的要求来调整结构、强化管理,即所谓"向管理要效益"。只有这样,才能在激烈竞争的环境中生存和发展。这一点,对于人民文学出版社这样的大社来说,显得更为迫切和重要。

我们知道,目前国家整个的出版方针是:一手抓繁荣,一手抓管理。繁荣

是根本,而抓管理是实现繁荣的前提。具体到出版社来说,要多出精品,要立住脚跟,就必须从自身的管理抓起。首先,管理的对象是人,必须根据出版社人员的特点来加强管理工作,当前特别重要的是对全体工作人员进行市场经济的教育,增强"忧患意识",增强竞争意识,同时加强职业道德教育,提高所有员工的整体素质(包括思想政治素质和文化业务素质)。其次,进一步建立严格的规章制度,坚持早已形成并卓有成效的"框框",比如选题论证制、稿件三审制等,从根本上保证图书的质量。第三,针对出版社人员较多、机构重叠的问题,进行机构调整和人员的重新配置,使每一个人都能发挥自己的能力和特长;从出版社来说,更加充实发行部门,改变过去那种重视编辑而忽视发行的状况,以使结构更趋合理,也更符合市场竞争的要求。第四,要调动每一位员工的工作积极性,不仅应采取行之有效的思想工作,还应适当地运用经济杠杆,建立奖励和惩罚机制,使员工干好干坏不一样,干多干少不一样,从而真正实现奖勤罚懒,激励员工不断进取。第五,在对全社工作的管理中,更多地发挥部门的积极性,把一定的财权、人权交给部门,使目标责任管理制真正发挥作用,并在此基础之上,探索更有效的新的管理模式。最后,正如许多管理专家所说,管理的差异是文化的差异,作为一个出版社,还应该有意识地建立符合文化单位特点的企业文化,运用企业文化把全体员工紧紧地联系在一起,形成一种合力,只有这样才能在市场竞争中居于主动地位。

　　《建议》提出,为了实现今后15年的奋斗目标,关键是实行两个具有全局意义的根本性转变,一是经济体制从传统的计划经济体制向社会主义市场经济体制转变,二是经济增长方式从粗放型向集约型转变。两个转变实现的过程,无疑也就是改革更加深入发展的过程。作为改革全局的一个部分,出版事业也应该实行这两个转变。面对新的形势,可以说,机遇与挑战并存,压力与动力同在。作为企业的出版社,必须研究市场,积极参与市场竞争;必须改变那种单纯追求出书数量的倾向,努力压缩选题品种,集中精力,力求减少那种平庸书的"不好不坏,又多又快"的出书现象,达到多出精品、多出好书的目标,使出版社在市场经济的大潮中不断发展壮大,为社会主义物质文明建设和精神文明建设提供更多更好的精神食粮。

（原载《社会主义市场经济与新闻出版》,中国书籍出版社1997年8月版）

认真落实"三个代表"
重要思想进一步做好出版工作

当前,全党全国又一次掀起了学习、贯彻"三个代表"重要思想的高潮,作为一个出版单位的干部,通过较为系统的学习,提高了认识,增强了信心,我认为,只要认真落实"三个代表"重要思想,就一定能进一步做好出版工作。

一、坚持科学的发展观,投身于改革发展的时代潮流中去

在学习"三个代表"重要思想的过程中,要正确理解"三个代表"重要思想强调的科学的发展观,在社会和经济的全面协调发展中促进自身的发展。"三个代表"重要思想十分强调发展的重点论和全面论相结合,在多个角度、多个层次上强调了发展是经济、政治、文化的全面发展,是经济和社会的协调发展、城乡经济统筹发展以及东中西部的共同发展,发展是人与自然相和谐的可持续发展,在这多层次的发展中,新闻出版广播影视部门既有促进全社会谐调发展的任务,又有自身不断改进工作,加速发展的任务。

随着社会主义市场经济的发展,出版单位也面临着机遇和挑战,一方面,作为党的舆论阵地的一部分,出版工作必须增强政治意识,与党中央保持一致;必须增强大局意识,坚持从大局出发,为改革、发展、稳定服务;必须增强责任意识,坚持守土有责。另一方面。出版单位又是市场经济竞争的主体,必须积极参与市场竞争,在竞争中提高自己的核心竞争力。增强实力,否则就会被淘汰出局。出版社要在新的形势下,继续以改革为动力,尽快发展,建立现代化的出版社内部管理体制,按产品生产规则建立出版社的改革发展模式。在发展中,体制要创新,结构要调整,要办出自己的特色。在改革中扎扎实实地发展,在内涵式的发展中壮大自己。这两个方面的要求,对出版社来

说都是不能忽视的,忽视了任何一个方面都会带来不可低估的损失。

出版社要完成以上两方面的任务,就必须在"三个代表"重要思想指引下积极参与改革和发展。这样才可能在为社会经济的全面发展作出贡献的同时实现自身的发展。

二、正确理解"主旋律",坚持弘扬主旋律、提倡多样化

江泽民同志对"主旋律"的概念作了深刻的阐述,他说:"弘扬主旋律,就是要在建设有中国特色社会主义的理论和党的基本路线指导下,大力倡导一切有利于发扬爱国主义、集体主义、社会主义的思想和精神,大力倡导一切有利于民族团结、社会进步、人民幸福的思想和精神,大力倡导一切用诚实劳动争取美好生活的思想和精神。"(1994 年 1 月 24 日"在全国宣传思想工作会议上的讲话")要做好出版工作,就必须坚持"弘扬主旋律,提倡多样化"的原则,"主旋律"的内容是很广泛的,不能作简单化的理解,出版图书的主题也应当是相当丰富的,"弘扬主旋律,使我们的精神产品符合人民的利益,促进社会的进步,不断满足人民群众日益增长的精神文化需求,这是发展宣传文化事业、繁荣社会主义文化市场的主题"(1994 年 1 月 24 日"在全国宣传思想工作会议上的讲话")。

只要按照江泽民同志的指示去做,既抓主旋律作品,又不忽视多样化发展,就一定能使出版单位完成为社会主义服务、为人民服务、为全党全国工作大局服务的职责。人民文学出版社一年出书 700 种,其中既有弘扬主旋律的图书,又有体现"多样化"特色的图书,从而使图书的品种和结构较为合理,读者反映很好。当然,在弘扬主旋律,提倡多样化方面,人民文学出版社还有许多工作要做,应该在文艺出版中成为表率。

三、坚持把社会效益放在首位,多出精品

江泽民同志多次强调要正确处理社会效益和经济效益的关系,他指出:"坚持把社会效益放在首位,在这个前提下实现经济效益和社会效益的统一。……经济效益好,有助于宣传文化事业的发展。同时也要看到,精神产品又具有不同于物质产品的特殊属性,它的价值实现形式更重要地表现在社会效益上。有些精神产品,直接经济效益可能不大,但对推动社会生产力的发展和社会全面进步的作用很大。"进而江泽民同志强调:"要始终把社会效益作为最高准则,当经济效益同社会效益发生矛盾时,自觉服从社会效益。"(1994

年1月24日"在全国宣传思想工作会议上的讲话")江泽民同志强调的原则适用于宣传文化工作,当然也适用于出版工作。因为图书是一种精神产品,它应该"以科学的理论武装人,以正确的舆论引导人,以高尚的精神塑造人,以优秀的作品鼓舞人"(江泽民《宣传思想战线的主要任务》),但是,"精神产品的生产流通同市场运行一般规律的联系愈益紧密,确实也有经济效益的问题。"(《宣传思想战线的主要任务》),因此也就有一个实现经济效益的任务。社会效益和经济效益的统一是一个有责任感而又要发展的出版社的追求。

两个效益的统一就要求出版更多的精品,精品图书是两个效益统一的产物。精品图书要反映先进生产力的发展要求,要在促进先进生产力的推广和传播上发挥积极作用,科技类、文学类的图书都可以成为精品图书;精品图书要代表先进文化的前进方向,要有利于大力发展社会主义文化,建设社会主义精神文明,不断丰富人民的精神世界,为我国的经济发展和社会进步提供精神动力和智力支持;精品图书要代表广大人民的根本利益,要满足广大人民群众的精神文化需求,要符合读者的多方面、多层次的需求,既要有重大选题、严肃选题,也要有广大读者喜闻乐见的轻松的读物,在这方面,要强调"三贴近",即要贴近实际、贴近生活、贴近群众,"三贴近"是产生精品图书的重要前提之一,脱离实际、脱离生活、脱离群众,也可能产生煌煌巨著,但不会产生真正的精品。

实施精品战略,促进出版繁荣,是出版社事业发展的目标,也是出版社的责任;坚持社会效益第一,力求社会效益和经济效益的统一,是目前出版社必须不断强调、不断坚持的原则,也是落实"三个代表"重要思想的具体行动。社会效益好的图书往往经济效益也好,如人民文学出版社的《绝顶》、《张之洞》等都是很好的例证;单纯追求经济效益,如果一旦在内容上出了问题,不仅不会有好的社会效益,经济上也必然不会得到长久的真正的效益。

总之,"三个代表"重要思想,反映了我国最广大人民的共同愿望,体现了当今世界和中国发展的时代精神,显示了马克思主义科学理论的强大力量,是全党全国人民新世纪、新阶段共同奋斗的思想基础,更是我们做好各项工作的科学指针,同样是我们做好出版工作的科学指针,只要我们认真学习、认真贯彻"三个代表"重要思想,出版事业就一定会得到全面提高和推进。

(原载第25期地方党委宣传部长培训班《论文集》,2003年11月编)

出版事业单位
人事制度改革中遇到的六个难点

　　因为工作的关系,近来参加了有关部门组织的关于出版事业单位人事制度改革的几个座谈会,与会的既有行政管理部门的同志,也有出版事业单位的领导和一般编辑人员,座谈会涉及的内容相当广泛,提出的问题也是多方面的,但比较集中的是六个问题,现归纳于此:

　　一、出版事业单位如何定位

　　出版事业单位所指一般就是出版社,其性质目前看来大多还是事业单位,在我国现阶段出版行业还具有垄断的特点,它是意识形态的重要阵地,在许多方面难免具有计划经济的色彩,如选题的确定、书号的使用、专业的分工等等,这都表明在我国出版行业有其特殊的属性。但是,作为国家出资的经济单位,出版社又同时具有企业的特征,每一个出版社都要在市场竞争中求得生存和发展。出版社同时具有生产图书这种精神产品和物质产品的双重职责,出版社无疑应该把社会效益放在首位,同时也不能忽视经济效益,要努力追求社会效益和经济效益的最佳结合,这便使得出版社在定位上容易出现模糊,不正确认识出版社的性质,人事制度改革的思路也就不会明晰,从事具体工作的同志自然会问:在出版社人事制度改革方面,是应该更多地考虑事业单位的特点呢,还是应该更注意参照企业的做法? 这个问题不加以明确,许多改革措施就会失去目标或难以实行。当然,这并不是说一定要把这个问题搞清楚了才能进行人事制度改革,而是强调定位准确对推进人事制度改革的重要作用,事实上,正是在深化人事制度改革的进程中,对出版社的定位的认识也才能逐步趋于准确。这是一个问题的两个方面。

二、怎样才能做到人员既能进又能出

出版事业单位人事制度改革的目标是做到"三句话",即"人员能进能出,职务能上能下,待遇能升能降",从而使优秀人才脱颖而出。经过多年的改革实践,"能上能下"和"能升能降"已经显得不是很困难,"能进能出"却因种种原因成为人事制度改革中的难点,而"能出"更成为难中之难,实际存在着的人员只能进不能出的现象已经严重阻碍了出版社人事制度改革的进一步深化,也阻碍了出版行业的整体发展,虽然有不少出版社在实行全员聘用制的基础上推出了解聘的有关规定及离岗退养的具体办法,但阻力很大,效果总体看来并不明显。在"能出"的问题上,出版社普遍采取观望的态度,改革力度普遍不大,其原因大约有这样几个方面:一是出版社领导担心力度太大会影响稳定的局面。落实"能出"的改革措施总是会触动一些人的切身利益,这些人往往希望通过向上级告状给出版社增加压力,出版社领导也担心会受到未处理好发展与稳定关系的批评;二是出版社的经济情况普遍说来还不错,出版社领导和一般员工往往认为单位经济压力不大,多几个人无所谓,犯不上为了让少数几个人"能出"而伤脑筋;三是出版社领导只是经营者,不是所有者,在内心深处便会提醒自己:犯不上为了让个别人离岗而得罪人,所以在谈起"能出"时总是慷慨激昂,但一要落实就会"网开一面",说是"花钱买稳定"、"花钱买安静";四是社会保障体系还不健全,离岗人员的出路还不通畅,又不能简单地将其推向社会,这也使出版社领导难下决断,而"能出"在实践中就显得非常困难。因此,建立未聘人员分流安置制度是十分必要的,有的地方已开始策划建立出版人才流动服务中心,对出版社的未聘人员进行统一培训、统一管理和集中服务,也许是解决社会保障体系还不够健全的一种有效办法。还有的单位采取"老人老办法,新人新办法",把员工按进社先后分成几档,有一部分人员的档案就放在省市的人才交流中心,或根本不对其档案加以管理,这也为人员的"出"创造了必要的条件。

三、如何解决职称评定所带来的问题

80年代后期出版系统正式建立了职称评定体系,通过评定职称使出版行业中的知识分子获得了相应的待遇,也使得编辑人员与教育、科研等行业的教授和学者交流起来更加容易,其积极作用是明显的,但评定职称所带来的消极影响也随着时间的推移更加突出地表现出来,是否还有必要评定职称也成为大家注意的一个话题。职称,或曰"专业技术职务",目前具有终身制的特点,一旦评上某一级职称,就只能上而不能下了,这似乎比行政职务还要"保险",这种状况使得一些人评上职称以后或不思进取,思想和业务水平都不能适应市场经济的需要,或自有主张,享受着职称带来的好处而又自谋其他生财之道,而因为不同职称的人员数量有一定的限制,年轻的同志虽然很优秀,即使为出版社所特别需要,也可能很不容易解决职称问题,特别是近来评定职称的年龄大大提前,如果顺利,一个编辑在40岁前大约就可以评为编审,这样二者之间的矛盾就更加尖锐。面对这种现实,有的同志大声疾呼要停止评定职称是可以理解的。我认为,出版行业职称评定的积极方面是主要的,目前看不能轻易取消,但对评定职称所带来的问题也不能视而不见,推行评聘分开、打破技术职务终身制应该说是解决这个问题的根本办法。在这方面,中国科学院的做法值得参考,据报载,中国科学院已取消评定职称,虽然岗位设置中仍有研究员、副研究员之分,但这些岗位却由竞聘产生,不再按资历和年限评审,而且聘期一满,岗位职别也作废,需再度竞聘。从长远看,这也是出版行业职称改革的方向。

四、如何更合理地进行内部分配

在出版社内部建立自主灵活的分配激励机制是人事制度改革的一个重要内容,许多出版社在这方面都作了不同层次的探索。但到目前为止,一般还是侧重于图书的经济效益,大多采取利润提成计奖的办法。应该说,这在改革初期是深化内部分配制度改革的重要方法和有效措施,但随着改革的进一步深入,这种计奖办法便显露出种种问题。有的出版社实行了这种办法以后,编辑人员对图书的经济效益特别重视,而对社会效益有所忽略,对畅销书特别重视,而对长销书有所忽略;有的干一件事之前先提条件,使出版社的整体经营遇到困难,对出版社实施品牌战略带来消极影响。长此以往,出版社就可能逐步减少积累,逐步失去原有品牌的特色和整体经营的动力。因此,在贯彻按劳分配与要素分配,效率优先、兼顾公平原则的基础上,有的出版社或把社会效益加以量化,统一计算,或在探索一岗一薪、岗变薪变的带有明显的企业特色的做法,从而提出岗位津贴的新思路,即"淡化奖金,强化工资;淡化年终,强化平时"。总之,确立符合国家规定,适合本单位特点,体现出版工作特殊性的科学合理的分配形式和方法是深化人事制度改革的必要条件,在这方面还有大量的工作要做。

五、出版社经营者应该如何领取报酬

出版社是国有财产,出版社的法人是代表国家来行使经营权的人,他有责任使国家财产保值增值,同时也有权力获得相应的报酬。在各出版社内部分配机制日益灵活的情况下,出版社经营者的报酬如何领取成了一个突出的问题。一方面,他们可以在一定程度上自主决定其他员工的报酬多少;另一方面,他们的报酬又由上级主管部门控制,一般是按员工报酬的一个倍数来领取,而这个倍数是很有限的,其结果就是经营者的收入不仅比那些有突出贡献的员工少得多,而且还不如那些中上等员工的收入水平,这样就出现了责权利不统一的状况,对出版社经营者的积极性有很大伤害,甚至一些出版社经营者也可能由于心理不平衡而出现一定程度的腐败现象。为了解决这个问题,有的同志提出按企业的做法对单位的法人实行年收入制,从一些已实行年收入制的出版社看来,这种分配制度是比较合理和有效的,其前提是用一套科学的评估体系对经营者的实绩和贡献加以比较准确的评估,如果不建立有效和科学的约束、监督和考核机制,经营者的年收入制也就失去了存在的基础。因此,探索年收入制和研究科学的考核办法是同等重要的一个问题的两个方面。

六、怎样降低人力成本

出版社与其他许多行业不同,是知识密集型单位,它不需要特殊的厂房和高精尖的设备,它的财产最突出的就是人,出版社的核心是人,是人的智力,因此,出版社往往特别强调以人为本,以人兴社。以人为本的另一个方面,也就会对人力的成本特别关注,出版社资金有限,怎样把有限的资金用在最需要的投入上呢?那就要考虑降低人力的成本,其途径是强调利用社会力量,按市场机制配置人才资源,比如美编、校对,都应该在建立一支精干的队伍的基础上,充分利用社会储备的人才,其他如后勤部门可以组建物业公司,更多地注意使用临时招聘的人员,这样不仅人力成本降低了,队伍也更精干了,在编人员不仅会有一种可能下岗的危机感,同时如果工作出色也会获得更高的报酬。否则,过多地设置岗位和过多地保留在编人员,不仅人力成本会上涨,而且闲人太多,对整个队伍也会产生腐蚀作用,使积极工作的人逐渐失去动力,从而对出版社的长远发展带来消极影响。强调人力的社会化,注意降低人力成本是许多经营者都意识到的问题,也是人事制度改革应该着力解决的难点之一,当然,因为体制的制约和观念的限制,要想在短期内解决这个问题是不可能的,但这个问题的提出并引起广泛关注,其意义无疑是积极的,有价值的。

　　总之,要推进出版事业的发展,就一定要深化出版事业单位的人事制度改革。在改革中要涉及的难点和问题当然是多层次的、多方面的,以上仅就其中六个问题作了归纳和说明,希望对业内人士能有所启发。不言而喻,人事制度改革是出版事业整体改革中的重中之重,只有在不断解决以上难点问题的基础上才可能将出版事业单位的整体改革一步步推向前进。也就是说,这些难点是绕不过去的……

(原载《中国出版》2001 年第 7 期)

关于软实力的一些思考

——从人民文学出版社的实践谈起

　　"软实力"这个概念的提出已经十几年了,但近来才被我们的理论工作者常常提起,原因固然很多,但我认为这与我们强调树立科学发展观有密切的联系;科学发展就是全面发展,也就是要在经济硬实力和文化软实力两个方面都追求持续、健康的发展。只有全面发展才可能建立和谐社会和谐企业。软实力是指精神力量,包括文化、制度、价值观念等所谓的软要素表现出来的一些能力,约瑟夫·奈概括为"通过吸引力而非强制力达到目的的能力"。简言之,其作用的产生不来自经济、军事等的"强制力",而来自文化、价值观等的"吸引力",它其实在社会和企业的发展中已经发挥了作用,但是在特别强调经济发展的时期,其作用被有意或无意地忽略了。一个企业的综合实力是否强,不仅取决于其经济硬实力,也取决于借助文化和意识形态吸引力所体现出的"软实力",从这个意义上说,软实力同硬实力一样,对企业的发展有着重要的作用,对一个企业的领导者来说,对这个问题应该有足够的重视。

　　企业的文化软实力是企业综合实力和竞争力的重要组成部分,在很大程度上表现为员工的精神状况、理想追求和内在凝聚力,这一切主要来自于员工对企业核心价值的认同。企业软实力从表面看是无形的,但却是构成企业核心竞争力的基石,它根植于企业自身的文化土壤,具有明显的企业特征,任何一个企业的软实力的形成都不会一蹴而就,而是在长期的实践中日积月累形成的。一经形成便会在潜移默化中发挥作用。我想,这也许像经济硬实力一样有一个积累的过程;但又与经济硬实力不同,它需要更多时间的积累、调整和充实,最后才大致形成一种被企业文化认可的"软实力",这种软实力一经形成则会持续发挥作用,同时自我完善、不断提升。比如人民文学出版社,在五十余年的实践中便自然形成了自己的软实力或曰核心价值观,我们将其概括为:"坚持以国家文化建设为己任的出版宗旨,坚持以主流文化为主导兼容并包的文化态度,坚持精益求精、开拓创新的工作精神,坚持以高素质的人才队伍作为事业之本,坚持整体化经营、勇于在市场竞争中谋求发展的经营之道。"如果说比之那些成立时间不长,但在经济上获得高速发展的出版社,因为种种原因,我们在经济实力上发展或许较缓,而在已经形成比较强的"软实力"上我们又因为投入了较多的时间成本而占有优势,从而形成了出版社的品牌,品牌也是软实力的一种体现,在企业竞争和发展中也发挥着重要作用,如"哈利·波特"、《长征》的版权竞争中都表现出品牌的力量。在"走出去"中也有作用,如与"哈伯·科林斯"合作出版中国现当代文学经典也是一例。关键是我们应该如何发挥"软实力"的作用,使其真正产生"吸引力",在我看来,如果不能发挥作用,业已形成的"软实力"的价值就会大打折扣。

自建社以来,人民文学出版社出版文学类图书八千多种七亿多册,涵盖了古今中外各种文学作品和研究著作,为国家的文化建设作出了自己的贡献,也自然形成了以国家文化建设为己任的出版理念。虽然形势不断变化,但是我们不断推出文化含量高的图书,其中当然也有经济上需要更多支出的图书,比如《孙犁全集》,比如《全元戏曲》等等;我们在实践中,既出版了反映主流文化取向的作品,比如此次"五个一"中优秀作品共八部获奖,我社有三部;同时,也出版了体现兼容并包理念的"哈利·波特",获得了很好的影响;正是因为坚持了精益求精和开拓创新的工作精神,我社才能在全国评奖中名列前茅。巢峰先生2005年5月发表的《从六届国家图书奖中看出版社》一文中说:"国家图书奖经过六届评比,大浪淘沙,终于显现了获奖最多的十大出版社。"而按获奖数量排名,人民文学出版社名列第一。当然,评奖不能说明一切,却也是一个重要参考值;正是有了一批高素质的编辑出版人才,出版社才能不断推出两个效益都好的图书,关于《林海雪原》编辑出版的故事已经流传很久,又有《白鹿原》、《尘埃落定》等许多新故事产生出来;面对日益激烈竞争的现实,我们强化了"整体化经营"的战略思路,积极投入市场竞争,注意坚持资源整合和开发新项目并举,从而编辑出版了诸如《茅盾文学奖获奖全集》、《名著名译插图本》、《语文新课标必读丛书》、《当代名家长篇代表作丛书》及"哈利·波特"（1—7）、《长征》、《笨花》等图书,在市场竞争中力争先机,从统计数字看还是应该给予肯定。据开卷的统计,人民文学出版社在文学图书零售市场9月占有率仍为第一名,占有率为6.85%。

这都说明"软实力"在实践中形成并在实践中发挥着作用,并逐渐形成了员工认可的优良的传统。要使出版社继续发展,就应在原有传统基础上进行文化传承、变革和创新,离开传统就会失去根本,而墨守成规又会失去活力和生机。事实上,因为主观和客观两方面的原因,人民文学出版社业已形成的传统和"软实力"的作用发挥并未做到淋漓尽致,同时,因为形势发生了变化,有许多新问题需要探讨,比如坚持以国家文化建设为己任与追求两个效益的统一的关系;比如坚持以主流文化为主导兼容并包的文化态度与丰富品种、调整结构的关系;比如坚持精益求精与捕捉市场时机的关系;比如坚持优秀传统与开拓创新的关系;比如坚持以高素质的人才队伍作为事业之本与关心人、爱护人、培养人的关系;比如坚持整体化经营的理念与发挥每一位员工的积极性之间的关系,都是应该认真研究和正确处理的问题,从这个意义上说,"软实力"一经形成也并不是一成不变和永远适用的,还有一个根据新情况、新现实维护和提升的过程,它既是创新的产物,又是创新的动力,在不断创新中获得新的生命。特别明显的是人文社比那些发展快速的出版社,在体制上显得落后、在机制上显得僵化、在观念上显得陈旧,这都限制了已经形成的软实力更好地发挥作用,从这个意义上说,要真正发挥软实力的作用,还有体制和机制创新、观念更新的问题。

建立软实力,提升软实力,是当前企业谋求加速发展的必备条件,毋庸置疑,软实力是企业发展的精神支柱和动力源泉,是核心竞争力的重要组成部分,发挥软实力的作用是十分重要的;但是在强调软实力的同时,同样不能忽视硬实力的作用,软实力和硬实力应该相辅相成,都是企业综合实力的内容:硬实力的提升对软实力的形成和提升提供物质基础和经济支持,而软实力的提升又是企业实现科学发展和财富增长的力量之源,软实力直接关系到硬实力的运用和有效发挥。一个成熟的企业管理者,既要重视从文化、价值观等方面激活和提升软实力,又要努力增强企业的硬实力,这才是具有战略远见和实践意义的思路,两手抓,两手都要硬才是始终保持竞争优势的制胜之道,才能使企业又好又快发展。在强调建立和谐社会的今天,如果要追求企业内部的和谐,建立和谐企业,就必须同时注意两个方面,不能偏废。在我看来,软实力使发展更持久、更有深度;硬实力使发展更现实、更有规模,当然这只是相对而言罢了,也仅仅是我自己的一种感觉而已,但不管怎样,在过分强调经济硬实力的时候,强调文化软实力是企业发展的需要。研究软实力和硬实力在企业发展中的辩证关系,正确加以强调和处理是一个新课题,只有从理论和实践两个方面加以探索才能得出科学的结论。

在我看来,一个成熟的企业应该具有在软实力方面自我反省、自我完善、自我提升的能力,有三个方面值得思索:

一、要提高企业软实力,就应努力创建学习型组织,通过有组织有层次的学习,统一思想,凝聚人心,培养企业的创新力和活力,建立有价值的企业文化。在这方面,人文社有好的传统,比如坚持了多年的编辑月会。对编辑开阔眼界、提高业务水平就很有帮助;有成就的编辑的经验介绍、出访者的情况说明、学术界、创作界和翻译界知名人士的授课以及有关出版研究专家的分析,都是学习的重要内容。通过诸如此类的学习,提升企业的文化品位,在目前普遍浮躁的情况下,更应该注意学习型组织建设,让每一个员工形成终生学习的观念,让企业形成自我反省、自我完善、自我提高的能力,从而为企业的发展培育后劲。

二、要提高企业软实力,就应在企业文化建设中,用企业的核心价值观指导企业机制和制度的建设,让企业文化和软实力向行为和物质转化。因此,应加强制度创新,用制度引导员工形成共同的认识,在我社有奖励制度,其中对图书奖励,既有经济效益的考虑,又有社会效益考虑,具体说,既有畅销书奖,又有社会效益奖,还有鼓励创新的选题策划奖。通过几年的实践,使编辑逐步树立了两个效益统一的观念,也形成了鼓励、赞赏创新,同时宽容失败的观念,在社内形成了一种较利于出版创新的环境。

三、要提高企业软实力,还需要在实践中调整思路,不断统一思想。比如在实践中我们提出了总体发展思路,也提出了具体的战略考虑,比如在选题思路上,就是"挺拔主业,丰富品种,调整结构,追求两个效益的统一",比如在经营和管理上,强调"整体化经营"和"扁平化管理",实践证明,这些思路的提出,统一了全社员工的思想,促进了出版社的发展。但是随着实践,又会产生一些新的问题,我们有意识组织研讨,比如我们提出"凡事有经有权,凡事有急有缓,凡事有所为有所不为",在研讨中,形成了更多共识。为出版社的继续发展做好了新的准备。比如,我们用"新中国文学出版事业从这里开始"和"铸成我们的文学家园"来激发员工的自豪感和责任心,用"春天文学奖"和"二十一世纪年度最佳外国小说评选"这样的活动体现人文社的文化价值观,提升人文社的文化软实力,收到了很好的效果。

总之,研究文化软实力的特点和作用,探讨出版社在市场竞争中的取胜之道,坚持软实力和硬实力协调发展、共同提升,是一个大题目,我们将结合人民文学出版社的实际努力做好这篇文章。温家宝同志不久前指出,一个民族有一些关注天空的人,他们才有希望;一个民族只是关心脚下的事情,那是没有未来的。作为文化企业的出版社,我们应该注视天空的同时盯住脚下的土地,即在拥有出版理想的同时脚踏实地谋求发展。

（原载《香山论坛2007·文化软实力与出版创新》,
中国对外翻译公司2008年10月版）

阅读·精品

——出版社的责任

全民阅读,全社会阅读,建立一个阅读社会,是社会文明发展的重要标志。实现全民阅读,首先要从青少年抓起,让他们能充分利用课余时间,抱着轻松、愉悦的心情来阅读那些与考试没有太直接关系,而作为一个现代文明人又必须了解的图书,这可以说关系到我们民族健康持续发展的百年大计,其意义不可低估。

在新一轮基础课程改革中,教育部研究制定了新的语文课程标准,对中小学生阅读的数量、质量和速度都提出了新的要求。尽管古代哲人有"开卷有益"的教诲,但易于接受新知识的青少年天性活泼,他们阅读的能力和时间均有限,所以,阅读内容的选择就显得非常重要。推荐的阅读书目若选得精当,可收到调动中小学生的阅读积极性,拓宽他们知识面的事半功倍之效;反之,则事倍功半之余,还引起广大学生、家长和老师的反感。鉴于此,教育部组织专家们结合我国语文教育的现状和时代发展对语文教育的新要求,从浩如烟海的书籍中仔细甄选适合我国青少年阅读的,古今中外的各种精品图书,并形成科学排序的阅读推荐书目。

语文新课程标准中关于课外阅读的总体设计,包罗了古今中外的各种名著。在中国古代名著的阅读方面,既有古代哲人的经典著作,如《论语》、《孟子》、《庄子》的选读本,又有文学名著如"四部经典小说"及古代戏剧代表作《西厢记》的权威注释本,还有专家学者精选精注的《高中生必背古诗文40篇》、《初中生必背古诗文50篇》、《小学生必背古诗70篇》。在中国现当代文学方面,既有现代文学大师鲁迅、郭沫若、茅盾、巴金、老舍、曹禺、沈从文、朱自清、冰心等人的代表作，又有当代茅盾文学奖获奖作品《尘埃落定》、《芙蓉镇》，还有著名的美学随笔《谈美书简》。在外国文学方面，既有世界长篇小说的杰作《堂吉诃德》、《巴黎圣母院》、《匹克威克外传》、《鲁滨孙漂流记》、《格列佛游记》、《童年》、《钢铁是怎样炼成的》，又有世界著名短篇小说大师莫泊桑、契诃夫、欧·亨利的短篇小说精选集，还有世界戏剧最杰出的作品《哈姆莱特》以及代表世界诗歌的高峰普希金和泰戈尔的诗歌选本，颇有深度的《歌德谈话录》也收录了进来。为了适应小学生的阅读需要，书目中还特别推荐了诸如《成语故事》、《中国古代语言故事》、《中外神话传说》、《格林童话精选》、《安徒生童话精选》、《伊索寓言精选》、《克雷洛夫寓言精选》等。

从以上书目看，教育部既考虑到把人类文明中最优秀的成果提供给中小学生选择阅读，又考虑到他们的实际需要和接受能力，经过科学的排序，初步形成了一个阅读系统：小学生 8 本不少于 145 万字，初中生 11 本不少于 260 万字，高中生 30 本不少于 150 万字。内容由浅入深，范围由窄到宽，这种安排，有利于学生随着年龄的增长和知识的积累，循序渐进地扩大阅读量。

提出阅读书目固然重要，但依据同一个书目编辑的图书也会有质的区别，比如，同一位作家的同一部作品，外国文学有译文的高低区别，中国古代文学作品有版本和注释的优劣区别。因此，优秀的译文和注释是保证最佳阅读效果不可或缺的前提条件。由此可见，依据书目来出版系列丛书并非容易的事情。

为了推动落实新语文课程标准中关于课外阅读的总体设计，人民文学出版社在成功出版"中学生课外文学名著必读丛书"的基础上，近期又推出了由 49 种图书组成的"语文新课标必读丛书"。

众所周知，人民文学出版社是国内最大的专业文学出版机构，它不仅有责任，也具备为广大中小学生提供最优秀的精神食粮的实力。50 余年来，人民文学出版社共出版了各类文学图书 8000 多种，7 亿多册，积累了丰富的书目，在这批推荐书目中的 49 种图书，人民文学出版社均有版本，其中如《骆驼祥子》、《子夜》、《女神》、《雷雨》等约 10 种现代和当代文学作品更享有专有出版权。在作者队伍方面，人民文学出版社也有着明显的优势：长期以来，人民文学出版社团结了国内最有成就的作者、译者、学者，他们的辛勤劳作，使人民文学出版社出版的图书具有相当高的质量，版本完善，译文准确，注释精当,在学术界享有很高的声誉,在读者中影响广泛。如《堂吉诃德》是著名作家杨绛先生"十年磨一剑"的翻译成果;又如新版《红楼梦》,有红学权威俞平伯、启功先生的精心校订。人民文学出版社建立以来已经形成了一支责任心强、业务水平高、工作认真的编辑队伍,其中既有"韬奋出版奖"的获得者,又有中青年优秀编辑称号的得主,还有许多既甘心为他人作嫁衣,而本身又是作家、翻译家和学者型的编辑。上述这些,都成为人民文学出版社高质高效完成推荐书目的图书出版的重要条件,或者可以说,这种实力也能够使该丛书成为国内惟一最完整的指定阅读书目丛书。

这一点,其实在某种程度上已经得到了印证:人民文学出版社在此次全面推出"语文新课标必读丛书"之前,于 2001 年出版了"中学生课外文学名著必读丛书",这套丛书备受中学生的青睐,三年间销售码洋为 2 亿,有的品种销售逾百万册。此次"语文新课标必读丛书"保留了"中学生课外名著必读丛书"中绝大部分书目,并由原来的 28 种增加为 49 种,内容更加丰富,特别是增加了小学生阅读的内容,使得该阅读体系更加完整。同时,阅读的针对性也相应提高,如前一套丛书中的《普希金诗选》和《泰戈尔诗选》收录的诗作较多,书比较厚,定价较高,而这次收入"语文新课标必读丛书"时则由译者和编者再作精选,使之更适合一般高中生阅读,其他如《庄子》的选读本也标注为"今译",其出发点都是为了方便学生阅读。同时,考虑到一些特定的读者,这套丛书在每部名著前都有由文学家或者教育专家撰写的"导读",深入浅出地介绍该书作者情况、写作背景、主要内容和艺术成就以及阅读时应注意的相关问题,引导中小学生更好地理解著作。此外,全套丛书的低定价,更清楚地表明了人民文学出版社让利于中小学生,重在提倡和推动全社会阅读的出版态度。这种态度的确立,是和人民文学出版社的优良传统和历史责任感紧密相联的。

（原载《出版广角》2003 年第 12 期）

关于禁书现象的思索

不久前，我应朋友之邀，主编了一本《禁书详解》（外国文学卷），书出版后还有些反响，我想，这恐怕主要是因为它涉及的是"禁书"吧？

众所周知，禁书是人类文明进步、社会向前发展中的一个奇特而复杂的现象，它折射出人类社会文明的进化程度，反映出人们的心理变化和人类思想的成熟过程，其中有许多值得人们思考和回味的地方。

在外国文学作品中，出于种种不同的原因（如政治、宗教、社会），被种种不同的社会力量（如政府、教会、道德和文化团体）查禁的书籍何止成千上万？仅《教廷禁书录》中即列入了4千余种，文学作品是其主要部分。在这些被禁的文学作品中，确有一些内容拙劣、色情淫秽之作，它们的被禁是为了维护人类文明的纯洁，自是功德无量之举；但有更多的作品却往往因为表达了某种新的思想，或者其中有一些必不可少的性描写，便被无情地打入了禁书的冷宫，这当中有许多是后来人们公认的伟大或优秀的作品。若你有兴趣翻翻《禁书详解》，你会看到一长串令人吃惊的书名：《坎特伯雷故事集》、《尤利西斯》、《巨人传》、《蒙田散文集》、《爱弥儿》、《红与黑》、《茶花女》、《汤姆叔叔的小屋》……简直不可想象，若是世界文学宝库中没有这些杰作，那该是多么贫乏而苍白！

禁书现象的复杂性表现在，有些文学作品在某些国家被列入禁书书目，而在另一些国家却是畅销书，比如前苏联作家帕斯捷尔纳克的《日瓦戈医生》，因为该书反映了"十月革命"前后俄罗斯知识分子的命运而在前苏联被查禁，但此书在国外出版后却立即引起轰动，很快成为畅销书，作者也因此被授予1958年的诺贝尔文学奖。有些文学作品被某一种社会力量定为禁书，而另一种社会力量却极力称赞它,千方百计扩大它的影响;有些文学作品一出版便成了禁书,旋即又解禁,堂而皇之地登上畅销书架;有些作品在刚刚出版时广为人们所欢迎,不久却被归入被禁之列;有些作品幸运地只被禁了几个月或几年,而另一些作品却一禁便是几十年,对其解禁还经过了法庭上激烈的辩论,这方面最典型的例子是众所周知的劳伦斯的《查泰莱夫人的情人》。

禁书这种行为还自然地形成了读者的一种微妙的心理。越是被查禁的作品反而越有吸引力。据说有一位作家想打开自己作品的销路,便向教皇皮尤斯九世求助,教皇开了个玩笑,将此书列入了《禁书总目》,这本书很快便成了人们争相传阅的热门读物。这只是一个故事,但它所包含的深刻内涵却值得人们回味。但我始终认为只要是有价值的作品,即使它可能在某一时期被某一种社会力量列入查禁名单,但它最终仍然会"红杏出墙",完成它的历史使命,因为查禁它的往往只是手握某种权力的少数人,他们只代表某种社会力量或宗教势力,并不是广大读者的共识,因此其作用远远不能与作品本身具有的生命力相抗衡。

当然,一个国家要稳定,一个政权要巩固,对作为精神产品的书籍就必然会有所提倡,有所排斥,因此到目前为止,还没有哪一个国家的政府宣布放弃这种权利的。尽管如此,禁书的数量太大、范围过广毕竟不是一个社会、一个政府成熟的标志,也不是国家稳定、政权巩固的标志。在我国历史上,"禁书高潮"曾出现过多次,与之相伴的,往往是优秀的传统文化受到大毁灭、大破坏。这几年听到的禁书越来越少了,这无疑是社会进步的一种表现。

当然,我们不能泛泛地反对查禁某图书,对宣扬封建迷信思想、诲淫诲盗和反动的书籍,自然是非禁不可,绝不能手软;同时,我们完全有权力提出这样的希望:在决定查禁某些图书时,方法更科学一些,态度更审慎一些,宣传更客观一些……

(原载《南方周末》1996 年 6 月 7 日)

温故知新　登高望远

——人文社古籍图书出版硕果累累

时光荏苒,一晃二十年过去了,近来重读《中共中央关于整理我国古籍的指示》,感到十分亲切,作为一个长期从事古典文学出版工作的编辑人员,《指示》使我有常读常新的感觉。在二十一世纪之初,我们来纪念《指示》下发二十周年,更有特殊的意义。

人民文学出版社是国家级专业文学出版机构,建社之初即确定了"古今中外,提高为主"的出版方针,文学古籍的整理和出版自一建社便成为重要的工作任务,五十年来,经过几代编辑的不懈努力,取得了丰硕的成果,在我社出版的文学古籍中,既有毛泽东同志作为国礼送给外宾的线装书《楚辞集注》,又有俗称为"黄皮书"的"中国古代文学理论批评专著选辑"(30种);既有文学古籍的新整理本"新注古代名家集丛书",又有列入全国重点规划的一代文学总集《全元戏曲》,还有获得全国古籍整理图书丛书奖的"中国小说史料丛书"(35种)……五十年来,我社出版了许多有很高学术价值、史料价值的古籍图书,在相当长的一个时期,我社的古籍出版与中华书局等专业出版社有"三足鼎立"之势,在发展过程中也逐渐形成了自己的出版特色,那就是:着眼于普及来进行文学古籍的整理和出版。

1952年9月,在冯雪峰同志指导下,重新整理、校订的《水浒》在我社顺利出版,受到党和国家的高度重视,《人民日报》于10月27日特发短评《庆贺〈水浒〉的重新出版》。《水浒》的出版,带动了新中国文学古籍整理出版事业的发展,随之,《红楼梦》等一大批古典小说也在五十年代前期相继出版。1953年12月我社又出版了《乐府诗选》,这是建国后第一本中国古典诗歌的选本,出版后产生了重要的影响,不久,《诗经选》等一批诗词、散文、戏剧的选注本相继面世。这些整理本的出版,不仅形成了我社在古典文学方面影响最为深远的"中国古典文学读本丛书"的基本框架,更形成了我社古典文学的出版方向,即面向广大的读者,着力于古典文学的普及。五十年来,特别是《指示》发表之后的二十年,我社古典文学出版工作在国家古籍出版规划小组和上级有关部门领导和指导下,紧紧围绕着广大读者的需要,又做了大量的工作,一方面,对以往的图书加以重新调整和补充,比如,"读本丛书"经过多年的积累,已经成为一个品牌,但是因为种种原因,整个丛书的体系显得不够协调,有些选本详略不够得当,因此重新调整了选题,更换了一些旧选本,补充了一些新选本,现已出版包括古代诗文、小说、戏曲等不同体裁的各种选注本40余种,在读者中有相当广泛的影响。在这套丛书之外,钱锺书的《宋诗选注》、俞平伯的《唐宋词选释》、刘永济的《唐人绝句精华》、萧涤非的《杜甫诗选》等,以名家之深厚学力来整理古代名作,进行古典文学的普及工作,影响甚为深远。另一方面,从八十年代开始,我社还组织出版了几套有影响的普及性丛书,其中"精华丛书"(20种)在单册出版十余年后,经重新编辑补充整理成四册,即《先秦诗文精华》、《魏晋南北朝诗文精华》、《唐宋诗文精华》和《金元明清诗文精华》;"新选系列"体现今天选家的观点,在1984年推出《新选千家诗》之后,又陆续出版《新选唐诗三百首》、《新选宋词三百首》、《新选元曲三百首》;"新注系列"对古代的经典选本加以新的注释,陆续推出了《唐诗三百首简注》、《千家诗评注》、《宋词三百首简注》、《古文观止新注》;为便于一般读者阅读,我社还编辑出版了"名篇"二种,即《中国古代散文名篇》和《中国古代诗歌名篇》。这些选本的出版对普及古典文学知识起了重要的作用。古籍的整理有时也有明显的现实作用,这一点是不应忽略的,如我社为了配合政治斗争的需要,在1961年出版了《不怕鬼的故事》,毛泽东同志专为此书的序文作了批示;同样是为了政治的需要,1999年我社修订重印了《不怕鬼的故事》,并组织编辑出版了《不信神的故事》,在反对封建迷信及"法轮功"的斗争中产生了积极的影响,使"古为今用"又多了一个生动的例证。

普及古典文学知识有多种形式,《指示》特别强调的"今译"是其中一种行之有效的方式,在这方面我社也做了一些尝试,如在八十年代初,我社组织出版了"今译丛书",陆续推出了《孟子选译》、《左传选译》等十余种,使一批年轻人"看得懂,觉得有意思",收到了很好的效果。在今译中特别值得一提的是流传甚广的"唐诗今译集",此书收诗 370 余首,由 150 位专家承担写作任务,编者认为"运用现代汉语作为一种移译的工具,可以在相当程度上再现唐诗的风貌",通过今译,唐诗爱好者可以进一步欣赏唐诗的精粹;而古典诗歌研究者也可以从中受到新鲜的启发,新诗创作者也可从中得到传统的借鉴。此书出版十五年以后,我社又在原有基础上精选成《唐诗名译》,受到广大读者的喜欢。八十年代初期,我社从推动普及出发,出版了"中国古典文学鉴赏丛刊",共十册,包括诗经、楚辞、唐诗、宋词等内容,这套丛刊的出版,开风气之先,带动了出版界古典文学鉴赏的热潮。我们的工作不仅得到了广大读者的首肯,也得到了有关部门直至中央领导的关怀,比如江泽民同志即于 1992 年 10 月 28 日为我社后来出版的《扬州历代诗词》题写了书名,给从事古典文学整理与普及的编辑人员以巨大的精神鼓励。

　　社会在发展,时代在进步,这为出版,包括古典文学的出版既带来了挑战,又带来了机遇,在文学古籍的整理和出版方面,还有大量的工作要做,温故而知新,登高而望远,我们既有信心,又有压力。为了适应新的形势和新的读者,我们将努力整理和出版更多有价值的文学古籍。

（原载《出版广角》2001 年第 10 期）

精益求精为读者

——写在新版本《红楼梦》第三版出版之时

清晨,我的办公桌上摆放着一套两本由沈尹默先生题写书名的《红楼梦》,版权页上写着"北京第三版"、"第 23 次印刷"的字样,我打开这厚厚的两大本书,心中竟有几分激动。

《红楼梦》是中国文学史上最伟大的作品之一,为了给广大读者提供阅读的便利,对其进行整理和注释是一件虽然费力但却是功德无量的好事。读者有幸,20 世纪七八十年代,一批学者默默地做了这件好事。这部由中国艺术研究院红楼梦研究所集体校注的《红楼梦》,开始校注于 1975 年,正式出版于 1982 年。20 多年来,发行量近四百万套,在读者中有广泛的影响,被誉为"最能体现原貌并便于阅读"的一个《红楼梦》整理本。2007 年 2 月,为此书出版 25 周年,红学所和人民文学出版社联合举行了纪念会议。在这次会议上,当年参加校注工作的老先生们回忆了从 1975 年起开始的校注工作的点点滴滴。1974 年至 1975 年,袁水拍向上级提出应对《红楼梦》进行校注整理,后经有关部门批准,成立了由袁水拍任组长,冯其庸、李希凡任副组长的校注组,由政府拨款并调集一批专家和研究人员来工作,历经七八个春夏秋冬,在专家们的共同努力下,1982 年 2 月此书终于由人民文学出版社出版。这对处于改革开放初期的读者,是一件多么贵重的礼物啊!

这个校注本以乾隆二十五年的庚辰本为底本,校勘坚持审慎的原则,力求准确,既择他本善者而从,又努力保持原本的历史面貌,注释充分考虑此书的读者需求,力求繁简得宜,从而避免了臃肿烦琐之病。但是,学问是无止境的,在此书出版之后,红学研究又有了长足的进展,不少重要的专著相继出版,不少重要的论文陆续发表,还连续发现了有关曹雪芹家世的文献和实物。同时,在《红楼梦》的名物考订上,也有不少新的进展,《红楼梦》的校注者为了对读者负责,对红学事业负责,在 1994 年对本书做了一次全面的修订,新增注释 87 条,补充和修改原注 165 条,其余 2401 条注释,从内容到文字也重新作了一次审核认定;在校勘和标点、分段方面,重校的文字也为数不少,至于标点和分段,则改动更多。经过这一次修订,《红楼梦》新注本更受读者欢迎,同时更具有权威性。此后的许多所谓新注本都或隐或显地使用了这个注本的成果,有的更有抄袭之嫌,因为不是此文主旨,姑且按下不表。

光阴荏苒,匆匆又是 13 年,随着时光的流逝,在红学研究的方方面面,自然又有许多新的收获,仍然是为了对读者负责、对红学负责,校注者们决定再次进行修订。这次修订,校注者参阅了十多年来多种新校本和红学论著,力求反映红学界的共同成果。这次校订,计正文修订 500 余条;校注修订 100 余条;注释修订 300 余条,其中增加条目 200 余条,修改条目 100 余条;凡例修订共 3 条。这次修订不仅特别注意吸收红学界的新成果,还特别注意采纳自初版以来全国各地热心读者来信中提出的正确意见,真正做到了"海纳百川,有容乃大",从而使全书的校注水平又上了一个台阶。特别应该说明的是,此次作者署名充分吸收了学术界的成果,体现了实事求是的精神,由以前的"曹雪芹、高鹗著"改为"(前八十回)曹雪芹著、(后四十回)无名氏续;程伟元、高鹗整理",虽然看似啰嗦一些,但却更为准确了。字里行间,充分体现出校注者认真负责的态度和精神。

此时此刻,抚摸着散发着书香的新版《红楼梦》,回想着三次校注过程,在感慨时光流逝之速的同时,更感慨红学所诸位专家学者对读者、对红学的一份责任感,他们在三次校订过程中体现出的精益求精的精神令人感动和敬佩。作为出版者,我们能通过自己的劳动把这样的精品奉献给广大读者,真是一种荣耀和幸福。

(原载《出版广角》2008 年第 9 期)

社庆三题

近期以来,欢度 50 华诞的单位和部门越来越多,各种庆祝活动也形成一种定式,给人以千篇一律的感觉,使人少了几分兴奋和激动,但不久前人民文学出版社举办的庆祝活动却使人感到颇有新意、耐人回味。

会场与"节目"

50 年大庆,场地应该放在哪里呢?是北京饭店、港澳中心,还是人民大会堂?似乎都可以,总之要庄严、气派。经过反复考虑,人民文学出版社把举办社庆活动的场地选在了四环路边上的中国现代文学馆。会场的选择实际表明了主办者的一种趣向和追求,选择中国现代文学馆正是含蓄地强调了人民文学出版社的特点,与其近来提出的"挺拔主业"的思路相一致,到会的 400 多位作家、翻译家、学者带着一种敬意走进了中国现代文学馆,现代文学史上的大师和当代的著名作家将与他们一起来庆祝人民文学出版社的 50 华诞,特殊的会场使每一位到会来宾都感到亲切、自然……

纪念会当然要有社长致辞和领导讲话,这是题中应有之义,但是只有这些内容又会给人以呆板、老套的感觉,为了使庆祝活动更务实、更有效,人民文学出版社的社庆还特意安排了两个重要的节目:其一是举行了"第三届人民文学奖颁奖"活动;其二是举办了"人民文学出版社图书版本回顾展"。因为这两个"节目"的设计,使得此次大会别具特色。此前,人民文学出版社组织社内专家和资深编辑对 1995 年至 2000 年出版的当代文学作品作了认真的评选,有 20 部长篇小说、纪实文学、诗歌、散文作品列入正奖。8 部作品为提名奖。在社庆典礼上,由领导同志为所有获奖者颁发证书、奖杯和奖金,会场上喜气洋洋,气氛热烈。正是通过颁奖活动人民文学出版社进一步强调了出版社与作者的血肉联系,表达了对作者的回报和感激之情,使每位与会者深受感动;现代文学馆有三个固定的展览,相当有特色,而此次又增加了一个新的展览,那就是由人民文学出版社主办的"图书版本回顾展",展览系统地介绍了人民文学出版社 50 年来的出版成就,不仅有大幅照片,更有一些珍贵的老版本图书;不仅有著名画家为著名作品所作的珍贵插图,更有文学大师巴金、叶圣陶、老舍等人与出版社编辑的往来书信;"版权贸易遍及世界"的大幅地图和"获奖作品一览"的巨幅表格使每一位参观者驻足沉思,心中感叹不已。细细品味,人民文学出版社借社庆之机设计这一个展览,确有借势的意味,因为其他三个展览中所提到的图书有相当一部分就是这个出版社出版的,因此这四个展览在一定程度上可以互补,而在社庆这一天,可以把"人民文学出版社图书版本回顾展"看作是主展览,而其他三个展览则成了这个展览的最佳伙伴⋯⋯

会标与标语

3 月 28 日上午,人们一走进中国现代文学馆学术报告厅,便会自然注意到横挂在主席台上方的会标"庆祝人民文学出版社创业 50 周年大会",每一位与会者的目光都会在"创业"二字上略作停留,细心的人还会琢磨其含义,为什么不用"成立"或者"建社"这样平实的字眼呢? 显然,会议的主办者是有深意的。如果近一阶段你去过人文社大楼的话,便一定会注意到楼前的一个标语牌,上面用大字写着"永远行进在创业的征程上"。50 年,对一个出版社来说,确实是一段不短的历史,但对一个未来充满希望的出版社来说,又只是发展历史中的一个阶段而已,从长远看来,也仍然是在一个"创业"的阶段,虽然 50 年已经过去了,但远远还不是"守成"的时候。"创业"二字,表明了对历史的一种尊重,也表明了人文社的员工对自己肩上的责任有一种清醒的认识⋯⋯正是在社庆期间,人文社员工们一刻也没有停下自己的脚步去孤芳自赏,反而是感到压力更大了,是不是能对得起最初的创业者? 是不是无愧于"新中国文学出版事业从这里开始"的赞誉? 人文社的每一个员工都在思考⋯⋯

礼品与深情

本着节俭务实的原则,此次人文社虽然对每一位来宾都热情接待,但并未准备一般意义上的所谓"礼品",当然,来宾们也不会空手而回,每一位到会的嘉宾,在签到处都会收到两件礼品,其一是"人民文学出版社社庆纪念册";其二是"我与人民文学出版社"纪念文集。纪念册以人文版图书为主要内容,以每10年为一个阶段,对50年重点图书出版情况作了一次大盘点,纪念册图片注意资料性,文字注意准确性,每一部图书都是一个环节,共同构成了人民文学出版社图书出版的历史;除了介绍图书以外,还附有社史方面的有关资料:"人民文学出版社历任领导班子成员组成情况"、"人民文学出版社历年出版情况一览表"、"人民文学出版社机构设置"、"人民文学出版社部分获奖图书书目",这些资料对人们了解人民文学出版社的历史极有帮助;纪念册特别新颖之处还在于,它专门有两页"祝贺签名",在"祝贺人民文学出版社建社50周年"的通栏下,国内著名作家、翻译家、学者留下了自己的签名,表明了出版社与作者的广泛联系及新老作者对出版社的美好祝愿;在"筑成我们的文学家园——庆祝建社50周年"的通栏下,全社员工用不同的字体签下了自己的名字,表达了一种自豪的情感……

纪念文集收录了数十位作者的文章,文章写法各异,重点不同,但都有一个主题,那就是"我与人民文学出版社"。马识途记述他的《清江壮歌》出版的前前后后,颇多感慨;王蒙在文章里庆幸自己的主要作品都是"讲文学讲质量讲信用的人民文学出版社"出版的,并把编辑比作"文学事业的天使",令人感动;王海鸰记述了《牵手》在人民文学出版社出版的经过,并祝愿人民文学出版社"越来越年轻";邓贤说明了"喜欢和不喜欢人民文学出版社的几个理由",在热情地鼓励里又洋溢着殷切的期望;冯骥才详述了出版社老领导韦君宜对他的关心、爱护和指导,感叹道:"如果我没有遇到韦君宜,我以后的文学可能完全是另一个样子。我认识她几乎是一种命运。"刘白羽在文章中希望人民文学出版社"继承五十年的优良传统,激流勇进,奋发向前"。杜鹏程在文章中回忆了冯雪峰同志对他的具体指导和帮助,文笔细致,十分感人;李国文记述了他的《冬天里的春天》出版始末,他深情地写到:"记得我还是一个文学青年的五十年代,走在东四到朝阳门的路上,便知道那座不起眼的楼房,是中国作家心目中的文学殿堂……20 年后,能够置身于人民文学出版社的出书作家队伍之中,那种学校的感觉,对我今后的文学之路,将是永远的鼓舞。"浩然记述了他的第一本书《喜鹊登枝》在人民文学出版社出版的经过,他感叹:"四十年间我接触过的上百名人民文学出版社的工作人员,都是和善、亲切的。所以我牢牢记着第一本书的出版过程,也记着他们的和善与亲切。"其他作家阿来、张炜、张锲、张曼菱、陈忠实、宗璞、周大新、周而复、周梅森、柳建伟、俞天白、鲁彦周、臧克家、魏巍都写了文章表示祝贺;邓绍基、叶水夫、孙玉石、孙昌武、张玉书、林庚、季羡林、费振刚、袁世硕、徐斯年等著名学者、翻译家也都撰文记述与人民文学出版社的交往,表达美好的期望,十分生动感人。总之,这部文集,不仅从不同的侧面记述了作者与出版社如此深厚的友谊,在一定程度上也可以视作是名著的出版史,对研究作者的创作,对研究人民文学出版社的历史,都是弥足珍贵的材料。也许有人会问,这是出版社赠送给作者的礼品呢? 还是作者在出版社 50 年华诞之际赠送给出版社的一份厚礼? 答案自在每个人的心里。

　　社庆结束了,每一位来宾都会有不同感受,在一定程度上似乎可以这样说:这不仅是人文社的节日,同时也是文学界、翻译界、学术界和出版界的一个节日,让我们记住这一天吧!

(原载《出版经济》2001 年第 4 期)

与哈利·波特邂逅

——在香港文化产业国际研讨会上的演讲
（2003 年 12 月 19 日）

各位来宾，大家好！

我很荣幸被邀请出席此次大会并代表人民文学出版社和我的同事们就《哈利·波特》话题向各位同仁介绍一些情况。

《哈利·波特》是一部名副其实的"超级畅销书"，能把这位戴眼镜的小魔法师介绍给中国广大读者，我们感到十分荣幸。路透社今年（2003 年）11 月 17 日电说："世界上最著名的男孩巫师今天创造了一项新的世界纪录——哈利·波特丛书的销售量达到 2.5 亿册。……这套书已在 200 多个国家和地区发行销售，被译成 60 种文字，从印度的古吉拉特语到古希腊语。"而《哈利·波特》自 2000 年 10 月 6 日来到中国大陆后到目前为止，其中文简体字版共出版和销售近 700 万册，成为一个非常值得关注的出版现象。

一个英国作家塑造的哈利·波特这样一个男孩，是怎样被介绍到中国大陆，又是怎样为广大读者接受和欢迎的呢？请允许我作一些简要的介绍。

一、发挥优势　参与竞争

与哈利·波特邂逅并成为朋友，是我们的荣幸，但这却不是一种偶然，因为在冥冥中我们已经做好了接纳哈利·波特的准备，这个世界著名的小男孩通过人民文学出版社而走入千百万中国大陆读者的生活是十分自然的结果。

人民文学出版社是大陆最大的专业文学出版机构，成立于 1951 年，在过去的五十多年里，这个出版社出版古今中外文学作品及相关读物 8000 多种 7 亿多册，在国内外有较为广泛的影响。面对市场竞争日益激烈的新形势，人民文学出版社应该如何前行，这是我们不断思考的一个严肃问题。1999 年，我们提出了一个新的出版思路,即"挺拔主业,优化结构,强化品牌,丰富品种,加大市场覆盖面,争取更大的社会效益和经济效益。"市场在变化,读者的阅读兴趣也在变化,如果只是维持过去的特点而不与时俱进地发展,竞争力肯定会大大削弱。新的出版思路就是要在坚持原来优秀传统的基础上,充分考虑市场和读者的新需要,扩大出书范围,调整出版结构,在这一思路指导下,我们在坚持挺拔文学主业的基础上,向与文学相关相近的领域扩展,先后成立了少儿读物编辑室、文化读物编辑室和教材出版中心。其中少儿读物编辑室和教材出版中心分别使《哈利·波特》和"语文新课标必读丛书"这两个项目成为出版社的支柱项目。

少儿编辑室最初由两位同事组建,他们二人原来都是外国文学编辑室的编辑,他们不仅业务能力强,对国外出版情况比较熟悉而且十分敬业。成立了少儿读物编辑室,使编辑可以专心注意国外少儿读物的出版情况,又因为减少了层次,一些选题可以直接报告社长、总编辑,可以尽快决定取舍,这一切都为《哈利·波特》的引进做好了准备。因为"丰富品种"的观念得到编辑们的认同,使得大家能放开视野,这对我们最终选择《哈利·波特》也起了重要作用。这部书刚出版时,一位老出版家撰文说:"这套书由人民文学出版社出版使我感到震惊,但从这件事上看到文学出版事业要创新,要真正做到吸收外国的东西。"为什么会"感到震惊"? 就因为这部书最初被认为有太多"魔法"的描写,人民文学出版社怎么会出这样的书呢? 即使出,也会按以往的方法,以副牌"外国文学出版社"的名义出,就像当年《廊桥遗梦》一样,但这一次我们就是大大方方地用"人民文学出版社"的名义出版,因此在一些老出版家的心里产生了一些震动,这实际上是像人民文学出版社这样的老社大社,应不应该这样"丰富品种"的问题,几年的实践证明,这实际上已经不是一个问题了。

是巧合还是必然? 先有了机构的调整和观念的统一,然后才有了《哈利·波特》的引进。机会,对所有的人都是公平的,所幸的是我们没有与机会失之交臂。

《哈利·波特》在欧美出版后逐渐受到关注,屡屡登上排行榜,在大陆也引起多家出版社的注意。2000 年 2 月开始,业内报纸《中华读书报》、《中国图书商报》等都有相关报道,之后有不少于七家出版社以各种形式联系版权事宜。我社王瑞琴、叶显林1999年10月打听到该书的出版社,于是向英国的布鲁姆斯伯里出版社发出一封信,但没有回音。2000年2月,该社传真回复,"哈利·特波"的版权在克里斯托弗·利特尔版权代理公司,希望人文社与利特尔先生联系。因为困难很多,中间曾一度停顿,当年4月再度联系,当时的态度就是积极争取,力争拿下。经过不懈努力,我们与罗琳的代理人建立了友好的联系,不久,英方传来消息,希望了解人文社的情况,包括人文社的历史、出版状况、人员结构,特别是欧美文学、儿童文学出版的材料,我们很快将人文社建社45周年时的一份详细中英文介绍和相关材料传了过去,着重突出了人文社在中国大陆出版界的地位和曾出版过大量外国文学名著的历史和业绩。6月1日,代理人才有回音,要求与人文社通电话,在电话中,代理人再一次询问人文社的情况,当听说人文社有近五十年的历史及在职员工近300人时发出了惊叹,并询问该书在中国大陆可否发行50万册以上,人文社作出肯定的回答,后双方就销售数、预付金、版税等问题进一步商谈,达成一致,7月29日人文社接到罗琳代理人寄来的合同,人文社8月3日在合同上签字寄回,8月26日,接到了罗琳签字的合同,至此,《哈利·波特》版权的谈判终于告一段落,人文社凭其实力、信心和诚意从多家出版社中胜出而使这场历时八个多月的版权之争尘埃落定。

二、借助媒体　整体营销

在版权竞争中胜出固然可喜,但是压力也随之产生了。在参与竞争的出版社中,既有专门出版少儿读物的,又有专门出版外国文学作品的,最后英方还是选择了我社,表现了罗琳"愿与文学品牌社合作"的想法,我们深感荣幸,同时也有责任,不辜负罗琳及其代理人对我们的信任,把书出好,销售好,使哈利·波特成为广大中国读者的朋友。

在大陆多家出版社为获得版权的竞争中,一些重要媒体已表现出对《哈利·波特》在大陆命运的担心,《中华读书报》以《为"哈利·波特"捏一把汗》为题集中报道了业内人士的担心,《哈利·波特》在亚洲的销售远不如在欧美,哈利·波特在中国是否会水土不服? 大陆出版社能否像欧美出版社那样开展有效的营销运作,有业内人士这样写道:"还有一个问题是出版、销售和策略……我们的出版社是否也能把握商机,采用灵活多变的促销手段呢? 哈利·波特能否让中国孩子着魔,很大程度取决于此。"事实上,这种担心并不是空穴来风,确实有些超级畅销书在国内引进后业绩平平,其中有东西方文化差异的问题,有翻译水平的问题,也有营销能力和效果的问题。

面对业内一些人士对哈利·波特落户中国并不乐观的议论,我们的信心没有受到影响,我们坚信,一部受到世界成千上万读者喜欢的文学作品一定也会受到中国读者的喜欢,孩子是最没有偏见的,中西文化的差异岂能比人类共通的东西更有力量? 为了让哈利·波特顺利登陆,我们决定在人员、资金等全方位投入,一定要让世界畅销书也成为中国大陆的畅销书! 要成为真正意义上的畅销书,首先要做到内容与形式的和谐,这就要求产品是一个精品,这似乎与营销关系不大,但却是营销成功与否的前提和基础。因为我们所做的一切,首先是为了向社会、向广大读者奉献一本好书。再有,书籍的制作也是整体开发和营销不可或缺的环节。当时我们有一个明确的追求,就是要让不同凡响的《哈利·波特》制作得不落俗套,在每一个制作环节都要考虑到读者的需求和市场营销的效果。我们以整体开发和营销的思维,对《哈利·波特》这套图书的各个细节进行精心设计和制作,创造了一个完整和谐的图书形态,为后续的促销和销售提供了质量过硬的产品,更好地引起了读者的购书兴趣和欲望。

在认真制作合格产品的同时,营销问题自然提了出来。我们认真研究了《哈利·波特》在国外畅销的经验,除了作品本身的魅力和制作精美之外,国外出版商的销售策略起到了重要作用,我们要使哈利·波特成功落户中国,也一定要在方方面面的工作中特别突出注意通过整体营销来获得市场的成功。具体说来,就是注意借助媒体,不断产生热点,引起媒体和读者的关注,同时积极开展市场运作,有步骤、大规模地开拓市场空间。我们抓住了前所未有的机遇,我们也遇到了前所未有的挑战,因此,我们也就必须面对前所未有的考验……

回过头来看,《哈利·波特》的引进和营销策划总体而言相当成功,这很大程度上得益于作品本身的巨大号召力,大批媒体主动跟进炒作,起到了推波助澜的作用,比如,2001 年 12 月 3 日,中央电视台《东方时空》栏目改版后第一期"世界"栏目便是对罗琳的专题介绍。其他媒体时时保持关注,把对《哈利·波特》的报道视作自己接近读者、及时反映新闻的一种表现。

《哈利·波特》受到媒体的关注,成为世界级的热点,这对我们开展营销活动当然十分有利,但是,要想把"哈利·波特"真正介绍给中国读者,就必须因势利导,借水行船。如果媒体只是一般性的关注和一般性的报道,读者受到的影响就会很小,营销效果必然大打折扣,因此我们就必须不断提供新闻热点,不断调整媒体的关注度,不断吸引读者的注意力,使读者保持较为持久的热情。

　　《哈利·波特》对出版者来说有先天的优势,它在 2000 年 2 月以后逐渐成为大陆传媒关注的热点,它内容的神奇、它在国外巨大的成功、大陆多家出版社对其版权的争夺等等,都成为媒体关注的内容。中国的小读者什么时候能够读到这个小男孩的神奇故事? 哪一家出版社最终可以成为把哈利·波特介绍给中国读者的人? 7 月 13 日,罗琳的代理人表示:哈利·波特中国区版权已经售出。因为当时还没有一家出版社与罗琳签约,媒体又寻找到一个宣传点,这时一家权威报纸报道,某出版社已获得版权。我们对各种信息作了分析研究,认定有出版社胜出的可能并不存在,我们必须耐心等待。事后有的媒体指出,当时传言和假新闻齐飞,弄得其他几家竞争版权的出版社心慌意乱,弄假者希望借此取得心理优势,使其他出版社放弃努力,并借机打响自己的品牌。不知这种分析是否准确,但并未影响我们制订版权获得以后的营销策略。后来知道,当时罗琳代理人指的就是与人文社已达成协议,但因罗琳表示认可人文社后就去美国做了为期两周的宣传,所以将合同寄晚了。一般说来,我们在 8 月 3 日以后就可以公开这个消息,但是出于全面考虑:一方面,毕竟对方还没有正式签字,合同尚未生效,从理论上说还有变化的可能;另一方面,我们早在 6 月初就已请人着手翻译,但此时书稿还在编辑过程中,一时还不能出版上市。现在由于有了《哈利·波特》在国际上的成功,又有了国内的版权之争,注意、兴趣和一定程度的阅读欲望都有了,可是现在协议还没有最终签下来,而离出书至少还有两个月(我们已经提前安排翻译,正在进行之中),一旦版权之争揭晓,那些注意和兴趣就会逐步消失,阅读的欲望会减弱,岂不可惜! 现在是能推迟一天也是好的,到实在推迟不了了,我们再开一个新闻发布会,新闻发布会还要准备提供给记者们多一些新闻内容,让他们用这些内容去不断地引发读者的兴趣,继而形成购买的欲望和行动。基于这样的考虑,我们采取了低调的态度,借助媒体和读者的好奇心理,推迟揭晓谜底的时间,在这同时积极组织翻译和出版工作,积极制定营销方案,因此在 7 月 13 日以后，我们就对谈判进程严格保密，从而使媒体的关注度一直没有减弱。这时，《中华读书报》《北京青年报》《北京晨报》，还有外省的一些媒体都对版权之争给予了显著报道，又是"群雄逐鹿"，又是"冲击波"和"反思冲击波"，又是"即将登陆"和"能否安全登陆"等等，一时间好不热闹。社会注意力的持续为将来的销售打下了更为坚实的基础，也为我们后续工作争得了时间。正式协议签订了，如果还秘而不宣，就涉及到一个职业道德问题，面对记者的追问，我们在 8 月 31 日举行了新闻发布会，版权问题正式揭出谜底显得很有新闻性，不仅为《哈利·波特》和出版社品牌又做了一轮宣传而且使图书正式上市显得更为从容，使新闻关注度不会出现空白。再如第五册的发行，我们在图书正式上市之前对书名、印数、定价等都采取保密态度，其中固然有防范盗版的因素，但准备热点调动媒体进行宣传也是重要因素，因此当名为《哈利·波特与凤凰社》的正版以 80 万册首印的消息一出来，立刻引起媒体关注，探究确定书名的原因，分析首印 80 万册的理由，甚至比我们早先宣布的日期提前十天上市以及我们开展"换购"活动等，都成了媒体炒作的新闻。这些内容，实际都是我们整个营销方案中有计划有步骤的安排。又如关于"哈利·波特"反盗版方面的情况我们也及时通知媒体关注，遵化大案告破，引起很大轰动；第五册上市之初，我们又请求全国扫黄打非办公室下发了关于《哈利·波特》盗版书和非法出版物查缴令，以及这一套书我们所采取的各种防伪技术和防盗版措施，都是媒体所关心的，也是我们希望读者所了解的，不断提供新闻热点，就能得到媒体有力的帮助和支持。

整体营销中的一个重要环节是图书的首发活动，这也是媒体关注的焦点之一。《哈利·波特》目前已组织了三次富有创新精神的首发活动，每一次都引起媒体极大关注，在读者中产生了巨大影响。2000 年 10 月 6 日上午 10 时，《哈利·波特》第一次首发仪式在北京王府井新华书店举行。我们为首发仪式做了一些创新设计。特别请来中国儿童艺术剧院的一位演员，按照图书封面上的形象，让她装扮成小说中哈利·波特的模样，闪亮登场，全场为之活跃异常。她在排着长队的顾客中进行即兴表演，帮助消除顾客因为等待太久而产生的一些厌倦情绪。首发式吸引了 30 多位中外记者，两小时售出 1500 册，创下了北京王府井新华书店图书首发式的纪录。创新的首发仪式给了人们一个信息：《哈利·波特》一登场就非同凡响，前途未可限量。

　　2001 年 6 月 1 日,《哈利·波特》第二次首发仪式仍在北京王府井新华书店举行。尽管《哈利·波特》在中国已经是知名品牌,前面 3 册的销售态势一直良好,我们还是决定精心组织第四册的首发仪式。《哈利·波特与火焰杯》首发式时间定在 2001 年 6 月 1 日傍晚 5 点钟。为什么是傍晚 5 点钟? 见诸报端的理由是第四册书中火焰杯喷发的时间,其实这是故意找的一个由头而已,真正的原因是我们策划室编辑们的创意。他们认为“六一”儿童节的书城热闹非凡,出版社促销奇招叠出,《哈利·波特》是超一流明星,不能淹没于其中,不如最后压轴,显示出超一流明星的勇气、大气、霸气;至于读者来与不来,我们完全不必担心,前有 1 至 3 册的 130 万册的销量作基础,人约黄昏后,更显得我们与众多哈利·波特迷们有一个心气相通的约定。这个设计当然比较别出心裁,但也比较得体,我们策划室、发行部全力以赴,精心地设计、布置了首发仪式现场,巨大的彩色景片成为许多读者摄影留念的背景,特约的两位杂技演员早早登场表演,不断引发孩子们的笑声,给孩子们派送糖果,帮助他们度过难挨的时光。傍晚 5 时一到,销售开始,说火爆异常是一点都不夸张,我们又创了一个纪录:一个小时销售突破 2500 册。第四册的首发成功,又一次有力地推动了《哈利·波特》全套图书的热销,全套图书销量直线飙升。

　　2003 年 9 月 21 日,在英文原版出版三个月后,我们又组织了《哈利·波特》的第三次首发仪式。第五册与第四册之间相隔两年多,读者都等急了,因此这次首发仪式就更要讲求效果。这次首发地点选中了以图书品种全、新书上市快著称的北京西单图书大厦。图书大厦全力支持此次活动,这次一改以往在室内举行首发仪式的做法,采取“广场形式”,让读者充分参与,请著名电视主持人主持活动,既有《哈利·波特》前四册的片断模拟表演,又有互动式游戏和有奖问答,《中国教育报》用“‘哈五’‘疯狂’面世、‘哈迷’迎来节日”作为标题报道了当时的盛况:“游戏、现场表演、富有创意的小礼物……使得人头攒动的首发式现场气氛煞是热烈。”当日销售创出最高纪录,达 10000 多册。这次活动,扩大了出版社的影响,提升了《哈利·波特》的知名度,成为当天的重要新闻,受到媒体的关注,多家电视台和报纸均给予报道。

　　吸引媒体的关注,无疑极为有利于图书的营销,或者可以说是营销的一部分,但还不能代替具体的营销,把图书推向市场的工作同样或者说更加重要。

《哈利·波特》的前期宣传之后还有两个后续阶段，即针对图书批销商的业内宣传、分销设计和图书上市销售阶段的宣传和推动。我着重介绍一些图书上市销售阶段的宣传和推动的情况。该做的事情陆续都做了，上市销售可就是短兵相接了，为此我们主要实施了以下一些促销计划：

全国同时首发：早在2000年9月底，我们就通过媒体发布新闻，中国的少年儿童期待已久的《哈利·波特》定于2000年10月6日上午10时整在全国各大中城市同时开始销售。在宣布首发消息的新闻发布会上，还冒出来了一些外国驻华记者，他们似乎不大相信《哈利·波特》能够按时顺利出版。"全国同时首发"形成了社会和广大读者的期待心理，在一些城市造成了国庆节书市的热点。第四册全国首发，选择了六·一儿童节，效果很好，特别是第五册，首印80万册，在首发仪式举行的当天在全国主要城市的各种书店同时上市，一方面满足了不同地区读者的需要，另一方面在第一时间覆盖市场，不给盗版者以空间。

广告招贴宣传：我们为《哈利·波特》前三册设计了三条广告词，一是"哈利·波特——跳出书包的小魔法师"，告诉给少年儿童和家长们的信息是：故事将"跳出书包"，故事是魔法童话，好看；二是"哈利·波特——我们身边的小骑士"，告诉给少年儿童和家长们的信息是：这是关于勇敢和惊险的故事，有益；三是"哈利·波特——全世界儿童的好朋友"，告诉给少年儿童和家长们的信息是：全世界儿童都在看《哈利·波特》，你是不是也该看一看呢？彩色招贴、巨型彩喷广告片以及异形书签都使用了这三条广告词，平易、质朴、亲切的广告词得到了哈利·波特迷们的比较自然的接受。第四册是"魔法师的火焰杯激情大喷发"，充满幻想和诱惑；第五册是"进入青春期的哈利·波特带来了更多故事"。既与书的内容有关又含有一种神秘性，诱发孩子阅读。

撷英手册导读：我们挑选了第一册《哈利·波特与魔法石》中比较精彩的两个章节，印制成小巧便携的撷英手册，大量发给各地销售商，请他们放在书店显眼的地方，让读者自由取用。撷英手册导读让读者享受了先睹之快，产生一睹全书的兴趣和欲望，促成他们的购买行动。

精致礼物相赠：在《哈利·波特》销售过程中，我们为这套图书制作了不少精致可爱的礼物，这些小礼物营造了人们文化生活中的"哈利·波特时尚"，更为广泛地传播着图书信息。随着《哈利·波特》的热销，这些礼物也逐渐成了独一无二的经典收藏品，对读者的吸引力不容忽视。

后续新闻不断：虽然北京以及一些城市三次首发成功，但并不意味着大功告成，更不能高枕无忧，重要的是要把这精心策划成功的开张大吉的消息广泛传播，推动全面销售。如前三册首发时，我们在首发仪式前既着手组织首发成功后的新闻报道，据不完全统计，首发后的 10 天里，各种媒体有关《哈利·波特》的各种报道高达 100 多篇，中央电视台、教育电视台、北京电视台都做了现场报道，后续大面积的新闻报道实现了首发仪式的效益最大化。

总之，《哈利·波特》本身有着巨大的生命力，营销的目的是把图书中的生命力焕发出来，感染每一个读者。我们知道，一般商品在市场上都有一个生命周期，大体是以下五个阶段：开发期、上市期、增长期、成熟期、衰退期。我们的努力是要使得我们出版的图书在市场上的增长期和成熟期尽可能地延长，而延长的最好的办法就是运动，生命在于运动！永远记住这句至理名言。

三、培育市场　深度开发

第一波营销活动告一段落，还有大量的工作要做，我们在前期成功的基础上，面对新的挑战，又在引导读者、培育市场和深度开发、全面收获两个方面加大力度，扩大战果，取得令人满意的效果。

"哈利·波特"这样一部风靡西方的系列小说能否顺利落户中国大陆，这是业内人士十分关心的问题，地域差别、中西方文化差别，会不会给中国读者造成阅读的障碍？书中的一些魔法和"恐怖"的描写有没有可能为中国读者接受？甚至，这一系列图书的出版有没有积极意义？对《哈利·波特》的批评和怀疑的言论出现了，面对这种情况，我们认为：文化背景的差异、阅读习惯的不同等多种因素会对市场产生影响，但文化之间也是相通的，青少年跨地域阅读在今天越来越普遍，《哈利·波特》能为中国读者接受是肯定不成问题的。先入为主的宣传之后应该是冷静的思考，应该是对《哈利·波特》文本的探讨，应该是对《哈利·波特》内容的肯定，这是引导读者的需要，也是培育市场的需要。在信息泛滥的时代，人们购物都比较注意选择，信息发布者的大轰大吵虽然会引起顾客的注意，但不一定能引起他们购物的兴趣、欲望和行动，而对于图书这种内容为王的商品，人们的购书行动则尤其来源于理性的判断,为此,图书促销最重要的手段还是向广大读者提供相关权威性的肯定性意见。为此,我们在北京、上海等地组织专家学者对《哈利·波特》进行了全方位、多层次的深入研讨。各位专家一致认为,这部小说弘扬了正直、善良、勇敢的美好品质,极大地丰富和开拓了人们的想象空间,"一扫我们儿童文学陈旧的成规,吹来了一股令人振奋的新风"。会后,我们把专家们对作品的高度肯定性意见在媒体上发表出来,打消了一部分读者的疑虑。除此之外,我们还组织了深度书评。当时正值素质教育讨论蜂起,我们组织的书评特别强调读《哈利·波特》有助于培养少年儿童的想象力,而想象力是优秀人才十分重要的素质。从我国国情出发,我们要求书评不要去渲染西方人津津乐道的幻想中的巫术文化,而是着力强调哈利·波特等正面形象的正义、善良、勇敢的品质等内容。

此外,我们还协助一些小学开展以阅读《哈利·波特》为主题的队日活动,协助中央电视台《读书时间》栏目就《哈利·波特》开展讨论,还与一些儿童文学刊物举行《哈利·波特》读书征文活动,等等。

通过对《哈利·波特》文本价值上的探讨和肯定,其主要内涵得到了中国式的阐发,这部具有国际影响的图书终于进入了我国文化、教育的重要读物行列,同时,图书销售也就形成了持续上升的良好态势。随着销售量的直线上升和读者的狂热表现,怀疑消失了,指责也消失了。应该说,这为《哈利·波特》更广泛地拥有读者扫清了道路。在第四册和第五册图书上市时已经听不到怀疑的声音了。

购买到《哈利·波特》的版权对人文社来说是一个重要收获,但是能不能在此基础上进行深度开发,是我们思考的另一个问题,在出版社和编辑室的思路上,形成一定要充分利用已有资源的共识。相关产品主要有两类,一类是与《哈利·波特》有关的辅助读物,如"哈利"在魔法学校读的图书《神奇的动物在哪里》、《神奇的魁地奇球》以及《我和哈利·波特真实的故事》等。前两种装帧力求古朴、封面分别印有魔法学校图书馆的图章和哈利·波特的签名,书中也处处可见哈利涂抹评注的痕迹,这些严格切合原作故事内容的设计使读者兴趣大增;后一种是关于罗琳的访谈录,对了解《哈利·波特》的写作及罗琳很有帮助,一经出版,销路就很好;第二类是衍生产品,在《哈利·波特》顺利出版后,我社积极与具有形象版权的华纳公司接触并获得"哈利·波特"形象版权,不久即推出三套《哈利·波特》明信片,三册黑白和彩色对照的填色书,可挂可贴的大开本海报,以后又推出了笔记本、贴画书等产品,其中《哈利·波特与魔法石》贴画本共四册,分情景贴画和标志贴画,既有书中的场景,又有书中的形象,十分精美,是"哈利·波特"外延产品中的精品。对这一类产品的开发,坦率地说开始我们有些犹豫,主要是因为制作任务比较繁重,担心费力不讨好,后来我们认识到:多元品种的开发造成了与主打品种的互动,对主打品种是一个有力的宣传,形成更大面积的影响和效益。现在看,这一类产品开发的效果尚可,当然还有很多事情要进一步做细做好,相信会得到预期的回报。

四、"哈利·波特"成功登陆的启示和影响

《哈利·波特》自1999年下半年不约而同地受到大陆业界的关注到2003年9月第五册顺利首发,其间只有短短的四年,但它的引进和畅销对国内书业产生了明显的影响,有些业内专家也专门撰文给予论述,我粗粗想来,大约有这样几个方面:

启示之一:永远不要夸大文化差异的作用,永远不要低估中国孩子们的接受能力,永远不要忘记好的阅读习惯需要好的读物来培养。

成功引进,表明我们已经是世界大家庭的一员,世界各国读者喜欢的作品,我们可以迅速介绍给中国读者,这反映了中国对世界的一种开放态度;特别是《哈利·波特》所描写的内容的确与中国文化有很大差异,但并不影响我们的读者去欣赏和喜爱,文化的融合有其基础,不同国家和地区的文化并不是不能相互融合的。《哈利·波特》的成功启示我们要带着一种更为开放的心态去审视其他国家优秀的文化产品,积极引进和推广;在提倡素质教育的今天,孩子们广泛阅读绝对是有益的,《哈利·波特》有众多读者,其热销使美国一些评论人士惊呼"《哈利·波特》改变了世界"。在这个"超级媒体"的文化背景下,《哈利·波特》让人们重新回归阅读。在国内《哈利·波特》对阅读的推动同样不容忽视,据有些初中、高中生来信表示,他们看到的第一本文字课外书就是"哈利·波特",以前从来不喜欢看文字书,只看有图的、看动画片,玩游戏。读过"哈利·波特"以后开始大量读书,现在读名著成为他们生活中的一部分,有些家长来信感谢"哈利·波特",因为自从读了这套书以后,他们的孩子爱读书了。特别应该指出的是,业界有人认为《哈利·波特与凤凰社》在非典后市场疲软的情况下正像一针强心剂,它的出版又带动了整个图书市场的复苏。这种估计也许过高,但也有合理成分。《中国图书商报》2003年10月31日以"市场继续下滑'哈五'力挽狂澜"为题,对9月少儿类畅销书排行榜作了分析。

启示之二:素质教育就是开发孩子们的心智,儿童本位是儿童文学的灵魂,《哈利·波特》为儿童文学创作吹来了一股清新的风。

《哈利·波特》的成功引进应该或已经对大陆的儿童文学写作带来冲击和积极影响,它会给我们的儿童读物带来许多借鉴。著名文学评论家何镇邦先生认为:《哈利·波特》风靡全球的主要原因之一是它在教孩子们玩,要给文学一点解放,冲破原来的观念,进入多元化。另一个成功的原因是它很有生活气息、符合儿童的心理,儿童爱看,成年人也喜欢看,"儿童文学一定要有儿童的特点,文学需要想象,而当代文学缺乏想象"。雷达认为这部作品充满了奇妙的想象力而又不是安徒生式的童话,字里行间都形成一种阅读的魅力。中国儿童文学往往强调"告诉你一个道理",缺少真正反映儿童生活的作品,而只是反映成人理解的儿童生活或是希望儿童过的一种生活。《哈利·波特》构思并不复杂,但悬念丛生,充满童趣,中国儿童文学作家应该能从中得到启示。对这一点,儿童文学专家王泉根先生指出:《哈利·波特》的成功在于坚持儿童文学的本位立场,坚持把儿童世界还给儿童。他还进一步指出:《哈利·波特》的引进,"不仅是中外儿童文化交流史、出版史上的一件大事,而且也必将对世纪之交的中国儿童文学本位立场、精神走向产生深层次意义的影响,甚至对我们如何理解与把握今天少年儿童的素质教育产生影响"。

启示三:版权引进是实力和机遇的较量,只有积极参与才有可能胜出;营销是智慧和创新的劳动,只有成功的营销才能使引进的版权图书顺利着陆。

《哈利·波特》的引进过程,国内出版界对国际出版信息作出十分迅速而有效的反应,说明国内众多出版机构在信息灵敏度、操作渠道、购买能力等方面都实现了前所未有飞跃。哈利·波特是一个契机,引发了国内出版界的一次大练兵。可以毫不夸张地说:"哈利·波特"带动了我国大陆的版权贸易。以《哈利·波特》为标志出版物的一批图书在这几年被引入大陆,使我们的版权贸易意识和操作都更加成熟,国外版权代理机构开始主动与国内出版社联系,中国的版权代理也在壮大,其中有许多是在 2000 年以后看到版权贸易的市场前景才发展起来的。《哈利·波特》的引入,还促使我国政府更加注意反盗版工作,这当然有加入 WTO 的背景,但《哈利·波特》作为一部"超级畅销书",受到有关部门的特别关注,如第五册专发"查缴令"等,虽然盗版市场还没有完全杜绝,但政府打击盗版的决心日益加大,出版行政部门保护知识产权,保护出版社切身利益的举措大大增多,这与引进的力度有直接的关系,从而为进一步形成完善出版物市场起了积极的促进作用。

再有就是《哈利·波特》的成功营销,使人们看到一个事实:在国外畅销的图书,在大陆也完全可能畅销。我们借鉴了国内外一些成功的经验并根据中国国情修改了国外的一些营销观念和具体操作方式,最终使《哈利·波特》的整体营销获得成功。在《哈利·波特》整体营销中的一些理念和做法为业界同仁认可,并以不同的形式借用。总之,因为我们在《哈利·波特》的营销中,既注意整体营销,又注意每一个细节,使这部在国外畅销的图书在中国大陆同样成为一套"超级畅销书",业界认为这促进了国内少儿图书市场畅销书机制的建立。一些细节,比如小到图书的开本,我们使用了异型 16 开后,在市场上几乎已经风靡,特别是少儿类读物。可见成功事例的巨大影响。

启示四:成功说明过去,经验滋养未来,有形的财富固然重要,无形的财富同样值得十分珍惜。

《哈利·波特》的成功引进对人民文学出版社的体制和机制多方面产生了重要影响,使我们坚定了发挥优势,积极参与市场竞争的决心。在人民文学出版社的历史上还没有遇到任何一套书像《哈利·波特》这样对我们提出这么高的要求,前三册从翻译到全国统一上市用了四个月;第五册从拿到样书到首印 80 万册全国同时上市用了整整三个月,一部近 70 万字的书稿在三个月内高质量地完成翻译、编辑、校对、排版、特殊工艺的制作以及 80 万册的印刷并提前发到每一个销售点,这种速度岂不令人感叹? 在这过程中,我的同事们做出了怎样的努力? 难怪一些媒体将其称作"出版神话"。因此,我认为,《哈利·波特》的成功,不仅全面体现了我社在购买版权、编辑出版和发行销售上的实力,也锻炼了我们这一支队伍。

《哈利·波特》的成功为我们提供了各方面的经验,版权贸易、翻译编辑、印制设计、发行营销等等,我们都有意识地借助和利用《哈利·波特》提供的经验,认真地经营好每一本书。《哈利·波特》的成功为我社赢得了巨大声誉,大大提高了我社的知名度,不仅在国内读者中强化了老社大社积极进取的形象,在国际图书市场上也具有一定的知名度,在《哈利·波特》之后,不断有出版代理机构主动与我们联系,希望通过我们把他们的优秀作品引入中国大陆,如《达伦·山传奇》、《小菟丝系列》等书就是罗琳的代理人主动给我们的;有时,我们想参与竞争某种版权,只要对方知道我们是《哈利·波特》的出版者,往往会另眼相看,许多事情也就比较好谈了。在我们看来,这种信誉和知名度也是一种财富,我们会谨慎而积极地使用这笔无形财富。

　　我的报告完了,谢谢各位!

　　　　（此文后一部分以《〈哈利·波特〉的成功带给我们的启示》为题,
　　　　　　　　发表于《中国出版》2004 年第 4 期）

"哈迷",请耐心等待

——一个出版者的话

在千百万哈迷的热情期待下,《哈利·波特5》的英文版终于在6月21日与广大读者见面了。人民文学出版社继前四册之后,仍然获得了这一册的中文简体字版权。为了尽快让读者读到准确、流畅、传神的译本,人民文学社请前四册的主要译者加班加点、集中精力赶译这一册著名作品。正在这时,一些不法之徒表现出他们的"天才",他们利用读者的这种期待,非法出版了粗制滥造的《哈利·波特5》的译本。面对这种情况,除了行使法律武器维护自己和作者的权益以外,人民文学社的编辑们还要回答这样一个问题:为什么不能赶在这些违法者出手之前推出你们的译本? 有的热心读者甚至建议,你们可以找十位翻译家一齐上阵。不是可以更快吗?

这种心情我们可以理解,但我们不能这样去做。我们的确可以得到众多翻译家的支持,但是,并不是每一个著名翻译家都适合翻译《哈利·波特》,何况十个人十种风格,时间太紧又没有时间细细琢磨,岂能产生经典译文? 正如自己的孩子,我们怎能为了让他早一点见客人而不给他打扮得整齐、干净、得体一些呢? 一方面是对读者负责、对原作者负责的出版社;另一方面是惟利是图、敢于冒犯法律的盗版者。因为目的不同,同时,因为我们的图书市场还不十分规范,因此在出版速度的竞争中我们暂时还处于劣势,这是无奈而又必须承认的现实。我们要奉献给广大"哈迷"一件精品,这一切都需要时间。此时此刻,我们最关心的还是:你站在哪一方面? 我们当然希望你保持一份耐心,站在我们一边。

我们深知,在当前情况下,时间是多么重要。早一天出版就能减少一分损失,但我们又怎能为了早一点出版而放弃精雕细刻、认真翻译的传统呢?人民文学出版社是国内最大的专业文学出版社,把精品奉献给广大读者是我们的责任,也是我们的传统。不管市场竞争多么激烈,不管不当竞争的形势多么严峻,这个责任和传统永远不能放弃。何况,我们面前是千百万读者狂热喜欢的超级畅销书呢?

因此,我们需要一点点理解,需要一点点支持——

亲爱的哈迷,请你不要购买任何一本粗制滥造的《哈利·波特5》,10月1日前你见到的任何一个中译本都是非法出版物。读了这样的译本,你会失去阅读前四册保留下来的美好记忆,而且这些"译本",总是断章丢行,会使你的阅读快感受到伤害……

亲爱的哈迷,请你随时告诉我们你所了解的非法出版物的印刷和销售地点,让我们齐心协力把那些专干坏事的不法之徒送到他们应该去的地方,使我们的图书市场更加净化……

亲爱的哈迷,我们需要你的理解和支持,而这种理解和支持也许就是你的耐心等待。作为出版者,我可以对你说:亲爱的朋友,你的等待一定是值得的!

（原载《中国图书商报》2003 年 8 月 23 日）

感谢与思索

——茅盾文学奖揭晓后的感想

自第六届茅盾文学奖揭晓以来,读者和媒体反映都很热烈,如《新闻出版报》等报刊以"五部获奖作品三部出自人文社"为题作了报道,还有一些朋友对我社《历史的天空》、《英雄时代》和《东藏记》榜上有名也表示了祝贺之意,这当然是令人高兴的事。近日,见到一位新闻界的老朋友,他一面向我表示祝贺,一面认真地问:"你们每次都有多种图书获奖,今年又是占了五分之三,有什么秘诀吗?一定有一些感想,有空我们谈一谈如何?"来去匆匆,未便详谈,归而思之,确有些话想说……

人民文学出版社应该感到自豪。在以往历届茅盾文学奖的评选中,共有22种图书获奖,而人民文学出版社有11种,占了二分之一,而此次又占五分之三,说是"丰收",恐怕不算"自我感觉良好"吧?当然,祝贺者有之,羡慕者有之,不平者亦有之,这无疑既在意料之中,又在情理之中。

在感到自豪和高兴的同时,我们自然也有一份深深的感激,有一份感激的情感在心中涌动。说到感谢,当然首先要感谢作者,是他们的一份信任,成就了我们一次新的收获,无论是徐贵祥、柳建伟,还是宗璞先生,他们不仅是人民文学出版社的作者,更是人民文学出版社的朋友,他们的这份信任,令我们感动。没有他们艰辛和努力的创作,就不会出现《历史的天空》、《英雄时代》和《东藏记》这三朵奇葩;没有他们对我社的信任,这三朵奇葩就不会绽放在人民文学出版社这一方"文学的家园"里;说到感谢,我还要感谢为这三本书出版付出辛勤劳动的我的同事刘宇、刘稚和杨柳等,是他们无私的奉献,赢得了作者的尊重;是他们的认真工作,结出了丰硕的果实。当然,在他们周围，还有我的许多同事，是大家的共同努力，才为人民文学出版社赢得了又一次荣誉；说到感谢，我还要感谢各位评委，是他们独具慧眼，在众多长篇小说作品中选择了这些作品，并把自己的一票投给了这三部优秀之作。当然，这样的评选，也许难免会有遗珠之憾，但这三部作品是当代长篇小说中的佼佼者则是无疑的，它们的获奖是名至实归，评委的选择无疑是正确的，如果没有他们的辛勤劳动，这些作品的价值也许要过若干年才能为人们真正了解；说到感谢，我还应该表达对有关部门和广大读者的谢意，感谢他们长期以来对人民文学出版社的关爱和支持，感谢他们对此次获奖作品的推荐和认同，我们愿意通过我们的努力，把更多的优秀作品奉献给他们——我们的衣食父母！

朋友"有什么秘诀"的提问，引发了我的思索。年年获奖，今年又是"丰收"，有没有偶然因素，有多少偶然因素？可是哪里又有离开必然的偶然呢？

茅盾文学奖对人民文学出版社来说虽然只是众多奖项中的一种，但却是我们特别看重和认真对待的一个奖项，能在这个奖项上不断丰收，原因应该是多方面的，但我认为归根结底还是因为人民文学出版社长期以来形成的优良传统及由这个传统产生出来的核心竞争力发挥了作用。人民文学出版社自 1951 年 3 月成立以来，在实践中逐渐形成了自己的优良传统，概括起来就是："坚持以国家建设为己任的出版宗旨，坚持以主流文化为主导兼容并包的文化态度，坚持精益求精、开拓创新的工作精神，坚持以高素质的人才队伍作为事业之本。"五十多年来，我们的社会生活发生了巨大的变化，特别是近二十年以来，市场竞争日益激烈，然而这些优良传统却不断发扬光大，作为立社之基石，兴社之旗帜，引导着人民文学出版社开拓前行。"以国家文化建设为己任"、"坚持以主流文化为主导"、"坚持精益求精、开拓创新"、坚持建设"高素质的人才队伍"等等是人民文学出版社优良传统的关键用语和高度概括，由此出发，人民文学出版社才能守正创新、不断进取，也才能在茅盾文学奖的评选中不断收获。

可以说，我们取得的任何一点成绩，都是坚持我社的优良传统的结果，离开了这个根本，一切都变得不好理解，不好说明，当然，优良传统在实践中必须具体化才能更大限度地发挥其作用。在认真总结优秀传统和发扬光大优秀传统的同时，人民文学出版社"与时俱进"，形成了新的企业价值观和图书出版的良好机制，由此来解答"又是丰收"的问题，或许可以得到大体接近的答案。

　　首先，在坚持社会效益第一，力求两个效益统一的前提下，我们特别提出了要"挺拔主业"，作为一家重要的文学出版机构，全社员工，特别是编辑人员深知自己的社会责任，虽然经济压力不能忽视，但我们毕竟不是"书商"，何况，坚持社会效益第一并不意味着就一定以牺牲经济效益为代价，寻求两个效益的统一既是对我们编辑人员的新要求，也是完全可以实现的目标，在这种统一认识的基础上，我们又特别强调了"挺拔主业"的观念，市场竞争激烈，根据市场的要求改变产品的类型当然无可厚非，但是要特别注意这种改变要想成功就不能扬短避长，过多追逐市场，而应该扬长避短，创造和维护市场。我社之长，当然是出版文学类图书，适当调整结构是必要的，但这种"调整"不能离开"挺拔主业"的原则，因为我社有多年出版的辉煌历史，有坚持文学出版的编辑人员，有我们固有的作者和图书资源，这一切形成了不可替代的品牌效应，每一位编辑都会努力擦亮这个品牌。在文学并不像历史上曾经有过的那种辉煌的时候，要坚持"挺拔主业"，不仅需要勇气，也需要具体布置和安排，比如我们提出了资源整合和创新并重的思路，一方面发挥我社资源丰富的特点，另一方面在社内形成一种追求创新，没有创新就没有发展的企业价值观，从而促进了新选题的开发，这就会遇到一个数量与质量的矛盾问题，比如长篇小说，作为文学创作的标志性品种，人民文学出版社每年要计划出版几十种，约占总出书新品种的 15% 左右，在坚持以主流文化为主兼容并包的文化态度前提下，我们为描写各种题材、采用各种方法、面向各类读者的长篇小说的出版提供广阔的平台，这一方面为推动中国当代文学创作做出了我们的一份贡献，另一方面也为优秀作品脱颖而出准备了基础。这就是我们内部经常讨论的一个数量和质量的问题，没有质量的数量是苍白的，而没有一定数量的质量也是乏味的，是缺乏竞争力的。我们当然知道，当前长篇小说创作存在着数量过多而质量偏低的矛盾，但作为文学出版社有推进中国当代长篇小说创作的责任，有帮助和鼓励那些有潜力的作家积极探索，开拓前行的责任，也有发现和培养新一代优秀作家的责任，正是因此，我们才可能出版了《白鹿原》、《尘埃落定》这一类可能在中国当代文学史上会留有专章论述的作品。这样一种心态和责任感，以及因此而形成的积极出版当代长篇作品的实绩,为我们获得大丰收提供了重要的条件。

其次,为了真正落实社会效益第一,力争双效统一的总体思路,我们在出版体制上特别强调"整体化经营"的观念。人文社是一家有较丰富资源储备和较稳定传统的出版社,提出怎样的既适合自身特点又符合发展需要的思路,关系着出版社是不是能够发展,怎样发展的大问题,在充分研究和讨论的基础上,全社上下形成了必须坚持整体化经营的共识,单打独斗、各自为战的方法不符合人文社发展的总体思路。有了整体化经营的理念,我们就可以举全社之力做一些编辑室不愿或不能承担的积累性项目,也可以按照"挺拔主业"的理念,组织出版一些社会效益看好而经济效益一时难以准确估计的图书,其中长篇小说占有突出比重,这样,如果决策失误,社里承担相应的责任和压力,而项目成功,我们决不忽略编辑在其中所发挥的重要作用,及时予以精神和物质上的奖励,这样一来,编辑们可以比较放松地策划选题和组织书稿,好的作品也就相对容易出现了。当然,这对出版社领导提出了更高要求,但我们的体会是,只要坚持民主和科学决策,坚持大胆开拓创新的精神,成功的机率还是相当高的。

第三,我们有一支令人骄傲和自豪的编辑队伍,这支队伍总体讲,业务素质好,与作者有良好关系,可以得到作者的尊重,也充分理解出版社的总体思路,同时又勤勤恳恳、甘心为他人作嫁衣,有了这样的"事业之本",我们才可能不断"丰收"。正在我构思此文的时候,5月2日晚上10时半,我接到一个电话,手机上显示是出版社的电话,来电话的是我的同事王培元,他当时正在社里应《出版广角》约请赶写文章,题目是《在朝内166号和前辈的灵魂相遇》,准备系统地介绍冯雪峰、聂绀弩、王任叔、韦君宜、秦兆阳等我社前辈人物,我们在电话里探讨了这些前辈对文学出版社的贡献,对文学出版社的优良传统形成的贡献,对我们这些后人的示范作用等等,而在5月5日我到出版社加班时,培元兄仍在社里伏案写作并把"小引"交我,命我"提出意见"。这也许是一件小事,在出版社这个氛围里算不上什么,要不是因为行文至此,也许我不会为此写这么一段话,但由这一件小事,岂不正表现出人文社编辑对出版社的热爱,对前辈的尊敬,对文学社优良传统的认同以及勤奋工作的精神吗?有这样的同志,我们怎么会编辑不出好书呢?说到长篇小说和茅盾文学奖,我们社像培元兄一样敬业勤奋而以编辑长篇小说闻名的编辑就更多了,只是现在仍在工作岗位上的就有杨柳、胡玉萍、刘海虹、陶良华、周昌义、洪清波、刘宇、刘稚、王干、刘会军……是他们的努力,保证了我社长篇小说出版的数量和质量,为我社赢得了作者的尊重和读者的认可,为出版社赢得了荣誉,此次获奖的三部作品的编辑刘宇、刘稚和杨柳只是他们中间的代表而已,因为有这样一支队伍,我对今后不断"丰收"充满了期待和信心!

以上我从出版社总体理念和具体机制以及人才队伍三个方面试图对我社又是"丰收"的情况加以说明,不知是否能令那位媒体朋友满意?

当然,我们深深知道,出版界内部竞争异常激烈,辉煌的过去并不意味着辉煌的未来,已有的成绩往往成为更大的压力,兄弟出版社早已奋起直追,"逆水行舟,不进则退",茅盾文学奖是一个重要标志,但又绝不是唯一的标志,我们会保持清醒的头脑,继续坚持挺拔主业和整体化经营的理念,继续大力建设我们的人才队伍,继续广泛地联系作者和开发新选题,继续保持和擦亮我们的品牌,让人民文学出版社真正成为读者认可的"文学殿堂"!

（原载《中国图书商报》2005 年 6 月 3 日,发表时有删改）

勇于竞争　坚决维权

在商言商,图书市场亦不例外;参与竞争,大社老社岂能谦让？怎样参与竞争,进而怎样在市场这个搏击场上大获全胜,这是我们经常思考的问题。

图书市场竞争,应该是全方位的竞争,其中最重要的还是选题竞争,有一部什么"画",便会有几十部"画",有一部什么"门",就会有几十个"门";这固然反映了选题策划者一定程度的"智短",也反映出市场竞争之急迫、之激烈。搭车也罢,取巧也罢,反正是最初策划者徒叹无奈,读者有时也被蒙在鼓里掏钱上当……

这样的例子可以信手拈来,实在是不胜枚举,而最近的例子则是围绕"语文新课标"推荐书目的一场大战,人民文学出版社在以往"中学生课外文学名著必读丛书"的基础上,严格按照教育部的有关规定,认真策划和组织,在今年五月份推出了"语文新课标必读丛书"49 种,应该说这是一套最适合中小学生阅读的丛书,甫一出版即迎来一片叫好之声,其"好"何在？概括言之为书目最全、版本最优、价格适宜、质量最佳,加之人民文学出版社这样一个国内最大的专业文学出版社 50 余年的积累和在读者中的信誉,这套丛书受到普遍欢迎是情理之中的。

于是,跟风者出现了。这是竞争的必然,谁也没话可说,也不应该多说,市场是验金石,一切应由读者评判。但是有些事情也令人费解,比如,你发明了"新课际"的提法,给丛书定名为"新课标必读丛书",他也一字不改照用;你的封面特定设计,用两条短语标明两个主要内容,他也完全相同,封面像是近支兄弟;你因为几年前有一本书叫"论语通译",因为教育部提出要读论语,你把此书收入,他也搞一本,也叫"论语通译",他以为这个书名是教育部指定的。其实不知道这个书名出现还在新课标制定之前，而且这个书名还是很特别的，实在不易雷同；你严格按新课标要求列出书目，他却敢于在新课标要求之外再列一些别的书，而封面也同样用"教育部指定书目"的字样唬人，如果要进而问一下是哪个文件的"指定书目"，不知他会如何回答？这当然是竞争的需要，只不知算不算"不公平竞争"？出版者心知肚明，读者也自有公论。

人文社的必读丛书，自称"书目最全"。当然不是自吹自擂，而是有根据的，因为在教育部推荐的书目中，人文社有不少于8种是有"专有出版权"的，而专有出版权在《著作权法》中有明确规定："图书出版者在合同约定期间享有专有出版权受法律保护，他人不得出版该作品。"享有专有出版权，是出版社的重要资源和竞争的优势，每个出版社应该保护好自己的专业出版权，同时不侵犯别人的专有出版权，这样的竞争才公平有序，否则何来公平竞争？何来有序的市场？而就有一些出版社无视《著作权法》的存在，它们明知故犯，想尽一切办法侵犯别人的专有出版权，这无异于明火执仗地打劫，如人文社必读丛书中的许多种具有专有出版权的图书都难逃这种厄运。面对这种情况，是看在同行的面子上忍让？还是站出来维护自己的权益，维护作者的权益，维护市场竞争的正常秩序？一个有责任感的出版社只能选择后者，相信读者、法律也会支持出版社采取这样的态度和举措……

作为一个在国内有影响的出版社，一方面当然应该积极投身于激烈竞争的市场，在市场竞争中站稳脚跟，不断发展；同时，还要坚决维护自己的权益，绝不能对侵权行为视而不见、听之任之，人文社在2001年的一场维权官司以"完胜"告终并被评为当年北京十大案件之一，已经表明了人文社在维权方面的坚决态度；面对新的侵权，人文社也同样会拿起法律的武器，对那些侵权者说：还是公平竞争，侵权之路不通！

（原载《中国新闻出版报》2003年7月8日）

编书人的"幸福时光"

——漫说"作家学术随笔丛书"和"漫说丛书"

出差归来,书桌上摆放着墨香犹存的 3 本一套的"作家学术随笔丛书",即王蒙的《心有灵犀》、李国文的《中国文人的非正常死亡》和刘心武的《春梦随云散》;翁涌设计的封面生动而大方,很有特色,使我久久把玩而不忍收起。稍顷,我从书柜里又取出不久前出版的"漫说丛书"4 种,即张庆善、刘永良的《漫说红楼》、陈洪、孙勇进的《漫说水浒》、张锦池的《漫说西游》、张国风的《漫说三国》。两套丛书放在我的面前,对我来说,这细雨蒙蒙的一天的每一秒,都是我的"幸福时光"。我到人民文学出版社从事编辑工作已经近 20 年,这两套丛书在我策划和编辑的图书中并不是最有"分量"的,但我却格外看重这两套丛书,虽然两套丛书目前只有并不厚重的 7 册,却有使我感到特别愉快的价值。

几年前,我提出了相关的两个选题,其一是由著名学者编写一套"漫说丛书",其二是由著名作家撰写一套"学术随笔丛书"。前一个选题的提出是有感于学术研究过于专门化,学者们热衷于写作"高头讲章",因为只有这样的"大作"才能成为晋升职称的依据;另一方面,一些所谓"普及"的图书,又趋于"戏说"和流俗,使得学术的通俗化变成了学术的庸俗化。这种现象是应该引起注意的。"漫说丛书"的策划便是"注意"的结果。在"编辑缘起"里,我们这样表明了丛书的主旨:"高头讲章,固然容易严密精深;从容漫说,未必不能翻新出奇。漫说不是戏说,漫说并非闲话。漫说可以不拘一格,各尽所长,漫说更能举一反三,深入浅出。于是,我们决定编辑这套漫说丛书,力图从更广阔的领域引导读者来理解古典名著,了解古代文化。以大家手笔写小品文章,往往更见精彩;由著名学者作自由漫说,或许愈加活泼……"主旨确定以后,我们邀请了一些专家,先从"四部古典名著"入手。这几位学者在不同的研究方向上都卓有成就,著作颇丰,请他们来写不同的专题,应该说都是合适人选,但"大学者"写"漫说"文章也并不比写一本厚厚的专著容易多少,我们也算给各位专家出了个难题,各位专家充分理解我们的意图,积极配合,很快便完成了书稿的撰写,事实证明我们邀请的各位专家都是最佳人选,他们的大作出版后的反应比我们预期的还好,不仅收到了许多读者来信,而且有几种很快便重印了。后一个选题的提出是希望为作家学者化做一点具体工作。作家来谈论学术问题,提倡作家学者化,不是一个新话题,但是这个问题也并不是一个已经达成共识或者说已经解决的问题,到现在为止,也还有许多作家主要依靠生活积累和零星的感悟来写作,甚至有些作家轻蔑思想、无视理性,其作品必然肤浅或者有一种浮躁之气而无深刻内涵和厚重的感觉,要求产生"大"作品也就是不现实的了。鉴于此,我考虑是否做些什么。正好此时我读到了李国文先生的《金圣叹之死》,颇多感慨,联想到王蒙先生关于李商隐、关于《红楼梦》和刘心武先生关于《红楼梦》与《金瓶梅》的一些学术随笔,其中一些见解是专做学问的人所不易发现和阐发的。这类文章不受现成观点的束缚,不受现有成果的局限,时有新见,同时作者的写作自由生动,思路开阔,读来极富启发性。集中阅读这类文章,不仅对从事文学写作的人会起到示范作用,而且对专门做学问的人也一定会有所启迪,我们的想法得到了各位先生的理解和支持,这套丛书的前3本因而得以顺利出版。

　　"漫说丛书"和"作家学术随笔丛书"的出版,是我们提倡学术通俗化和作家学者化的一点尝试,这方面还有许多工作要做,既然是开放型丛书,就应该不断充实选题,比如《金瓶梅》、《聊斋志异》以及"唐诗"、"宋词"、"元曲"等都可以"漫说"一番,读者一定会感兴趣。总之,这两套丛书的出版只是做了初步工作,沿着这个思路还有许多事情可做,希望这两套丛书都能不断发展壮大,给编书人和读书人带来更多的"幸福时光"。

(原载《人民日报·海外版》2002 年 6 月 4 日)

和谐的"四重奏"

——介绍四套古典文学丛书

作为综合性文学出版社,人民文学出版社古典文学读物的出版同当代文学作品和外国文学作品的出版一样受到读者的特别喜爱,在建社四十余年里,"人文社"古典部出版了大量质量上乘的各类读物,而概括起来,其中最为人们称道的是被读者戏称为"和谐的四重奏"的四套丛书。

首先要提到的是《中国古典文学读本丛书》,这套丛书的出版始于1958年,至今已出版图书四十余种,包括古代诗文、小说、戏曲等不同体裁的各种选注本,其宗旨是将普及与提高相结合,把中国古代文学史上最杰出的作家和最有价值的作品推荐和介绍给广大读者,其中既有《中国历代文选》、《唐诗选》、《唐宋词选》、《金元明清词选》等断代作品选本;又有《李白诗选》、《杜甫诗选注》、《李商隐诗选》等著名作家的个人选本,至于《红楼梦》、《牡丹亭》等古典小说、戏曲的新注本,无疑拥有更多的读者。这套丛书的选注者,多为国内知名学者,其中如罗根泽、马茂元、余冠英、游国恩等均是颇负盛名的古典文学研究专家,他们精辟的解说和严谨的注释,使丛书具有极高的学术品位。自丛书出版以来,随着时间的推移,选题不断补充、范围不断扩大,至今已形成一定的规模,堪称读者学习和了解古代作家作品的基本文库。

如果说《读本丛书》侧重于文学作品的注释和介绍,那么,六十年代初开始编辑出版的"黄皮书"系列——《中国古典文学理论批评专著选辑》则侧重于古代文学理论的整理和研究,凡是在文学史上有重要影响的文学批评专著均请专家重新标点,有些特别重要的专著还加以注释,目前已出版四十余种,形成了相当的规模。近期"人文社"将这套书集中重印一次,同时补充了一些新品种,在学术界和读书界又引起了广泛的注意,其中如《随园诗话》、《文心雕龙注释》、《诗话总龟》等均在有关部门主持的销售排行榜上名列前茅。

八十年代初,书禁初开,"人文社"古典部又组织编辑了《中国古代小说史料丛书》,在其"编辑说明"里写到:"小说史的研究,在鲁迅先生开拓的道路和奠定的基础上,建国以来又有所前进。由于小说的品种出版较少,资料缺乏,也影响了研究的深入。本丛书编辑出版的目的,即为适应文学史研究工作和大学文科教学工作的需要,同时为文学创作提供借鉴材料。"这套丛书具有书目选择严格、科学,原文整理认真、细致的特点,也因此而具有了极高的学术价值和参考价值。此丛书主要选收宋代至清末在我国小说发展史上有一定影响的作品,内容接近小说的讲演文学,如弹词、宝卷等,亦酌情选收,现在已陆续出版近四十种。此丛书的整理者,都是在中国古代小说的研究上卓有成就的专家,他们注意精选底本,并认真标点整理,从而使丛书中的许多品种成为一时的"定本"。人民文学出版社近期将安排重印这一丛书,拟在质量方面再上一层楼而包装尽量质朴大方,以减轻一般读者的经济负担。

整理和出版前人的佳作固然重要,而总结和推出今人的研究成果亦不能忽视,基于这种认识,"人文社"古典部九十年代初开始了《中国古典文学研究丛书》的出版。此丛书不强调策划,不刻意编排,似不成系统而自成体系。丛书作者不分老中青,不同知名度,每种著作长可百万言,短可数万字,举凡在中国文学发展史上某一时期、某一方面或某一专题的研究上有所创获而成一家之言者,均可入选。自1990年第一本专著《西游记漫话》(林庚著)出版以来,此丛书已陆续出版了《神韵论》(吴调公著)、《屈原新论》(聂石樵著)、《文心雕龙研究》(牟世金著)等约十种,在学术界产生了良好的影响。

以上介绍的四套丛书,既有古代文学作品新的选注和校点本,又有古代文学理论专著的整理本,还有今人对古代作品的研究成果,大体包括了古典文学的主要内容,凝聚了几代专家学者和几代编辑的心血,现在都已成为人民文学出版社的名牌。"人文社"古典部目前正在"善待和开发出版资源"的口号下,本着尽善尽美的原则,对这四套丛书作新的补充和修订,并陆续重印,以使"四重奏"更加和谐,更加动听……

（原载《中华读书报》1998 年 11 月 8 日）

新的角度　新的概括

——评《中国古代文体丛书》

人民文学出版社最近出版的《中国古代文体丛书》共七种,包括《散文》(谢楚发著)、《诗》(叶君远著)、《赋》(袁济喜著)、《骈文》(尹恭弘著)、《小说》(石昌渝著)、《戏剧》(么书仪著),《词》(王景琳、徐匋著),分别系统、全面地介绍了中国古代文学中七类主要体裁的发展演变过程和体制特点。

概括说来,此丛书有以下几个主要特点:

一、文学史知识与文体知识相结合

本丛书侧重于阐述每一文体产生之原因、演变之过程、主要流派与风格以及有关的文体知识。对这些内容的论述,是不可能离开对作家的介绍和对作品的分析的。因此,此丛书既注意描述一个时代的文学特点,又留心叙述一种文体发展的线索,在对作家作品的介绍中,突出其在文体上的贡献。如《诗》突出介绍了李白对乐府歌行、杜甫对律诗体式格律形成与发展的贡献;《词》突出介绍了柳永对词的长调体式的贡献,苏轼和辛弃疾在词体革新中的成就。有一些作家,其作品在艺术上虽很有特色,但在主体上却没有什么突破,便略而不论了;而另外一些"小"作家或过去被人们所忽视的作品,在文体发展上哪怕只有一点贡献,也会给以总结和阐述,如小说《蟫史》并不是一部优秀作品,但作者在回目安排上用了新的方法,即每一回的题目为单句,前一回的题目和后一回的题目为对句。这在小说的体式上是一种较少见的现象。所以便作了适当的介绍。

由此可见,此丛书以文体特点为经,以作家作品为纬,二者互相映衬,互为发明,做到当详则详,当略则略,有点有面,重点突出。这样做的结果,便使这套丛书既不同于那些专门介绍古代文学体式特点的纯知识性读物,又不同于一般的文学史著作,而是二者有机的结合。这样,既在对文学发展历史的叙述中,使读者了解每一种文体的产生原因、发展过程及其特点,又可以在对文体发展线索的勾勒中,换一个角度来认识那些著名的或者是不很著名的作家及其作品。从这个意义上说,《文体丛书》是文学史知识与文体知识"相恋"的结晶。

二、知识性与学术性相结合

《文体丛书》的作者,都是对不同文体深有研究的学者,他们在认真研究的基础上,总结和概括了前人和今人的研究成果,使丛书成为知识性极强的著作。为了使读者获得有关文体的系统知识,作者们在行文中较注意细致的论述和具体的分析,如《小说》在对长篇章回小说文体发展的论述中,作者从其早期结构形式——"联缀体"着手,以《儒林外史》等作品为例作了具体说明;进而论述了长篇小说从讲述型到呈现型的转变,并将《金瓶梅》与《水浒》等作品相比较,作了令人信服的分析与探讨。作者还从分析作品入手,从"线性结构"和"网状结构"两个方面分析了古代长篇小说在处理情节矛盾冲突时的结构特点。又如《散文》,作者从文学的角度着眼,重新为古代各类文章作了界定,分门别类地论述了各种文章体式的特点、源流及主要的代表作品,分析细致,线索清晰。

另外,因为是从一个较新的角度来研究古代文体特点,丛书的作者也必然要做一些新的研究,从而提出一些新的、言之有据的意见,如《骈文》,作者从"裁对"、"句式"、"隶事"、"藻饰"、"调声"五个方面总结了骈体文的文体特征和美学功能,分析了骈体文所具有的"对称美"、"建筑美"、"含蓄美"、"色彩美"和"音乐美"。这种总结与分析,既符合骈文发展的实际情况,又有一定的理论深度。又如《词》中对花间词派在词体发展中的贡献,进行了认真细致的分析,作出了公允和客观的评价。其他如《散文》、《诗》、《赋》、《戏剧》等都在认真研究和探讨的基础上,提出了一些颇有深度的见解。因而,此丛书不仅具有知识性、通俗性的一面,而且又具有一定的学术品味。一方面,它的观点博采众家之说,力求准确、稳妥;另一方面,作者又结合自己的研究成果,对一些问题作了更深一层次的探讨,得出了许多言之有据的新结论,从而使此套丛书具有了较高的学术价值。有的学者之所以认为这套丛书既能为一般的文学青年所喜爱，又会受到古典文学专家学者的青睐，就是因为看到了它的这个特点。

三、严谨的文风与生动的文笔相结合

为了把有关的知识告诉读者，此丛书的作者努力做到文风严谨，注意逻辑的严密，引用材料的准确，同时注意运用通俗易懂、生动活泼的语言，而不是板起面孔，引经据典。作者们懂得：这套丛书的主要读者是广大的古典文学爱好者。只有让他们轻松愉快地获得有关知识，才算是真正的成功。那种高头讲章，尽管一本正经，却会受到读者的厌恶。因此，此丛书尽量运用浅显、明白的语言来叙述古代文体的发展过程及其主要特征，其中还适当地穿插了一些生动有趣的事例。总的看，丛书做到了深入浅出、通俗易懂，有很强的可读性。

总之，《中国古代文体丛书》具有融知识性、趣味性、学术性为一体的突出特点。阅读这套丛书，不仅可以获得对中国文学史的一些新的认识，而且对中国古代文学中的各种体裁会有更加系统、详细和全面的了解。因此，对于古典文学研究者、爱好者来说，此丛书确实值得一读。

（原载《文艺报》1995 年 1 月 28 日）

印象深刻的四个细节

——读《我仍在苦苦跋涉——牛汉自述》

　　《我仍在苦苦跋涉——牛汉自述》（三联书店，2008 年 7 月版）是一本很好读的书，它平易、亲切、生动，一如牛汉老人给人的印象，读罢此书，掩卷长思，不意竟有许多细节跳出我的脑海，心中自忖：说这本书好读、生动，也许细节真实而丰富是其重要原因吧？于是，放弃最初的构思，索性从几个细节入手记下我的一点感想。

　　细节一，"1949 年 9 月 22 日，组织上让我带二三十个青年学生打扫天安门城楼"。"拐角有绞死李大钊的绞架，我们对前辈革命领袖肃然起敬，情不自禁地带领学生们默哀了三分钟。"牛汉先生与许多当代知名诗人一样，也是一个老资格的革命者，他一生追求光明，参加过牺盟会，想去延安而不成，先后两次入党，高中毕业时因为要集体入国民党而逃离天水，后参加学运被打伤右额和胸膛，脑内淤血，被押往国民党汉中陕西第二监狱，在狱中坚持写诗，出狱后仍投身革命工作，多次险遭杀害……这样一个一心投身革命的青年，对革命先驱李大钊当然是充满了崇敬，牛汉先生成为一个著名诗人，写出了那么多脍炙人口的名篇，这是他一生追求光明，反对人间的不平等的必然结果；他亲身投入革命斗争，他知道胜利取得的艰辛，因此他对革命前辈充满了怀念和敬意，他的感情是那么真挚，那么深沉。由这个细节我想到两点：其一，牛汉先生很早便投身革命，他为了革命事业真是不怕献出生命，如果不是对诗的执著，他完全可能走另一条"官途"，事实上，他是有很好的机会的，那样，也许官场会多一位官员，而诗坛却会失去一位杰出的诗人。哪一种道路更有意义呢？一定是人言言殊，各有选择，牛汉先生选择了写作并一生矢志不渝,我看这对读者来说无疑是一件幸事。其二,牛汉先生参加革命和从事写作看似两途,其实是一件事情的两个方面,都是为了追求光明,一用行动而一用语言,正是因为有了这种精神,他一生才不停地跋涉,不停地前行,不管遇到多么大的挫折,他总是乐观面对,永远不停下前行的脚步,即使已八十多岁的高龄,"仍在苦苦跋涉"。牛汉先生曾说:"雪峰最看重、最欣赏'诗人'这个称号,他曾经说'诗人'、'诗人','诗'和'人'是血肉相连、不可分开的。雪峰自己,确实无愧于'诗人'这个称号。"同样,牛汉先生也无愧于"诗人"的称号。今天,诗人,为人为诗,还有没有那种一以贯之的精神呢? 王培元先生《牛汉:"汗血诗人"》说:"牛汉的诗歌创作生涯,与他参加革命的历程几乎同时起步。1938 年,他秘密加入中共地下组织'三人小组'。三年之后,就迎来了诗歌创作的第一个高潮,写下了《鄂尔多斯草原》、《九月的歌弦》、《走向山野》等诗……1946 年因参加学运被捕,在狱中创作了《在狱中》、《我控诉上帝》、《我憎恶的声音》等诗。"的确,革命与诗在牛汉身上是不可分的。

但是命运有时会弄些小把戏,就是这样一位诗人,一个革命者,在 1955 年 5 月 14 日作为"胡风反革命集团"案中的要犯,第一个被拘捕。几年前还是一个带年轻人进入天安门城楼的革命者,几年后却成了"反革命",历史真是滑稽,他是怎样成为反革命的? 王培元先生写道:

> 1952 年,牛汉在沈阳东北空军直属部队文化学校担任教务主任时,曾于 2 月 3 日给胡风写过一封信,其中说过:"也许再过几十年以后我想在中国才可以办到人与人没有矛盾;人的庄严与真实,才不受到损伤。……今天中国,人还是不尊重人的,人还是污损人的。人还是不尊敬一个劳动者,人还是不尊敬创造自己劳动。这是中国的耻辱。我气愤得很。"

> 《人民日报》的编者按语不容辩驳地认为,这"即是说,要有几十年时间,蒋介石王朝才有复辟的希望"。一下子就把青年时代便参加了共产党、舍生忘死地投身革命、坐过国民党监狱的牛汉,推到了"蒋介石王朝"一边,莫须有地诬陷他是"国民党特务"。

1957 年 8 月被开除党籍。在会上,他大声说了七个字:"牺牲个人完成党"。这是多么无奈而痛苦!

　　细节二,"1951 年我在部队给艾青写了封信,告诉他我不喜欢他建国后的一些诗,说他在苏联写的诗不是真正的诗"。"1952 年探亲回来去看望他(东总布胡同)。说起这件事,他说:你的信写得很率真,我一直在学习呢。一边说,一边打开抽屉,果然有这封信,搁置在一堆信的最上面。""我曾对艾青这么说:你一生的诗,大头小尾空着肚子。'大头',指去延安之前写的诗。'小尾',指'四人帮'垮台之后写的诗。中间几十年没有真正的好诗。他点头承认,直叹气。"艾青比牛汉大十三岁,与牛汉先生有一种界于师友之间的感情,牛汉对艾青非常尊重,他很早就读艾青的诗,比如《北方》等等。第一次见他,牛汉十五岁,艾青是他的绘画老师。有一段时间,他"在报刊上专找艾青和田间的诗看",他后来到华北大学学习,艾青是文学院副院长,正是这样一位前辈,牛汉能直言不讳地提出他的诗的不足而艾青又能认真听取,真是令人很羡慕的一种"诗友"关系。由这个细节,我又想到其他几个与艾青有关的细节,其一,牛汉先生在华北大学学习时,写了几首小诗,请艾青指教,艾青善意地说"不要再让别人看了",话说得很婉转,牛汉先生是明白他的意思的,可见对诗的评价他们是从来不隐晦自己的看法的;其二,1957 年 8 月的一天,牛汉参加冯雪峰的批判会,艾青见了他关切地问:"你的事情完了吗?"当牛汉回答"算告一段落了"后,艾青"竟然站了起来,眼睛睁得很大很亮……几乎是用控诉的声音,大声说:'你的问题告一段落,我的问题开始了!'"此时此刻,似乎可以听到艾青那悲壮的声音,令人感叹;其三,1976 年,牛汉先生与艾青相遇于一个副食店,二人都惊叹二十年后对方竟然还活着,二人"当即拥抱",艾青还在牛汉脸颊上亲了一下,他们顾不上再买东西,热烈地聊了起来。1993 年的一天,牛汉去看艾青,当时艾青已不十分清醒,在向艾青告别时,牛汉先生"情不自禁地走到艾青身边,对他说:'我得回报你一个吻。'他点点头,他显然没有忘记十几年前,我和他在西单副食店的那次重逢。我就在他脸颊上'叭'地亲了一嘴。"关于艾青的细节还有很多,不能一一列举,但仅此几例便可看出诗人之间的真性情,令人感动。近来我常想,一个人的一生很快就会过去,许多东西都如过眼烟云,但友人之间的真情却是永远不会失去的,当我们在最后回望走来的路,又有什么比这种真情更珍贵的呢?孔子论及朋友曾说:"友直、友谅、友多闻。"就艾青与牛汉之间的友谊说来,似可当之。

　　细节三,雪峰是人文社第一任社长、总编辑,是我们尊重的前辈,他与牛汉有特殊的交往,书中有专节"我和雪峰共用一张办公桌",其中一个细节令我深思,有一次牛汉问冯雪峰:"听说你自杀过,有这回事吗?"在牛汉的追问下,冯雪峰谈了想自杀的原因:

　　"反右"后期,有一天,荃麟来找我,向我透露了中央对我的关怀。我很感激,激动得流出了眼泪。我不愿离开党。荃麟对我说,'中央希望你跟党保持一致'。并向我提了一个忠告:"你要想留在党内,必须有所表现,具体说,《答徐懋庸并关于抗日统一战线问题》所引起的问题,你应当出来澄清,承担自己的责任,承认自己当时有宗派情绪,是在鲁迅重病和不了解情况之下,你为鲁迅起草了答徐懋庸的信"。我对荃麟说:"这个问题有人早已向我质问,我都严词拒绝,我绝不能背离历史事实。"我痛苦地考虑了好几天才答复。我意识到这中间的复杂性。荃麟是我多年的朋友,过去多次帮助我渡过难关,这次又在危难中指出了一条活路。上面选定荃麟来规劝我是很用了番心机的,他们晓得我与荃麟之间的交情,换了别人行不通,他们摸透了我的执拗脾气。当时我的右派性质已经确定无疑,党籍肯定开除。面对这个天大的难题,我真正地作难了。我深知党内斗争的复杂性,但也相信历史是公正的,事情的真相迟早会弄明白的。但是这个曲折而严酷的过程可能是很漫长的,对我来说是难以忍受的屈辱。我对荃麟诚恳地谈了我内心的痛苦。荃麟说,先留在党内再慢慢地解决,被开除了就更难办了。但我知道荃麟传达的是周扬等人的话,实际上是对我进行威胁。荃麟不过是个传话的人,他做不了主。我清楚,荃麟说的中央或上边,毫无疑问是周扬。在万般无奈之下,最后我同意照办。这是一件令我一生悔恨的违心的事。我有好多天整夜睡不着,胃痛得很厉害。我按他们的指点起草了《答徐懋庸并关于抗日统一战线问题》的有关注释。我以为党籍可以保留了。但是,我上当了。我最终被活活地欺骗了愚弄了。为了自己的人格和尊严,最后只有一死,以证明自己的清白。我几次下决心到颐和园投水自杀,但我真的下不了这个狠心。我的几个孩子还小,需要我照顾。妻子没有独自为生的条件,再痛苦也该活下去,等到那天的到来:历史会为我澄清一切。

雪峰感到被误解的痛苦,他的眼里噙满了泪水。雪峰这一次迫于压力的结果为他一生留下了屈辱的记录,不断受到后人的责难,比如在1980年开会时,还有人提出问题:"冯雪峰是《鲁迅全集》的主持人和定稿人,在《答徐懋庸并关于抗日统一战线》问题的注释中,作了歪曲事实的说明,辱没了鲁迅。这则注释是冯雪峰写的,这难道是对鲁迅友情的忠诚表现吗?"如果当时冯雪峰在场,他又该说些什么呢?

被欺骗而被误解,甚至有人恶意的诋毁,这是雪峰心中难言的隐痛,他的泪水又会是什么滋味呢?被误解,特别是被自己信任和尊敬的人误解是十分痛苦的,而人生似乎总是缺不了这一课,写到这里,我想起历来与冯雪峰之间有误解的周扬,他自有其得意之时,但也有被人误解之时,他晚年曾经说过,他有三次被自己信任和尊敬的人误解的经历。顾骧《晚年周扬》中说:"周扬同志很快进了北京医院,经诊断患脑软化症。我看到北京医院的诊断报告称:此病无法治愈,只能维持、减缓病情的发展,心情十分沉重,我简直难以相信,这突然而至的噩耗。周扬同志对他自己常常作一些精辟的概括性评价,不久前他对他女儿周密说,他一辈子先后被打倒过三次,每一次都是为自己信任的人、尊敬的人所误解。人生最大的痛苦,莫过于被自己信任的人怀疑,被自己尊敬的人打击。现在他已经精疲力竭了。这第三次打击更加难以承受,还不在于以他为靶子的全国范围的批判,更在于他在别人软硬兼施下举措失当,所作的违心'检讨'而带来未曾料到的影响,他为内心的懊恼、矛盾、痛苦深深地缠绕,心灵受到了重创,郁闷成疾。从此,他再也没有走出医院,直到最后结束生命。"被人误解而又无以自明,无论是雪峰还是周扬,他们的心里都有难以言说的痛苦,相比较来说,雪峰更有被欺骗的痛苦,其心情可想而知,他打算自杀也在情理之中。我有时想:误解和诋毁有时是难免的,不如随他去吧,太在意了,反而没有任何意思了。也许,我这是"站着说话不腰疼",但除此之外,难道还有什么更好的办法吗?白居易诗说:"试玉要烧三日满,辨材须待七年期。"我总相信:时间能澄清一切。说到周扬,《牛汉自述》里有一个细节颇为有趣,也令人深思,不妨抄在这里:"出版社到部里开会,有几次我陪雪峰去参加。周扬来了,雪峰就退席,连大衣都忘了带。散会时周扬故意大声说:牛汉,别忘了把雪峰大衣带回去。"冯雪峰的郁闷,周扬的张狂,虽聊聊数语,却生动绘出,岂不知不论冯雪峰还是周扬,都不过是别人围棋盘上的一颗棋子而已,岂有别哉?!

　　细节四:1982 年的一天牛汉去看望诗人田间,二人正谈着诗,田间好像在深思,然后突然打开门,说"我知道你站在这儿听呢!"原来田间的妻子葛文在门外院子里偷听,怕他们说什么政治话题,引来麻烦。这个细节令牛汉也感到吃惊。

　　这一个细节突显出那个时代的荒唐和可笑。荒唐的时代已经结束了好几年,但人们仍心有余悸,可见其影响之深。我们经过那个时代,祸从口出的例子见了不少,当我们说到"祸从口出"这个词时就会想到许多人和事。从《牛汉自述》里便很容易找到例子:"赵光远妻子公开为刘少奇辩护,在北京工人体育场会审后枪毙了!赵妻被枪毙几天之后,一天半夜赵光远从集训的四楼跳楼自杀了。……他是戏剧编辑室的编辑。"而葛文在门外偷听这个细节正体现了妻子对田间的关心和爱护,田间应该感到欣慰,若是像有些家庭那样,妻子听了什么话是为了去告密,那就太可怕了。事实上在那个荒唐的年代,亲人之间互不信任,为了各种目的实施出卖的事情也并不少见。胡风事件的前后不就说明了告密的可怕吗?近来,我遇到一些事情,于此颇有感触,人心之险恶,有些是出于我的估计和预料的,过去读古诗词,至"长恨人心不如水,等闲平地起波澜",往往不甚了了,现在却有了新的体会,人在社会生活中,"树欲静而风不止",谁又能在险恶的环境中一点不受影响呢?虽然时代前进了,环境有了很大的改变,但"偷听"的环境并未根本改变,人们的心态仍然是复杂的,希望这一类情况能逐渐走向绝迹。

　　读罢《牛汉自述》,使我对一些人物、一些事件有了更加真切和深刻的了解,最近读到一篇文章,其中有这样几句话使我深有同感:"历史是由无数细节组成的。细节的失真,历史也将混沌一片。"何启治、李晋西二位编撰整理的《牛汉自述》涉及到不少大的事件,使我感慨;更记录了许多细节,令我嘘唏。我与牛汉先生工作在一个单位,他是我十分尊敬的前辈,更幸运的是我目前是牛汉先生创办的《新文学史料》编辑部的一员,我很喜欢牛汉先生的诗,但我向牛汉先生请益不勤,主要是怕浪费牛汉先生宝贵的时间,在与牛汉先生交往中,也有一些细节给我留下深刻印象,不妨随手记下两例:

　　一次,出版社组织了一个冯雪峰纪念会,出席的除许多学者外,还有一、二位高官,牛汉先生在别人发言后上台讲话,他时而慷慨激昂,时而娓娓道来,发表了一些别人没有或不可能发表的意见,赢得与会者阵阵掌声,他讲的十分专注,十分动情,甚至连那一、二位高官不知为何悄悄离席退场都没有引起他的注意,更没有打断他的发言……

另一次,是 2005 年 5 月的一天,我陪着牛汉先生与几位诗人一起到绵阳的一所中学,参加正在举办的"中学生诗歌节",在学校领导的力邀下,牛汉先生走到阶梯教室的前边,他稍一沉吟,朗诵了自己的作品《落雪的夜》,吟诵完这首诗,他向学生们介绍起写作背景,由此讲到了自己创作经历和人生历程,动情处,竟老泪纵横,在场的所有人都为之动容,我的一位同事伏在桌上抽泣起来,我的眼泪也夺眶而出……

当然,还有许多类似的细节留在我的记忆中,也许随着时光的流逝,许多人、许多事都会淡忘,但这一类场面,这一类细节、这一类情感会更长久地留在人们的记忆和心田……

（作于 2008 年 8 月 20 日,原载《炎黄春秋》"刊外稿"2010 年第 7 期）

《浅草集》自序

收在这个集子里的主要是我过去写的有关古典文学,特别是唐宋文学的一些论述文字,偶尔也涉及历史和哲学史的内容,所谓"文史哲不分家"是也。这些文字大多都曾在不同的刊物上发表过,这次未作大的修改,以存其真。这些文字的学术价值高低姑且不论,但却是我留在人生道路上的一个个足印,他人视之平常,我则难免有敝帚自珍之感,因此,不揣浅陋,将其收拾在一起,希望不是毫无价值的"自恋"行为。

我对古典文学产生兴趣是由唐诗开始的。我印象中最早听到唐人诗句并不是在课堂上,而纯粹出于偶然。当时我还很小,大约也就八九岁的样子,父亲在一所部队院校工作,我去院里的一个宿舍楼找小朋友玩,在楼道里遇到一位戴眼镜的解放军军官随口朗诵道"天生我材必有用",后边还有一些句子,我记不住了,但这句诗我听懂了,也记住了,以后才知道这是唐代大诗人李白《将进酒》中的名句,而《将进酒》也就成了我最喜爱的唐诗名篇之一。随着年龄的增长,我对文学的兴趣像野草一样滋生,似乎也没有什么特别的道理,有朋友开玩笑地帮我分析,认为这与我祖父是乡村教书先生有关,我也只能一笑而已。在那个时代,我同许多大院的孩子一样少不了参与打架和胡闹,甚至也曾参与剪掉女老师长辫子的"革命行动",虽然因为年纪还小,只能跟在大孩子后边乱跑,但也不是一无所获,比如,我记得有一次我与几个最要好的小伙伴翻窗跳入我所上的"六一小学"的图书室,随手偷出了一些被定为"封资修"货色的书,印象最深的是其中有一本《复活》,我读了这本书,似懂非懂,但印象相当深刻,后来我来到人民文学出版社工作,才意识到这部名著是人民文学出版社出版的,心中不由隐隐地有一种莫名的亲切感。

有一位名人说过大意这样的话:所有评论家都是失败的诗人。我不是评论家,但却可能是一个失败的诗人,在那精神匮乏的时代,我写过不少自以为是诗和散文的东西,偶尔也发表几篇,在激动和兴奋之后,对唐诗的兴趣却又日益炽烈起来,在部队当兵的三年里,一部《唐诗三百首》几乎时刻陪伴着我,在冬天早晨出操时,在夏日深夜站岗时,我都会在心中默默地背诵那些常读常新的名篇,在那紧张而单调的士兵生活中,先贤的诗句使我的精神得到了难得的滋润。

当1978年恢复高考后,我非常自然地要求参加高考,并报考了中文系,到大三时,对古典文学的兴趣更浓厚了。因为视野开阔了,读的书也多了,于是有了专门研究古典文学的想法,大四毕业论文我便选了探讨李白诗歌特色的题目。之所以选定古典文学作为自己的研究方向,除了我的兴趣外,主要是当时对世事纷争心灰意冷,希望"躲进小楼成一统",在读书求学中寻找生活的乐趣。论文题目确定以后,系里指定的指导老师是刘忆萱先生,经过刘先生的认真指导,我的毕业论文经几次修改后获得发表。不久,我又顺利成为刘忆萱先生的研究生。在跟随刘先生学习的三年里,我不仅学到了专业知识,也更加懂得了如何做人;不仅完成了毕业论文,还与刘先生一起撰写了一些文章,后来作为《李白新论》得以出版,使我逐渐走上了学术研究的道路。另一位老师冯其庸先生对我的指导和教诲也令我终生受用。因为刘先生年事已高,身体不太好,冯先生便对我随时加以指导,1984年我与李岚、徐匋、谭青等几位同学一起随冯先生作研究生毕业实习,一个多月的时间里,我们先山东,后江南,又沿长江经武汉、宜昌、万县等地而远赴蜀中,从蜀中归京途中又去了汉中、西安等地,一路上不仅结合所学专业作了实地考查,体会到"纸上得来终觉浅"的道理,更拜访了许多名家大师,使我获益极大;而冯先生不畏艰苦、一心向学的精神更令我深受感动,至今回忆起当年的情景,仍使我不敢过于懈怠。特别应该提起的是,我在读书期间撰写了《高适评传》一稿,正不知如何处理,一次,在校园里遇见冯先生,我冒昧地请冯先生为我向出版社推荐,冯先生立即应允,书稿交到出版社后,编辑认为质量尚好,作了加工,准备出版,后因出版社内部人事变动,这本书终于没有出来,但我将其改写为《高适·岑参》在若干年后在杨爱群兄主持下得以出版。这件事在冯先生看来,可能只是小事一桩,事后我也再未提起,其实心中一直不敢忘记,其他老师对我也多有帮助,借这个机会多说几句,以表达我对给予我人生推力的刘忆萱、冯其庸以及朱靖华等各位老师的衷心谢意!

我学习和研究的主要方向是唐代文学,但我的兴趣比较杂,比如,我在学习古典文学的同时,也曾打算写作历史小说,因此读了一些正史和野史,对一些历史事件和历史人物颇有兴趣,收在集子里的《安禄山其人》便是此类习作,值得一说的是这篇文章在1985年发表在中华书局主办的《文史知识》上,对我以后的读书与研究还是起到了相当大的鼓励作用的。我的兴趣比较杂的特点,在做了编辑以后更加突显出来,除了出版的一些小书外,收在这个集子里的文章也反映了这个特点,所以最初想以"杂稿"来作为书名,但当我编定集子,凭窗远望,虽然北京还是初春的样子,而遥想江南,早已是莺飞草长时节,不由想到白居易《钱塘湖春行》中的诗句:"乱花渐欲迷人眼,浅草才能没马蹄",心中忽有所动,索性以"浅草"名之,曰《浅草集》。就这个集子的特点和我此时的心境来说,"浅草"二字都显得颇有韵味。知我者,唯友人与读者也。

我自己是做出版工作的,深知当前学术著作出版之难,而这本集子却能有机会付梓,何其幸哉!心中生出多少感慨,怎一个"谢"字了得!

光阴荏苒,转眼已届知天命之年;此时此刻,我特别怀念我的导师刘忆萱先生,今天距最初师从刘先生的日子已经过去二十余年了,往事如烟,停足回望,忙忙碌碌,我又做了些什么呢?刘忆萱先生对我这个唯一的入门弟子有很高的期望,可惜我才疏学浅,而又不够用功,总是找一些借口为自己开脱,以致成果十分有限。平日想来,不觉汗颜,如果条件允许,我还是希望认真地做一些研究工作,写出一点对得起刘忆萱先生的东西。

(原载《浅草集》,中国书店出版社2007年1月版)

编 后 记

编定这个集子，突然想到梁启超的一段话："老年人常思既往，少年人常思将来。唯思既往也，故生留恋心；唯思将来也，故生希望心。"想想自己此时的心情，似乎介于"老年人"与"少年人"之间——编定集子，把以往清点一过，对既往难免生留恋之情；将过去打包放下，对未来又自然生希望之念，其中的欣然与惆怅，如人饮水，冷暖自知。

同我三年多前编定出版的《浅草集》一样，收入这个集子里的文章，内容同样比较杂，论述同样不够深入，而也同样反映出我作为一个编辑的特点。实在说来，有些课题是我感兴趣的，也下了些功夫；有些内容，则仅仅是因为工作需要，难免浅尝辄止，尚未深入。总之，还有许多问题值得继续研究和探讨，"学无止境"，真乃人生之至乐也！

在此，我应该特别感谢这个文库的策划者、组织者和出版者，是他们的努力才使我有机会编这样一个集子，使我能认真清理一下过去，继续前行。古人说：行百里者半九十，我还有很长的路要走呢，虽然难免遇到一点挫折和麻烦，却不会减弱我前行的勇气和信心。

管士光

2010 年 8 月 19 日于京东静思斋